湖南记忆
及非物质交通遗产

HUNAN JIYI
JI FEIWUZHI JIAOTONG YICHAN

蒋响元　江雨馨◎编著

·《湖南交通遗产》丛书编辑出版委员会·

人民交通出版社
北京

内 容 提 要

本书以湖南交通文化遗产普查成果为基础，以社会历史发展为线索，整理著录湖南古代交通涉及的文献传说、碑刻赋记、行旅诗篇、凉亭楹联、道途歌谣、劳动号子、成规公约和习俗禁忌等，从多视角、多方位展现了一幅内涵丰富、饱含智慧的湖湘交通文化画卷。

图书在版编目(CIP)数据

湖南记忆及非物质交通遗产/蒋响元,江雨馨编著.—北京:人民交通出版社股份有限公司,2024.5

ISBN 978-7-114-19463-4

Ⅰ.①湖… Ⅱ.①蒋… ②江… Ⅲ.①交通运输—文化遗产—湖南 Ⅳ.①F512.9

中国国家版本馆CIP数据核字(2024)第068120号

审图号:GS(2024)1429号

书　　名:湖南记忆及非物质交通遗产
著 作 者:蒋响元　江雨馨
责任编辑:陈　鹏
责任校对:孙国靖　卢　弦　刘　璇
责任印制:刘高彤
出版发行:人民交通出版社
地　　址:(100011)北京市朝阳区安定门外外馆斜街3号
网　　址:http://www.ccpcl.com.cn
销售电话:(010)59757973
总 经 销:人民交通出版社发行部
经　　销:各地新华书店
印　　刷:北京印匠彩色印刷有限公司
开　　本:880×1230　1/16
印　　张:27.5
字　　数:830千
版　　次:2024年5月　第1版
印　　次:2024年5月　第1次印刷
书　　号:ISBN 978-7-114-19463-4
定　　价:128.00元

《湖南交通遗产》
丛书编辑出版委员会

作者简介

蒋响元 1964年8月生，中国公路学会交通文化工作委员会副主任委员、茅以升科技教育基金会中国古桥委员会副主任委员、哈尔滨工业大学研究生校外导师、湖南省社会科学院特邀研究员。

完成著作12部，发表论文30余篇。部分论文或由《中国人民大学复印报刊资料》全文转载，或入选《中国改革全书》；《湖南交通文化遗产》获卫视新闻播报，《湖南古代交通遗存》入选《湖湘文库》，《湖南古代交通史》获全国首届交通史志与文化读物优秀成果唯一二等奖。

在国内率先提出加强交通遗产保护的建议，获交通运输部、湖南省主要领导肯定，成为《交通强国建设纲要》(2019) 要求“推进优秀交通文化传承创新，加强重要交通遗存保护利用”的先声。

江雨馨 1994年7月生，文学博士，毕业于北京师范大学，现任教于深圳大学。

长期从事与汉语语言文化及方言相关的调查、研究工作，以第一作者发表《汉语方位词在时空上的“前”“后”矛盾及其认知分析》《从时空特征看“往往”与“常常”异同的历史与认知成因》《观察格局与“来”“去”的参照点选择》等论文多篇。

前　　言

湖南地处长江中游，位居南北要冲，湖湘文化底蕴深厚，交通历史源远流长，是中华文明多元一体进程中的关键区域。

约70万年前，"洞庭之野"就有原始人类繁衍生息。道县福岩洞古人类化石（距今8万~12万年）证实，东亚已知最早的现代人出现在南岭北麓，他们在潇湘之滨迈出了至关重要的第一步。

新石器时代，玉蟾岩稻作和制陶、彭头山刻画符号、高庙宗教艺术与信仰以及城头山城池与城邦等的起源和传播，是沅湘先民对华夏文明形成和发展作出的重要贡献。澧县八十垱环壕（约8000年前）的发掘意味着，有考古材料验证、中国最早的人工桥梁出现在洞庭湖西岸平原。

人文历史时期以来，除文献资料外，桃江商周四马方座铜簋、常德战国虎钮錞于、长沙子弹库楚帛书、龙山里耶秦简、沅陵虎溪山汉简、长沙马王堆地图、大庸古人堤东汉简、长沙走马楼吴简、郴州苏仙桥晋简等出土文物及历代碑刻中皆有交通史存。

交通文化遗产见证了社会发展的历史进程，凝聚了先民适应自然、改造自然的艰辛与智慧，承载着中华文明生生不息的文化基因。2018年7月，根据交通运输部主要领导《关于交通遗产普查、保护相关问题的建议》的批示精神，湖南省交通运输厅决定成立《湖南交通遗产》丛书编辑出版委员会，拟分五卷——《湖南古代廊桥》《湖南古代石拱桥》《湖南古代梁桥、跳桥》《湖南古路亭及舟车马具遗存》《湖南记忆及非物质交通遗产》整理出版。

2019年9月，中共中央、国务院印发《交通强国建设纲要》，提出"推进优秀交通文化传承创新，加强重要交通遗迹遗存、现代交通重大工程的保护利用和精神挖掘，讲好中国交通故事"。

2021年8月，中共中央办公厅、国务院办公厅印发《关于进一步加强非物质文化遗产保护工作的意见》《关于在城乡建设中加强历史文化保护传承的意见》，要求"人民群众对非物质文化遗产的参与感、获得感、认同感显著增强，非物质文化遗产服务当代、造福人民的作用进一步发挥"，强调"本着对历史负责、对人民负责的态度，……确保各时期重要城乡历史文化遗产得到系统性保护"。

湖南交通人素来重视优秀文化遗产保护与传承。2012年、2013年相继问世的《湖南交通文化遗产》《湖南古代交通遗存》，荟萃了古代道路、桥亭、津渡等交通遗产；2023年出版的《湖南古代廊桥》介绍了湖南省内各地理单元的廊桥遗存，并发掘了与之相关的民俗文化背景知识。本书则从记忆及非物质文化角度，对湖南交通史存进行梳理。

与物质文化遗产相比，非物质文化遗产具有非物质性、无形性、传承性等特征，它可以是一种被表达的观念、一项被传承的技能、一段被讲述的故事、一首被传唱的歌谣……"是指各族人民世代相传并视为其文化遗产组成部分的各种传统文化表现形式，以及与传统文化表现形式相关的实物和场所。”①

《湖南记忆及非物质交通遗产》以2009年交通文化遗产普查成果为基础，以社会历史发展为线索，整理著录流传至今的相关文献传说、交通碑铭、诗歌楹联、道途歌谣、劳动号子、成规公约和习俗禁忌等要素，以文载道、以史鉴今，传播交通文化、传承湖湘文脉。

本书共分五章。第一、二章“文献传说”“交通碑铭”分别从宏观与微观两方面，展示大至国家“祀与戎”、小至乡村“修桥筑路”的交通文化；第三、四章“行旅诗篇　凉亭楹联”“道途歌谣　劳动号子”选录文人墨客及劳动者相关创作，从雅、俗视域赏析交通文化；第五章“规章告示　禁忌与船俗”则是成文与不成文的交通制度与规则，侧面反映了旧时社会生产关系与价值观。

《湖南记忆及非物质交通遗产》编写过程中，得到了丛书编辑出版委员会的具体指导和湖南省交通运输厅历任领导、同事及市州交通、文物部门大力支持，以及原全国政协副主席、交通运输部党组书记杨传堂，原交通部部长黄镇东亲切勉励；北京师范大学江雨馨博士参加了学术协作；湖南省地方志编纂院、湖南方志馆给予了热情帮助，张征远、陈先枢、孙文辉、李慧君、易可婧、熊智龙、彭晓玲、张维欣、郝飒爽、吕莎、黄爱、蒋瑛、杨慧等提供了珍贵资料。在此，一并表示感谢。

蒋响元

2023年3月30日　　初稿

2023年6月12日　　二稿

2023年10月8日　　三稿

2023年12月20日　　终稿

① 见2011年颁布的《中华人民共和国非物质文化遗产法》。

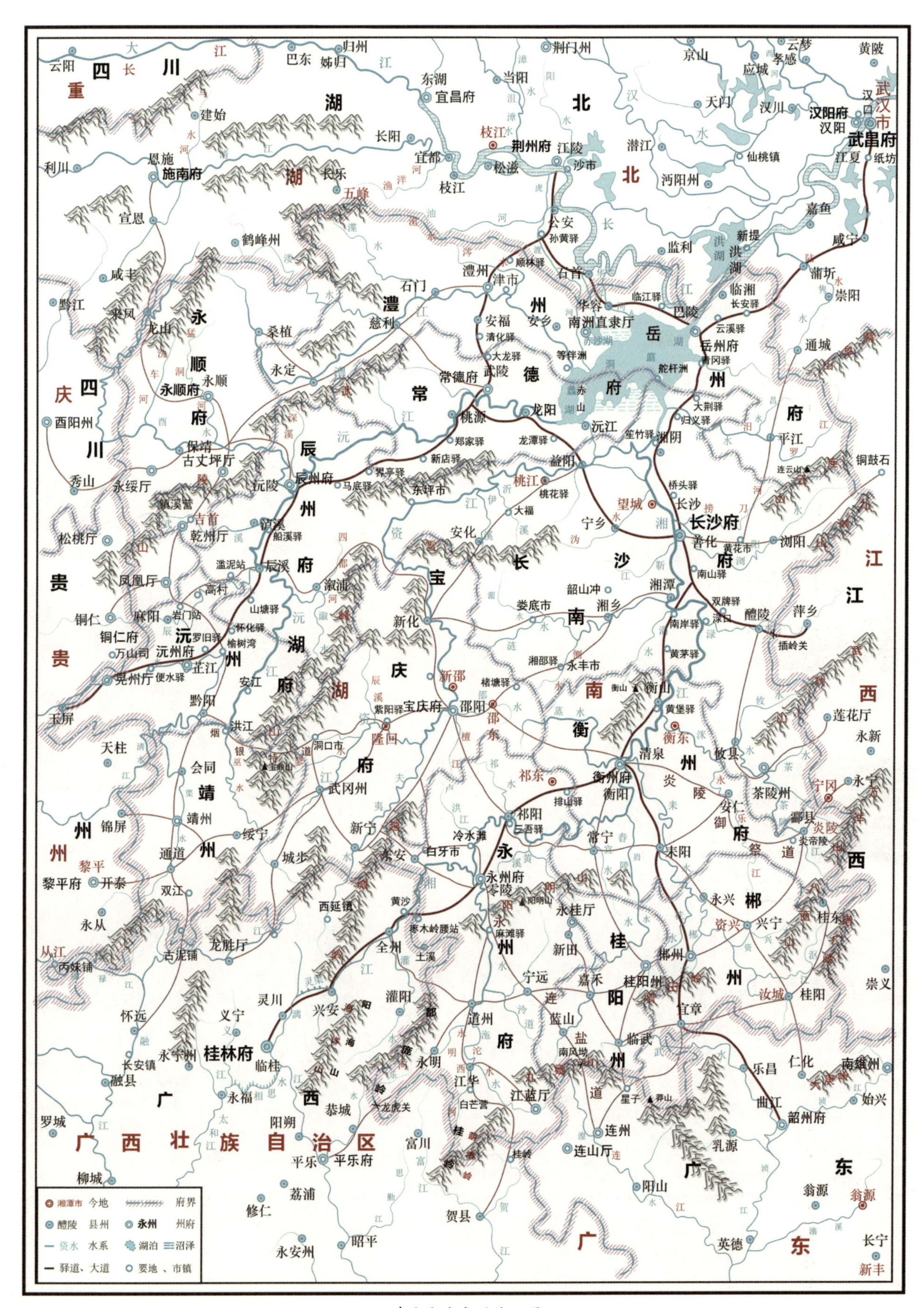

湘潭市 今地
醴陵 县州
永州 州府
资水 水系
驿道、大道
府界
湖泊
沼泽
要地、市镇
四川
重庆
湖北
武汉市
云阳
巴东
秭归
归州
荆门州
京山
云梦
孝感
黄陂
东湖
宜昌府
当阳
应城
天门
汉川
汉阳府
汉阳
汉口
武昌府
建始
长阳
宜都
枝江
荆州府
江陵
沙市
松滋
潜江
仙桃镇
江夏
纸坊
利川
恩施
施南府
长乐
五峰
沔阳州
宣恩
鹤峰州
公安
孙黄驿
监利
新堤
洪湖
嘉鱼
咸宁
咸丰
澧州
津市
顺林驿
石首
蒲圻
崇阳
黔江
来凤
龙山
石门
慈利
华容
临江驿
巴陵
临湘
长安驿
永顺
永顺府
桑植
永定
安福
安乡
南洲直隶厅
岳州府
云溪驿
清化驿
大龙驿
等伴洲
岳州府
通城
常德府
武陵
龙阳
沅江
舵杆洲
大荆驿
归义驿
湘阴
平江
酉阳州
保靖
古丈坪厅
桃源
郑家驿
新店驿
龙潭驿
益阳
连云山
铜鼓石
秀山
永绥厅
辰州府
沅陵
界亭驿
马底驿
东坪市
桃江
桃花驿
望城
桥头驿
长沙
长沙府
浏阳
镇溪营
吉首
乾州厅
泸溪
船溪驿
大福
安化
宁乡
善化
黄花市
松桃厅
凤凰厅
滥泥站
辰溪
高村
溆浦
宝庆府
韶山冲
湘潭
南山驿
娄底市
湘乡
双牌驿
渌口
醴陵
萍乡
铜仁
麻阳
岩门站
山塘驿
怀化驿
罗旧驿
榆树湾
新化
南岸驿
插岭关
铜仁府
万山司
沅州府
芷江
晃州厅
便水驿
安江
湘邵驿
永丰市
黄茅驿
新邵
椿塘驿
衡山
黄堡驿
莲花厅
永新
玉屏
黔阳
洪江
紫阳驿
宝庆府
邵阳
邵东
衡东
清泉
攸县
天柱
会同
洞口市
隆回
宝鼎山
武冈州
祁东
衡州府
衡阳
炎陵
茶陵州
宁冈
永宁
靖州
锦屏
绥宁
新宁
祁阳
排山驿
三吾驿
冷水滩
常宁
安仁
酃县
炎帝陵
通道
城步
东安
白牙市
永州府
零陵
耒阳
黎平府
开泰
双江
西延镇
黄沙
阳明山
永兴
兴宁
桂东
永从
枣木岭腰站
麻滩驿
永桂厅
资兴
从江
丙妹铺
古泥铺
龙胜厅
全州
土溪
新田
郴州
宁远
嘉禾
桂阳州
宜章
汝城
桂阳
崇义
灵川
兴安
灌阳
道州
蓝山
临武
怀远
义宁
南风坳
乐昌
仁化
南雄州
长安镇
永宁州
桂林府
临桂
永明
江华
江蓝厅
星子
莽山
融县
永福
白芒营
曲江
始兴
罗城
阳朔
泰城
龙虎关
韶州府
连州
广西壮族自治区
富川
平乐府
平乐
桂岭
连山厅
乳源
柳城
荔浦
阳山
翁源
修仁
贺县
英德
广东
长宁
永安州
昭平
新丰

清代湖南交通地理图

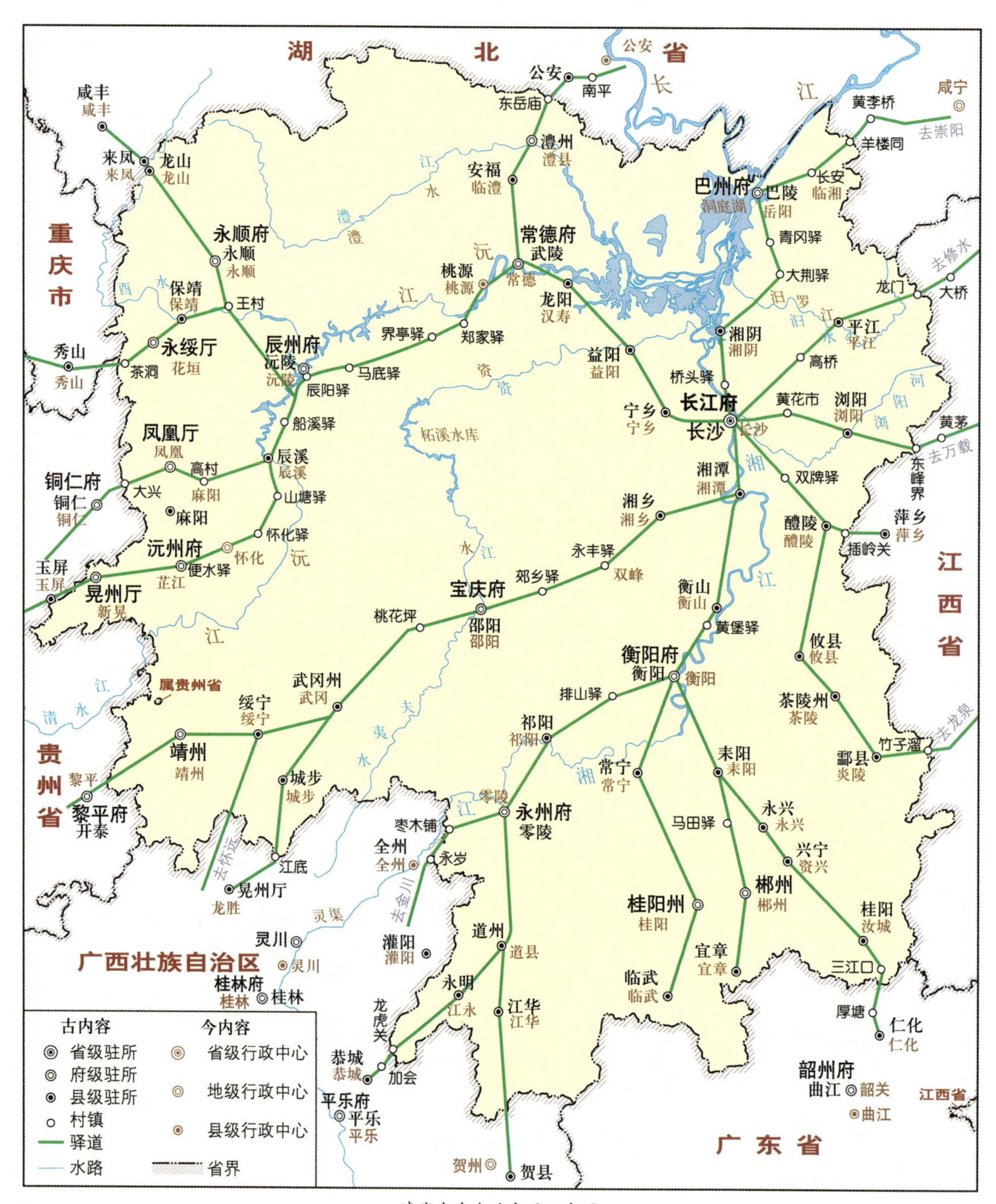

清代湖南水陆交通示意图

目　录

概述 …… 1
一、湖湘交通地理 …… 1
二、湖南非物质交通遗产概况 …… 2
三、宏观与微观交通史——文献传说与碑铭 …… 6
（一）往来成古今：交通视野下的史料史影 …… 6
（二）江本无舟人自渡：碑铭中的自渡与共济 …… 8
四、雅俗共赏——诗词楹联与民间歌谣 …… 10
（一）挥毫当得江山助：文人墨客的潇湘行吟 …… 10
（二）客聚茶亭茶聚客：旨趣万千的楹联文化 …… 10
（三）芥子之中见须弥：路程歌里的风土人情 …… 11
（四）伐木丁丁声未远：号子统一的劳动节奏 …… 12
五、杜争执而弭讼端——规章告示与禁忌 …… 13
六、结语 …… 13
第一章　文献传说 …… 14
第一节　古史传说 …… 14
一、“涿鹿之战”与三苗南迁 …… 14
二、炎帝迁湘与“长沙厉山国” …… 15
三、祝融南迁 …… 15
四、黄帝南征与“胙土长沙” …… 16
五、“丹水之战”与驩兜部族徙湘 …… 16
六、舜“南巡狩”与虞舜族人迁湘 …… 17
七、衡湘禹迹 …… 17
八、后羿“屠巴蛇于洞庭”与夏文化南传 …… 18
第二节　典籍记录 …… 18
一、夏商西周 …… 18
（一）《禹贡》与“长沙鳖”贡道 …… 19
（二）“商师征荆”与商人入湘 …… 19
（三）“奋伐荆楚”与商族支系南迁 …… 20
（四）周昭王“南巡狩” …… 20
（五）周穆王“伐越” …… 21
二、春秋战国 …… 21
（一）“庸人自扰”与南迁武陵 …… 21
（二）“舟师伐濮”与黔中郡设立 …… 22
（三）“南并蛮越”与楚越道拓辟 …… 22
（四）“庄蹻王滇”与南方丝绸之路发轫 …… 22

（五）“浮江伐楚”与粪酉道……23
（六）屈原诗歌与沅湘造船业……23
三、秦汉两晋南北朝……23
（一）零陵秦驰道……24
（二）秦始皇征百越……24
（三）汉武帝伐南越……25
（四）汉光武帝征交趾……25
（五）刘尚、马援征五溪蛮……25
（六）卫飒“凿山通道”……26
（七）郑弘“奏开零陵、桂阳峤道”……26
（八）唐羌罢贡与邮驿快递……27
（九）周憬疏浚武水……27
（十）赤壁之战与“华容道”……27
（十一）杜预开华容运河……28
四、隋唐两宋……28
（一）“漕引潇湘洞庭”……28
（二）“广州通海夷道”与陶瓷之路……29
（三）“茶道大行”与茶马之路……29
（四）章惇“开梅”与宝安益道拓辟……30
（五）寇准贬道州……30
（六）湘粤盐道形成……30
（七）范成大入桂……31
五、元明清……32
（一）云南通京驿路改线与湘黔滇道整治……32
（二）“江西填湖广”……33
（三）“湖广填四川”……33
（四）《奉使安南水程日记》与黄福使安南……34
（五）《楚游日记》与徐霞客游湘……35
（六）“茶叶之路”……37
（七）“一口通商”与湖南商运鼎盛……38
（八）湘西纪行……38
第三节　出土文献……39
一、“大禾”方鼎与湘水方国……39
二、“南国相”崛起……39
三、常德战国錞于帆船图案……40
四、长沙子弹库楚墓《人物龙舟》帛画……41
五、鄂君启节与商业贩运……42
六、秦始皇“伐湘山树”疑云……42
七、龙山里耶里程简……43
八、“迁陵以邮行洞庭”……44
九、里耶“取鲛鱼”简……44
十、“迁陵公船”与兵运……45
十一、“沅陵输迁陵粟”与漕运……45

十二、“启陵津船人”与秦代津渡管理 …… 46
十三、沅陵虎溪山汉墓里程简 …… 46
十四、长沙马王堆汉墓《地形图》《驻军图》 …… 47
十五、马王堆汉墓《天文气象杂占》与车舆发展 …… 48
十六、大庸东汉木简“以邮行” …… 48
十七、“飞帆中游”与长沙走马楼舟具简 …… 49
十八、郴州苏仙桥晋简 …… 49
第四节 “三湘”“九江”“舜陵”“禹碑”考 …… 51
一、“三湘”丛考 …… 51
二、“九江”考 …… 52
（一）（清）孙良贵《考定九江说》 …… 52
（二）（清）罗典《九江考》 …… 53
（三）（清）王泉之《九江考》 …… 53
（四）（清）马征麟《长江图说》 …… 53
三、“舜陵”考 …… 54
（一）（清）余廷灿《存吾文集》 …… 54
（二）（清）罗汝怀《湖南文征·卷三二》 …… 54
四、“禹碑”考 …… 55
（一）禹碑释文 …… 55
（二）（明）顾炎武《肇域志》 …… 56
（三）朱剑心《金石学》 …… 57
第二章 交通碑铭 …… 58
第一节 古路记 …… 58
一、邵州修康济庙路记 …… 58
二、绥宁錾字岩改路记 …… 59
三、平江龟山修路记 …… 59
四、新修（宜章）折岭路记 …… 60
五、修建（泸溪）浦市江津路记 …… 61
六、重修（桂东）八面山路记 …… 62
七、修（浏阳）芦前山路小引 …… 62
八、修（酃县）雷山路记 …… 63
九、新修（永绥）轨者道路序 …… 63
十、永绥石文魁公益记 …… 65
十一、募砌（兴宁）雷溪新路修整拱桥并双溪至石虎铺官道记 …… 66
十二、永绥牛角屯修路碑文 …… 66
十三、湖南华洋互赈会创修（湘潭）潭宝汽车路纪事 …… 66
第二节 古桥记 …… 68
一、武陵归老桥记 …… 68
二、安化开远桥记 …… 69
三、江永步瀛桥记 …… 70
四、武冈济川桥记 …… 71
五、道州濂溪大富桥记 …… 71
六、重修（湘阴）文星桥记 …… 72

七、常宁廉政桥记 …… 73
八、酃县安济桥记 …… 74
九、临澧佘市桥记 …… 75
十、重修（湘阴）恩波桥记 …… 76
十一、攸县月桥诗序 …… 77
十二、新化庆丰桥记 …… 77
十三、郴州苏仙桥记 …… 78
十四、临湘永兴桥记 …… 79
十五、常德七里桥记 …… 80
十六、新建（宜章）三星桥记 …… 81
十七、郴州北湖桥记 …… 83
十八、桂阳七拱桥记 …… 84
十九、湘乡城江桥记 …… 85
二十、芷江龙津桥记 …… 86
二十一、重建（醴陵）渌江桥记 …… 87
二十二、醴陵渌江桥记 …… 88
二十三、重造（醴陵）渌江桥记 …… 89
二十四、道州龙江桥记 …… 90
二十五、重建（湘乡）夏紫桥记 …… 91
二十六、安化福安桥记 …… 92
二十七、重建（浏阳）同善桥记 …… 92
二十八、耒阳接武桥记 …… 93
二十九、酃县溅里石桥记 …… 94
三十、湘乡万福桥记 …… 94
三十一、重修（湘乡）万福桥记 …… 95
三十二、浏阳灌江桥记 …… 96
三十三、新邵石马江桥记 …… 97
三十四、衡阳青草桥记 …… 97
三十五、平江水口桥记 …… 98
三十六、湘潭石灵桥记 …… 99
三十七、长沙双溪桥引 …… 100
三十八、祁阳驷马桥记 …… 101
三十九、安化大福桥记 …… 102
四十、安化大福桥十八首事合传 …… 103
四十一、重修宁远凤桥记 …… 103
四十二、新宁廻溪桥记 …… 105
四十三、澧县多安桥记 …… 106
四十四、澧县多安桥记 …… 107
四十五、涟源蓝溪桥记 …… 108
四十六、浏阳老女桥记 …… 109
四十七、重修（长沙）湘西万福桥记 …… 109
四十八、重修（宁乡）玉潭桥记 …… 110
四十九、宁乡玉潭桥记 …… 111

五十、宁远应龙桥记 …… 112
五十一、宁乡枫木桥记 …… 113
五十二、安化锡潭桥序 …… 113
五十三、宁乡惠同桥记 …… 114
五十四、冷水江龙潭桥记 …… 115
第三节　古亭记 …… 116
一、江华寒亭记 …… 116
二、武陵北亭记 …… 116
三、永州万石亭记 …… 117
四、湘阴杜公亭记 …… 118
五、湘阴杜公亭记 …… 118
六、湘阴放生亭记 …… 119
七、临武韩张亭记 …… 119
八、临武韩张亭记 …… 121
九、重修（祁阳）笑岘亭记 …… 122
十、沅江楚贡亭记 …… 123
十一、新化梅山亭记 …… 123
十二、重建（新化）梅山亭记 …… 124
十三、修（兴宁）云盖山缥缈亭记 …… 124
十四、安仁洁爱泉亭记 …… 125
十五、宁远应龙亭记 …… 126
十六、新砌（应龙亭）大路碑记 …… 127
十七、宁远永乐亭序 …… 127
十八、宁远永乐亭记 …… 127
十九、安化鹞子尖甘露茶亭捐田契碑记 …… 128
二十、汨罗磊石山钟亭记 …… 128
二十一、道州四自亭赋 …… 129
二十二、安化第一泉亭记 …… 130
二十三、郴州下关石亭记 …… 130
二十四、奉节母命鼎建（零陵）茶亭（节孝亭）记 …… 131
二十五、重修（邵阳）双清亭记 …… 132
二十六、新建（道州）凉亭（种福亭）并置茶田记 …… 132
二十七、宁乡司徒岭新修茶亭记 …… 133
二十八、复修（涟源）半排上乐善亭记 …… 134
二十九、隆回佑善亭记 …… 134
三十、永兴云山亭记 …… 135
三十一、建筑湘潭县望衡亭碑记 …… 135
三十二、邵阳吕氏留念亭序 …… 136
第四节　古渡记 …… 137
一、衡阳大石渡记 …… 138
二、重建（长沙）灵官古渡记 …… 139
三、岳州城陵矶义渡记 …… 140
四、平江南浮渡记 …… 140

五、郴州东山书院捐修渡船记 …… 141
六、长沙朱张渡亭记 …… 142
七、株洲走沙港义渡记 …… 143
八、道州白马渡记 …… 143
九、(湘阴)河市义舟记 …… 144
十、(常德)龙湾义渡记 …… 144
十一、(常德)龙湾上公义渡志序 …… 145
十二、重修(长沙)东屯渡碑记代长沙知县作 …… 145
十三、(兴宁)东江渡船义田记 …… 146
十四、(湘潭)寺门前湘江岸义渡记 …… 147
十五、重修(长沙)义渡码头记 …… 148
第五节 其他碑铭 …… 149
一、神汉桂阳太守周府君功勋纪铭 …… 149
二、(善化南湖港)开河通商议详纪略 …… 151
附 开河议 …… 152
三、重建(沅陵)瓮子洞虎子矶铁索记 …… 153
四、(洞庭舵杆洲)皇泽记 …… 154
五、祁阳大营驿记 …… 155
附 立岳将军题大营驿碑记 …… 155
六、湘阴湘水驿记 …… 156
七、平江邑大路改驿考 …… 157
八、平江大荆驿记 …… 157
九、公移详豁(兴宁)小拨船差 …… 158
十、(益阳)龙舟记 …… 158
十一、重修(澧州)兰江驿记 …… 159
第三章 行旅诗篇 凉亭楹联 …… 161
第一节 行旅诗篇 …… 161
一、先秦两汉 …… 161
二、吴晋南朝 …… 165
三、隋唐五代 …… 169
四、宋元 …… 180
五、明清 …… 188
第二节 凉亭楹联 …… 205
一、路(山)亭联 …… 205
(一)岳阳 …… 205
(二)长沙 …… 208
(三)湘潭 …… 210
(四)株洲 …… 212
(五)衡阳 …… 212
(六)郴州 …… 214
(七)永州 …… 215
(八)益阳 …… 232
(九)娄底 …… 236

（十）邵阳 …… 239
（十一）常德 …… 242
（十二）怀化 …… 243
（十三）湘西 …… 243
（十四）张家界 …… 243
二、桥亭联 …… 244
三、渡亭联 …… 257
第四章　道途歌谣 劳动号子 …… 264
第一节　水路歌 …… 264
一、湘江流域 …… 264
二、资水流域 …… 277
三、沅水流域 …… 290
四、澧水流域 …… 303
五、洞庭湖及长江 …… 307
第二节　路程歌 民族迁徙歌 …… 322
一、路程歌 …… 323
二、民族迁徙歌 …… 329
（一）湘西苗族迁徙歌 …… 329
（二）湘西土家摆手歌·迁徙歌 …… 337
（三）瑶族迁徙歌 …… 343
（四）侗族迁徙歌 …… 348
第三节　船工号子 …… 351
一、湘水流域 …… 352
二、资水流域 …… 353
三、沅水流域 …… 355
四、酉水流域 …… 358
五、澧水流域 …… 363
六、洞庭湖区 …… 367
第四节　其他谣谚 …… 371
一、地方民谣 …… 371
二、船夫谣 …… 372
三、挑夫谣 …… 376
四、仪式歌 …… 379
五、木客号子 …… 382
六、其他 …… 383
第五章　规章告示 禁忌与船俗 …… 385
第一节　规章告示 …… 385
一、交通法规 …… 385
二、滩河救助章程 …… 386
（一）安化大汴滩救助成规 …… 387
（二）安化资水沿河（救生救货）章程 …… 387
（三）资水安化段滩河救货章程 …… 388
三、常德龙湾上公义渡公约 …… 390

四、毛板帮条规 …… 392
（一）《屿嵝门船帮条规》 …… 392
（二）毛板船商章程 …… 392
（三）毛板船舵工条规 …… 393
五、水运契约 …… 393
（一）船行契约 …… 393
（二）船工契约 …… 395
六、箩行规章 …… 396
（一）长沙箩行规章 …… 396
（二）长沙小西门箩埠章程 …… 397
（三）津市箩业章程 …… 398
七、长沙通商口岸租界章程 …… 399
八、告示 …… 401
（一）长江水师告示 …… 401
（二）岳州镇告示 …… 403
（三）宁乡县船户分埠告示 …… 403
（四）平江大洲滩铁链索告示 …… 404
（五）新化龙潭桥碑刻告示 …… 404
（六）湘潭县知事拨运轮船货物价目告示 …… 405
（七）湘潭县政府禁止杂夫混挑告示 …… 406
第二节　船上禁忌与船俗 …… 406
一、船上禁忌 …… 406
（一）湘东地区 …… 406
（二）湘西地区 …… 406
（三）洞庭湖区 …… 407
二、船俗 …… 408
参考文献 …… 410
《湖南记忆及非物质交通遗产》评审意见 …… 419

概　述

交通是人类社会生活基本要素之一，上古即有“陆行乘车，水行乘舟，泥行乘橇，山行乘撵”的“四载”之说①。在漫长的演进过程中，人类创造了形态多样的历史文明。不同来源人群迁徙带来的文化交流和融合，是推动社会发展的动力之一。故而马克思、恩格斯在《德意志意识形态》一书中写道：“人类社会历史，始终是不得不和产业史与交通史关联着，而被研究、被整理。”② 某种意义上说，人类文明史就是一部交通发展史。

一、湖湘交通地理③

湖南东接江西，南联广东、广西，西邻贵州、重庆，北与湖北毗连，面积211829平方千米。基本地理特征是，西、南、东面武陵山、雪峰山、南岭、幕阜山—罗霄山脉崛起，北边洞庭湖盆沉降，中部丘岗盆地连绵，地势呈三面环山、朝北开口的不对称马蹄形。各大山系溪流交汇，发育出湘、资、沅、澧等河流，形成洞庭湖水系。

湘江　东源潇水出自蓝山野狗岭④，西源出自广西灵川海洋山，两水在零陵萍岛汇合后，经永州、衡阳、株洲、湘潭、长沙，在湘阴芦林潭入洞庭湖，干流长948千米，流域面积94721平方千米。

湘水是现代人类重要发源地。道州盆地孕育了东亚最早的现代人（modern humans）⑤、制陶工业和稻作农业。秦汉时期，南岭道路拓辟，湘桂运河修凿，开创了两广与中原政治统一和经济文化交流的新格局，对湖南社会历史演进也产生了深远影响。

资水　有赧水、夫夷水两源。赧水源出城步黄马界，经武冈、洞口、隆回，至邵阳双江口汇入夫夷水，始称资水；夫夷水源出广西资源猫儿山，经新宁、邵阳与赧水汇合。资水经新邵、冷水江、新化、安化、桃江，在益阳甘溪港注入洞庭湖，干流长653千米，流域面积28142平方千米。

资水中上游是传说时代蚩尤族人的迁徙地，人文历史时期“长沙蛮”“莫猺”“峒獠”“梅山峒”“武冈猺”的栖息地。这些土著族群，“衣制斑斓，言语侏离；出操戈戟，居枕铠弩；刀耕火种，摘山射猎，不能自通于中华”⑥。诸族交流融合的历史进程中，孕育了神秘古朴、多姿多彩的地域性文化——梅山文化。

沅水　源出贵州苗岭，上游清水江于芷江大龙入湘，至托口汇入渠水始称沅水，继而流经中方、溆浦、辰溪、泸溪、沅陵、桃源、武陵、鼎城，在汉寿注入西洞庭湖，干流长1033千米，其中湖南省内568千米；流域面积89163平方千米，其中湖南占有51066平方千米。

---

① 《史记·夏本纪》。

② 马克思、恩格斯：《德意志意识形态》，上海：群益出版社，1949年，第63页。

③ 摘自蒋响元：《筚路蓝缕 以启山林——湖南古代交通史（史前至清末）》，北京：人民交通出版社股份有限公司，2020年，第1-5页。

④ 2013年5月21日，水利部、交通运输部、国家能源局共同认定，湘江正源在九嶷山三分石下的野狗岭。

⑤ 对于此项发现，主要发掘者之一的刘武先生评价道：“发现最大的意义，是发现了‘fully modern’（完全现代）的现代人，虽然还没有直接触及现代人是否起源于非洲的问题，但结合道县以及这么多年国内化石的发现，一个比较合理的推测是，中国乃至东亚人从当地起源的可能性更大一些。”参见艾江涛：《道县发现：47枚牙齿的故事》，《三联生活周刊》，2015年第44期。

⑥ （清）道光《宝庆府志》，末卷上，清道光二十七年修民国二十三年重印本。

新石器时代，发轫于沅水中上游的“高庙文化”①，孕育了宗教艺术与信仰，成为中华早期文明重要发祥地。人文历史时期，高辛氏以女配神犬盘瓠、巴五子居五溪而长等传说，凸显了以傩文化、巫文化、盘瓠文化为特色的五溪文化多样性。

澧水 南源出自永顺龙家寨，中源出自桑植八大公山，北源出自桑植杉木界②，三源在桑植小茅岩汇合东流，沿途纳入溇、渫、道、涔等水，至津市入西洞庭，干流长388公里，流域面积18496平方千米③。

澧水下游是城壕、稻作等文明起源与传播中心之一，孕育了彭头山、城头山、鸡叫城等华夏早期文明，中游的慈利、石门是中俄万里茶道重要起点。

湖南这种三山合四水，向洞庭湖、长江倾注的山川地貌，使得文化传播多循南北方向，无论石器时代的陶瓷技术、稻作农业、宗教文化传播，古史传说时代三苗南迁、炎帝南渡、黄帝南征、舜帝南巡，还是夏商周时期王朝势力南渐、楚人南下、秦汉南征……莫不受山脉、河流走向等因素制约。因此，南北交通的发轫、发展，要早于东西交通。

二、湖南非物质交通遗产概况

依据人类遗产形态和性质，文化遗产分为物质遗产、记忆遗产及非物质文化遗产三类（参见图0-0-1）。其中，记忆遗产包括文献、档案、音像、铭刻等；非物质文化遗产（Intangible Cultural Heritage）是指“被各群体、团体、有时为个人视为其文化遗产的各种实践、表演、表现形式、知识和技能及其有关的工具、实物、工艺品和文化场所。各个群体和团体随着其所处环境、与自然界的相互关系和历史条件的变化不断使这种代代相传的非物质文化遗产得到创新，同时使他们自己具有一种认同感和历史感，从而促进了文化多样性和人类的创造力。”④

中华文明源远流长，有着极其丰富的文化遗产。自2004年加入联合国教科文组织《保护非物质文化遗产公约》以来，国家及省（自治区、直辖市）、市（州）、县（市区）四级非遗名录共认定代表性项目10万余项，其中国家级项目1557项。“它们作为体现中华民族文化连续性的媒介，不断回答着中国人‘我们是谁?’‘我们从何而来，向何而去?’的历史追问，塑造着各民族共享的中华文化符号和中华民族形象，以此来构建我们的共同体意识。”⑤

非物质交通遗产是交通文化表现形式之一，包括民歌、民谣、号子及传说、习俗、技艺等内容，历代口耳相传，至今还在产生影响。据统计，2006年以来，湖南公布国家、省及市级非物质交通遗产代表性项目共77项，其中国家级13项、省级20项、市州级44项，以龙舟赛、船工号子和民族歌谣居多，凸显水乡泽国和民族摇篮的人文特征。参见表0-0-1。

---

① 有观点认为，居住在以沅湘流域和洞庭湖区为中心的高庙文化先民，是当时中国境内最为强盛的族群；并推测高庙文化早期遗存为人文始祖伏羲氏族创造，高庙文化晚期遗存及其后续的大溪文化遗存为炎帝氏族创造；伏羲是炎帝神农氏的直系祖先，高庙文化所在区域是中国上古邦国文明的发源地。参见肖军、黄巍、周圣华：《发掘怀化高庙遗址：“高庙文化”颠覆传统认知》，《湖南日报》，2016年6月16日。

② 澧水旧以北源（五道水）为主干，《汉书·地理志》称“历山，澧水所出”，杉木界即在栗（历）山坡。

③ 澧水中源又名绿水河，源出桑植县八大公山东麓，源头在龙山县大安乡翻身村，2013年被认定为澧水主源。若以中源为干流起始点，至津市小渡口注入洞庭湖，则澧水干流全长407千米。

④ 联合国教科文组织：《保护非物质文化遗产公约》，2003年10月17日在巴黎通过。

⑤ 苏丹、郑静：《非遗的价值与非遗的品牌》，《四面空间》，2023年4月14日。作者苏丹系中国非物质文化遗产馆副馆长、清华大学美术学院教授。详见 https://mp.weixin.qq.com/s/UmE0xuYJcUeplGuqmJ2T0w。

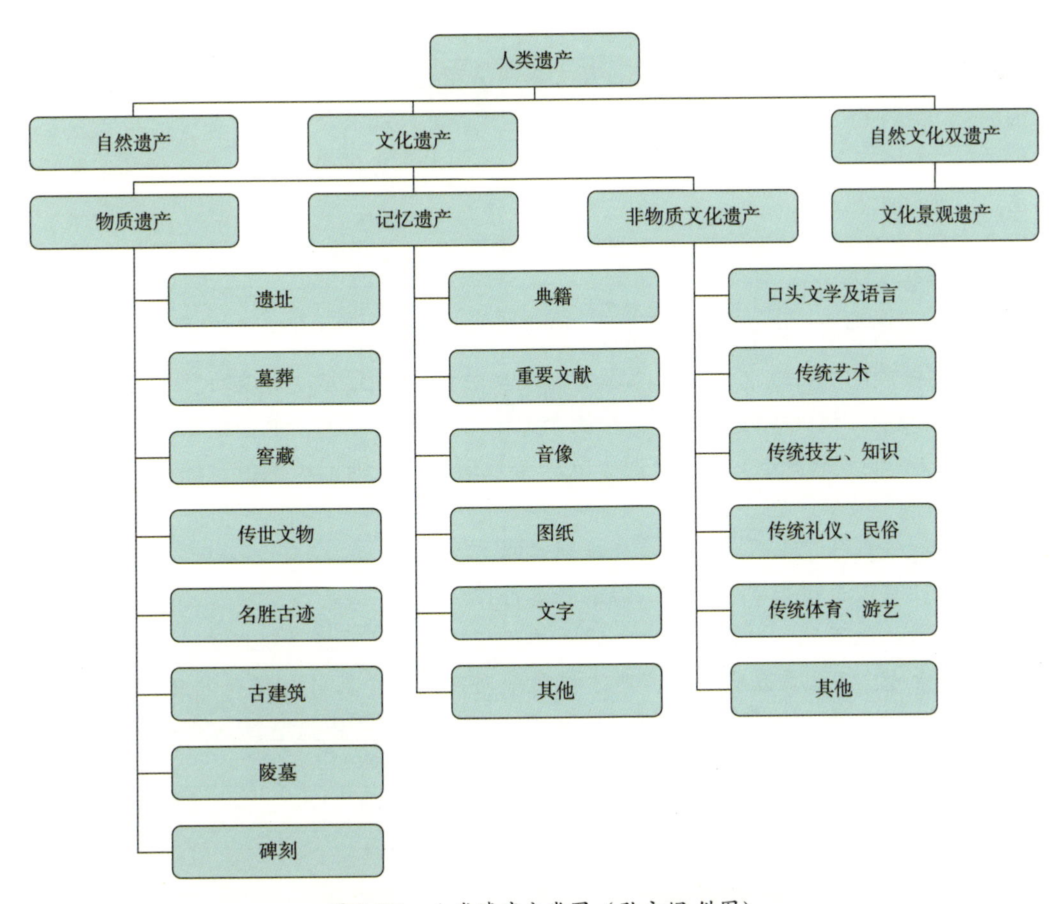

图 0-0-1　人类遗产分类图（孙文辉 供图）

湖南涉及交通的国家、省及市级非物质文化遗产代表性项目名录①　　表 0-0-1

序号	名称	公布时间	申报或保护地
一、国家级（13 项）			
1	澧水船工号子	2006	澧县
2	靖州苗族歌鼟	2006	靖州
3	端午节②	2006	汨罗
4	土家族摆手舞③	2006	湘西
5	土家族梯玛歌④	2008	龙山
6	新化山歌⑤	2008	新化
7	酉水船工号子⑥	2008	保靖

① 资料来源：国家、省、市（州）政府相关部门官网。

② 汨罗端午节除办盛宴、吃粽子、插艾挂菖、喝雄黄酒、赛龙舟外，还有雕龙头、偷神木、唱赞词、龙舟下水、龙头上红、朝庙、祭龙和祭祀屈原等风俗，留下了“宁荒一年田，不输五月船”等端午民谣。

③ 土家族摆手舞集歌、舞、乐、剧于一体，表现了开天辟地、人类繁衍、民族迁徙、狩猎捕鱼、桑蚕绩织、刀耕火种、古代战事、神话传说、饮食起居等广泛而丰富的历史文化内容，对研究土家族历史、战争、宗教、迁徙、生产、生活、爱情、民俗等都有十分重要的价值。

④ 梯玛歌是集诗、歌、乐、舞于一体的土家族长篇史诗，其以“梯玛日”仪式为传承载体，表现了开天辟地、人类繁衍、民族祭祀、民族迁徙、狩猎农耕及饮食起居等历史和社会生活内容。

⑤ 新化山歌按内容分为劳动歌、时政歌、仪式歌、陶情歌等，代表作品有《资水滩歌》《峒事歌》等。

⑥ 代表性曲目有《篙号子》《桨号子》《橹号子》《纤号子》《装卸号子》《大河涨水小河满》《龙船调》等。

续上表

序号	名称	公布时间	申报或保护地
8	苗族古歌①	2011	花垣
9	赛龙舟②	2011	沅陵
10	盘王大歌③	2014	江华
11	洞庭渔歌	2014	岳阳楼区
12	侗族木构建筑营造技艺④	2021	通道
13	道州龙船习俗⑤	2021	道县
二、省级（20项）			
1	苗族古老话	2006	花垣
2	苗族歌谣	2006	花垣
3	土家族梯玛歌	2006	龙山、永顺、保靖、古丈
4	酉水船工号子	2006	保靖
5	洞庭渔歌	2006	岳阳
6	新化山歌	2006	新化
7	龙舟赛/龙船赛	2006	沅陵/道县
8	土家摆手歌	2008	龙山、古丈
9	侗款⑥	2008	通道
10	盘王大歌	2008	江华
11	石马江劳动号子⑦	2008	新邵
12	酉水船歌	2013	龙山
13	侗族大歌	2013	通道
14	蚩尤传说	2013	湘西
15	沅水扎排放排号子	2016	洪江
16	兰溪双桡龙舟⑧	2016	赫山区
17	侗族木构建筑营造技艺	2016	通道
18	侗款	2016	新晃

① 苗族古歌是口头文学，包括开天辟地、战争迁徙、风俗习惯、生产劳动、神话传说、爱情故事、情歌礼辞、丧葬火把、苗医苗药以及天文哲学等内容。

② 沅陵传统赛龙舟基本形制是每只赛船48人，其中前引水、后艄公、头旗、二旗、锣手、鼓手各1人；划龙舟技艺有跪式划、坐式划、坐式立式共用；单槌擂鼓、双槌催船、单艄掌舵、双艄齐下等不同式样。

③《盘王大歌》是一部具有史诗性质的瑶族古歌，由序歌、插歌、正歌和杂歌组成，主要包括人类起源、瑶族源流与迁徙、瑶族社会生活等内容。

④ 侗族木构、鼓楼、凉亭风雨桥被称为“建筑三宝”，具有极高的工艺和艺术价值。

⑤ 道州龙船习俗有着鲜明的地域特征，其龙舟上的龙头造型有龙、虎、凤、麒麟四类，不同颜色、造型的龙头代表不同的社区或村落，道州人“见龙头便知是哪村人”的俗话也由来已久。

⑥ 侗款，也称款歌，是侗族社会文化发展的特有产物，包括族源款、创世款、赞颂款、英雄款、祭祀款、请神款等内容，涵盖政治、军事、历史、文学、音乐等方面。

⑦ 石马江劳动号子源于梅山歌谣，分为渔歌号子和石工号子，包括“撬石号子”“拉石号子”“抬石号子”等。

⑧ 兰溪双桡龙舟由两层人划桨，坐着划的称为坐桡，站着划的称为站桡，故为双桡。双桡龙舟最长近100米，最多可容纳140余人。开划时，坐桡、站桡上的白条桨同时发力，场面甚是壮观。

续上表

序号	名称	公布时间	申报或保护地
19	澧水小调	2021	澧县
20	龙舟制作技艺	2021	汨罗、汉寿
三、市级（44 项）			
1	黄帝南巡碧云峰传说	2007	赫山区
2	蚩尤传说	2007	安化
3	南县湖歌	2007	南县
4	高城马帮民俗	2007	安化
5	龙舟打造技艺	2007	汨罗
6	资兴民歌	2007	资兴
7	汝城船故事①	2007	汝城
8	酉水船歌	2008	龙山
9	土家族民歌	2008	永顺、保靖
10	酉水船工号子	2008	保靖
11	沅水编排号子	2009	洪江
12	猛洞河船工号子	2009	永顺
13	永顺拖木号子	2009	永顺
14	渌江龙舟赛	2010	株洲
15	兰溪双桡龙舟	2010	赫山区
16	龙舟打造工艺	2010	汉寿
17	蚩尤传说	2010	花垣
18	沅水号子	2010	湘西
19	土家族澧水船工号子	2011	慈利
20	澧水船工号子	2011	张家界
21	拉木号子	2011	会同
22	畲族民歌②	2012	汝城
23	酉水船歌	2012	古丈
24	湘西龙舟竞渡	2012	吉首
25	划龙舟	2012	张家界
26	沅陵号子	2013	沅陵
27	侗族木构建筑营造技艺	2013	通道
28	湘江排客符水③	2014	湘阴
29	土家族梯玛歌	2014	张家界

① “船故事”，又称“划旱船”，是在逢年过节时表演的民间艺术形式，流传于汝城文明乡一带。

② 汝城畲族民歌以畲族语言演唱，含有起源、迁徙、社会生活等方面的叙事歌以及杂歌、情歌、仪式歌等内容。福建宁德、浙江景宁、浙江泰顺申报的畲族民歌先后入选国家级非遗名录。

③ 旧时放排的人被称为“排客”，“排客符水”指在起排和行排过程中由专业的排客用特殊方法趋吉避凶。“湘江排客符水”曾为湘江流域放排人代代相传。

续上表

序号	名称	公布时间	申报或保护地
30	苗族古歌	2015	花垣
31	划喜船[①]	2016	娄星区
32	澧水地方小调	2016	澧县
33	苗族木构建筑营造技艺	2016	靖州
34	朱亭的传说	2018	株洲
35	湘乡民歌	2018	湘乡
36	耒阳民歌	2018	耒阳
37	湘江渔歌	2018	衡阳
38	龙舟赛	2018	永兴、安仁
39	洞庭小调	2019	沅江
40	赛龙舟	2019	溆浦
41	麻阳船工号子	2019	麻阳
42	湖湘木帆船制作技艺	2021	岳麓区
43	麻阳船制造技艺	2021	麻阳
44	赛龙舟（图0-0-2）	2021	长沙、浏阳

图0-0-2 清末湘潭湘江段龙舟竞赛[②]

三、宏观与微观交通史——文献传说与碑铭

（一）往来成古今：交通视野下的史料史影

湘资流域孕育了东亚早期现代人、制陶技术和稻作农业，是传说中蚩尤族人的迁徙地，“长沙蛮”

① 划喜船是流行于娄星区埡古、磨子石、高溪一带的端阳习俗，是一种以划龙船的形式来还愿感恩的原始而古朴的民俗活动，也是水运文化在这一地域的特殊表现形式。

② 湘潭市政协学习文史委员会：《湘潭老照片》，内部发行，2015年，第12页。

“梅山峒”“武冈瑶”的根据地。越城岭与海洋山间的“湘桂走廊”被称为中国三大地理走廊之一[①]。资水中游孕育了融巫、傩于一体，杂以苗、瑶元素的梅山文化。

沅澧流域是“无君长总统”[②]的百濮栖息地，三苗、庸人、巴人等族的迁徙地，也是“五溪蛮”的所在地。澧阳平原是南方史前文化的传播扩散中心，孕育了彭头山、城头山等众多古文化。沅水中上游的高庙文化[③]，是早期中华文明孕育和形成阶段的重要组成部分。高辛氏以女配神犬盘瓠入五溪和巴五子居五溪而长等传说，凸显了该区域民族成分的多样性。

石器时代，逐水而居的先民完成了从葫芦到浮筏再到舟楫的发展演变：“燧人以匏济水，伏羲始乘桴，轩辕作舟楫。”[④]

创造稻作、陶器、城址等文明的三苗族群，“起于湖湘之间，渐侵及江淮之间，既乃渡河而北”[⑤]，与稻作北传时间和路线大致相符。

传说，“三皇五帝”中的炎帝、黄帝、虞舜均涉足湘境。约4000年前，“洪水横流，泛滥于天下”[⑥]。夏禹“岷山导江，东别为沱；又东至于澧，过九江，至于东陵”[⑦]，是湖南省内最早有记录的航运工程。

楚人崛起和猛烈扩张，是先秦史上的重大事件。楚共王（前591—前560）时，已“抚有蛮夷，奄征南海”[⑧]。吴起变法，“遂有洞庭、苍梧”[⑨]“楚子以驲至于罗汭”[⑩]，证实“洞庭之野”辟有驿道。

秦始皇攻灭六国，建立郡县制为基础的中央集权国家，沅湘自此纳入大一统的政治体制。龙山里耶出土了记载“受蓬（县）铁权□，蓬定已付迁（陵）□□”秦简[⑪]，反映了秦代施行“一法度衡石丈尺，车同轨，书同文字”[⑫]的史实。

西汉《二年律令》：“南郡江水以南，至索（位今汉寿）南水，廿里一邮。”“长沙地卑湿，不宜马，置缺不备一驷，未有传马，请得买马十，给置传，以为恒。”[⑬]这证实秦汉邮置备马为定制。

东汉建武年间（25—56），桂阳太守卫飒“凿山通道五百余里，列亭传，置邮驿”[⑭]，整治湘粤道。建初八年（83），大司农郑弘“奏开零陵、桂阳峤道”[⑮]。熹平三年（174），桂阳太守周憬疏浚武水“九泷十八滩”[⑯]。这些举措，进一步改善了南岭交通。

西晋太康元年（280），大将军杜预修浚杨夏水道，又于调弦口开凿湘境第一条人工河渠——华容

---

① 河西走廊、辽西走廊、湘桂走廊是中国历史上著名的地理通道，其中河西走廊连接内地与西域、辽西走廊连接华北与东北、湘桂走廊连接中原与岭南。

② 《左传·文公十六年》：“濮夷无君长总统，各以邑落自聚，故称‘百濮’。”

③ 有观点认为，以沅湘流域和洞庭湖区为中心的高庙文化先民，是当时中国境内最为强盛的族群；并推测高庙文化早期遗存为人文始祖伏羲氏族创造，晚期遗存及其后续的大溪文化遗存为炎帝氏族创造；伏羲是炎帝神农氏的直系祖先，高庙文化所在区域是中国上古邦国文明的发源地。参见肖军、黄巍、周圣华：《发掘怀化高庙遗址：“高庙文化”颠覆传统认知》，《湖南日报》，2016年6月16日。

④ （明）董斯张：《广博物志》，卷四十器用二，明万历四十三年刻本。

⑤ 梁启超：《中国上古史》，北京：商务印书馆，2016年，第73页。

⑥ 《孟子·滕文公章句上》。

⑦ 《尚书·禹贡》。

⑧ 《左传·襄公十三年》。

⑨ 《后汉书·南蛮西南夷传》。2011年版《洞庭湖历史变迁地图集》（长沙：湖南地图出版社，第77页）认为，楚洞庭郡治索县（今常德鼎城区东），苍梧郡治青阳（今湘阴青山岛）。

⑩ 《左传·昭公五年》。

⑪ 陈伟：《里耶秦简（续校释）》（第1卷），武汉：武汉大学出版社，2012年，第64页。

⑫ 《史记·秦始皇本纪》。

⑬ 朱红林：《张家山汉简〈二年律令〉集释》，北京：社会科学文献出版社，2005年，第177、297页。

⑭ 《后汉书·卫飒传》。

⑮ 《后汉书·郑弘传》。

⑯ （清）同治《桂阳直隶州志》，卷第八，清同治七年刻本。

运河，“内泻长江之险，外通零桂之漕”①，形成湖湘漕粮北上的便捷水道。

隋唐五代，以大运河为枢纽的水运网络形成，开启了中国交通运输史上光辉灿烂的篇章。“自扬、益、湘南至交、广、闽中等州，公家运漕，私行商旅，舳舻相继。”②

唐代地理学家贾耽记述了长安通域外的七条主要路线，其中“安南通天竺道”和“广州通海夷道”③ 取道湖湘。随着“陶瓷之路”④ 兴起，长沙窑瓷成为外销的大宗商品⑤，潭州是陶瓷之路重要起点。

由杜甫《宿青草湖》⑥ 内容可知，水路驿站的利用有严格规定，与陆路驿站“乘传日四驿，乘驿日六驿”⑦ 类似。驿道里程普遍以堠为标识。唐元和十年（815）柳宗元赴京途中作《诏追赴都回寄零陵亲故》称：“岸傍古堠应无数，次第行看别路遥。”

北宋崇宁四年（1105），为方便航运，“以仓部员外郎沈延嗣提举开修青草、洞庭直河。”⑧ 随着粮食、茶叶、陶瓷等商品的流通程度提高，潭州成为商货集散地。“北来因鼎粟，南至出渠（灵渠）船。”⑨

元朝疆域辽阔，水陆交通发展前所未有。至元二十八年（1291）拓辟滇黔湘道，“通辰、沅、靖州常行站道，以达江陵路。……比之黎雅、乌蒙驿路捷近二千余里。”⑩

湘米北漕为历朝所倚重。唐代已有“三秦之人，待此而饱；六军之众，待此而强”⑪ 之说。明清时期，“湖广熟，天下足”一度传为“湖南熟，天下足”⑫。

在政治、经济、军事等因素影响下，湖南交通代有兴废。至清中期，以省会长沙为中心的驿道网络形成，“水道环通，指顾可航”⑬。在广州“一口通商”政策的背景下，湖南沟通南北、联结东西的枢纽地位凸显，最终形成“岭表滇黔，必道湘沅”⑭ 的古代交通格局。

（二）江本无舟人自渡：碑铭中的自渡与共济

人类是社会生活的主体，是历史的创造者，也是生活的创造者。蔡鸿生先生曾提醒交通史研究要避免“见路不见人”⑮。若文献传说是对交通文化的俯瞰视角，碑刻赋记则是具体而微的节点映像。

古代道路大体分为两类，或为由官府筹资建设的干支驿道，或为由商绅、邑人集资修筑的乡村道路。如涟源《乐善亭记》：“古者道路亭舍原有专官，条狼氏、野庐氏、合方氏、遂师候人司险之职，

---

① 《晋书·杜预传》。

② 《元和郡县图志》，卷五河南道一，岱南阁丛书本。

③ （唐）李吉甫：《新唐书·地理志》。

④ 日本学者三上次男先生将中国古代陶瓷外销所经行的海上贸易路线称之为“陶瓷之路”。参见［日］三上次男著，胡德芬译：《陶瓷之路》，天津：天津人民出版社，1983 年，第 251 页。

⑤ 1998 年，在印尼勿里洞岛海域发现唐代沉船“黑石号”，载有瓷器 67000 多件，其中长沙窑瓷 56500 件。

⑥ 杜甫《宿青草湖》：“洞庭犹在目，青草续为名。宿桨依农事，邮签报水程。”

⑦ 《资治通鉴·唐纪》。

⑧ 《宋史·河渠志》。

⑨ 见南宋时期王阮《义丰集·代胡仓进圣德惠民诗一首》。

⑩ 《永乐大典》，卷之一万九千四百八十，钞本。

⑪ 《旧唐书·刘晏传》。

⑫ 《清高宗实录》记载，乾隆二年（1737），当湖南奏报粮食丰收时，乾隆欣然批曰：“语云：‘湖南熟，天下足。’朕惟有额手称庆耳。”

⑬ 见《湖南官报》，清光绪三十一年十月二十一日（1905 年 11 月 17 日）。

⑭ 蒋响元：《筚路蓝缕 以启山林——湖南古代交通史（史前至清末）》，北京：人民交通出版社股份有限公司，2020 年，第 18 页。

⑮ 蔡鸿生：《中外交通史上的胡商与蕃客》，《学理与方法——蔡鸿生教授执教中山大学五十周年纪念文集》，香港：博士苑出版社，2007 年，第 18 页。

皆以掌巡郊野，除治不利，迨秦而废……所谓道路亭舍，所民之自为。”

“开远之功不可以无记”①，这些“贞珉以垂不朽”② 的碑刻不仅记录了修筑缘由、建造过程，表达了历代传承的信仰和价值体系，也体现了彼时民俗和地域文化。

从碑刻叙事看，修筑公益设施动因，可以从“国”“家”“个人”三个层面概括。

从国家层面，是同舟共济的宏愿。无论《诗经》“乐只君子，福履将之”，还是《孟子》“禹思天下有溺者，犹己溺之也”，崇德向善是根植于中华民族基因里的精神内核，处江湖之远的志士仁人，以其行动诠释了他们对家国关系的理解——“庶江湖之远者，有葵藿之心。”③

碑刻诠释了“民生之多艰”。如《修（酃县）雷山路记》：“凡肩挑舆马与夫背负徒手者，足一失势，瞬息辄石撞糜碎；每遇风雨，伞具不敢开展，肝胆为之掉栗。”又如常德《七里桥记》：“若隆冬朝胫，淫雨飞涛，野渡争舟，舟弗之胜也落鱼腹，问诸其水滨者，岁又不知其几也。”

修桥筑路，“各处捐资，共勷盛举”④，留下众多动人故事。浏阳《老女桥碑记》讲述一名女子纺绩奉养葬亲，用剩余资财筑桥，“一女倡修，众女乐捐”，为当时社会罕见；酃县《溅里石桥碑》记载一位七旬老人，“不谋于众，不请于官”，筑桥期间“七年之间修而复圮者三，罗生力亦竭矣，然犹不肯辍”；又郴州《北湖桥记》载郡幕朱君捐俸资助桥梁修建，地方官以其俸禄微薄而制止，君曰：“侯为民藿食，裳何敢窃温厚”……他们虽为微末之躯，但未“徒怨湘江太阔，漫嗟海水难填”⑤，而以绵薄之力，无私奉献。

从家族层面，是商绅世家以慰先人、以勖来者的文化构建过程，也是弘扬教化家风、维系社会影响的重要途径。如浏阳《灌江桥碑记》言“渭少孤，事祖父久。祖父乐善好施，曾建木桥，圮于水……而终必成之者，成祖父之志也”；永绥《石文魁新修轨者道路序》称“先大父生平好善，有志未远……魁承先人遗命，未敢或忘”；临澧《佘市桥碑记》载“而今而后，可以绵久远垂无穷者，君以家视桥，则百倍其固，以遗子孙，以遗其人民。”可见，交通设施也是时间与情感纽带，将家族、社会以价值承续、精神传扬的方式血脉相连。

从个人层面，碑记刻画了倡建者无私无我的精神面貌。在传统观念中，修桥筑路是积累善缘、成就功德之举。难能可贵的是，碑记不乏类似“横戈原不为封侯”⑥ 的剖白，如隆回《佑善亭记》称：“斯举虽微，要亦忧乐与共之所见端也……若以是而疑诸君子之为善望报，则过矣。”宁远《新砌大路碑记》直言：“而福善祸谣之说，非余等之所敢望也。”这些都折射了对因果报应观的超越。

碑刻还反映了事在人为观念，如“感念天下事，非不可为，废兴之故，全在乎人”⑦，或“举之以义，必有乐舍而争先者”⑧ 等。

尽管“为长吏者，往往鄙啬”⑨，碑记仍可窥部分士大夫“怀国之思与忧民之政”⑩ 及淡泊名利、知足常乐的高洁情怀。如唐宋八大家之一的曾巩感慨“世之老于官者，或不乐于归，幸而有乐之者，或无以为归”，赞美柳侯“遗章绶之荣，从湖山之乐”⑪；明代福建右布政使卢梦阳倡导为官者要“以

---

① 《安化开远桥记》。
② 《安化大福桥记》。
③ 《安化开远桥记》。
④ 《新砌（宁远应龙亭）大路碑记》。
⑤ 《宁远应龙桥记》。
⑥ （明）袁崇焕：《边中送别》。
⑦ 《复修（涟源）半排上乐善亭记》。
⑧ 《新建（宜章）三星桥记》。
⑨ 《新建（宜章）三星桥记》。
⑩ 《临武韩张亭记》。
⑪ 《（武陵）归老桥记》。

其实心行实政，不为粉饰以沽名誉。[①]”如此这般，“总使事无巨细，必悉心竭力，方无负国家设官为民之意”[②]。

四、雅俗共赏——诗词楹联与民间歌谣

（一）挥毫当得江山助：文人墨客的潇湘行吟

“路入离骚国，江通欸乃村。”[③] 湖南有着深厚的历史文化底蕴，留下了无数才子迁客墨迹，它们构成了沅湘人文的璀璨一隅。

东汉王逸在《楚辞章句》中称：“昔楚国南郢之邑，沅湘之间，其俗信鬼而好祀，其祠必作歌乐鼓舞以乐诸神。”屈原曾创作《湘君》《湘夫人》，将迎接神灵而不遇的怀思和哀愁诉诸湘水之神。湘夫人未等到湘君，屈原也因为谗言而被放逐，“朝发枉渚兮，夕宿辰阳。苟余心其端直兮，虽僻远之何伤”[④] 诗人涉江入湘时的感慨被有相似经历的文人迁客反复咀嚼，凝固为华夏经典的文化意象。

沅水中上游的五溪，唐代以前一直被看作荒僻偏远的不毛之地。东汉名将马援征“五溪蛮”时，曾喟叹“滔滔武溪一何深，鸟飞不度，兽不敢临”[⑤]，在门生凄切的笛声唱和中含恨病逝。

五溪之水流淌到盛唐诗人迁谪行路的步履边，浸湿了他们的青衫。唐天宝七载（748）王昌龄被贬为龙标（今黔阳一带）尉，这位“七绝圣手”饱含离愁别恨，写下“青山一道同云雨，明月何曾是两乡”[⑥]。而李白为之送行的“我寄愁心予明月，随风直到夜郎西”[⑦] 无意成了诗仙自己命运的谶语。唐乾元元年（758）李白被流放夜郎，途中遇赦，在鼎州沧水驿（今益阳沧水铺）作《菩萨蛮·沧水驿》，追问“何处是归程，长亭更短亭。”

唐大历三年（768），湖湘来了另一位大唐才子——杜甫。彼时的诗圣饱受颠沛流离之苦，在岳阳楼留下“亲朋无一字，老病有孤舟，戎马关山北，凭轩涕泗流”[⑧] 的千古名句。湘水见证了诗人的最后时光，他在贫病困苦中不忘“减米散同舟，路难思共济”[⑨]，凸显了同舟共济、守望相助的中华文化传统。

担当、乐观、进取从未在博采众长、广汇百家的湖湘文化中缺失。前有落第的孟浩然在洞庭湖上不甘“徒有羡鱼情”[⑩]，继有章惇教化梅山峒蛮的“大开庠序明礼教”[⑪]，又有朱熹“我来自有平生志，不用移文远见招”的跨时空唱和……近代，在民族、国家遭遇困厄时，湖湘子弟挺身而出。其中，谭嗣同“我自横刀向天笑，去留肝胆两昆仑”，毛泽东“问苍茫大地，谁主沉浮”，成为湖湘乃至中华诗歌史上的精彩华章。

（二）客聚茶亭茶聚客：旨趣万千的楹联文化

散布道、桥、渡亭上的楹联，将山川地理与历史文化相结合，构成了浓墨重彩的人文景观。

它们有的体现了中华文化“天人合一”“物我一体”的时空观。“云淡风轻千秋不改，山高月皎万

---

① 《新建（宜章）三星桥记》。
② 《新邵石马江桥记》。
③ （宋）唐庚《武陵道中》。
④ （战国）屈原《九章·涉江》。
⑤ （东汉）马援《武溪深行》。
⑥ （唐）王昌龄《送柴侍御》。
⑦ （唐）李白《闻王昌龄左迁龙标遥有此寄》。
⑧ （唐）杜甫《登岳阳楼》。
⑨ （唐）杜甫《解忧》。
⑩ （唐）孟浩然《临洞庭》。
⑪ （宋）章惇《梅山歌》。

载如初”[①]“九峰擎日月，一亭纳古今”[②]，纳千秋万载于芥子须弥；“九级云梯才到顶，一天星斗喜垂肩”[③]“九面云山收眼底，满江风月落樽前”[④]格局广阔，气象万千；“星沙有迹留鸿爪，浏水多情送马蹄”[⑤]“山若有灵应识我，水如无意莫回头”[⑥]，对山川皆含缱绻情深。

有的劝勉来者，莫误前程。如：“十万里前程由此去，五千年事业在人为。”[⑦]“好向此间思后路，莫从这里误前程。”[⑧]

有的教化世人，自省自勉。如：“处世图良，用忠用信还用忍；居家务正，宜耕宜读更宜勤。”[⑨]

有的则富含烟火气息。如：“四面来客，坐片刻无分你我；两头是路，吃一杯各自东西。”[⑩]“为人忙，为己忙，忙里偷闲，权且喝杯茶去；劳心苦，劳力苦，苦中有乐，笑待提壶酒来。”[⑪]

祁东通邵东道路交界处有一座明代路亭——四板亭，东西门各书半边“奇绝”征联。西门上联“王路清夷，谁道哥哥行不得”，东门下联“人托歇息，千年冀共水流长”。数百年来，过往文人骚客驻足亭前，吟哦玩味，捋须沉思，竟无一人对出。《中华对联大全集》将西门上联录入“难倒天下才士——中华绝对名联”章。

景语皆情语，情语亦景语。亭联点染风物，感悟人生，主题丰富，亦庄亦谐。匆匆过客，若与其失之交臂，岂非憾事？

（三）芥子之中见须弥：路程歌里的风土人情

路程歌是行者即兴创作并口耳相传的民间歌谣，是由沿途地名、路况、山水、风物等按顺序串联的“记路口诀”。相较于庙堂之上的黄钟大吕、文人笔下的曼妙诗篇，这些传情述事的歌谣，朗朗上口、容易记忆，是旧时社会生活的历史见证。

路程歌内容编排形式多样，串联手法大致分为两类。

一类是纯粹帮助记忆，包括与民间故事、当地风物串联。如：“沙坪老街尝火酒，长山古树挂藤萝；潘帅题字野石铺，圣贤留迹在尧钵。”[⑫]“挂边山，陵津滩，穿石奇迹筷子庵。”[⑬]“要吃鲤鱼鲤鱼塘，沙和尚住在沙精滩。”[⑭]“许家桥，癞子多；高层滩，钉古佬多；新市街，娘子多；肥回府，糍粑多。”[⑮]这些歌词生动形象、通俗易懂，便于文化水平有限的受众记忆。

另一类则具实用功能。如，提示航向：“篙子点在牛屎上，船头朝左就安全。”[⑯]“包家渡，连三滩；洗马滩，下转弯。”[⑰]

---

① 《永兴云山亭联》。
② 《浏阳高升岭亭联》。
③ 《祁阳摩天岭亭联》。
④ 《湘潭望衡亭联》。
⑤ 《浏阳牛皮岭亭联》。
⑥ 《桃源水源亭联》。
⑦ 《祁阳高山亭联》。
⑧ 《祁阳孙家坳亭联》。
⑨ 《祁阳万福亭联》。
⑩ 《益阳欧公店亭联》。
⑪ 《株洲狮子岭亭联》。
⑫ 见《郴州到广东坪石道途歌》。
⑬ 见《沅水滩头歌》。
⑭ 见《武陵船歌》。
⑮ 见《耒水埠头歌》。
⑯ 见《溇水行船歌》。
⑰ 见《澧水行船歌》。

提示危险水域操作指南："七里塘下团子石，猪楼门内心胆寒。干水要把短纤扯，大水稳舵莫乱扳。"① "猪牯不上莫撞船，炸刺滩边眼要尖。望夫石下多留意，摆正舵位速争先。"②

提示泊船："谷水不是湾船埠，湾船要湾古戍渡。"③ "龙口以下钟家潭，要到花石把船湾。"④

提示税关："琅塘有个厘金局，人人到此把船弯……陶澍当时满了贯，小淹立起红茶关。"⑤ "九江停船漫悠悠，八里江中把税收。"⑥

介绍物产风情："永丰辣酱好口味，九里开坛十里香。"⑦ "好个泸溪县，男闲女不闲。男子家中坐，女子去耕田。"⑧

史诗歌谣属于有韵神话，既有族群起源、迁徙和战争叙事，又有生产、生活习俗以及宗教、道德观念等内容。任何民族的史诗歌谣都是"在既有的现实关系基础上进行创造的"⑨，如，《三丁抽一上云南》反映了明初政府征讨元朝残余势力，并从今邵阳等地举族移民、屯垦滇黔的历史事件。《苗族古歌》《盘王大歌》《侗族起源歌》《土家摆手歌》等长篇史诗，则记录了苗、瑶、侗及土家先民历次迁徙原因、路途遭遇等故事。如：

《苗族古歌》："迁徙迁了七八次，八次迁徙到吕洞。"

《盘王大歌》："瑶人退出千家峒，爬山涉水开路行。"

《土家摆手歌》："上岸的，爬在岩坎走，攀着葛藤行；上船的，背着纤绳走，撑着木船行。"

"鸡公背上关索岭，石头磊磊路难行。"⑩ "撑篙如同猴爬树，拉纤就像牛耕田。"⑪ 路程歌是贩夫走卒生活的真实写照，既有路人的慷慨悲歌，亦可窥见船工的拮据和温情，如"吃一半来留一半，阳桥滩过搞中饭。"⑫ "碎银买点小礼物，一家大小喜洋洋。"⑬

（四）伐木丁丁声未远：号子统一的劳动节奏

社会劳动是艺术的真正来源，"劳动创造了美"⑭。芬兰艺术学家希尔恩认为艺术在劳动中有两种效用：一是缓解疲劳，二是协调动作⑮。号子是劳动过程中创造、"一领众和"演唱的民间歌曲，堪称劳动与美、实用与艺术结合的产物。

劳动号子源远流长，可追溯先秦时期"伐木丁丁"⑯。由于歌者的生活地域、劳动方式及习俗差异，劳动号子也千差万别，曲调或舒缓或激越，或明快或高亢，或粗犷或铿锵，"适应着短促的劳动节奏"⑰。

劳动号子种类繁多。常见交通类号子，有船工号子（包括划桨、摇橹、排篙、拉纤、作缆、绞篷、

---

① 《资水滩歌》。
② 《澧水放排歌》。
③ 《涟源至上海行船歌》。
④ 《涓水水路歌》。
⑤ 《资水滩歌》。
⑥ 《永丰到九江水路歌》。
⑦ 《宝庆至湘乡路途歌》。
⑧ 《沅水滩头歌》。
⑨ 恩格斯：《致符·博尔吉乌斯》，中共中央马克思恩格斯列宁斯大林著作编译局：《马克思恩格斯选集》（第四卷），北京：人民出版社，1972 年，第 606 页。
⑩ 《三丁抽一上云南》。
⑪ 《武陵船歌》。
⑫ 《酉水百滩歌》。
⑬ 《资水滩歌》。
⑭ 中共中央马克思恩格斯列宁斯大林著作编译局：《马克思恩格斯全集》（第 42 卷），北京：人民出版社，1979 年，第 93 页。
⑮ 蒋孔阳：《哲学大辞典·美学卷》，上海：上海辞书出版社，1991 年，第 368 页。
⑯ 《诗经·小雅》。
⑰ 褚斌杰：《中国古代文体概论》，北京：北京大学出版社，1984 年，第 39 页。

换风、绞锚号子）、排工号子（包括扎排、放排、收排号子）、搬运号子（包括装卸、扛棒、抬物、搭肩、搬货、肩码号子）、拉木号子等。其中，澧水船工号子、酉水船工号子和沅水排工号子先后被列入国家、省级非物质文化遗产名录。

五、杜争执而弭讼端——规章告示与禁忌

规章制度是维护交通秩序和社会稳定的基础，“性命攸关，岂可玩忽”①。清代商业兴盛，水运繁忙，部分河段滩险流急，危及商旅生命财产安全。为此，官府设滩头“督率民划为失事者之救护”，然而历久弊生，“驳货者或不以客货为重”②，乘机勒索“数十千，至百千不等”③。更有甚者，勾结歹徒，故意损坏上下船只，致其失事，俨然成为地方一害④。

章程条规针对问题弊端，制定解决方案。如安化《永定滩河救货章程》严禁“乘危抢劫、勒索，以及隐匿货物”；安化《计开议定救生救货章程八条》规定打捞各类落水货物的力资：“谷每担湿者给钱八十文，干者给钱一百文；米每担湿者给钱一百六十文，干者给钱一百八十文。”这些举措，为水上救助的正常运行和客货安全创造了条件。

章程条规折射出明清社会百态，反映了庶民生产生活。如码头箩夫须购“箩位”，才有资格挑运货物。“由官府核定箩位（定额担数，每担一人），分配码头，推举箩头，统一管理。”⑤ 清光绪三十二年（1906）长沙《箩业规章》要求“每年额纳箩租三千一百文，按三节（前年腊月、当年端午及中秋）送交”。三千一百文的箩租还是“因生意愈落，散夫租挑，工食难敷”而“再三商斟”减降的数额。可与之对比的是清光绪三十一年（1905）《计开章程七条》规定，“一石（一百至一百二十斤）给脚钱八文”，箩夫的生存状况可见一斑。

告示与禁碑也是历史见证者。如湖广官道上的长沙雾阳乡（今望城桥驿镇）大阳桥旁，碑刻《仪制令》：“贱避贵，少避长，轻避重，去避来。”宝安益道上的新化龙潭桥禁碑“奉宪禁溺子女，又禁包足。光绪二十四年吉月公示”，反映戊戌变法的影响远及湘中腹地，史料价值尤为珍贵。

六、结语

20 世纪中叶以来，随着经济社会快速发展，人们出行方式发生了巨大改变。1934 年元月，在北平教书的沈从文回凤凰探母。他先搭火车到长沙，转汽车去常德、桃源，继逆水行舟到浦市，再乘轿抵达老家，前后花去 14 天。旅途之中给妻子张兆和信上写道：“除了路途遥远，一路上也是风险颇多…… 每一桨下去，我皆希望它去得远一点，每一篙撑去，我皆希望它走得快一点。”⑥ 2021 年 12 月张吉怀高铁开通，从长沙到凤凰最快不到 2 小时。

任何一条路、一座桥、一处亭，没有文化滋养，便是蛮荒的，缺少色彩的。唯有文化永恒。包括记忆及非物质在内的交通文化遗产，见证了社会发展的历史进程，传承着先民“筚路蓝缕，以启山林”的开拓精神，是中华民族屹立于世界民族文化之林的重要根基。

以史鉴今，向史而新，保护传承蕴含人文风貌与行路智慧的交通文化遗产，整理发掘其建造技艺和民俗、地域文化内涵，对维护文明连续性和多样性、助力交通强国建设、提升国家软实力等均有重要的现实意义和深远的历史意义。

---

① 资水《毛板帮条规·毛板船舵工条规》。

② 安化大汴滩《救助成规》。

③ （清）刘曾撰编：《辰州府救生局总记》，卷一，清同治十二年刻本。

④ 杨斌：《救生船与清代沅江水上救助事业发展》，《求索》，2021 年第 3 期。

⑤ 蒋响元：《筚路蓝缕 以启山林——湖南古代交通史（史前至清末）》，北京：人民交通出版社股份有限公司，2020 年，第 445 页。

⑥ 沈从文：《湘行书简·泊缆子湾》，长沙：岳麓书社，2013 年，第 81 页。

第一章　文献传说

湖南地处长江中游，东邻江西，南毗粤桂，西接黔渝，北界湖北，位居南北和东西要冲，湖湘文化底蕴深厚，交通历史源远流长。

约50万~70万年前，“洞庭之野”就有原始人繁衍生息。距今8~12万年前，东亚最早的现代人出现在潇湘之滨。传说时代，三皇五帝中的伏羲氏、神农氏、黄帝、舜帝、大禹及蚩尤、祝融、驩兜皆有在湘活动的传说。夏商周三代，随着中原文化和楚文化南传，“荆蛮”“百濮”“扬越”等土著族群逐步融入华夏文明体系。

在漫长的历史演进和交通发展进程中，古先民筚路蓝缕，以启山林，在沅湘大地留下了丰富的历史文献和神话传说。

第一节　古史传说

一个民族最初的历史，往往会用古歌史诗、口耳相传的方法保存。用这种史料记述的时代，被称为传说时代①。

新石器时代中晚期，中国历史进入传说时代。栖息黄河、长江流域的原始部族，形成若干部落联盟，彼此之间的争逐、交流与融合，演绎了一幕幕悲壮的历史大剧，促进了中华文明的形成和发展。

一、“涿鹿之战”与三苗南迁

距今约5000年前，蚩尤九黎与炎黄联盟在华北涿鹿②发生冲突，对中华文明演化进程产生了深远影响。《史记·五帝本纪》：“蚩尤作乱，不用帝命，于是黄帝乃征师诸侯，与蚩尤战于涿鹿之野。”

蚩尤战败被杀后，九黎族人南迁长江中游，组成新的部落联盟——三苗国。梁启超先生断言：“三苗九黎，一族两名。”③《名义考》称，“三苗……盖建国在长沙，而所治则江南荆、扬也。”④

根据苗族史诗《亚鲁王》⑤《苗族迁徙史歌》⑥推测，涿鹿之战后，蚩尤族人渡黄河，越伏牛山，沿丹水、唐白河南下；或由荆襄道趋长江北岸，或经随枣走廊抵石家河文化发祥地汉东地区；继而循长江、资水、沅水、澧水，迁居西南山区⑦。《苗族古歌·跋山涉水歌》⑧以很长篇幅，叙述了苗族南迁的艰难历程。

---

① 徐旭生：《中国古史的传说时代》，桂林：广西师范大学出版社，2003年，第22-23页。

② 涿鹿地望，尚未取得共识。多数学者认为位于桑干河流域的怀来盆地，即今河北涿鹿矾山镇古城村南；一说位于今河南修武西北；另有观点认为在山西运城盐池附近，“涿鹿之战”实为双方争夺食盐资源引起。2018年6月，笔者实地考察后，认同运城盐池说。

③ 梁启超：《中国上古史》，北京：商务印书馆，2016年，第73页。

④ （明）周祈：《名义考》，卷五人部，湖北先正遗书本。

⑤ 中国民间文艺家协会：《亚鲁王》，北京：中华书局，2011年。

⑥ 杨亚东、杨华献：《苗族迁徙史歌》，贵阳：贵州民族出版社，2013年。

⑦ 蒋响元：《筚路蓝缕 以启山林——湖南古代交通史（史前至清末）》，北京：人民交通出版社股份有限公司，2020年，第32-35页。

⑧ 潘定智、杨培德、张寒梅：《苗族古歌》，贵阳：贵州人民出版社，1997年。

二、炎帝迁湘与“长沙厉山国”

炎黄联盟擒杀蚩尤后，轩辕代炎帝被拥为领袖①。部分炎族融入黄帝部族，成为中华民族始祖；部分南迁江湘。

随着炎族南迁，湖北随州，湖南炎陵、会同、嘉禾、长沙及越南②等地，皆有炎帝传说或遗迹。传说，炎帝在会同连山发明“连山易”，始于后唐的国家级非物质文化遗产“安仁赶分社”祭祀活动，就是纪念炎帝尝百草、教化农耕而流传下来的民间盛会。

《列子·汤问》：“楚之南，有炎人之国。”衡湘间传闻炎帝建“长沙厉山国”③，是最早见于古史传说的湖南境内邦国。

南宋学者罗泌称：“（炎帝）崩，葬长沙茶乡之尾，是曰茶陵。”④ 这就说明，南迁炎族某支曾居于茶陵、炎陵一带（图 1-1-1）。炎帝陵或是神农氏后裔为奉祀先祖设置的衣冠冢，或为南迁炎族首领的坟墓。

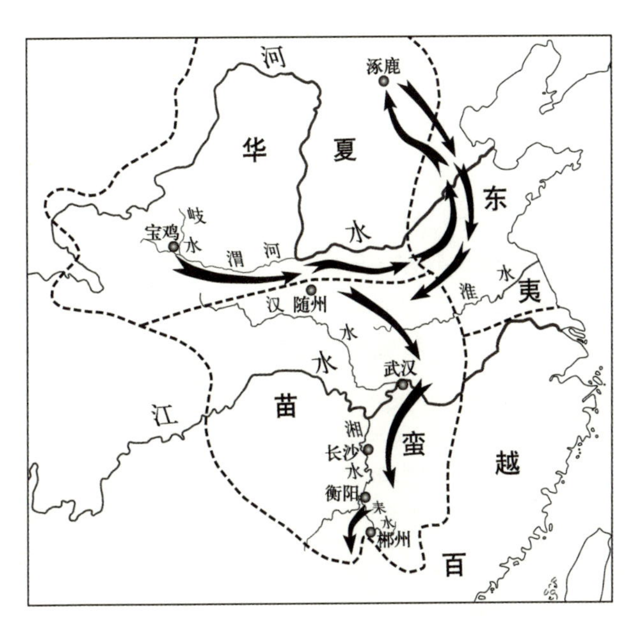

图 1-1-1　炎帝部族南迁示意图⑤

三、祝融南迁

祝融部最初栖息于嵩山以东地区，新郑为祝融氏之国⑥。约在炎族迁湘同时，部分祝融族人徙居衡阳⑦。黄帝因“得祝融而辩于南方”⑧，任命其为司徒⑨。

---

① 《史记·五帝本纪》：“诸侯咸尊轩辕为天子，代神农氏，是为黄帝。”

② 《大越史记全书·外纪》记载，越南民族的始祖泾阳王“讳禄续，神农氏之后也。”见［越南］吴士连等：《大越史记全书（标点校勘本）》卷一《外纪·鸿厖氏纪》，重庆：西南师范大学出版社、北京：人民出版社，2015 年，第 39 页；禄续，即越南民族的始祖泾阳王，见［越南］陶维英：《越南古代史》（上册），北京：商务印书馆，1976 年，第 33、47 页。

③ （清）王万澍：《湖南阳秋·衡湘稽古》，长沙：岳麓书社，2012 年，第 409 页。

④ （宋）罗泌：《路史》，后纪卷三，明万历三十九年刻本。

⑤ 蒋响元：《筚路蓝缕 以启山林——湖南古代交通史（史前至清末）》，北京：人民交通出版社股份有限公司，2020 年，第 37 页。

⑥ 《左传·昭公十七年》：“郑，祝融之墟也。”

⑦ 《湖南阳秋·衡湘稽古》：“祝融重黎，居于衡阳，今衡阳县西有重江，南有黎江，重江乡有重亭，汉以置重安县。”

⑧ 《管子·五行》。

⑨ （宋）罗泌：《路史·后纪卷四》：“祝融为黄帝司徒，徙居于江水。”明万历三十八年刻本。

1942年9月，长沙子弹库出土楚帛书，内有“炎帝乃命祝融以四神降，奠三天，□思鼓，奠四极”[①] 等语，印证了炎帝、祝融在古史传说中的关系。

传说，祝融创造了保存火种的方法，后被奉为火神，与炎帝配祀[②]。又传，祝融死后葬于衡山[③]。后世子孙分别使用已、董、彭、秃、妘、曹、斟、芈姓，史称祝融八姓，其中芈姓崛起为楚国王族。

四、黄帝南征与“胙土长沙”

传说，公元前2697年为黄帝元年[④]。黄帝势力范围东到东海，南达江湘[⑤]，西抵宁夏，北达蒙古[⑥]

黄帝“南至于江，登熊、湘”，或因追逐九黎[⑦]，或为征伐南迁炎族。前述长沙厉山国，极可能毁于这次南征。熊山即今安化与新化交界的大熊山[⑧]。湘山地望，一说为桃江（原属益阳）县境修山[⑨]；一说为洞庭君山，传说黄帝在此铸鼎[⑩]。

黄帝将长沙赏赐其子少昊氏。《史记·五帝本纪》：“玄嚣（少昊氏）降处江水，是为青阳。”青阳为长沙古名[⑪]。《路史》记少昊氏“始于云阳，胙土长沙。”胙，即赏赐。

五、“丹水之战”与驩兜部族徙湘

汉水支流丹水发源于秦岭南麓，中下游背倚宛、洛，前窥荆、襄，素为江汉通关中孔道，史前文化交汇叠合。“丹水之战”可能是三苗向北扩张，威胁华夏联盟的势力范围而引起。

尧帝长子丹朱，因“惟漫游是好，傲虐是作”[⑫]，被封丹水流域，[⑬] 入赘三苗部落首领驩兜（又称欢兜）家族，故称驩朱。

尧初，三苗曾加入华夏联盟[⑭]。尧禅让舜[⑮]，驩兜不服。双方决战于丹江口一带，三苗最终战败[⑯]。战后尧纳舜策，将驩兜流放崇山，迁其他族人于三危山（今甘肃敦煌一带）[⑰]。

---

① 李零：《楚帛书研究十一种》，北京：中西书局，2013年，第6、139页；蒋响元：《筚路蓝缕 以启山林——湖南古代交通史（史前至清末）》，北京：人民交通出版社股份有限公司，2020年，第36页。

② （宋）王溥《唐会要·卷二十二》：“（天宝）六载正月十一日，敕三皇五帝，创物垂范，永言龟镜，宜有钦崇。三皇伏羲，以勾芒配；神农，以祝融配；黄帝，以风后、力牧配。”武英殿聚珍版书本。

③ （北魏）郦道元：《水经注·卷三十八》：“岣嵝山，为南岳也……南有祝融冢。楚灵王之世，山崩毁其坟，得营丘九头图。”明嘉靖十三年刻本。

④ 中国社会科学院历史研究所：《中国历史年表》，北京：中华书局，2012年，第7页。

⑤ 《庄子·天运》：“（黄）帝张咸池之乐于洞庭之野。”

⑥ 《史记·五帝本纪》：“天下有不顺者，黄帝从而征之，平者去之，披山通道，未尝宁居。东至于海，登丸山及岱宗；西至于空桐，登鸡头；南至于江，登熊、湘；北逐荤粥，合符釜山，而邑于涿鹿之阿。”

⑦ 《史记·建元以来侯者年表》载田千秋上书：“父子之怒，自古有之。蚩尤叛父，黄帝涉江。”

⑧ （宋）乐史：《太平寰宇记》，卷一百十五江南西道十三，赵氏藏书本。“昔黄帝登熊山，意即此。”

⑨ （清）同治《益阳县志》：“修山……治西九十里。峻峰如削，卓立江滨，或以即为湘山，昔黄帝南巡所登。”清同治十三年刻本。

⑩ 蒋响元：《筚路蓝缕 以启山林——湖南古代交通史（史前至清末）》，北京：人民交通出版社股份有限公司，2020年，第38页。

⑪ （清）王太岳：《四库全书考证》，卷四十一，武英殿聚珍版全书本。“长沙……古青阳地。秦始皇时，荆王献青阳以西，即此地也。”

⑫ 《尚书·益稷》。

⑬ 《太平御览》卷六十三地部二十八引《尚书逸篇》：“尧子不肖，舜使居丹渊为诸侯，故号曰丹朱。”四部丛刊三编景宋刻配补日本聚珍本

⑭ 晋代郭璞在《山海经·海外南经》注为“驩头尧臣”。

⑮ 从山西襄汾陶寺遗址的起始年代、都城规模以及出土文字，结合文献记载推断，陶寺就是尧都遗址。陶寺早期王族墓地与中期王族墓地不在同一区域，表明早中期王族之间没有血缘关系，印证了尧舜禹时君主禅让制度。

⑯ 南阳淅川下王岗遗址自下而上堆积仰韶文化、屈家岭文化与龙山文化遗存，证实了尧战三苗传说。

⑰ 《史记·五帝本纪》：“放驩兜于崇山，以变南蛮；迁三苗于三危，以变西戎。”

明万历《慈利县志》:“崇山在县西百余里,舜放驩兜崇山即于此。”① 崇山位于今张家界后坪镇连五间村,驩兜屋场、驩兜墓、驩兜庙等遗迹尚存。湘西苗族中有一支庙姓“仡欢”,奉驩兜为先祖,应是其直系后裔。

驩兜部族迁徙路线,大致循汉水,越长江,溯澧水至武陵山区。湘西苗族史诗《鸺巴鸺玛》描述了祖先迁徙崇山的艰难历程:

从澧州澧岘上来,从桃花溪桃花沟上来,从桃花园桃花峒上来……沿着长长的河水上走,顺着高高的大山上迁。穿过抬头望不见天的茫茫森林,冲过七拐八弯的激流险滩。

六、舜“南巡狩”与虞舜族人迁湘

舜姓姚,名重华,来自有虞氏部落,史称虞舜。舜继尧位后,一面采取军事手段,“伐三苗”②;一面施行怀柔政策,以德服苗③。

汉时,司马迁曾远赴潇湘考察,确认舜“南巡狩,崩于苍梧之野。葬于江南九疑,是为零陵”④。“苍梧之野”即九嶷山一带,有虞之世“邻三苗之窟”⑤。

相传,舜曾至九嶷山麓、楚越要冲南风坳⑥,并咏唱《南风歌》:

南风之薰兮,可以解吾民之愠兮;
南风之时兮,可以阜吾民之财兮。

根据历史文献、民间传说、考古发掘、庙宇遗迹及传世地名判断,舜晚年应是在湘水上游度过。九嶷山玉琯岩发现的舜陵遗存,与马王堆汉墓帛书地图的标注相符。“舜迹”线状分布,在交通地理上具有合理性。舜帝南巡传说,一定程度上反映了黄河流域先民南下江湘、岭南过程中,探索、开拓南北交通的艰难实践。

七、衡湘禹迹

逐水而居的原始部落,在应对水患过程中,产生了许多神话传说。相传,“当尧之时,天下犹未平,洪水横流,泛滥于天下”⑦。有崇部落首领鲧治水九载,“绩用弗成”⑧,被“殛之于羽山”⑨。子承父业的禹改围堵为疏导,在长达十三年的治水过程中,“陆行乘车,水行乘舟,泥行乘橇,山行乘檋”⑩,三过家门而不入,终于治水成功。

传说,禹将荆江洪水经过今天的虎渡河、澧水分流至洞庭。“沱、潜既道……又东至于澧,过九

---

① (明)万历《慈利县志》,卷之四,明万历刻本。

② 《战国策·秦策》。

③ 《韩非子·五蠹》:“当舜之时,有苗不服,禹将伐之。舜曰:不可,上(尚)德不厚而行武,非道也。乃修教三年,执干戚舞,有苗乃服。”

④ 《史记·五帝本纪》。

⑤ (明)蒋鐄:《九嶷山志》,转引自(清)光绪《湖南通志》,卷十九地理志十九,清光绪十一年刻本。

⑥ 相传虞舜作《南风歌》的南风坳地望,一说位于山西运城盐池附近的中条山。2018年6月,笔者赴山西实地考察后,认为在运城盐池附近的可能性较大。

⑦ 《孟子·滕文公章句上》。

⑧ 《尚书·虞书·尧典》。

⑨ 《国语·晋语八》。

⑩ 《史记·夏本纪》。

江，至于东陵。”[①] 先秦两汉时期，沱江为荆江别称，洞庭地区水系相汇称为“九江”[②]，东陵即城陵矶。

传说，禹治水、征三苗时数次南下，衡湘间留存诸多遗迹。

衡山 禹碑原刻于衡山岣嵝峰，又称“岣嵝碑”。《岳麓书院志》引《吴越春秋》称：“禹登衡山，梦苍水使者，授金简玉字书，得治水之要，刻石山之高处。”[③]

宋嘉定年间（1208—1224），士子何致将禹碑摹刻长沙岳麓山。宋元以来，禹碑被列为中国最早碑刻，名曰“夏禹岣嵝碑”。

华容禹山 清乾隆《华容县志·禹山》：“县南三十里，相传禹治水登其巅，上有禹王庙。南五里有石山门，相传禹所凿，洞庭门户。”[④]

长沙岳麓山 清乾隆《湖南通志》引《岳麓志》：“禹迹溪在山口，距大江五里，大禹疏凿开山之径。”[⑤]

宁远九嶷山 《衡湘稽古》：“禹之苍梧也，以谒舜帝之陵。”[⑥]

可见，舜禹时期湘水是中原王朝经营湖湘乃至岭南的主孔道。

八、后羿“屠巴蛇于洞庭”与夏文化南传

夏朝直接统治区域，大致东起河济，西到华山，南达伊洛，北抵太行、太岳山麓[⑦]。文化影响则遍今中国大部、越南北部。

传说“因夏民以代夏政”的后羿“断巴蛇于洞庭”[⑧]。《水经注疏》：“昔后羿屠巴蛇于洞庭，其骨若如陵，故曰巴陵。”[⑨]

益阳羊舞岭出土陶器、石器[⑩]，石门桅岗发掘玉璋、玉圭等器件，与二里头同类器形无异[⑪]，可证湖湘是受夏文化影响的区域。

夏文化南传，改变了长江流域各部族发展轨迹和模式，南方地区逐步接触、融入以黄河文明为主体的华夏文明体系。

第二节 典籍记录

交通是人类活动的重要内容。除古代歌谣传说外，梳理古代典籍记载的历史事件，可窥见交通发展演变的脉络。

一、夏商西周

夏、商、西周是中国早期国家形态形成与初步发展阶段，史称三代，又称半信史时代。其标志是

---

① 《尚书·禹贡一》。

② 《读史方舆纪要》：“按《禹贡》言：‘九江孔殷’。许慎曰：‘九江，沅、渐、潕、辰、溆、酉、澧、资、湘也’。”笔者认为，所谓“九江”，大概指当时流经洞庭地区的湘、资、沅、澧、油、汨罗江、新墙河以及五都（今虎渡河）、长江等水。

③ （清）赵宁：《岳麓书院志》，卷四，清康熙二十七年刻后印本。

④ （清）乾隆《华容县志》，卷之一，清乾隆二十五年刻本。

⑤ （清）乾隆《湖南通志》，卷之六，清乾隆二十二年刻本。

⑥ （清）王万澍：《湖南阳秋·衡湘稽古》，长沙：岳麓书社，2012 年，第 455 页。

⑦ 《史记·吴起列传》：“夏桀之居，左河济，右泰华，伊阙在其南，羊肠在其北。”

⑧ （明）隆庆《岳州府志》，卷七职方考，明隆庆刻本 。

⑨ （清）杨守敬、熊会贞：《水经注疏》，卷三十八，清钞本。

⑩ 益阳市文物处：《益阳市羊舞岭遗址发掘》，湖南省文物考古研究所：《湖南考古辑刊》第 8 集，长沙：岳麓书社，2009 年。

⑪ 向桃初：《二里头文化向南方的传播》，《考古》，2011 年第 10 期。

事实成分增加，部分传说被陆续证实。

随着中原文化南传，长江中游“荆蛮”“百濮”“扬越”等族逐步融入华夏体系。从考古材料来看，荆湘土著既受中原文化影响，又具强烈地域、民族特色，他们“叛服无常”。中原王朝的征伐和贡赋道路的拓辟，是这一时期交通发展的主要特点。

(一)《禹贡》与“长沙鳖”贡道

根据夏商周断代工程成果，自禹公元前2070年即位至公元前1600年汤战胜桀，夏朝共经历十三世、十六王，前后约470年[①]。

夏朝所订法规制度为中华文明发展奠定了基础。“古来田赋之制，实始于禹。”[②] 分封诸侯、被征服或承认夏宗主地位的部落，都要向夏都安邑（今山西夏县）朝贡。

禹据山川地理，分天下为冀、兖、青、徐、扬、荆、豫、梁、雍九州，湖南地属荆州。先秦地理著作《禹贡》介绍了九州物产、赋税等级及贡品、贡道等内容。关于荆州，《禹贡》描述：

> 荆及衡阳惟荆州。江、汉朝宗于海，九江孔殷，沱、潜既道，云土、梦作乂。厥土惟涂泥，厥田惟下中，厥赋上下。厥贡羽、毛、齿、革惟金三品，杶、干、栝、柏，砺、砥、砮、丹，惟箘簵、楛；三邦底贡厥名，包匭菁茅，厥篚玄纁玑组；九江纳锡大龟。浮于江、沱、潜[③]、汉，逾于洛，至于南河。[④]

大意为：荆州北据荆山，南及衡阳。江、汉东流入海，多条河流汇集洞庭，沱水、潜水疏通以后云梦地区已可耕作。那里土壤潮湿，田地属下中等，赋税属上下等。贡纳羽毛、齿革和金、银、铜，磨石、石矢、丹砂和美竹、楛木；三个邦国进贡方物，包裹好的菁茅，装筐的玄纁和珠串；洞庭地区入贡、大龟。

荆湘入贡主要走水路。即自洞庭渐次进入江、沱、潜、汉，再舍水就陆，翻伏牛山，入洛河，至于南河（黄河潼关以东河段古称南河）。

西周初年，周成王在东都洛邑（今河南洛阳）举办过一次诸侯大会。《逸周书·王会》记载了大会盛况以及各地诸侯、方国贡物。其中，沅湘贡“卜人丹砂”“长沙鳖”，入贡路线与《禹贡》所记略同。

(二)“商师征荆”与商人入湘

夏禹南征后，三苗作为政治实体不复存在，作为族群仍在长江中游繁衍生息。经过数百年发展，某些支系强大起来，先秦文献中称之为古越、荆蛮、荆楚、濮人。

夏桀二十一年（前1616），“商师征有洛，克之。遂征荆，荆降”[⑤]。武汉盘龙城、江陵荆南寺及岳阳铜鼓山、石门皂市等商代早中期文化聚落，即是在这一历史背景下出现的。

除军事压力外，商汤对荆蛮兼用怀柔策略。《越绝书·吴人内传》：

> 当是时，荆伯未从也，汤于是乃饰牺牛以事，荆伯乃愧然曰：“失事圣人礼。”乃委其诚心，此谓

---

① 中国社会科学院历史研究所：《中国历史年表》，北京：中华书局，2012年，第7-8页。

② （明）顾炎武：《日知录》，卷七，清康熙三十四年刻本。

③ 《尚书·禹贡》两处提到潜水：荆州之潜或为今湖北钟祥、潜江境内之汉水河段，或谓早已湮没；梁州之潜或今嘉陵江。

④ 《史记·夏本纪》：“九江入赐大龟。”孔安国《史记·集解》曰：“尺二寸曰大龟，出于九江水中。龟不常用，赐命而纳之。”

⑤ 《竹书纪年·卷上》。

汤献牛荆之伯也。

“饰牺牛”就是祭祀用的铜牛尊。1977 年 11 月，衡阳市郊出土一件商代铜牛尊，可能就是商人祭祀山川时有意掩埋的①。

殷商势力入湘路线，大致有三条：

（1）自湖北盘龙城溯江，进入湘水流域。其中，扼湘、江之交的铜鼓山遗址，是江南最早出现的商文化②。

（2）自江陵荆南寺，南下澧、沅流域。商文化遗址、遗迹分布澧县、石门、张家界、凤凰、麻阳、辰溪、桃源等地③。

（3）自江西吴城，溯袁水西进，越罗霄山脉隘口进入湘水④。浏阳、醴陵、安仁、攸县、株洲等地出土商代铜铙、铜鸮卣、铜象尊等器⑤，是吴城商文化入湘的实物证据。

（三）“奋伐荆楚”与商族支系南迁

成汤之时荆蛮一度臣服于商，“殷道中衰”时叛商自立⑥。武丁即位后国力上升到顶峰，史称“武丁中兴”。武丁在位期间，“伐鬼方，次于荆”⑦。

武丁伐荆，殷商势力复入荆湘。宁乡、湘潭、邵阳出土铭文“戈”“癸”“祖丁”，桃源、石门发现“皿天全作父己尊彝”“父乙用享”等带有中原商族标志的青铜器⑧，反映了这段曲折历史。

殷人带来的政治文化和先进技术，开启了湖湘青铜文明。宁乡及其周边出土青铜器 300 余件⑨，其中四羊方尊、虎食人卣、人面纹方鼎、象纹大铙等是武汉盘龙城、郑州商城、安阳殷墟、江西新干等殷商铜器密集出土地未见或少见的。

（四）周昭王“南巡狩”

西周初期，周王朝为强化“南土”经营，对荆蛮、虎方⑩等方国进行了多次征伐，客观上促进了南北交通发展。

《史记·周本纪》：“昭王南巡狩，不返，卒于江上。”昭王殒身之地，有汉水、湘水、长江等说

---

① 冯玉辉：《湖南衡阳市郊发现商代青铜牺尊》，《文物》，1978 年第 7 期。

② 通过对铜鼓山遗址出土铜器进行分析，表明其与盘龙城、郑州商城铜器在合金技术与矿料来源上具有较高的一致性，铜鼓山作为盘龙城次级军事据点，铜器或铸铜料可能直接来自盘龙城。参见马江波等：《岳阳商代遗址出土铜器及炉渣的分析研究》，《江汉考古》，2018 年第 3 期。

③ 何介钧：《湖南商周时期古文化的分区探索》，湖南省博物馆：《湖南考古辑刊》第 2 集，长沙：岳麓书社，1984 年。

④ 有观点认为，盘龙城、新干和宁乡出土铜器，在文化面貌上有着继承与发展关系。盘龙城被商王盘庚摧毁后，荆楚文明中心转移赣江流域的吴城。后因武丁“奋伐荆楚”，被迫放弃吴城，转移沩水流域。参见傅聚良：《盘龙城、新干和宁乡——商代荆楚青铜文化的三个阶段》，《中原文物》，2004 年第 1 期。

⑤ 湖南省博物馆编：《湖南出土殷商西周青铜器》，长沙：岳麓书社，2007 年。

⑥ 《毛诗正义》：“高宗前世，殷道中衰，宫室不修，荆楚背叛。”

⑦ 《竹书纪年·卷上》。又《库方氏所藏甲骨卜辞》：“贞王勿乎妇好征伐鬼方。”

⑧ 熊传薪：《湖南商周青铜器的发现与研究》，湖南省博物馆：《湖南省博物馆开馆三十周年暨马王堆汉墓发掘十五周年纪念文集》，内部发行，1986 年。

⑨ 对于宁乡青铜文化的起源，学术界尚有不同观点。如，傅聚良先生认为是武丁伐荆之后，由江西新干转移过来。参见傅聚良：《盘龙城、新干和宁乡——商代荆楚青铜文化的三个阶段》，《中原文物》，2004 年第 1 期。向桃初先生则认为是“商末周初，殷遗民包括江汉地区土著居民为周人所迫逃难南下带来和来当地后铸造的”。参见向桃初：《炭河里文化的发现与湖南先秦地方史重建》，《湖南大学学报（社会科学版）》，2010 年第 5 期。

⑩ 虎方是商周时一个以虎为图腾的方国，势力范围大致包括南岭以北、赣水以西、湘水以东、汉水以南地区。这一地区流行虎饰青铜器，当与虎方有密切关系。虎方以青铜立国，控制着江西瑞昌、湖北大冶等地铜矿资源。

法。传闻，湘潭昭山之下昭潭为昭王葬身处。清嘉庆《大清一统志》转引《湘中记》：“昭潭其下无底，湘水最深处也。或谓周昭王南征不返，没于此潭。”[①] 清光绪《湖南通志》：

> 昭山在（湘潭）县东四十里，以周昭王南征至此，故名。[②]

2019年5月1日，笔者溯舟湘水，前往考察。湘水在湘潭昭山附近呈直角弯曲，由东北折向西北，主航道附近江面，可以看到很大的洄水漩涡，或为昭王覆舟处。

根据传世文献、铜器铭文、地名传说及水文地质条件推测，昭王可能巡狩南岳，舟行湘江昭山段时不慎卷入漩涡，落水溺亡，成为舜帝之后第二个殒命湘水的中原君王。

（五）周穆王“伐越”

商周时期，扬越栖息长江中游，包括湘资流域及洞庭地区[③]。《竹书纪年·卷上》：

> （周穆王）三十七年，大起九师，至于九江，比鼋鼍为梁，遂伐越。

和舜“崩于苍梧之野”后禹征三苗类似，穆王两度兴师“洞庭之野”，显示昭王确实殒命于昭山。炭河里城址[④]被毁、“南国相”消失于历史舞台，与穆王伐越有着极大关联。

根据《竹书纪年》，穆王之师显然进入了湖湘地区。穆王南征与炭河里都邑废弃时段高度重合，或可证明“相”国确为周师所灭。迫于兵威，“（穆王）三十七年，荆人来贡”[⑤]。

先秦时期，扬子鳄广泛分布于长江流域。周师“鼋鼍为梁”——以扬子鳄皮制作浮囊，进抵湖湘。《离骚》谓“麾蛟龙使梁津兮”亦指“鼍鼋为梁”。

浏阳、湘潭等地出土西周铜甬钟，文化面貌与陕西长安普渡村出土周穆王时甬钟相同。有理由相信，长安出土甬钟是穆王伐越的战利品；甬钟技术向北传播，或为周师俘获的荆湘工匠所致[⑥]。

二、春秋战国

春秋战国，“周室衰微，诸侯强并弱”[⑦]。楚国崛起和猛烈扩张，就发生在这一时期。凭借披荆斩棘的顽强精神，荆楚实力不断增强，最终北出方城、问鼎中原，南渡长江、拓地沅湘。

（一）“庸人自扰”与南迁武陵

庸为汉水中上游方国。周夷王（前885—前878）时，楚子熊渠“兴兵伐庸”[⑧]，两国因此结怨。周匡王二年（前611），“楚大饥”，庸乘机“率群蛮以叛楚”[⑨]。楚与秦、巴结盟，应对危局。最终庸国被灭，疆土为楚、秦、巴瓜分。“庸人自扰”因此而来。

---

① （清）嘉庆《大清一统志》，卷三百五十四长沙府一，四部丛刊续编景旧钞本 。

② 湖南省地方志编委会：《光绪湖南通志（点校本）》，长沙：湖南人民出版社，2017年，第572页。

③ 谭其骧：《中国历史地图集·第一册》，北京：中国地图出版社，1996年，第15-16页。

④ 炭河里遗址位于宁乡黄材镇寨子村塅溪与沩水交汇的台地上，是江南已知最早的西周城址，发现于1963年初，考古工作者先后对此进行了五次发掘，证明炭河里遗址为西周时期某一方国都城所在地。

⑤ 《竹书纪年·卷上》。

⑥ 蒋响元：《筚路蓝缕 以启山林——湖南古代交通史（史前至清末）》，北京：人民交通出版社股份有限公司，2020年，第93页。

⑦ 《史记·周本纪》。

⑧ 《史记·楚世家》。

⑨ 《通典》，卷一百五十二兵五，清乾隆十二年刻本。

楚灭庸后，大部庸人翻越大巴山、巫山，南迁武陵山区。张家界有大庸溪、大庸坪和大庸古城，应为庸人怀念故土命名[①]。

南迁乌江、清江、澧水、沅水流域的庸人，演变为土家族先民。这些区域，正是土家族主要分布地。谢方一先生谓为“土家北源说”，并称是一部悲壮的土家古代迁徙史[②]。

（二）“舟师伐濮”与黔中郡设立

周景王二十二年（前523），“楚子为舟师以伐濮”[③]，拓疆沅澧。在此基础上置黔中郡[④]。常德德山[⑤]、溆浦马田坪[⑥]等地春秋战国之交的楚墓，即是“楚子伐濮”在考古上的反映。

黔中郡所出铜、金[⑦]、丹砂、梓楠、鸟羽[⑧]和“包匦青茅”[⑨] 等物，或北运中原，或南输百越，或西销巴蜀、夜郎。其对外交通大致包括三路：顺沅水出长江；溯沅水支流渠水，逾镡成岭下岭南；溯沅水支流酉水、潕水以至巴蜀、夜郎。这些通道，对楚国军事、政治、经济影响颇大。“包茅不入贡于周室”[⑩] 成为齐桓公伐楚借口；“楚材晋用”“买椟还珠”故事皆与南北贩运相关。

（三）“南并蛮越”与楚越道拓辟

吴起变法后，楚国空前强盛。《后汉书·南蛮西南夷传》：“吴起相悼王，南并蛮越，遂有洞庭、苍梧。”

洞庭郡大致范围，北至洞庭，南及潇湘，东接幕阜，西以雪峰山为界，与黔中郡相邻，郡治位于水陆枢纽长沙。苍梧郡辖洞庭郡以南，湘、资上游地区，郡治位于楚越要冲鄙（今郴州）。

“南平百越”是继“舟师伐濮”后，楚国在江南的又一次大规模军事行动。吴起认为，“荆所有余者地也，所不足者民也。今君王以所不足益所余，臣不得而为也”，故“令贵人往实广虚之地”[⑪]。湘水上游洮阳（今广西全州），湘、耒交汇处的庞（今衡阳），耒水之滨的𨛬（耒）阳邑、鄙（今郴州），以及武水上游的临武邑等，就是这一时期设立的县邑或封邑。其中，洮阳扼“湘桂走廊”，𨛬阳邑、鄙控楚越东路，临武邑、九嶷塞控制由骑田岭、九嶷山一线入溱水（北江）、湟水（连江）的交通要道。

（四）“庄蹻王滇”与南方丝绸之路发轫

秦昭王二十七年（前280），“因蜀攻楚黔中，拔之”[⑫]。善用兵的庄蹻随即将其收复。次年，庄蹻

---

① （清）道光《永定县志》：“大庸溪在县西北，发源于十四都分水岭……合流至大庸坪溪口。”清道光三年刻本。

② 谢方一：《里耶秦简又给人惊喜——土家南迁一一道来》，《潇湘晨报》，2002年8月4日。

③ 《左传·昭公十九年》：“楚子为舟师以伐濮。费无极言于楚子曰：‘晋之伯也，迩于诸夏；而楚辟陋，故弗能与争。若大城城父而置大子焉，以通北方，王收南方，是得天下也。’王说，从之。”

④ 黔中郡设于战国时期，辖沅、澧流域及乌江以东地区，治今沅陵。《史记正义》：“楚黔中郡，其故城在辰州（今沅陵）西二十里，皆盘瓠后也。”

⑤ 湖南省博物馆：《湖南常德德山楚墓发掘报告》，《考古》，1963年第9期。

⑥ 怀化地区文物工作队等：《溆浦县高低村春秋战国墓清理报告》，湖南省文物考古研究所、湖南省考古学会：《湖南考古辑刊》第5集，长沙：岳麓书社，1989年。

⑦ 黔中产金记录散见历代文献。如，里耶秦简J（1）14-469：“其余船吏皆复以徭使，采赤金。”（明）李贤《大明一统志·湖广布政司》：“土产麸金……沅陵、辰溪、溆浦黔阳四县出。”明弘治十八年刻本。

⑧ 里耶秦简J（1）10-1170仓徒簿有大规模输送贡鸟的记录：“女卌九人与史武输鸟。”参见王勇：《里耶秦简所见秦代地方官吏的徭使》，《社会科学》，2019年第5期。

⑨ 《史记正义》引《括地志》：“泸溪县西南三百五十里有包茅山。《武阳记》云：山际出包茅，有刺而三脊，因名包茅山。”

⑩ 《史记·管晏列传》。

⑪ 《吕氏春秋·开春论》。

⑫ 《史记·秦本纪》。

溯沅水向西南进军，先后克且兰、夜郎，直到滇池（今昆明）①。昭王三十年（前277），“蜀守若伐楚，取巫郡及江南，为黔中郡。”② 庄蹻“欲归报，会秦击夺楚巴、黔中郡，道塞不通，因还，以其众王滇，变服从其俗以长之”③。

庄蹻略取夜郎，经营滇地，将楚文化传播至云贵高原。印度孔雀王朝（约前324—约前188）开国大臣蹻底利耶（Kautilya）在《政事论》提到：“产生在支那成捆的丝，贾人常贩至印度。”④ 这说明，迟至战国，就存在一条经湘、黔、滇至印度的中印商路，或称“南方丝绸之路。”

（五）“浮江伐楚”与龚西道

周慎靓王五年（前316），秦攻灭巴、蜀，“以巴氏为蛮夷君长”⑤，建立羁縻政权，设巴都于枳（今重庆涪陵）。

楚顷襄王十九年（前280），楚从黔中、巫郡两路出兵，攻占枳地，废巴君为铜梁侯。秦即遣司马错为大将，攻楚黔中。进军路线大致是：自涪陵溯乌江抵龚滩，循龚西通道至酉水，攻取沅陵、溆浦等地。

1978年，溆浦马田坪战国晚期墓出土“中脯王鼎”、秦篆“少府”铭文矛及“巴式剑”等，佐证了秦军“溯舟伐楚”记载。

（六）屈原诗歌与沅湘造船业

屈原流放期间，创作了很多涉及舟筏的诗歌。侧面反映了战国时期湘境造船业实况。

《涉江》：“乘舲船余上沅兮，齐吴榜以击汰。”

“舲船”系指有窗牖的船。

《惜诵》：“昔余梦登天兮，魂中道而无杭。”

“杭”，一作“航”，或曰“舫”，意谓方舟并济。舫船有较大的转载能力，可用于长途运输。《长江航运史》推测其载重约六万斤⑥。

《惜往日》：“乘氾泭以下流兮，无舟楫而自备。”

“氾泭”即浮筏，竹木编成。

战国时代，随着造船技术进步，出现了多种舟船动力推进工具，如楫、棹、桡、榜、枻等。屈原诗作亦有描写：

楫（楫齐扬以容与兮——《哀郢》），划船的短桨。

棹（桂棹兮兰枻——《湘君》），摇船的长橹。

榜（齐吴榜以击汰——《涉江》），长桨。

枻（渔父莞尔而笑，鼓枻而去——《渔父》），或为船舵。《集韵·去声》“枻，一曰柂也。”据此推测，楚人或已用舵掌握航向。

三、秦汉两晋南北朝

秦汉时期，秦始皇、汉武帝及汉光武帝先后对岭南用兵，奠定了湘水在古代南北交通中的咽喉地

---

① 庄蹻入滇的时间、路线，史籍有不同记载。如，《史记》载时间是“楚威王时”，路线为“循江上”；《后汉书》则载是“楚顷襄王时”，路线“从沅水”。

② 《史记·秦本论》。

③ 《史记·西南夷列传》。

④ 郭仁成：《楚国经济史新论》，长沙：湖南教育出版社，1990年，第10页。

⑤ 《后汉书·南蛮西南夷列传》。

⑥ 罗传栋：《长江航运史·古代部分》，北京：人民交通出版社，1991年，第52页。

位，对中国军事、政治、经济、文化、对外交流等方面，产生了深远影响。

两晋南北朝，中原人民大量南迁，先进文化和技术南传，推动了湖湘经济社会发展，“湘川地多所出所得……委输甚众”①。水陆交通因之发展，以洞庭湖为枢纽的水道网络渐趋形成。

（一）零陵秦驰道

秦朝是交通史上一个承前启后的重要阶段。“驰道修筑，是秦汉交通建设事业中最具时代特色的成就。”②

驰道堪称最早的国道主干线。其中，通南岭驰道的修筑、洞庭甲兵输苍梧③，显然和秦征百越的军事行动有关。明末清初，湘南地区尚有驰道遗迹。关于零陵秦驰道，根据《读史方舆纪要・湖广》：

（在永州）府东八十里，阔五丈余，类今之河道。《史记》秦始皇命天下修驰道，以备游幸，此其旧迹也。

（二）秦始皇征百越

秦始皇二十五年（前222）灭楚后，为“征百越”④，王翦动用戍卒、刑徒和劳役修筑五岭峤道⑤。二十九年（前218）⑥ 正式开始作战行动。《淮南子・人间训》对秦征百越的动机、出兵规模、进军路线、后勤供应、战争过程诸方面作了详细描述：

又利越之犀角、象齿、翡翠、珠玑，乃使尉屠睢发卒五十万，为五军，一军塞镡城之岭，一军守九疑之塞，一军处番禺之都，一军守南野之界，一军结余干之水。三年不解甲驰弩，使监禄无以转饷。又以卒凿渠而通粮道，以与越人战，杀西呕（瓯）君译吁宋。而越人皆入丛薄中，与禽兽处，莫肯为秦虏。相置桀骏以为将，而夜攻秦人，大破之。杀尉屠睢，伏尸流血数十万，乃发谪戍以备之。

除“处番禺之都”一军外，其余各军遭到顽强抵抗，主将屠睢战死沙场，秦人不得不屯守南岭要隘，双方形成对峙局面。

根据文献和交通地理推测，秦征百越路线大致如下：

（1）“塞镡城之岭”一军，自洞庭郡集结，溯沅水、渠水，越“镡城之岭”——八十里大南山西麓谷地，南下潭水（今融江）流域。

（2）“守九疑之塞”一军，自苍梧郡集结，溯湘水、潇水而上，过“九疑塞”（今蓝山南风坳），沿湟水（今连江）南下。

（3）“守南野之界”一军，当自九江郡集结，溯赣水，出大庾岭，继下浈水、溱水（今北江），深入越地。

（4）“处番禺之都”一军，亦由苍梧郡南下，溯湘水、耒水至郴，逾骑田岭，下湟水，入溱水，

---

① 《陈书・华皎传》。

② 王子今：《秦汉交通史稿》，北京：中国人民大学出版社，2013年，第32页。

③ 里耶秦简J1（16）5：“廿七年（前220）……洞庭兵输内史及巴、南郡、苍梧，输甲兵当传者多。”

④ 《史记・白起王翦列传》。

⑤ （清）光绪《永明县志・卷九》：“秦置五岭之戍，萌渚之峤。”清光绪八年刊本。

⑥ 秦征百越的时间，史学界有不同说法。如，翦伯赞在《中国史纲要》中主张秦始皇二十六年（前221），林剑鸣在《秦汉史》一书中断定秦始皇二十八年冬，刘泽华在《中国通史教程・第一卷》（先秦两汉时期）、［越南］陶维英在《越南古代史》（上册）中则称秦始皇二十九年。

进占“番禺之都”广州。

(5)“结余干之水”一军，当自闽越地区西返，集结于鄱阳湖一带，监视东瓯、闽越动向。

灵渠凿通后，交通条件大为改善，最终征服百越。战后，秦置桂林、象郡、南海三郡，并大规模移民岭南，确保对越地的控制①。

(三) 汉武帝伐南越

元鼎五年（前112）夏，“南越王相吕嘉反”②。同年秋，汉武帝大举伐越。《史记·南越列传》：

> 卫尉路博德为伏波将军，出桂阳，下汇水；主爵都尉杨仆为楼船将军，出豫章，下横浦；故归义越侯二人为戈船、下厉将军，出零陵，或下离水，或抵苍梧；使驰义侯因巴蜀罪人，发夜郎兵，下牂牁江，咸会番禺。

五路大军，除楼船将军杨仆溯豫章水（赣水）、夜郎兵自牂牁江③入粤外，余皆循湘水南征。其中，伏波将军路博德自桂阳下汇水，直取番禺（今广州）；戈船将军郑严自零陵（治今全州）溯湘水，过灵渠，入桂江；下厉将军田甲溯潇水，出谢沐关，下贺江。

征服南越国后，武帝分其地为南海、苍梧、郁林、会浦、交趾、九真、日南、珠崖、儋耳九郡，直属中央统辖。

(四) 汉光武帝征交趾

东汉建武十六年（40），交趾郡（治今越南河内）征侧、征贰姐妹起事，“蛮里皆应之，凡略六十五城……光武乃诏长沙、合浦、交趾具车船、修道桥、通障谿、储粮谷”④。

完成交通及后勤准备后，“十八年，遣伏波将军马援、楼船将军段志，发长沙、桂阳、零陵、苍梧兵万余人讨之。”⑤ 马援水陆兼程，南征交趾。次年夏天，二征战死⑥，300余名叛军首领被流放零陵⑦。

内迁的交趾贵族带来了故土风俗和饮食文化，流行永州、邵阳、广西全州（皆在汉零陵郡境内）等地的特色美食“血鸭”，或由越人传统菜品——“越南生鸭血”演变而来。

(五) 刘尚、马援征五溪蛮

虞夏之时，三苗族系迁徙沅澧中上游流域。因境内酉水、辰水、溆水、潕水、渠水等古称“五溪”，又名“五溪蛮。”

---

① 《史记·秦始皇本纪》：“三十三年，发诸尝逋亡人、赘婿、贾人略取陆梁地，为桂林、象郡、南海，以适遣戍。……三十四年，适治狱吏不直者，筑长城及南越地。”

② 《汉书·武帝纪》。

③ 《汉书·西南夷两粤朝鲜传》载，汉使唐蒙至夜郎，知从夜郎“道西北牂柯江，江广数里，出番禺城下”。及汉伐南越，唐蒙献策：“今以长沙、豫章往，水道多绝，难行。窃闻夜郎所有精兵可得十万，浮船牂柯，出不意，此制粤一奇也。”牂牁江即北盘江，珠江水系西江左岸支流，源于云南宣威马雄山西北麓，流经滇东、黔西南，于贵州省望谟县蔗香双江口与南盘江汇合后称红水河。

④ 《后汉书·南蛮西南夷列传》。

⑤ 《后汉书·南蛮西南夷列传》。

⑥ 越南史籍记载为征贰阵亡、征侧逃亡嵋山，没有征氏姊妹被斩的说法。参见［越南］陶维英：《越南古代史》（下册），北京：商务印书馆，1976年，第483页。

⑦ 《后汉书·南蛮西南夷列传》：“援破交趾，斩征侧、征贰等，余皆降散。进击九真贼都阳等，破降之。徙其渠帅三百余口于零陵。于是岭表悉平。”

东汉建武二十三年（47），五溪蛮“大寇郡县”。威武将军刘尚受命“发南郡、长沙、武陵兵万余人，乘船溯沅水，入武谿击之”①。

刘尚初战告捷后，继续溯沅水进击。由于“轻敌入险，山深水疾，舟船不得上。蛮氏知尚粮少入远，又不晓道径，遂屯聚守险。尚食尽引还，蛮缘路徼战，尚军大败，悉为所没。”②

汉光武帝复派伏波将军马援率兵再征五溪。《后汉书·马援传》：

初，军次下雋（今岳阳），有两道可入，从壶头则路近而水崄，从充则涂夷而运远，帝初以为疑。及军至，耿舒欲从充道，援以为弃日费粮，不如进壶头，扼其喉咽，充贼自破。以事上之，帝从援策。

“壶头”系山名，在今沅陵东北沅水南岸，“从壶头”即循沅水；“充”县位今张家界，“从充”即由澧水。

因滩险水急，五溪蛮“乘高守隘”③。马援始终未能破逾壶头隘。“会暑甚，士卒多疫死，援亦中病，遂困。”为免蹈刘尚覆辙，“乃矫制调伏波司马吕种守沅陵长。命种奉诏书入虏营，告以恩信，因勒兵随其后”④。蛮酋也因日久难支，遂率叛蛮降汉⑤。

（六）卫飒“凿山通道”

东汉初年，桂阳郡（治今郴州）守卫飒修筑驿道500余里，以避舟行不易的武水，成为湘粤交通史上重大事件。《后汉书·循吏列传》：

先是，含洭、浈阳、曲江三县，越之故地，武帝平之，内属桂阳。民居深山，滨溪谷，习其风土，不出田租。去郡远者，或且千里。吏事往来，辄发民乘船，名曰传役。每一吏出，傜及数家，百姓苦之。飒乃凿山通道五百余里，列亭传，置邮驿。于是役省劳息，奸吏杜绝。

湘粤驿道经过此改造后，沿用近2000年，为促进南北交通作出了重要贡献。在唐开元十七年（729）张九龄开凿梅岭道前，湘粤驿道是中原通岭南东部主干道。

（七）郑弘“奏开零陵、桂阳峤道”

东汉建初八年（83），大司农郑弘奏开零陵、桂阳峤道，将岭南入贡由海运改走南岭。《后汉书·郑弘传》：

建初八年，（弘）代郑众为大司农。旧交趾七郡贡献转运，皆从东冶（今福州）泛海而至，风波艰阻，沉溺相系。弘奏开零陵、桂阳峤道，于是夷通，至今遂为常路。

交趾七郡是武帝征南越后，设置的南海、苍梧、郁林、合浦、交趾、九真、日南七郡，包括今越南中北部和两广地区。

零陵峤道主要转送岭南西部各郡方物，即从交趾沿海东行至合浦，再沿南流江、北流江至苍梧，

---

① 《后汉书·南蛮西南夷列传》。

② 《后汉书·南蛮西南夷列》。

③ 《后汉书·马援传》。

④ 《后汉书·宋均传》。

⑤ 《后汉书·南蛮西南夷列传》：“单程等饥困乞降。会援病卒。谒者宗均听悉受降，为置长吏，群蛮遂平。”

溯桂江、漓水，由灵渠入湘水，渡长江，循汉水、转唐白河，北上洛阳。“永元十年（98），梁棠兄弟徙九真还，路由长沙。”① 应当是经过这条通道。

桂阳峤道主要转送南海郡入贡之物，即从番禺溯北江、湟水，越骑田岭至郴州，再下郴水、耒水，入湘水，与由零陵峤道北上的线路汇合。

（八）唐羌罢贡与邮驿快递

岭南荔枝甘甜味美。《西京杂记》称南越王赵佗“献高祖鲛鱼、荔枝，高祖报以蒲桃锦四匹”②。

荔枝进献京都，采用邮驿快递，役夫日夜兼程，轮流传送。临武长唐羌有感于役夫劳苦、死亡不绝于路，于永元十五年（103）奏请罢贡获准。《后汉书·和帝纪》：

旧南海献龙眼、荔枝，十里一置，五里一堠，奔腾阻险，死者继路。时临武长汝南（籍）唐羌，县接南海，乃上书陈状，帝下诏曰：“远国珍羞，本以荐奉宗庙。苟有伤害，岂爱民之本。其敕太官，勿复受献。”由是遂省焉。

“置”即驿置，“置”和“堠”都是传递交接之点。“十里一置”的密度，远高于汉制“三十里一置”，以适应驿马接力奔驰，保证荔枝新鲜。由此看来，邮驿快递主要通过缩短驿置之间的距离实现。

（九）周憬疏浚武水

秦汉时期，武水是桂阳通南海重要通道。汉初，南越王赵佗曾在乐昌筑城，扼守武水水道③。

武水滩多流急，水势险恶，“装载重舟多致沉坏”。东汉熹平（172—178）初，桂阳太守周憬疏浚武水。工程竣工后，“小溪乃平直，大道永通利，抱布贸丝，交易而至”④。

周憬疏浚武水，是最早见于记录的湘粤航道工程。

（十）赤壁之战与“华容道”

建安十三年（208），曹操在赤壁之战中败于孙权、刘备联军，在巴丘湖（今洞庭湖）西曹公洲自烧余船后，经华容道⑤北撤江陵。

先秦汉晋时期，华容道位于长江主水道以北。赤壁之战发生在冬季，夏水枯竭，从巴丘走华容道至江陵，路近且便于步骑通行，故曹操从巴丘湖上岸后，“引军从华容道步归”⑥。

曹操南征北归经由华容道，证明该道是巴丘至江陵的必由陆路。春秋晚期建造的华容章华台⑦，当可佐证华容道的悠久历史。

---

① 《后汉书·窦融传》。

② （汉）刘歆《西京杂记》，卷上，抱经堂丛书本。

③ （清）屈大均《广东新语·地语》：“佗既绝新道，于仁化北一百三十里，即今城口筑城，以壮横浦。于乐昌西南二里，上抵泷口筑城，以壮湟溪。”清康熙刻本。

④ （清）同治《桂阳直隶州志》，卷第八，清同治七年刻本。

⑤ 关于华容道的位置，除湖南华容外，学界还有几种观点。第一，湖北监利。《辞源》：“华容，春秋许容城地。汉置华容县，属南郡。后周废。故城在今湖北监利县东。汉末赤壁之战曹操兵败从华容道北走，即此。”第二，湖北石首。《中国古代史》：“《武昌志》曰：‘曹操自江陵追刘备至巴丘，遂至赤壁，遇周瑜兵，大败，取华容道归。’赤壁山，在今嘉鱼县，对江北之乌林。巴丘，今巴陵。华容，今石首也。”第三，湖北潜江。《辞海》：“华容：古县名。西汉置。治所在今湖北潜江县西南。南朝梁废。东汉建安十三年，曹操在赤壁战败后北归，取道于此。”

⑥ 《三国志·魏志·武帝纪》。

⑦ 章华台是楚灵王六年（前535）修建的离宫，具体位置有湖北潜江、荆州、监利以及湖南华容等说法，此处从华容说。杜预《春秋左传集解》：“章台，南郡华容县。”“宫室始成，祭之为落。台今在华容城内。”

（十一）杜预开华容运河

晋太康元年（280），镇抚零陵、桂阳、衡阳三郡的杜预开凿汉水南岸扬口至江陵运河，疏浚夏水、子夏水①，再于荆江南岸调弦口凿华容运河，入巴丘湖，史称杨夏水道（图1-2-1）或杜预运河。

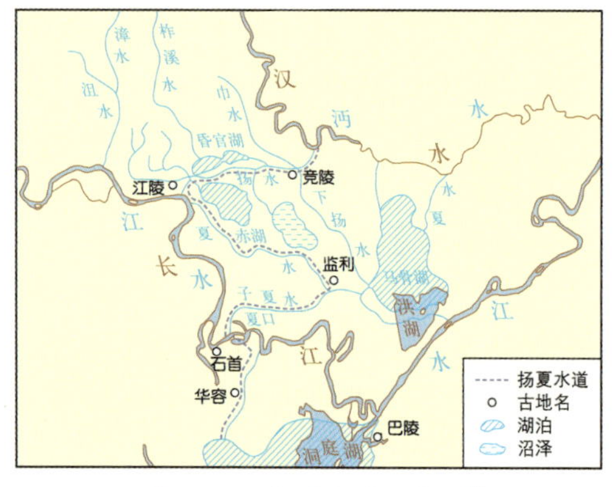

图1-2-1 扬夏水道示意图②

自扬口经扬水、夏水、江水、华容河至巴丘湖的水道开通后，零桂漕粮便可浮舟洞庭，经华容河、扬夏水道、汉水至襄阳，缩短航程600多里，南北水运更加便捷。《晋书·杜预传》：“开杨口，起夏水，达巴陵千余里，内泻长江之险，外通零桂之漕。”

华容运河是湖南史上第一条人工河渠。由于修建运河干预了江湖自然演变进程，江水挟沙南泄，湘、资、沅、澧顺流而下，夏秋之际相互顶托，泥沙淤积渐次增多。湘江长沙水陆洲、湘潭杨梅洲、衡阳筷子洲等沙洲，在后来数十年间依次出现。

四、隋唐两宋

唐宋时期，中国经济重心南移，以大运河为枢纽的全国性水运网络形成。“自扬、益、湘南至交、广、闽中等州，公家运漕，私行商旅，舳舻相继。”③ 随着航海技术的进步，海上丝绸之路（陶瓷之路）兴起，成为中国交通史和中西贸易史上的一个重要里程碑。

这一时期，文学、艺术、科技等方面都取得辉煌成就。唐诗、宋词成为中华文化奇葩，建筑、天文、历法、地理、医学等领域取得重大进展，雕版印刷更是中国古代科技史上的重要发明创造。

（一）“漕引潇湘洞庭”

唐天宝十四年（755）爆发的安史之乱，使北方社会遭到严重破坏，“两京衣冠，尽投江湘”④。湖湘税赋成为重要财源。唐代宗（762—779）初年，转运使刘晏致宰相元载的信中提到：

> 潭、衡、桂阳，必多积谷。关辅汲汲，只缘兵粮。漕引潇湘、洞庭，万里几日，沧波挂席，西指长安。三秦之人，待此而饱；六军之众，待此而强。天子无侧席之忧，都人见泛舟之役。⑤

湘米北漕的主要路线为：由四水（湘资沅澧）入洞庭，顺江而下扬州，经大运河转输至洛阳、长安。作为重要漕粮基地，湘境置有多处谷仓以备转漕。近人张先民在《湘潭县地理图说·区域》中说：

> 湘水合涓水之口为洛口，即今之易俗河，前代榷场，唐于洛口置仓转漕，五代时曾置易俗场官，易俗之名殆始于此。⑥

---

① 夏水位于扬水以南，从江陵以东附近的长江北岸中夏口分流而出，经监利向西，注入汉水。子夏水从其南面、石首附近长江北岸子夏口分流而出，《水经注》称其“通于夏水，故曰子夏也”。

② 罗传栋：《长江航运史·古代部分》，北京：人民交通出版社，1991年，第113页。

③ （唐）李吉甫《元和郡县图志》，卷五河南道一，岱南阁丛书本。

④ 《旧唐书·地理志》。

⑤ 《旧唐书·刘晏传》。

⑥ 尹铁凡：《湘潭经济史略》，长沙：湖南人民出版社，2003年，第67-68页。

（二）“广州通海夷道”与陶瓷之路

按《新唐书·地理志》，“广州通海夷道”自广州出发，经今越南、印度尼西亚、印度、巴基斯坦，入波斯湾；在印度尼西亚巨港，又有一条东至爪哇岛的航线；还有一条航线从印度南部出发，借助季风洋流横渡印度洋，抵坦桑尼亚，再由肯尼亚、也门、阿曼，复入波斯湾（图 1-2-2）。以上各地均发现长沙窑瓷，印证广州通海夷道也是海上陶瓷之路。

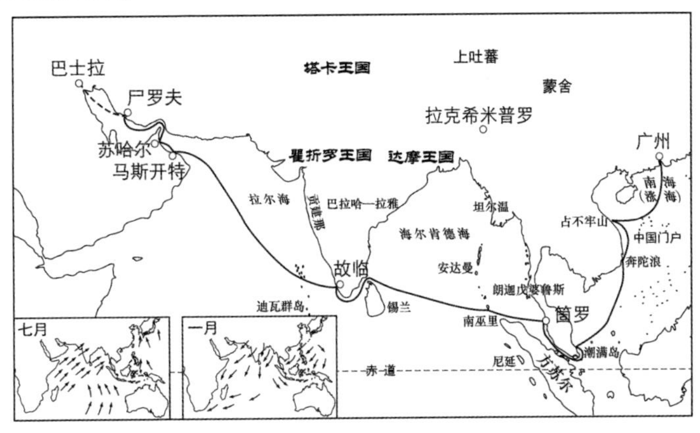

图 1-2-2　9—10 世纪阿拉伯人航海东来路线图①

唐代长沙窑瓷因其创新的彩绘装饰艺术，成为晚唐五代出口最多的陶瓷、湖南首款由海路外销的大宗商品，在中外贸易和交通史上占有重要地位，长沙因此成为陶瓷之路重要起点②。

1998 年，印度尼西亚巨港勿里洞（Billiton）海域发现一艘 9 世纪沉船——黑石号，打捞到中国瓷器 67000 多件，其中长沙窑瓷 56500 件。由瓷碗题记“宝历二年七月十六日”，可知沉船年代应为唐宝历二年（826）之后。经鉴定，黑石号从广州起航，目的地是伊朗西拉夫（Siraf）③。

“广州通海夷道”未曾提及的菲律宾、泰国、埃及等地出土长沙窑瓷说明，晚唐五代，随着造船、航海技术的发展，东西贸易进一步扩大，陶瓷之路航线增多，辐射范围也更为广阔。

（三）“茶道大行”与茶马之路

湖南是最早种茶地区之一，茶陵得名就与茶有关④。由于“茶道大行，王公朝士无不饮者”⑤ 南茶北运，舟车相继，茶叶之路形成。“潭州茶、阳团茶、渠江薄片茶……惟江陵、襄阳，皆数千里食之。”⑥

五代时，马楚“听民售茶北客”⑦，并在荆州、襄阳、复州以及京师汴州等地置“回图务”。官府收茶运至各回图务外销，其中茶缯交易面向中原汉族、茶马交易针对游牧民族。《旧五代史·马殷传》称马楚“于中原卖茶之利，岁百万计。”

茶叶运销以水路为主，外销路线大致有两条。

---

① 蒋响元：《筚路蓝缕 以启山林——湖南古代交通史（史前至清末）》，北京：人民交通出版社股份有限公司，2020 年，第 282 页。转引自［阿拉伯］苏莱曼、阿布·赛义德著，穆根来、汶江、黄倬汉译：《中国印度见闻录》，北京：中华书局，1983 年，第 167 页。

② 蒋响元：《筚路蓝缕 以启山林——湖南古代交通史（史前至清末）》，北京：人民交通出版社股份有限公司，2020 年，第 274-282 页。

③ 谢明良：《记黑石号（Batu Hitam）沉船中的中国陶瓷器》，《贸易陶瓷与文化史》（美术考古丛刊 6），台北：允晨文化实业股份有限公司，2005 年。

④ 《茶陵图经》：“茶陵者，所谓陵谷生茶茗焉。”（唐）陆羽《茶经》，卷下，百川学海本。

⑤ （唐）封演：《封氏闻见记》，卷六，雅雨堂丛书本。

⑥ （唐）杨晔：《膳夫经》，闾丘辩囿本。

⑦ （清）吴任臣：《十国春秋·楚世家》，清乾隆五十八年刻本。

一是湘桂道：溯湘水、下漓水，入岭南、安南等地[①]。如：

衡州衡山团饼而巨串，岁收十万，自潇湘达于五岭，皆仰给焉……虽远自交趾之人，亦常食之，功亦不细。[②]

二是江汉道：顺湘资沅澧出洞庭，循长江、汉水入中原。

该线是湘茶外销主渠道，史称“茶马之路”。今安化、新化等地遗存的茶马古道，即源于五代勃兴的茶马交易。

（四）章惇“开梅”与宝安益道拓辟

资水中游的梅山土著，先秦称“荆蛮”，汉称“长沙蛮”，唐宋称“梅山峒蛮”。《宋史·蛮夷传》：

梅山峒蛮，旧不与中国通。其地东接潭，南接邵，其西则辰，其北则鼎、澧，而梅山居其中。

北宋熙宁五年（1072），章惇以“察访荆湖北路农田、水利、常平等事”名义，“经制南北江”[③]及“梅山蛮事”。《宋史·蛮夷传》：

（章惇）于是遂檄谕开梅山，蛮猺争辟道路以待，得其地。东起宁乡司徒岭，西抵邵阳白沙砦，北界益阳四里河，南止湘乡佛子岭。……自是，鼎、澧可以南至邵。

同年（1072），以上梅山建新化县，隶邵州；次年，析下梅山建安化县，属潭州。至此，宝庆、新化、安化、益阳间驿道沿资水流向连成一线，鼎州、澧州可由此道南通邵州、永州。

（五）寇准贬道州

宋代里堠设置沿袭旧制，即所谓“五里单堠，十里双堠。”北宋天禧四年（1020），名臣寇准被贬为道州司马，曾被权臣用“堠计”谋害。

湖湘官道，穷日之力，仅能尽两驿。父老相传，以为寇莱公（寇准）为丁、曹所诬蔑，谪为道州司马，欲以忧困杀之，阴令于衡、湘间，十里则去一堠，以为五里。故道里之加长如是。[④]

寇准贬迁道州途经零陵时，溪峒蛮夷“乘间抄掠。其酋长闻而责之曰：‘奈何夺贤宰相行李邪？’”随即遣人归还所掠财物[⑤]。

（六）湘粤盐道形成

自汉以来，食盐实行专卖，称为榷运。湖南“例食淮盐”[⑥]，或因盐船延误，民众径赴川粤挑盐；或因运道梗阻，朝廷准改淮纲为粤川盐引，渐次形成盐道。

---

① 唐懿宗《恤民通商制》诏文，再现了湖南茶商往来安南史实：“安南溪洞首领，素推诚节。虽蛮寇窃据城壁，而酋豪各守土疆。如闻溪洞之间，悉藉岭北茶药，宜令诸道一任商人兴贩，不得禁止往来。”（《旧唐书·懿宗本纪》）

② （唐）杨晔：《膳夫经》，闾丘辩囿本。

③ 南江包括沅水中上游流域，北江含酉水及澧水中上游流域。

④ （宋）曾敏行：《独醒杂志》，卷二，知不足斋寄丛书本

⑤ （宋）李焘：《续资治通鉴长编》，卷九十六真宗，清光绪七年刻本。

⑥ 《宋史·蹇周辅传》。

北宋元丰七年（1084），朝廷裁准邻近岭南的郴、全、道、诚、辰、沅等州“可以通广盐”，其余地区仍“例食淮盐”①。

湘粤盐道形成后，盐商挑夫鱼贯往来。其中，永连盐道始于零陵，“由府城东门出城，经茆江桥、仙人桥，走菱角塘，翻丫髻岭，穿铲子坪，过廖家桥，越白水岭，出神仙冲，奔大麻江，过茅镰湾，翻响鼓岭，逾候坪，越石吞岭，入宁远县境。再走九龙亭，过清水桥，入柏家坪，奔双井墟，穿朝阳洞，出马褡坪，走禾亭墟，过龙盘圩，逾广春，出蒋金田洞，入蓝山境。继走三里亭，经蓝山县城，过万年桥，出猫仔冲，绕半山园，穿草鞋坪，进南风坳，翻钩挂岭，抵广东连州界。自府城至连州，全程275公里。”②

（七）范成大入桂

《骖鸾录》是范成大赴任静江（今桂林）知府时所作的旅途笔记。作者自南宋乾道八年（1172）十二月由平江府（今苏州）出发，水陆兼程，于次年三月抵静江府。

以下是范成大在湘境部分旅程记录。

（闰正月）二十六日，宿萍乡县，泊萍实驿。

三十日，宿潭州醴陵县。

经停醴陵时，感慨当地胜景，感叹陆路难行，作《题醴陵驿》：

渌水桥通县，门前柳已黄。人稀山木寿，土瘦水泉香。

乍脱泥中滑，还嗟堠子长。楮州何日到？鼓枻上沧浪。

（二月）二日，宿储州市。又当舍舆泝江。此地既为舟车更易之冲，客旅之所盘泊，故交易甚夥，敌壮县。

储州（今株洲）居湘、渌之交，是可“敌壮县”的商贸重镇。

三日，始泛湘江。

八日，入南岳，半道憩食。夹路古松，三十里至岳市，宿衡岳寺。岳市者，环皆市区，江、浙、川、广种货之所聚，生人所须无不有。

南岳百货丰富，商贸辐射江、浙、川、广等地。

十六日、十七日，行衡、永间，路中皆小丘阜，道径粗恶，非坚墢即乱石，坳处又泥淖，虽好晴旬余犹未干，跬步防踬，吏卒呻吟相闻。大抵湘中率不治道，又逆旅浆家皆不设圊溷（厕所），行客苦之。自吴至桂三千里，除水行外，余舟车所通皆夷坦，无大山，惟此有黄罴岭（又称熊罴岭），极高峻，回复半日方度，与括之冯公、歙之五岭相若。宿大营（驿）。

① （1）《宋史·蹇周辅传》：“先是，湖南例食淮盐，周辅始请运广盐数百万石，分鬻郴、全、道州；又以淮盐增配潭、衡诸郡，湘中民愁困，法既行，遂领于度支。”（2）《续资治通鉴长编·卷三百四十五神宗》：“自诚州至融州融江口十一程，可通广西盐，乞许入钱于诚州买钞，融江口支盐，增息一分，可省湖北岁馈诚州之费，辰、沅州准此。”

② 零陵地区地方志编纂委员会：《零陵地区交通志》，长沙：湖南出版社，1993年，第43页。

途经祁阳黄罴岭时，范成大诗兴大发，感慨岭路崎岖①。

十八日，宿永州祁阳县，始有夷途，役夫至相贺。

十九日，发祁阳里……宿东青驿。

二十日，行群山间。时有青石如雕镂者，丛卧道傍，盖入零陵界焉。晚宿永州，泊光华馆。

二十二日，渡潇水，即至愚溪，亦一涧泉，泻出江中。官路循溪而上，碧流淙潺，石濑浅涩，不可航。

二十六日，入桂林界。有大华表跨官道，榜曰“广南西路”。

范成大此行跨两浙西路、两浙东路、江南东路、江南西路、荆湖南路、广南西路。其旅途见闻，再现了宋时湖湘的交通概貌。

五、元明清

元代疆域远超汉唐，道路驿传空前发展。明清路网臻于完善，交通设施配套齐全，水陆运输更胜前朝。晚清西风东渐，轮船、电报、铁路、邮政次第兴办，近代交通因之发轫。

元明清时期的文化趋于多元性，元曲、小说和歌谣成为代表性的文学形式。

（一）云南通京驿路改线与湘黔滇道整治

宋初，“西南蕃牂牁诸国”入贡路线，系由黔地出三峡，转道江陵北上。景德元年（1004）改由宜州、桂州、永州、潭州北上。湘黔道由于“罗氏鬼国土寇为患”②，已非滇黔入中原的“常道”。

元至元十六年（1279），元朝“发兵千人”③，拓辟自沅州经镇远至顺元宣抚司（治今贵阳）的道路④，为湘黔滇道整治之始。

至元二十七年（1290），四川行省耶律秃满答儿奏请朝廷，将云南通京驿路改走普安路（今贵州盘州市），由湖广行省北上。奏折显示，从普安路经罗殿、贵州、黄平、镇远、沅州、辰州一线达江陵，“道径平稳”，路程比黎雅、乌蒙驿路近两千余里⑤。

经过将近1年建设，滇黔湘道全线贯通。云南通京驿路起自中庆路（今昆明），经由云南行省的杨林、马龙、曲靖、塔刺迷、普安、普定，湖广行省的贵州、葛龙、麻峡、黄平、偏桥、镇远、沅州、辰州、常德、澧州，河南江北行省的江陵、荆门、襄阳、南阳、河南府、郑州，以及中书省的卫辉、彰德、邯郸、顺德、真定、保定、涿州等地，直至元大都。其中，湘境设顺林、兰溪、清化、大龙、和丰、桃源、郑家市、新店、界亭、马底、辰州、杨溪、十里、辰溪、寺前、白牛堡、盈口、沅州、便溪、晃州、平溪等陆站⑥。

为满足驿运需求，减轻湘黔道陆站压力，至元二十九年（1292）：

---

① （宋）范成大《黄罴岭》诗文：薄游每违己，兹行遂登危。峻阪荡胸立，恍若对镜窥。传呼半空响，朦朦上烟霏。木末见前驱，可望不可追。跻攀百千盘，有倾身及之。白云叵揽撷，但觉沾人衣。高木傲烧痕，葱茏茁新荑。春禽段不到，惟有蜀魄啼。谓非人所寰，居然见锄犁。山农如木客，上下翾以飞。宁知有康庄，生死安险恶。室屋了无处，恐尚橧巢栖。安得拔汝出，王路方清夷。

② 《元史·世祖本纪》。

③ 《元史·世祖本纪》。

④ 《元史·地理志六》。

⑤ 《永乐大典》，卷之一万九千四百八十，钞本。

⑥ 蒋响元：《筚路蓝缕 以启山林——湖南古代交通史（史前至清末）》，北京：人民交通出版社股份有限公司，2020年，第320页。

自岳州西抵镇远府设立水站二十四处，料例不等，总置船一百二十五只，差拨水夫八百单三名。除紧急使臣乘骑铺马外，据赴北朝见蛮官、进贡物货并缓慢使臣应付站船。①

水道自岳州城陵矶起，穿越洞庭抵常德，继而溯沅水、㵲水至镇远。

滇黔湘道整治，对云贵政治、经济及社会发展影响深远，也改变了沿线部分土司的行政隶属②，堪称元代交通建设的一项重要成就。

（二）“江西填湖广”

元末明初，战乱连年，湘境人口锐减。民国《醴陵县志》：“历代兵燹，元为最惨……元明之际土著存者仅十八户。”③

据统计，明初对湖南移民，78.5%来自江西④。故有观点认为：“益阳话就是600多年前的赣语。”⑤袁州—萍乡—醴陵一线为湘赣交通主孔道，亦是“江西填湖广”的移民走廊。

《龙田彭氏族谱》记载了先祖从江西泰和举族移民湘乡详细路程：

乐翁公世居江西泰和县十九都八甲，当明定鼎初，诏徙江西民实楚南。公于洪武二年己酉卜徙湘乡。

父子兄弟叔侄男女共二十二人，择十月初六日起程。同江湾一队，共七十九人。初九日至临江府，初十日在皇叔署领票，就曹家埠登舟。十二日至袁州府，十四日至彤关，十六日至长沙府小西门舍舟就陆。息韩、刘两店一日。十九日宿湘潭后街，二十日宿云湖桥，二十一日至湘乡县南门，息单、葛两店一日。二十三日分一队共二十六人循河边上河水去。公等过洙津渡，宿虞塘。二十四日过甲头塘，宿青石塘。二十五日在梓门桥，分一队共二十五人往青蓝去。公等由铜梁塘，本日到六十六都约冲，卜栖焉。

计自初启程，凡二十余日，所至皆挂号，夜则老者投店，少者皆露处也。⑥

从族谱可以看出，彭氏是被强制性移民，沿途须验明身份，“所至皆挂号”，自始至终都在官府控制之下。其迁徙路线：从泰和顺赣江而下，至临江府城；逆袁水而上，至袁州府城；而后经渌水、湘江至长沙府城；再逆湘江至湘潭，转涟水至湘乡。

落籍湖南的江西移民为延续原籍亲密关系，彼此以“老表”相称，后演变为湖南人称江西人为“江西老表”。

（三）“湖广填四川”

明末清初，湖南数遭鼎革，“无岁不被焚杀”⑦。民众“携家入蜀者不下数十万”⑧；湘黔间“肩挑背负者，不绝于道”⑨。

---

① 《永乐大典》，卷之一万九千四百二十三，钞本。

② 《元史·地理志》：“（至元）二十八年，从杨胜请，割八番洞蛮，自四川行省隶湖广行省。三十年，四川行省官言：‘思、播州元隶四川，近改入湖广，今土人愿仍其旧。’有旨遣问，还云：‘田氏、杨氏言，昨赴阙廷，取道湖广甚便，况百姓相邻，驿传已立，愿隶平章答剌罕。’”

③ 《醴陵县志·氏族志》，民国三十七年（1946）铅印本。

④ 曹树基：《中国移民史》第五卷，福州：福建人民出版社，1997年，第125-127页。

⑤ 谢国芳：益方之言①丨益阳人喊“江西老表”，要从“洪武落业”开始讲起，新湖南，https://m.voc.com.cn/xhn/news/202303/16890308.html

⑥ 民国二十二年（1933）湘乡《龙田彭氏族谱》卷二二《始祖乐翁公迁湘记事》。

⑦ 中央研究院历史语言研究所：《明清史料》丙编第七本，北京：商务印书馆，1936年，第608页。

⑧ （清）雍正《四川通志》，卷四十七，清文渊阁四库全书本。

⑨ （清）吴荣光：《石云山人奏议》，卷五，清道光二十一年刻本。

"湖广填四川"，除频罹战乱的人口流徙外，更有朝廷动员[①]湖广等地向"丁户稀若晨星"[②]的四川移民。如：

康熙五十一年，"湖南巡抚潘宗洛题请，楚民入蜀开垦，该地方给与印照，仍造册送四川巡抚查验"[③]。

康熙五十二年，"查楚南入川百姓，自康熙三十三年以迄今日，即就零陵一县而论，已不下十余万众"[④]。

湖南移民入川路线，主要有以下3条：

（1）出洞庭，溯长江，入巴蜀，这是"湖广填四川"主要线路。

（2）由沅水转溯酉水，穿越各分水岭间道入川[⑤]。

（3）由湘黔道入黔境，辗转入川。

贵州遵义林隆富先生收藏的家谱，记有康熙五十六年（1717）先祖从福建出发，经由湖南迁徙四川日程[⑥]：

正月十八日，从福建莆田县启程。

二月十一日到萍乡，十四日到湘潭，十五日到湘乡，十九日到蓝田（今涟源），二十三日行至新化，二十八日到溆浦。

三月初七日雇船行水路，初八日到辰州府界，十四日过龙山里耶，十八日到今重庆酉阳。

四月初六日到今重庆涪陵，雇船行水路，初九日到长寿县，步行至重庆府，二十二日到达内江。

历时三个月零四天，行程二千四百余里，一路塘房关口并无阻拦。

据林氏族谱，福建等地自发性移民入川，也须申请印照。

（四）《奉使安南水程日记》与黄福使安南

黄福（1363—1440），山东昌邑人。永乐四年（1406）以工部尚书兼交趾布政、按察二司掌安南十九年，任职期间"设卫所，置驿站，以便往来。开中积盐，使商贾输粟，以广军储"，以至"上下帖然"[⑦]。

黄福撰《奉使安南水程日记》，记录作者自南京登舟，由长江、洞庭、湘江、漓江、桂江、浔江、郁江、左江诸水，历50余日，经74处水驿（含湘境24驿、桂境27驿），是关于明初内河航运及沿岸风情的珍贵文献。

---

① 清康熙三十三年《招民填川诏》：朕承先帝遗统，称制中国，自愧无能，守成自惕。今幸四海同风，八荒底定，贡赋维周，适朕愿也。独痛西蜀一隅，自献贼蹂躏以来，土地未辟，田野未治，荒芜有年，贡赋维艰。虽征毫末，不能供在位之费，尚起江南、江西，助解应用。朕甚悯焉。今有温、卢二卿，具奏陈言：湖广民有毂击肩摩之风，地有一粟难加之势。今特下诏，仰户部饬行川省、湖广等处文武官员知悉，凡有开垦百姓，任从通往，毋得关隘阻挠。俟开垦六年外候旨起科。凡在彼官员，招抚有功，另行嘉奖。——康熙三十三年岁次甲戌正月初七日诏。

② （清）雍正《四川通志》，卷五上，清文渊阁四库全书本。

③ 《清世宗实录·雍正五年丁未六月》。

④ 中国第一历史档案馆：《康熙朝汉文朱批奏折汇编》（第五册），北京：档案出版社，1984年，第336页。

⑤ 清末学者傅崇矩著《成都通览·傅樵村游记》载成都至酉阳途程："水路至涪州（今重庆涪陵），由涪州起旱路入酉阳。由涪起陆，五十里新场，五十里三窝山，七十里木根铺，八十里白果铺，三十五里火炉铺，五十里木棕铺，五十里牛岩铺，七十里白溪场，三十里保家楼，五十里郁山镇，四十里白蜡园，六十里石塔铺，七十里黔江县，三十里青樃坪，七十里濯河坝，六十里两河口，三十里土塘坝，六十里楠木箐，六十里酉阳州。"转引自蒋响元：《筚路蓝缕 以启山林——湖南古代交通史（史前至清末）》，北京：人民交通出版社股份有限公司，2020年，第368页。

⑥ 蒋响元：《筚路蓝缕 以启山林——湖南古代交通史（史前至清末）》，北京：人民交通出版社股份有限公司，2020年，第368-369页。

⑦ 《明史·黄福传》。

日记提到临湘鸭栏驿侧的茶引批验所，印证明初湖茶就是销往北方的大宗商品；湘桂驿道上的黄沙市（今广西全州黄沙河镇）浮桥，是文献记载最早的湘水干流浮桥。

日记对沿途驿站及周边环境多有描述。如，临湘鸭栏驿与茶引批验所、巡检司“三衙并枕江流”；长沙彤关驿“倚山枕水，可纵游览”；醴陵渌口“驿治可观”；衡阳新塘驿“周回皆有渠引水养鱼，生意可嘉”；零陵湘口驿潇、湘交汇；以上皆因水运之便。

《奉使安南水程日记》[①] 节选（湖南段）：

（七月）十三日……至鸭栏驿，时将交申，驿之前有石如砥柱峙于边，流转而南有鸭栏矶，又寻之白马矶。鸭栏比之白马山高水急，舟者未免用力。驿之右有茶引批验所及临湘巡检司。三衙并枕江流，俱隶临湘县，又南有杨陵及临湘一矶。暮至城陵驿，越十五里许过巴陵县，望岳阳楼，君山、艑山峙于西南，如中流砥柱焉。时风顺月明，波涛不作，湖之行如履平地。过夜半舟至鹿角驿，驿在湖山之东，以水急，舟皆集于驿之南，小河之所去驿一里许，遂乘风挂席而南，斯驿隶巴陵县。

十四日日将出，至磊石驿，驿之左有观音阁，阁之左有龙神祠，祠侧营涵虚一亭，亭之壁有竹木之画，骚人咏唱笔迹率多，如骈珠迸玉，殆不可以斯须徧观也。是日出洞庭，巳时至营田驿，驿隶湘阴县。过未时，至笙竹驿，驿亦隶湘阴县，县治在驿之东南，去泊舟之所不远，治县者未之见，不知其为人，舟遂行。至申末，至彤关驿，驿隶长沙县，驿背小山竹木森然，驿前有楼，曰凝翠，倚山枕水可纵游览，遂挂席而南。是日夜将半，舟至临湘驿，驿在长沙府城外，驿隶长沙县。

十五日早，入见遂辞而行，至申末舟至湘潭驿，驿隶湘潭县，县治在驿之后，北去约一里许，舟行过半夜至渌口驿，驿隶长沙醴陵县，驿治可观。行三十里，空洲在湘江中流，江之两岸花木参差，禽鸟咬嘎，游子骚人吟怀旅思，于是未有确然而不动者也。

十六日辰末，至泗洲驿，驿亦隶醴陵县。暮至都石驿，驿隶湘潭县。夜半至皇华驿，驿隶衡山县，驿至县十五里，县有南岳，岁时享祀。

十七日卯末，至霞流驿，驿亦隶衡山县。未时至七里驿，驿隶衡阳县，驿之北有七里滩，俗云汉严陵曾钓于此，询无遗迹。暮至临烝驿，驿隶衡阳县，衡州府治在焉。驿治在府之城外北门，放舟夜行驿之下三四里许，一水自西北来通宝庆，一水自东南来通郴州耒阳县。

十八日辰，至新塘驿，驿亦隶衡阳县，驿周回皆有渠引水养鱼，生意可嘉。巳未至柏坊驿，驿隶常宁县。夜至河州驿，驿隶常宁县。

十九日早，至归阳驿，驿隶永州府祁阳县。申至三吾驿，驿亦隶祁阳县。此驿至方潋驿有九十里，夜行如前。

二十日卯，至方潋驿，驿隶永州府零陵县。是日申时至湘口驿，驿亦隶零陵县，去永州府城十里许。驿之东南一水通道州驿，之西北一水通广西，二水至驿合流而北。是夜泊舟于驿前。

二十一日，早行未末至石期驿，驿隶永宁府东安县，湖广地方界分于此，南至柳浦驿，以往隶广西。

二十二日丑，至柳浦驿，驿隶桂林府全州。驿西行四十余里，有黄沙市，河设浮桥，连横于水上，司桥有判官仓使老人。是日未时，至山角驿，驿隶（广西）全州。

（五）《楚游日记》与徐霞客游湘

徐宏祖（1586—1641），号霞客，南直隶江阴人，地理学家、旅行家。据《徐霞客游记·楚游日记》，崇祯十年（1637）作者自赣入湘，始作楚游，部分路线如下：

---

① 《四库全书·集部·粤西丛载卷三》。

正月十一日，经界化垅入茶陵，循茶水舟行七十里至东江口。

十二日，游灵岩八景，“而石梁横跨，下复穹然，此中八景，当为第一”。石梁位于茶陵石良村，梁跨45米，是湖南已知最大的天生桥。

十八日，“自黄石铺西行，十里为丫塘铺，又十里为珠玑铺，则攸县界矣。又西北十里，斑竹铺。又西北十里，长春铺。又十里，北度大江，即攸县之南关矣”。这段记载显示，明代州县为十里一铺。

二十九日到衡州。“北城外，则青草桥跨蒸水上，此桥又谓之韩桥，谓昌黎公过而始建者。”该桥位于青草渡，明代始建石拱桥。

二月十一日，溯舟湘江，泊“新塘上流之对涯”，夜半被江盗劫掠一空，次日返衡，筹措川资。

三月初四复溯湘江，初六至粮船埠，初七经河州驿抵归阳驿，初八至白水驿。九日达祁阳，十日游“浯溪之胜”。

十三日，至永州湘口关。“又十里为西门之浮桥（即零陵黄叶渡），泊舟小西门，登陆游愚溪……愚溪桥，即浮桥南畔溪上跨石者是也。”愚溪桥建于明代中叶，是永州通全州、道州的要冲。

十六日，过零陵麻潭驿，泊将军滩。

十七日抵道州，“西门有濂溪水，西自月岩，翼云桥跨其上”。

自道州至永明，“大道两傍分植乔松，如南岳道中，……松夹道者且七十里，栽者之功，亦不啻甘棠矣”。

二十三日，宿宁远路亭①。二十四日，入九嶷山，遍访舜陵、玉琯岩、三分石诸胜。三十日，返宿路亭。

四月初三，自蓝山趋临武。“置道于中，三里一亭，供倦旅憩卧……下（江山）岭，路益开整，路旁乔松合抱夹立。”

初七，由司东渡武溪，入南镇关，“过（三星）桥，则市肆夹道，商旅杂沓，盖南下广东之大道。”

九日，逾虎头岭，经良田，宿万岁桥。十日抵郴州，经过苏仙桥。苏仙桥始建于宋，明正德十年（1515）工部左侍郎崔岩捐修该桥，为石拱廊桥。

十一日，“由苏仙桥下，顺流西北去，六十里达郴口”。

十二日，顺流而北，经兴宁、永兴、耒阳，十六日抵衡州。

二十日自衡州冒雨登舟，仍溯湘而上。

二十二日，过柏坊驿。二十三日，行六十里，泊河洲驿。二十四日，行六十里，泊归阳驿。二十五日，行六十里，泊白水巡司之小河口。这段记载说明，水驿间隔大致为六十里，约溯舟一日途程。

二十七日，入祁阳，“有石梁五拱跨祁水上，曰新桥”。

闰四月初一，过方激驿，抵冷水湾。初二日，泊于永州湘口关。“潇之东岸即湘口驿。”初四日，过石期驿，泊白沙洲。

初七日，过柳浦驿，入广西境，另有《粤西游日记》记其事。

《楚游日记》显示，徐霞客游历茶陵、攸县、衡山、衡州、常宁、祁阳、永州、道州、江华、永明、宁远、蓝山、临武、宜章、郴州、兴宁、永兴、耒阳、东安等19县，历时117天，水陆兼行（图1-2-3）。

按徐霞客所述，湖南省境水运发达。衡州府“三水帆樯”，永兴耒水“大舟鳞次”；江华萌渚水“入江（潇水）之口，即积石为方堰，置中流，横遏江舟，不得上下，堰内另置小舟，外有桥，横板以渡”，如此溯流五十里，可到白芒营。这段日记显示，溪河筑坝以提高水位、延长通航里程的方法，

---

① 宁远湾井镇路亭村位于九嶷山下，冷九公路旁。这里原名为周家峒，因历代官员祭祀舜帝陵途经该地，在村北入村口的500米处的接官坪，文官下轿、武官下马，遂以“路亭”为名。

亦见于潇湘。

州县间筑有设施完备、绿化优美的驿道。如，“自(道)州至永明，松夹道者且七十里”；蓝山路段“乔松荫之，置道于中，三里一亭，供商旅憩卧”；临武境内“路益开整，路旁乔松合抱夹立”；宜章至郴州“石磴修整”。

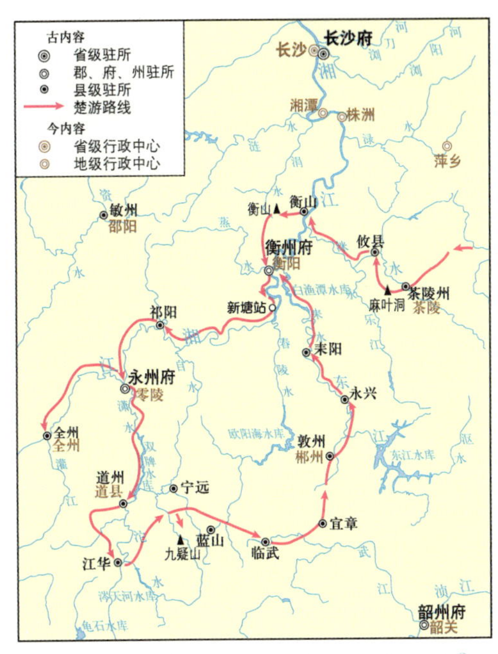

图 1-2-3　徐霞客楚游路线图（戴顺德 绘）[①]

（六）“茶叶之路”

明代晚期，茶叶还是“欧洲人所完全不知道的”[②]。随着西方传教士大量来华，饮茶风俗传播至欧洲，“茶叶之路”渐趋形成。

清初以降，晋商云集安化小淹、江南、烟溪等市镇办茶，销往西北、蒙古、欧洲等地。清同治《安化县志》：“国初，茶日兴，贩夫贩妇逐其利者十常八九。”[③]

茶叶运销欧洲，路线主要有两条：一条向北，由陆路穿越蒙古、西伯利亚到达东欧；另一条东南，由上海、广州等港海运至西欧[④]。

以湖南为起点，穿越亚欧大陆的“茶叶之路”分为两条。一是由汉口、襄阳，溯汉水、丹水，经淅川、商州，运至陕西泾阳压制茶砖（即由政府统一制销的官茶）后，销往甘肃、青海、西藏、新疆，远至中亚、西亚；二是由汉口、襄阳，溯唐河至赊旗店，经山西走西口（杀虎口）或东口（张家口）入蒙古草原，至中俄边境口岸恰克图[⑤]（今俄罗斯境内，俄蒙界河北岸），穿越西伯利亚“泰加群落”[⑥]，抵莫斯科、圣彼得堡等地（图 1-2-4）。

图 1-2-4　行进在“茶叶之路”上的骆驼商队[⑦]

① 任国瑞、谢武经：《湖南的明朝与当代——徐霞客〈楚游日记〉考察记》，北京：方志出版社，2018 年，第 9 页。

② ［意大利］利玛窦、金尼阁：《利玛窦中国札记》，北京：中华书局，2005 年，第 17 页。

③（清）同治《安化县志》，卷三十三，清同治十年刻本。

④ 2019 年 6 月 27 日，作者与清华大学张智慧教授等实地考察了被誉为“中国乃至世界交通史上活化石”的云南普洱茶马古道宁洱那柯里路段，寻觅马驮、马槽、马蹄窝遗迹，探访马帮故事和民族风情。当晚，与云南普洱茶理事长何仕华先生探讨了茶马之路，确认普洱茶输京路线主要经由滇黔湘鄂道。

⑤ 雍正六年（1728）《中俄恰克图条约》签订后，恰克图成为中俄双方互市贸易指定城市。

⑥ 泰加（taiga）群落（泰加林），指西伯利亚针叶树种构成的大森林。

⑦ ［美］艾美霞：《茶叶之路》，北京：中信出版社，2007 年，插图。

这条经过自然条件恶劣区域、专为茶叶贸易开辟的茶叶之路，就是享誉后世的中俄“万里茶道”，也是继“丝绸之路”后又一横跨欧亚大陆的商贸通道。清同治八年（1869）汉口向俄出口砖茶73758担，到光绪二十六年（1900）增至390200担[①]。

（七）“一口通商”与湖南商运鼎盛

明嘉靖二年（1523），因“争贡之役”，废罢泉州、宁波两处海关，外商贸易“俱在广州”[②]，即所谓“一口通商”。

清初，为防台湾郑氏反清势力施行“海禁”[③]，广州为唯一外贸口岸。康熙二十四年（1685）增为广州、漳州、宁波、云台山四处口岸，乾隆二十二年（1757）复行广州一口通商。鸦片战争后，开放广州、厦门、福州、宁波、上海五处通商口岸，史称“五口通商”。

“一口通商”施行，对湖南经济社会发展和交通格局演变产生了深远影响。“岭表滇黔，必道湘沅。”[④] 湖南通达南北、联结东西的枢纽地位日益凸显，郴州、永州、衡州、湘潭、长沙、岳州以及洪江、浦市、辰州、常德等地的中转贸易因之兴旺。清末留美学者容闳在《西学东渐记·产茶区域之初次调查》中记录了湘潭考察观感：

一八五九年三月十一日，予等乘一小艇，俗名“无锡快”者，由沪出发，从事于产茶各区域之调查。……四月十五日之晨，乃抵湘潭。湘潭亦中国内地商埠之巨者。凡外国运来货物，至广东上岸后，必先集湘潭，由湘潭再分运至内地。又非独进口货为然，中国丝茶之运往外国者，必先在湘潭装箱，然后再运广东放洋，以故湘潭及广州间，商务异常繁盛。交通皆以陆，劳动工人肩货往来于南风岭者，不下十万人。[⑤]

（八）湘西纪行[⑥]

湖广总督林则徐 清道光十七年（1837）

八月二十七日，壬申，早晨自溆浦县城登程，忽雨忽晴，凉暖不定。十里龙池铺，又十里篮门铺，又十里城楼坪。小坐又行，十里小江过渡，又十里五里牌过岭，又五里大江口，坐麻阳船，时已申刻，在舟中一饭。溆浦图令来，辰溪吴令士俊，前署辰溪癸令伟人及辰州镇竿将备多来迓者，均于舟次见之。开行，二十里泊沙堆。

二十八日，癸酉。早晨开行，下水颇速，至巳刻泊辰溪县城，计行四十里。本宜由此起旱，适遇阵雨，佥称路甚难行，遂仍坐船前进，拟至滥泥站再行登陆。辰沅道王简、署沅州府事凤凰厅姚本佐俱来见。辰溪对岸之丹山，有庙巍然，俯临溪、流，与随士同往一憩。回舟，饭罢开行，入支河，向西溯流而上，曳纤行，晡时过潭湾，甫行十五里，又五里至小潭，泊。

---

① 中国公路交通史编审委员会：《中国古代道路交通史》，北京：人民交通出版社，1994年，第597页。

② 《明史·佛郎机传》。

③ 顺治十八年（1661），清政府为隔绝沿海人民与南明抗清将领郑成功的联系，实行围海迁界的海禁政策。以福州闽安镇为中心，北至闽浙交界福鼎沙埕670里，南到广东分水关1150里，皆退离海边30里，被废弃土地共有21871顷。迁界期间，令海边居民尽移内地，焚舍宅，荒其土地，数百万家颠沛流离，严重破坏了社会安定与经济发展。至康熙二十三年（1684）才明令停止迁界，让离界人民还籍招垦，恢复家业。

④ 蒋响元：《筚路蓝缕 以启山林——湖南古代交通史（史前至清末）》，北京：人民交通出版社股份有限公司，2020年，第18页。

⑤ 容闳：《西学东渐记》，产茶区域之初次调查，民国四年（1915）排印本。

⑥ 摘自《林文忠公日记》，标题为编者所加。转引自麻阳县志编纂委员会：《麻阳县志》，北京：生活·读书·新知三联书店，1994年，第869-870页。

二十九日，甲戌。早晨开船。上半日晴，热似伏天。五里过石马塘，又十五里迷河塘，又十五里太平溪，又十五里李（吕）家坪，滩多水急，逆行甚缓。晚，距滥泥站十余里，忽值纤断，不能上滩，遂泊舟。遇雷雨，至半夜未息，天气仍凉。

三十日，乙亥。昨夜雨甚大，今晨始歇。午刻至滥泥站，亦名兰里，发第九号包封寄回署中。杨城村总戎芳来迓，接谈移时别去。复迁甚雨一阵。在舟中饭罢，陆行山路，甚窄而滑。十里茅坪，又八里袁坪，有汛。又七里卢溪口，有辰沅道仓。又十里高村，人家颇多，皆滕姓，约七百户，有汛。又二里瑶里过河，有汛。又十里五里亭，又五里岩门，有城，在城内行馆住。是夜大雨达旦。

九月朔日，丙子。早晨雨歇。登程，山路甚滑，十里滴水岩，或谓乐儿亭。又五里杨柳坪，又三里船桥，是处本有石桥，被水冲断，令编列小船为梁以渡。又五里石羊哨，凤凰县杨署丞超任在仓里（石羊哨中街街头，今水淹）具膳。饭罢，上梨木坡，为麻、凤两厅县交界。又十里十里牌，又五里芦荻坳，又五里入镇竿城。镇道以下又俱郊迎。即先赴镇署拜晤杨诚村通候。时已午后，遂至其箭道阅各官步射，天色大晴，阅至晚毕。又大雨，诚村留晚席，二鼓回寓。

第三节　出土文献

20世纪20年代中国现代考古学诞生以来，取得了一系列重大考古成果，出土了殷墟卜辞、里耶秦简、马王堆汉帛书等珍贵文献，其中包括不少交通史料。如殷“行东至河”卜辞①、楚鄂君启节、秦“迁陵以邮行洞庭”简、汉帛绘《地形图》、晋邮驿里程牍等。

一、“大禾”方鼎与湘水方国

1959年宁乡炭河里出土铭文“大禾”的人面纹方鼎（图1-3-1），形制“仿自中原殷墟时期同类器形”，年代“与殷墟妇好墓同时或稍后”②。又，殷墟卜辞：

“亥卜，受来禾。”（《粹》887）
“上丝禾侯”（《后》8687）

“禾”“禾侯”与方鼎“大禾”铭文相印证，揭示湘沩流域存在臣服于商、盛产水稻的部落方国，“大禾”可能是方鼎所在国名。黄材盆地炭河里是其都邑，湘、沩之交的高砂脊为拱卫都邑的据点。

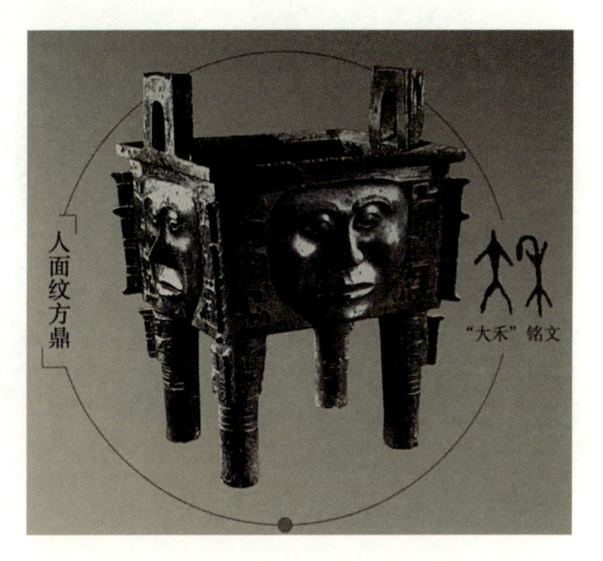

图1-3-1　大禾人面纹方鼎（湖南省博物馆 收藏）

从出土殷商铜器分布来看，大禾方国的势力范围包括湘资中下游流域，与周初的“相”侯可能一脉相承，是有铭为证的湖南行政建制史上的最早篇章。

二、“南国相”崛起

商末周初，“相”国在湘水流域崛起③，成为商周王朝设法笼络的政治实体。出土金文记载了昭王

---

① 意谓大路东至于黄河，见《合集》20610。《合集》，《甲骨文合集》（十三册），郭沫若主编，胡厚宣总编辑，北京：中华书局影印本，1980—1983年。

② 熊建华：《湖南商周青铜器研究》，长沙：岳麓书社，2013年，第53页。

③ “相”应是南迁殷人与土著扬越融合组建的“大禾”方国演变而来，炭河里为其都邑。

与“相侯”的数次交往。

《静方鼎铭》记载，周昭王十八年（前978）十月甲子（初二）：

王在宗周，令师中眔（暨）静省南国相、设居。（次年）八月初吉庚申至，告于成周。（九）月既望丁丑，王在成周大室，令静曰：“司汝采，司在曾、噩（鄂）师。”

大意是：大臣中与静受命到南方“相国”视察，建行宫，静在次年八月回到成周。九月，昭王命静去统率曾、鄂两地军队。

根据上古君王“五年一巡狩”传统，昭王南巡目的地可能是南岳衡山，也包括镇抚诸侯、拓展疆土、威服南迁的殷遗民等目标。

周昭王十九年（前977）五月，昭王令作册折代天子赐相侯土地、铜器及臣民。陕西扶风庄白一号出土的青铜器折觥铭文（图1-3-2）：

唯五月，王在岈，戊子，令作册折贶望土于相侯，赐金赐臣，扬王休，惟王十有九祀，用作父乙尊，其永宝，木羊册册。①

a)折觥(宝鸡周原博物馆 收藏)

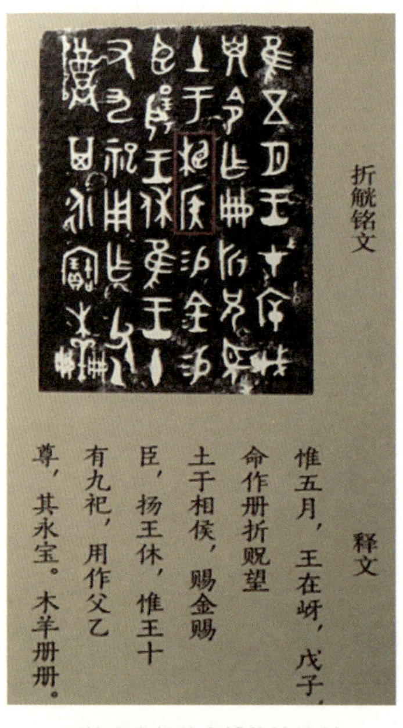

b)铭文由长沙市博物馆绘制

图1-3-2 折觥及铭文②

静方鼎、折觥等青铜器铭文和炭河里城址相互印证，揭示商末周初湘境崛起了一个青铜文明发达的地方政权——“南国相”。

三、常德战国錞于帆船图案

风帆应用是舟船推进工具的重大进步。伊拉克伊利多（Eridu）神庙遗址（约前3500）发现世界

① 陕西周原考古队：《陕西扶风庄白一号西周青铜器窖藏发掘简报》，《文物》，1978年第3期。

② 2019年3月，笔者曾远赴陕西扶风，考察这件见证湖南地方史上重大事件的青铜艺术瑰宝。

上已知最早的帆船模型[①]。珠海宝镜湾发现距今4000多年的帆船岩画，是国内已知最早的帆船图案[②]。

最晚到殷商，中国掌握了风帆技术。甲骨卜辞：

戊戌卜，方其凡（《铁云藏龟》237）。

意谓戊戌日占卜，方舟上必须挂帆。

1956年，常德发现一件战国早期錞于。该器底部镌刻船纹图形，船上刻有桅杆、风帆，一度被认为是中国最早的帆船图案（图1-3-3）[③]。

图1-3-3 常德发现的战国錞于上的帆船图案

四、长沙子弹库楚墓《人物龙舟》帛画

1973年，长沙子弹库楚墓出土《人物龙舟》帛画（图1-3-4），图中绘一峨冠长袍男子，驾御一条状似长龙舟船。舟首高昂，船尾上翘，舟船上方覆以舆盖。有观点认为，“这是一幅龙舟泛游的写实，它反映战国时代长沙已能建造昂首翘尾的龙形舟船。”[④]

图1-3-4 人物龙舟帛画（湖南省博物馆 收藏）

而在中国美术史上，《人物龙舟》帛画与长沙陈家大山楚墓出土的《人物龙凤》帛画，是迄今所见最早、最完整的绘画作品。

① 辛元欧：《中外船史图说》，上海：上海书店出版社，2009年，第3页。

② 过国亮：《珠海惊现目前国内最早的古帆船图案》，《南方都市报》，2006年9月7日。

③ 王冠倬：《中国古船图谱》，北京：读书·生活·新知三联书店，2000年，彩插。过国亮：《珠海惊现目前国内最早的古帆船图案》，《南方都市报》，2006年9月7日。

④ 罗传栋：《长江航运史，古代部分》，北京：人民交通出版社，1991年，第97页。

五、鄂君启节与商业贩运

1957年，安徽寿县出土3枚车节、1枚舟节。1960年安徽蒙城又征集到1枚舟节，共计5枚。节形如竹（图1-3-5），其中舟节铭文为：

“大司马邵阳败晋师于襄陲之岁（前323），夏祈之月，乙亥之日，王居于茂郢之游宫，大工尹脽以王命，集尹□□、织尹逆、织令阬为鄂君启之府赓铸金节。屯三舟为一舿，五十舿，岁赢返。自鄂往，逾湖，上汉，庚鄗，庚芑阳，逾汉，庚郢，逾夏，入邔，逾江，庚彭蠡，庚松阳，入泸江，庚爰陲，上江，入湘，庚口，庚洮阳，入耒，庚郴，入资、沅、澧、油，上江，庚木关，庚郢。得其金节则毋征。毋余朝饲。不得其金节则征。如载马牛羊台出入关，则征于大府，毋征于关。”①

图1-3-5　鄂君启节（长者为舟节 短者为车节）
（国家博物馆 藏）

鄂君启节记载了内河航运史上最早的编队运输方式——“屯三舟为舿”，即将一艘大船两侧各并行一条小船。这种编队方式组合简单，也容易分解，适合在宽窄不一的水道航行。船队限制在50舿之内，即最多可有150艘，足见贩运规模。

鄂君船队航运范围包括今湖北、河南、湖南、广西、江西、安徽等地。鄂城至沅湘航线：自鄂溯江，入湘，经今长沙、衡阳，至广西全州（洮阳）；或在衡阳转耒水，抵达郴州（鄗）；或进入资、沅、澧、油水②流域从事商贸活动。铭文没提到洞庭湖，印证了当时湘、资、沅、澧直接入江的交通地理实况。

六、秦始皇“伐湘山树”疑云

公元前219年，秦始皇出巡齐楚故地。《史记·秦始皇本纪》：

---

① 于省吾：《“鄂君启节”考释》，《考古》，1963年第8期。

② “油”，古水名，今已湮废。油水源自湖北省公安县北古油口，中下游河道现为藕池河中支，经华容县境入洞庭湖。

浮江，至湘山祠。逢大风，几不得渡。上问博士曰：“湘君何神？”博士对曰：“闻之，尧女，舜之妻，而葬此。”于是始皇大怒，使刑徒三千人皆伐湘山树，赭其山。上自南郡由武关归。

新出考古材料显示，司马迁谓始皇“伐湘山树”情形并不存在。《岳麓书院秦简（伍）》第56-58号简记：

廿六（八）年四月己卯丞相臣状、臣绾受制相（湘）山，上曰：吾以天下已并，亲抚晦（海）内，南至苍梧，凌涉洞庭之水，登相（湘）山、屏山，其树木野美，望骆翠山以南树木□见亦美，其皆禁勿伐。臣状、臣绾请：其禁树木尽如禁苑树木，而令苍梧谨明为骆翠山以南所封刊。臣敢请。制曰：可。①

该简抄自始皇制（诏）书原文，云梦秦简有《禁苑律》②，可知湘山等处树木“皆禁勿伐”一事属实。

七、龙山里耶里程简

2002年，龙山里耶出土秦简3万余枚，为秦代行政司法、交通地理和社会生活等方面研究，提供了极为珍贵的文字材料，是“堪可与殷墟卜辞和敦煌文书相媲美”③的又一伟大发现。

其中，编号J1（16）52秦简是一枚邮路里程简（图1-3-6）：

鄢到销百八十四里，销到江陵二百卌六里，江陵到孱陵百一十里，孱陵到索二百九十五里，索到临沅六十里，临沅到迁陵九百一十里，□□千四百卌四里。④

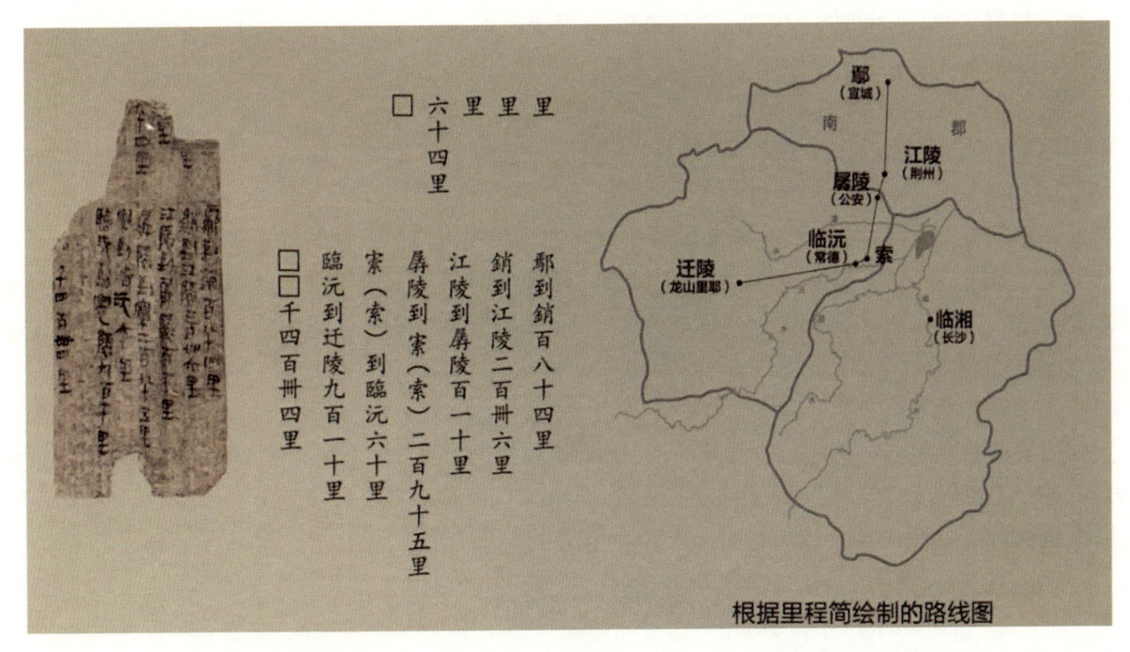

图1-3-6　里耶出土J1（16）52里程简及路线图（长沙简牍博物馆 绘）

① 陈松长：《岳麓书院秦简（伍）》，上海：上海辞书出版社，2017年，第76-77页。
② 陈伟：《秦简牍合集：释文注释修订本》（叁），武汉：武汉大学出版社，2016年，第34页。
③ 伍成泉：《近年来湘西里耶秦简研究综述》，《中国史研究动态》，2007年第6期。
④ 张春龙、龙京沙：《湘西里耶秦代简牍选释》，《中国历史文物》，2003年第1期。

鄢（今宜城，下同）—销（荆门）—江陵（荆州）—孱陵（公安）—索（汉寿）—临沅（常德）—迁陵（里耶）路线，是洞庭郡通往秦都咸阳的要道，其中鄢—销—江陵段即荆襄道，史称夏路、秦楚道。共同出土的还有“□阳（繁阳）到许（许昌）”和“高阳到宜成”2枚里程简，是国内最早道里记录。J1（16）52简的内容证实，秦代有制度要求郡县上报道路里程至中央，以便为帝国的军政管理提供依据。

八、“迁陵以邮行洞庭”

考释公布的里耶简牍中，有多枚“以邮行”封检。如：

迁陵，以邮行，洞庭郡。[J1（15）176]
迁陵，以邮行，洞庭。[J1（16）2]①

秦代邮驿系统中，“邮”指邮驿机构，“邮人”指专职传递人员。“以邮行”就是派遣邮人递送文书、物资、人员，前面地名为接收方，后面地名为始发方。

恒署书为重要或紧急文书。如，岳麓书院1176号秦简：

恒署书皆以邮行。□卒令丙二。②

里耶秦简J1（8）90：

迁陵以邮利足行洞庭，急。③

这是一封署“急”字的加急文书，“利足”指善于行走。

九、里耶“取鲛鱼”简

里耶秦简中有1枚始皇三十五年（前212）制作的取鲛鱼（鲨鱼）简（图1-3-7）J1（8）769：

卅五年八月丁巳朔己未，启陵乡守狐敢言之：廷下令书曰取鲛鱼与山今庐（鲈）鱼献之，问津吏、徒莫智（知）。问智（知）此鱼者具署物色，以书言。问之启陵乡吏、黔首、官徒、莫智。敢言之。户曹

八月□□□邮人□以来，□发　狐手。④

正面内容是启陵乡守“狐”对“廷下令书曰取鲛鱼与山今庐（鲈）鱼献之”的回复，背面有“八月”“邮人□以来”“狐手”等字样，说明是“邮人”传递的重要公文。

取鲛鱼简现身武陵山区，或与始皇寻求长生不老的史事有关⑤。

---

① 张春龙、龙京沙：《湘西里耶秦代简牍选释》，《中国历史文物》，2003年第1期。
② 陈松长：《岳麓书院所藏秦简综述》，《文物》，2009年第3期。
③ 陈伟：《里耶秦简牍校释》（第一卷），武汉：武汉大学出版社，2012年，第60页。
④ 陈伟：《里耶秦简牍校释》（第一卷），武汉：武汉大学出版社，2012年，第222页。
⑤ 《史记·秦始皇本纪》载方士言：“蓬莱药可得，然常为大鲛鱼所苦，故不得至，愿请善射与俱，见则以连弩射之。”

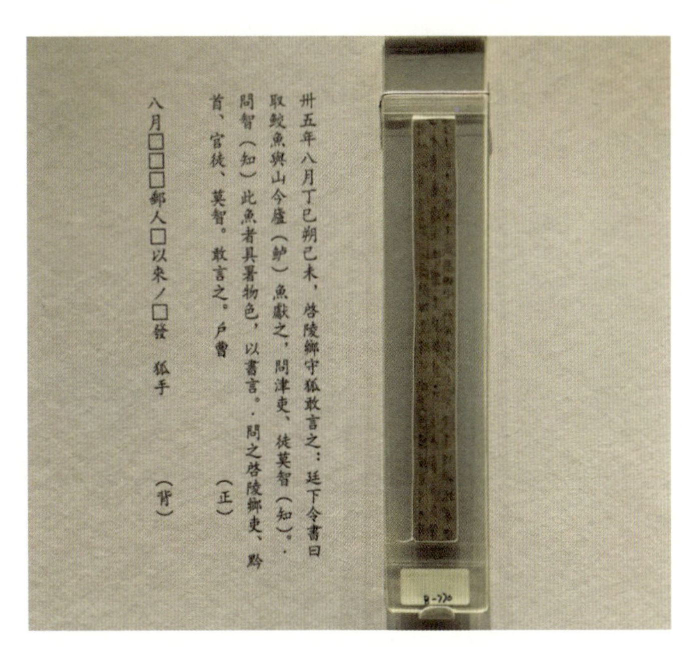

图 1-3-7 里耶出土取鲛鱼简
（长沙简牍博物馆 绘）

十、“迁陵公船”与兵运

秦汉是中国造船史上一个重要阶段。里耶秦简为研究秦代公船制造、使用制度，提供了珍贵的一手资料。

简文显示，在山路崎岖、水道便利的迁陵县境，舟船是公务出行、军运、漕运主要交通工具。

J1（8）135 是“迁陵公船”遗失案的处理记录：

> 廿六年八月庚戌朔丙子，司空守樛敢言：前日言竟陵荡阴狼假迁陵公船一，袤三丈三尺①，名曰樟，以求故荆积瓦，未归船。②

简文披露了公船名称、尺寸、用途等信息。

J1（8）1510 是申请公船、用于长途兵运内容：

> 廿七年三月丙午朔己酉，库后敢言之：兵当输内史，在贰春□□□□五石一钧七斤，度用船六丈以上者四。谒令司空遣吏、船徒取。敢言之。③

该简内容显示，迁陵公船航行支流水系，规格、形制较少，无法与“广一丈六尺，长十二丈”的“大翼”④ 舟舰比肩。

十一、“沅陵输迁陵粟”与漕运

古代官府组织、以粮为主的水运，称为漕运。如秦穆公十三年（前 647），晋国向秦国借粮，穆公

---

① 秦制 1 尺合 23.5 厘米，船“袤”3 丈 3 尺，也就是船长 7.8 米。

② 陈伟：《里耶秦简牍校释》（第一卷），武汉：武汉大学出版社，2012 年，第 72-76 页。

③ 陈伟：《里耶秦简牍校释》（第一卷），武汉：武汉大学出版社，2012 年，第 341 页。

④《越绝书·札记》。

“以船漕车转，自雍相望至绛”①。

迁陵公田规模有限，粮赋不足以维持公共开支，需从外县补充。里耶秦简多有粟米转输记录，如，J1（8）1618：

□沅陵输迁陵粟二千石书。②

J1（12）1516：

及令它县当输粟迁陵□□□。③

漕运乃国之大事，留置漕船是有违秦汉法律的④。J1（8）2191是一份延误输往巴郡阆中漕运的审讯记录：

廿九年七月戊午迁陵丞昌讯。（正）
鞫之：又（有）留不传阆中漕。（背）⑤

十二、“启陵津船人”与秦代津渡管理

J1（8）651内容显示，迁陵县、乡设有津渡管理机构：

启陵津船人高里士五（伍）启封当践十二月更，□【廿九日】□
正月壬申，启陵乡守绕劾。
卅三年正月壬申朔朔日，启陵乡守绕敢言之，上劾一牒。⑥

J1（8）651是湖南省内津渡管理的最早记载。“津”即渡口，“启陵津”应是酉水渡口，“船人”为驾船之人。启陵津船人践更事宜由启陵乡守上报，可知启陵位于酉水之滨，启陵津为官渡。

十三、沅陵虎溪山汉墓里程简

古代文书公布道路里程，与程限规定和行书制度有关。秦《徭律》：“委输传送，重车负日行六十里，空车八十里，徒行百里。”⑦ 西汉《二年律令》：“邮人行书，一日一夜行二百里。”

1999年，沅陵虎溪山1号汉墓⑧出土竹简1000余枚，其中记有沅陵到长安里程：

廷到长安，道函浴，三千二百一十九里，其四百卌二里沅水。⑨

---

① 《史记·秦本纪》。
② 陈伟：《里耶秦简牍校释》（第一卷），武汉：武汉大学出版社，2012年，第369页。
③ J1（9）932、J1（12）1516据王勇：《里耶秦简所见秦代地方官吏的徭使》，《社会科学》，2019年第5期。
④ 《二年律令·均输律》：“船车有输，传送出津关。”
⑤ 陈伟：《里耶秦简牍校释》（第一卷），武汉：武汉大学出版社，2012年，第443页。
⑥ 陈伟：《里耶秦简牍校释》（第一卷），武汉：武汉大学出版社，2012年，第191-192页。
⑦ 陈松长：《岳麓书院藏秦简（肆）》，上海：上海辞书出版社，2015年，第150页。
⑧ 墓主吴阳为第一代沅陵侯、长沙王吴芮第四子，西汉高后元年（前187）受封，文帝后元二年（前162）去世。
⑨ 郭伟民：《虎溪山一号汉墓葬制及出土竹简的初步研究》，《新出简帛研究》，北京：文物出版社，2004年。

此“廷”当为县廷，意即从沅陵经函谷关到长安，全长3219里，其中沅水航线432里。汉承秦制，循西、沅、江、汉水，经酉阳、沅陵、临沅、索北上，是迁陵到咸阳主要交通路线。

十四、长沙马王堆汉墓《地形图》《驻军图》

1973年，长沙马王堆汉墓出土《地形图》《驻军图》（图1-3-8）《城邑图》[①]。其中，《地形图》是世界上已知最早的帛绘地图[②]，《驻军图》是最早的军用地图，《城邑图》是最早的城市地图。

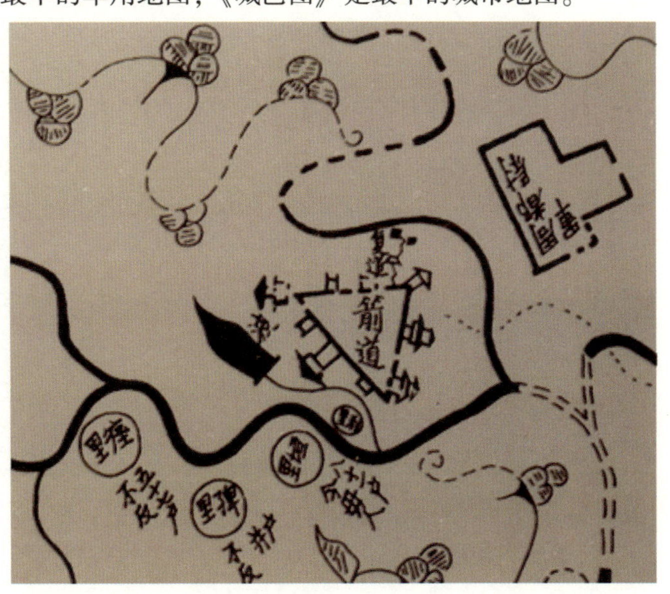

图1-3-8 《驻军图》（局部）所记复道（长沙市博物馆 绘制）

《地形图》标有营浦（治今道县）、舂陵（治今宁远）、泠道（治今宁远）、南平（治今蓝山）、龁道（治今蓝山）、桂阳（治今连州）、洮阳（治今全州）、观阳（治今灌阳）等县。图上方框表示县邑，圆圈表示乡里聚落，九根圆柱旁标注“帝舜”。以虚实两种线条表示道路，县邑和重要聚落之间连以实线。图上还绘有30多条河流，其中9条标注名称，深水（潇水）、泠水标注河源[③]。

《驻军图》范围与《地形图》东南部吻合，主区域是潇水流域。除山脉、河流、居民点和道路外，标记驻军名称、布防位置、城堡、要塞、烽燧点等要素。

《驻军图》道路部分标有里程。如封里标注“到廷五十四里”“到袍廷五十里”[④]。图上标有若干带“封”字地名，如留封、武封、陀封、昭山封等。诸封设于前沿阵地，有可能就是烽燧点，相当于现代战场上的前沿观察哨所。

《驻军图》中央绘有三角形城堡，内注“箭道”，是驻军指挥中心。箭道南侧道路由城堡蜿蜒伸向河边，旁标“复道”，可能用于控制渡口，以与对岸“周都尉军”相接应[⑤]。

复道用来俯视、控制周围地面，并以此与城外其他防务设施相联系，类似今天的高架桥。图上这处“复道”位今江华码市，是湖南省境内记载最早的桥梁。

---

① 原图上无名，根据马王堆汉墓帛书整理小组和谭其骧、詹立波、张修桂等学者研究建议，取名《地形图》《驻军图》《城邑图》。

② 1986年3月，甘肃天水放马滩秦墓出土墨绘于4块松木板上的7幅地图，绘制时段下限为秦昭襄王八年（前299），是现存唯一的战国地图，也是世界上已知最早的地图。

③ 根据文物出版社1977年版《（马王堆汉墓帛书）古地图》，马王堆汉墓帛书整理小组考释的乡里地名，有深平、深君里、获里、秋里、边里、舆里等55个，标注名称的河流包括深水、冷水、营水、春水、临水、镛水、罗水、垒水、口水等9条。

④ 马王堆汉墓帛书整理小组：《古地图 马王堆汉墓帛书》，北京：文物出版社，1977年，第55页。

⑤ 高至喜先生认为，《驻军图》中的周都尉军可能是吕后派遣攻打南越国的隆虑侯周灶的军队。参见高至喜：《兵器和驻军图》，《湖南日报》，1974年11月10日。

十五、马王堆汉墓《天文气象杂占》与车舆发展

车辕是传递牲畜动力、牵引车舆行驶的木构。与单辕相比，双辕车节省牵引畜力，提高运输效益。春秋以前车辆都是单辕，战国至秦以单辕为主①，西汉中期以后多为双辕，东汉全部为双辕车型。

长沙马王堆三号汉墓出土帛书《天文气象杂占》中，在象征车毂的圆圈②和双辕的2条纵线下面，有“见此长如车軲（毂）③，死者盈千。如辕，死者盈万”等字样，参见图1-3-9④。

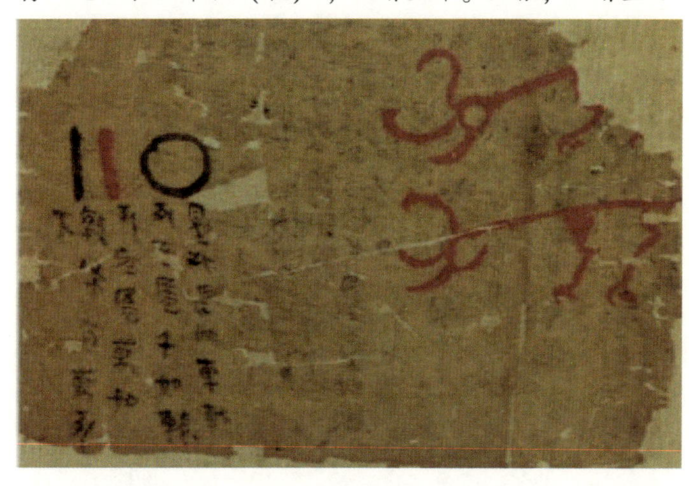

图1-3-9 《天文气象杂占》帛书局部（湖南省博物馆 藏）

该条史料说明，双辕车已是汉初长沙国的代表性车型。

十六、大庸东汉木简“以邮行”

1987年，大庸（今湖南张家界永定区）古人堤出土东汉木简共计90片。其中10号简是枚“以邮行”封检，正面文字为：

充长之印。兵曹椽猛使福以邮行。永元元年十二月廿日辛丑起廷。

汉制“凡县万户以上为令，减万户为长”。充县建于汉高祖五年（前202），辖今湖南张家界、湖北鹤峰、宣恩及来凤部分地区，至东汉永元元年（89）历近300年仍不足万户，故曰“充长”。“椽”，为辅官；“猛”，为辅官之名；“福”，为邮使之名。

简背面的文字：

……中右部士卌人，剽（骠）骑士卌人，黄弩卅三人，雁门士五十三人，中部士卅四人，扬武士卅四人，武威士卅六人，惟管卅三人，伏波卅四人，城中左部士卅六人……⑤

---

① 中国最早发现的双辕车，是陕西凤翔战国秦墓出土的陶质牛车模型。参看吴镇烽、尚志儒：《陕西凤翔八旗屯溱国墓葬发掘简报》，文物编辑委员会：《文物资料丛刊》第3辑，北京：文物出版社，1980年。

② 车轴是固定车轮、承载车厢和传递动力的车辆部件，横于舆下。车轮中心是一个有孔的圆木，称为“毂”，用以贯轴。帛书《天文气象杂占》用○表示车毂，十分形象。

③ 顾铁符先生认为，“軲”当是古代车厢下之横木所以承辕者。参见顾铁符：《马王堆帛书〈天文气象杂占〉》，《夕阳刍稿》，北京：紫禁城出版社，1988年，第202-231页。

④ 王树金：《帛书〈天文气象杂占〉杂考》，陈建明主编：《湖南省博物馆馆刊》（第九辑），长沙：岳麓书社，2013年。

⑤ 张春龙等：《湖南张家界古人堤遗址与出土简牍概述》，《中国历史文物》，2003年第2期。

这是一份充县衙署的兵曹官吏移送新征士兵文书，计有“中右部士”“骠骑士”“黄弩”“雁门士”“中部士”“扬武士”“威武士”“惟管”“伏波”“城中左部士”等兵种，共373名，通过“以邮行”的方式移送至服役之地。

十七、“飞帆中游”与长沙走马楼舟具简

《太平御览》引《长沙耆旧传》：

夏隆仕郡时，潘浚为南征，太守遣隆修书致礼，浚飞帆中游，力所不及。隆乃于岸边拔刀大呼，指浚为贼，因此被收。浚奇其以权变自通，解缚，赐以酒食。①

这是湘境风帆运用的最早文献。所谓“潘浚为南征”，即潘浚征讨五陵蛮，事在东吴黄龙三年（231）。长沙走马楼1384号吴简，为了解舟船形制提供了珍贵史料（图1-3-10）。

大樯一枚长七丈　大柂一枚
☒具其　上刚一枚长六丈　钉石一枚　[illegible]　嘉禾二年二月廿八日给☒
下刚一枚长六丈　大绳一枚

图1-3-10　长沙走马楼1384号吴简释文图②

简文“樯”即船桅。“大樯一枚长七丈”约合16.75米；“桅”即舵；“钉石”即锚碇；“绳”为系船缆绳，“上刚”“下刚”为桅上加固风帆的上下横杆。由“大樯”“上刚”及“下刚”各1枚可知，1384号简所记为单桅帆船，满载排水量在100~120吨之间③。

走马楼吴简曾记载三州仓到州中仓两库之间的一次运输，转运税米1800斛（约合108吨）④，相当于该类型帆船一次的运载量。1384号吴简所载舟具的种类和规格，或为官府统一制定的漕船技术参数。

十八、郴州苏仙桥晋简

2004年，郴州苏仙桥出土西晋简牍909枚，记载了晋惠帝（290—307）在位期间江州（治今南昌）桂阳郡（辖郴、便、晋宁、南平、耒阳、临武六县）机构设置、地理交通、人口赋税、风土人情等内容。

西晋是纸张普及与简牍退出的书写材料转型期，存世简牍不多。苏仙桥晋简数量超过了此前国内发现的晋简总和。其中，道里邮驿简分为两类⑤：

（1）记录县城规模及县邑间的里程。

1-1　便令谈隆 治便（今永兴），城周匝一里十五步，高一丈五尺，在郡北。去郡（治今郴州）一百二十里，北去江州（治今南昌）一千四百八十里，去京城（今洛阳）三千五百一十里。领员吏一百六十一人，卒十三人。

1-2　晋宁令周系 治晋宁（今资兴），城周匝一里二百卌步，高一丈五尺，在郡东。去郡一百卅里，去江州一千七百卅里，去京城三千七百里。领员吏一百廿五人，卒十二人。

---

① 《太平御览》，卷七百七十一舟部，四部丛刊三编景宋刻配补日本聚珍本。

② 王子今：《走马楼舟船属具简与中国帆船史的新认识》，《文物》，2005年第1期。

③ 王子今：《走马楼舟船属具简与中国帆船史的新认识》，《文物》，2005年第1期。

④ 熊曲：兵马未动，粮草先行——走马楼督军粮都尉简，长沙简牍博物馆，https://www.chinajiandu.cn/News/Details/xsyj?nid=459。

⑤ 张春龙：《湖南郴州苏仙桥遗址发掘报告》，湖南省文物考古研究所：《湖南考古辑刊》第8集，长沙：岳麓书社，2009年。

1-9 （南平）县东界去县八十里，到临武县五十里。
1-22 （临武）县东界去县卌里，从界到郴县呈乡酒官卅里。
1-27 （耒阳）万年亭北到湘东（郡）利阳县（今耒阳市境）界十五里。
1-37 （耒阳）到耒阳六十二里。
1-40 （便）德阳亭南到郴界十里。
2-44 南界水道督邮传去县二百里，南到水界六十里。
2-313 （便）县南界去县七十五里，从界到郴县五十里。
2-350 （便）县西北梧界去县一百卌三里，从界到耒阳县历亭十二里。

（2）记录邮驿间距离及邮（驿）亭废省、置吏情况。

1-4 迁度亭西到故长连邮廿五里，废无居人。
1-6 长连邮西到深浦亭十五里，不在正路，依己卯诏书省。
1-26（便）都邮南到谷驿廿五里，吏黄明士三人主。
1-55 都邮北到（便）故佳邮十里，废无居人。
1-74 （便）孪德亭到故佳邮六里，废无居人，今置迷桥驿。
1-75 （耒阳）长听驿北到故万年亭二里，吏区宽民二人主。
2-166 （便）松泊邮南到德阳亭廿五里，吏区浦民二人主。
2-359 洛泉邮西北到松亭十五里，不在正路，依己卯诏书省。
2-374 （便）谷驿南到故松泊邮十五里，废无居人。
2-384 和邮到两桥驿一百廿里，吏李频士四人主。
2-386 故谷亭一所，废无居人。

据1-1简文，桂阳郡治郴县至京城途程3630里，与《续汉书・郡国志》郴县至京城“三千九百里”相差270里。造成误差的原因，除传抄有误外，有可能是道路改线。如1-6、2-359简文所述，邮驿废省系因“不在正路”。

1-26 简牍所记都邮，当设便县城①。根据简1-40、2-166、2-374、1-26的信息，都邮距郴界累计75里，与2-313简牍记载吻合。

根据西晋交通地理图和苏仙桥简牍，可复原桂阳郡部分路网（图1-3-11）：

郴县至便县120里（1-1）或125里（2-313）。

郴县至晋宁县130里（1-2）。

南平县到临武县130里（1-9）。

临武县至郴县呈乡酒官70里（1-22）。

便县、耒阳、利阳分布于桂阳郡至京城驿道上。其中，便县城北10里有佳邮（1-55），佳邮北6里有孪德亭（改置迷桥驿）（1-74）；便县城至耒阳县历亭155里（2-350），耒阳县万年亭至利阳县南界15里（1-27）。

郴县北界至便县城依次设有德阳亭、松泊邮、谷驿、都邮，其中郴县北界至德阳亭10里（1-40）、德阳亭至松泊邮25里（2-166）、松泊邮至谷驿15里（2-374）、谷驿至都邮25里（1-26），合计75里，与2-313记录相符，邮亭间距10～25里不等。

---

① 《宋书・百官志》：“郡官属略如公府，无东西曹，有功曹史主选举；五官掾主诸曹事。部县有都邮、门亭长，又有主记史催督期会，汉制也。”

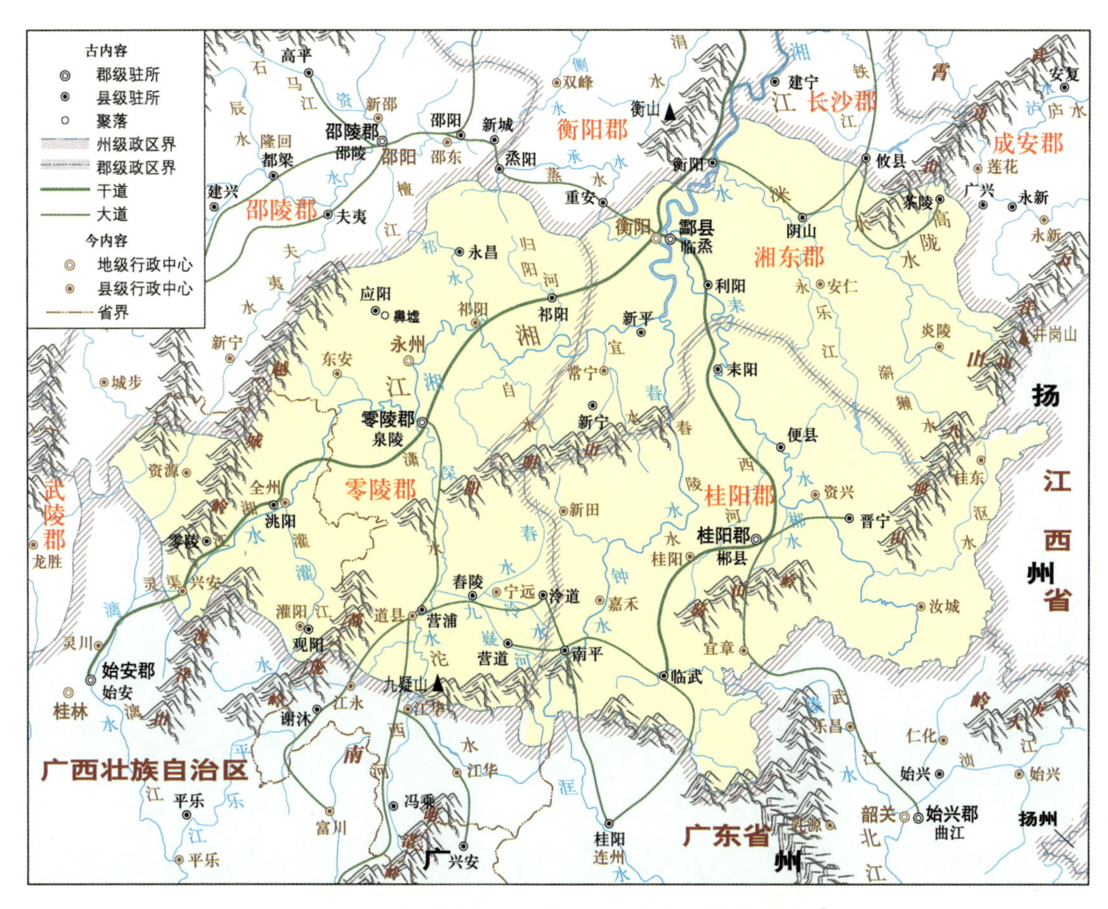

图 1-3-11　西晋零陵郡、桂阳郡、湘东郡交通地理图①

第四节　“三湘”“九江”“舜陵”“禹碑”考

“三湘”“九江”所指，“舜陵”“禹碑”真伪，史上众说纷纭，学界争议不绝。因涉及古代交通地理，本书辑录部分代表性观点。

一、“三湘”丛考

“三湘”一词最早出现在东晋。陶渊明《赠长沙公族祖一首并序》：“遥遥三湘，滔滔九江。山川阻远，行李时通。”② 南朝陈文帝下令讨伐镇南将军周迪时宣称：“西结三湘，南通五岭。衡广戡定，既安反侧。”③

关于“三湘”所指，历史上有以下几种说法。

其一，指江、湘、沅三水于巴陵汇合处。唐李善注南朝梁萧统编《文选》卷二十七“颜延年《始安郡还都与张湘州登巴陵城楼作》”：“江、湘、沅水皆共会巴陵，故号三江口也。……三湘盖谓三江也。”

其二，指湘江 3 个河段——潇湘、蒸湘和沅湘。清嘉庆《零陵县志》：“湘水……自全州而下汇楚南诸水至永州府城北湘口与潇水合流，故云潇湘；迨历祁阳合桂阳诸水过回雁峰下至衡州城北石鼓嘴

① 蒋响元：《筚路蓝缕 以启山林——湖南古代交通史（史前至清末）》，北京：人民交通出版社股份有限公司，2020 年，第 212 页。

② 《陶渊明集》，卷一，宋刻递修本。

③ 《陈书·周迪传》

与蒸水合，是为蒸湘矣；其出武陵会长沙诸水经湘阴入洞庭者，又曰沅湘。此所谓三湘也。”①

其三，指湘江流经的三个河段——潇湘、资湘、沅湘。清陶澍《资江耆旧集序》：“湘水出广西之全州，北至永州城外，而潇水自西北来入之，谓之‘潇湘’，此旧说也。及至长沙过湘浦，而资水东流入之，谓之‘资湘’。……又北入湖与沅水合于湖中，谓之‘沅湘’。……以潇湘、资湘、沅湘为三湘，当为不易之论。”②

其四，指湘潭、湘乡、湘阴。明李贤等撰《大明一统志》卷六十三云“《寰宇记》：‘湘潭、湘乡、湘阴为三湘。’”③

其五，指湘潭、湘乡、湘源④。清雍正《广西通志》云：“《方舆记》云：‘湘源、湘乡、湘潭，谓之三湘。’”⑤

其六，为湖南代称。清道光《广东通志》：“左三湘而右八桂，控贲禺而役交趾。”⑥ 此处“三湘”指湖南，八桂指广西。

二、“九江”考⑦

《尚书·禹贡》：“岷山导江，东别为沱；又东至于澧，过九江，至于东陵。”“九江”所指，史上有三种观点：一为巴陵洞庭，一为湘江，一为江州彭蠡。《山海经·中山经》：“澧沅之风，交潇湘之渊，是在九江之间。”这是证明“九江”在洞庭湖区的早期文献。清代学者孙良贵、罗典、王泉之亦持此说，马征麟则持湘江说⑧。摘录如下：

（一）（清）孙良贵⑨《考定九江说》

九江之名，古今聚讼，如孔颖达李宗谔罗泌者，以浔江为九江，起郭璞一人之说，夫浔阳即今江西九江府，历号江州，一水散为九派，如江有沱潜之类，非实在有九水也。

稽楚南古为江西，项羽弑义帝于江南，即今郴州。常郡人先起兵应高帝，故武陵本寿陵，改为义陵，檄曰发九江兵，南浮江汉，以下可证九江之为洞庭矣。又东汉光武初，宋均为九江太守，猛虎渡河，今虎渡口在大江南岸荆澧之交，是又一证也。而可以隋以后之九江冒之乎？况浔阳地居吴头，已在扬州之域，于荆州无与也。自蔡氏遵朱子注，九江孔殷正以为即今之洞庭而群喙息矣。

近世犹有为骑墙之说与朱蔡发难者，是欲翻《禹贡》三有明文之案也。观其先曰九江孔殷，乃曰沱潜，既道云土、梦作乂，江西之无沱潜彰彰矣。犹序于孔殷之下明其为在楚南也。又曰至于衡山过九江至于敷浅原，夫过而后至是，九江在敷浅原之上也。今敷浅原在饶郡洪家阋一带，以地势较之，九江府反在其西下二百里，即《地舆志》以为德安县之博山为敷浅原，亦在九江府之上一百二十里，愈见今之九江非《禹贡》之九江矣。……谚曰：九条龙落君山口，其即九江之说乎。

---

① （清）嘉庆《零陵县志》，卷十三，清嘉庆二十二年刻本。

② 湖南省地方志编委会：《光绪湖南通志（点校本）》，长沙：湖南人民出版社，2017 年，第 6152 页。

③ （明）李贤：《大明一统志》，卷六十三湖广布政司，明弘治十八年刻本。

④ “湘源”指隋代开皇九年所置之湘源县，治今广西全州县西，至五代晋天福年间改名清湘县。

⑤ （清）雍正《广西通志》，卷十三，清文渊阁四库全书本。

⑥ （清）道光《广东通志》，卷一百二十八，清道光二年刻本。

⑦ 摘自湖南省地方志编委会：《光绪湖南通志（点校本）》，长沙：湖南人民出版社，2017 年，第 6153-6155 页。

⑧ 参见湖南省地方志编委会：《光绪湖南通志（点校本）》，长沙：湖南人民出版社，2017 年，第 6153-6155 页。

⑨ 孙良贵，字邻初，号麓门，湖南善化人，清乾隆己未年（1739）进士。

（二）（清）罗典[1]《九江考》

《禹贡》荆州称九江。孔殷九江即巴陵之洞庭，九非数目字，《庄子·天下篇》禹亲操橐耜，以九离天下之川，九通纠，纠亦音九，与《论语》桓公九合诸侯同义。计湖南九郡四州，湘水绕其东，沅水绕其西；自沅州而下资水界其间；自宝庆而下，澧水横其北；自永定慈利而下，各因所过诸水同入于洞庭，而洞庭受之，故洞庭谓之九江。又江西有九江郡，以彭蠡得名，与洞庭为对，而《禹贡》不明称九江者，于洞庭正其名，于彭蠡著其义，恐后之读者或执九为数目字耳。导汉曰东汇泽为彭蠡，谓汉自大别入江而东，有汇泽名为彭蠡者在其南，此汉之所由东为北江也，以隔于中江，不言会导，江曰东迤，北会于汇，谓江至于东陵而东迤而北以汇泽之为彭蠡者，自南入江而江会之，以是而东为中江耳。彭蠡言汇其义即为九，洞庭称江其实亦为泽也。会与汇二字宜辨，凡水在南者，以江为大，故江水多从江，称在北者，以河为大，故诸江多从河，称据九江以解九，河亦为纠合众水之河云尔。

（三）（清）王泉之[2]《九江考》

朱子谓九江孔殷，正以见其吞吐壮盛浩无津涯之势，非寻常分派小江之可当。继此而后及夫沱潜云梦，则又见其决非今日江州甚远之下流。九江云者，九水之所汇耳。九河主其分九江，主其合河，自一而分为九，故曰播江自九而合于一，故曰殷。当其未合，非独九河不得冒江之名，即汉与彭蠡亦不得冒江之名也，非洞庭其能有此大观乎？

（四）（清）马征麟[3]《长江图说》

九江者，湘江也。环衡岳之四面，而九水会于一江者也。《禹贡》九江孔殷，系于荆州。其下乃云："沱潜既道，云土、梦作乂。"江别为沱，荆州之沱入江，在岳州府下游城陵矶之北。《周官·职方》荆州其泽数曰云梦，则九江不越荆州之境明甚，且必在沱潜云梦上游可知，乃汉人既以寻阳为江，以郡阳当彭蠡，刘歆又以彭蠡为九江，王莽因改豫江为九江。郑康成云：九江从山溪所出。孔传云：江于此州分为九道。孔郑义异而皆未言其地，似郑亦主刘歆湖汉九水，孔主寻阳之说，《太平寰宇记》总记南条九水为九江。夫寻阳鄱阳皆《禹贡》扬州之域，而南条诸水则又兼荆扬二州言之，显与经违，不知寻阳乃禹迹之北江，即如若说是九江即江身之分合，不得云过其失，俱不待言矣。《山海经》之辞虽离奇惝恍，而潇湘之渊在九江之间，其说终为近古。《水经》云：九江在长沙下隽县西北，下隽县在今湖北武昌府通城县西。湖南岳州府巴陵县东南湘水入江在巴陵西南，适当下隽西北，蔡传据之是矣。

而以为即今洞庭，又用曾氏彦和之说，谓沅水渐水无水辰水叙水酉水澧水资水湘水皆合于洞庭，意以是名九江也。则其说亦未尽善也。导江云：又东至于澧，过九江，则澧不在九江之数明矣。五水入沅，叙水在辰州溆浦县境，其流不逮辰河之半，渐水出常德府武陵县梁山，流又最小，《明一统志》略而不载，不足与沅湘并匹而自为一江。惟酉、辰、无三水源较长，辰自辰州辰溪县西南入沅酉水二原合流，自沅陵县西入沅，经沅陵、桃源、武陵、龙阳四县境入湖，而无水尤上自贵州之镇远县入沅，

---

[1] 罗典（1718—1808），字徽五，号慎斋，湖南湘潭人，清乾隆辛未年（1751）进士，主讲岳麓书院27年。

[2] 王泉之，字星海，清泉县人，清嘉庆十年（1805）进士。

[3] 马征麟（1821—1893），字素臣，安徽怀宁人，有《历代地理沿革图》《长江图说》《考工记注》等传世。

则一沅江而已，谓之沅江五水而可矣，并沅而为六犹可矣，与沅澧湘资四而为九则不可。且导山云：至于衡山过九江至于敷浅原，果沅水之列于九江，则何以由衡山东北而过之乎？衡山在湘水之西，敷浅原在衡山东北，中阻湘水。

《经》所云，过九江乃过湘江也。湘则何以为九江，曰入湘之大水九析其派曰九江。统于一则湘江而已。九水者，潇也，舂也，耒也，洣也，漉也，涟也，浏也，资也，汨罗也。潇舂耒，衡山南面之水也。洣漉，衡东之水也。涟、衡西之水，浏与汨罗，衡北之水。资江，衡西北之水也。

然则九江非今洞庭乎？曰：非也。

三、“舜陵”考

“舜陵”所在，有湖南宁远、山西运城之争。宁远舜陵庙始建于秦，运城舜陵庙始建于唐，两处陵庙同于2006年被公布为全国重点文物保护单位。

（一）（清）余廷灿[①]《存吾文集》[②]

舜陵本始于《尚书》，详核于《礼记》，杂见于《墨子》《离骚》《史记》诸书。《书·舜典》曰陟方乃死，《礼·祭法》则曰舜勤众事而野死。《檀弓》又曰舜葬于苍梧之野；《墨子》则曰舜道死南纪之市；《史记》则曰舜南巡狩，崩于苍梧之野，葬于江南九疑；朱子注《离骚》九疑，亦曰九疑舜以葬。盖历三千年无一异辞者。

自唐昌黎韩子孤据《竹书纪年》云：帝王之崩曰陟。因谓陟为上升，如舜南巡，则地势东南下，宜言下方，不应言陟方。乃断陟为读，而以方乃死为释文。蔡氏传《尚书》采其说，后儒又援孟子卒于鸣条一语，遂置经传中确然可据者不信，而揣测乎无何有之乡，群谓九疑不必有舜陵，而陟方断非南巡矣。然姚姒典谟简古浑噩，从无赘文自释之例而《商书》有陟遐自迩之文，则陟亦不尽训升而训行方，则省方之方，是。廷灿窃谓五十载书其年，犹《尧典》二十有八载云尔，乃死书其崩，犹《尧典》乃殂落云尔。中错陟方二字，书其事则是年适巡行南方，有事于苗民尔。何以知之？以《吕刑》皇帝清问下鳏寡，有辞于苗而知之也。夫舜岂徒垂拱蒲坂而远征发洞庭彭蠡之鳏寡，走数千里外，一问苗情于殿陛乎？吾知其必不然矣。盖自苗民弗用灵，已窜于尧世，叙于三危，而其后留而未窜者，又顽弗即工，可知三苗在虞直至末年南巡而后靖。舜于时适百有十岁而死焉，葬焉，吾盖读《吕刑》而得《舜典》《禹》之通证，并得五十载陟方之确，诠陟方之解定，则舜陵定矣。

（二）（清）罗汝怀[③]《湖南文征·卷三二》[④]

舜陵本始于《尚书》，详核于《礼记》，杂见于《墨子》《离骚》《史记》诸书。《书·舜典》曰陟方乃死，《礼·祭法》则曰舜勤众事而野死。《檀弓》又曰舜葬于苍梧之野；《墨子·节葬下》则曰舜道死南纪之市；《史记》则曰舜南巡狩，崩于苍梧之野，葬于江南九疑。朱子注《离骚》九疑，亦曰

---

① 余廷灿（1729—1798），字卿要，号存吾，长沙人，清乾隆二十六年（1761）进士。

② 湖南省地方志编委会：《光绪湖南通志（点校本）》，长沙：湖南人民出版社，2017年，第6166-6167页。

③ 罗汝怀（1804—1880），字研生，号梅根居士，湘潭（今株洲天元）人，有《湖南文征》等著作传世。

④ 湖南省地方志编委会：《光绪湖南通志（点校本）》，长沙：湖南人民出版社，2017年，第6166-6167页。

九疑舜所葬。又《通考》《十三经》古注、《汉书》《汉纪》各注，暨《竹书》《山海经》《淮南子》《风俗通》《世纪》《皇览》《舆地考》，俱各往往称舜南巡崩，葬苍梧九疑。盖历三千年无一异辞者。

四、"禹碑"考

《禹碑》，又名《岣嵝碑》《岣嵝禹碑》等，相传与大禹治水有关，最早由南宋何致于嘉定壬申年（1212）发现（图1-4-1）。自《禹碑》问世之后，碑文释读及禹碑真伪问题，一直是历代学者讨论的重点。

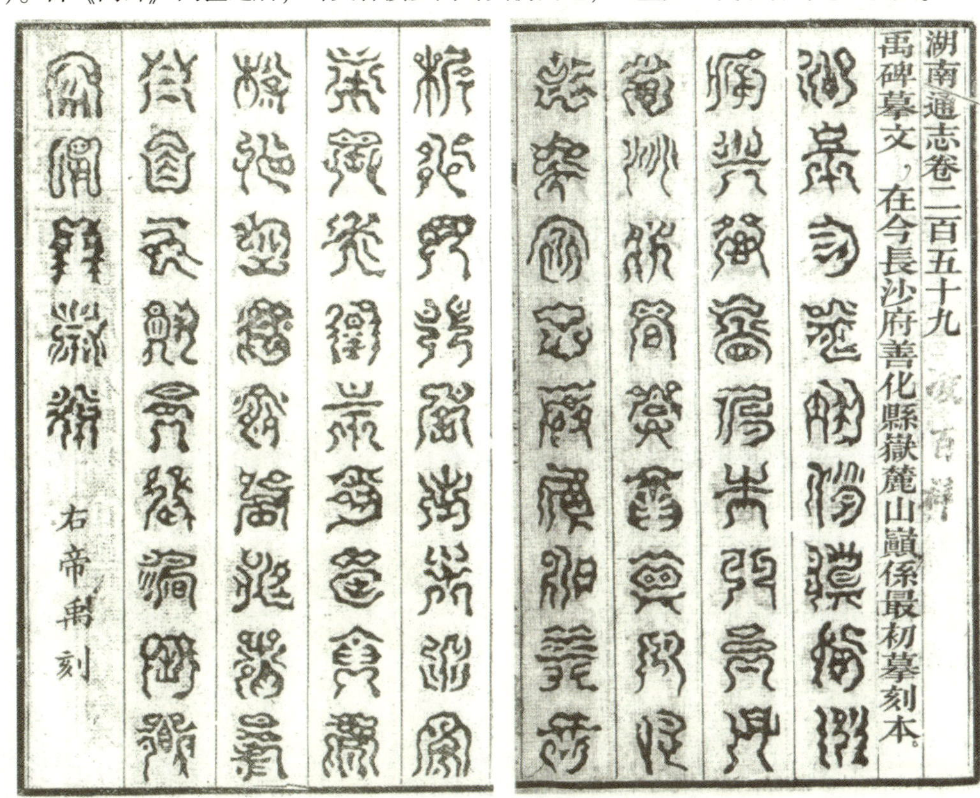

图1-4-1　禹碑摹文[1]

（一）禹碑释文[2]

孟子曰：圣而不可知之谓神，故世称神禹，禹碑秘在衡岳，四千余年非其人不能见，见之而不能识，无足怪也。后圣有作，取而读之，倘非洛书，《洪范》之大经亦必金简紫文之奥旨，不可以秦皇峄山、会稽刻石之词拟之也。明杨慎等释文，大抵叙行役之劳，刊旅之绩，浅矣，今仍旧志悉录于后。

1. 杨慎[3]释文

承帝曰咨（一作嗟）：翼辅佐卿洲渚与登鸟兽之门，参身洪流而明发尔兴，久旅忘家，宿岳麓庭，智营形折，心罔弗辰，往求平定，华岳泰衡，宗疏事裒，劳余伸禋，郁塞昏徙，南渎衍享衣制食备，

① 湖南省地方志编委会：《光绪湖南通志（点校本）》，长沙：湖南人民出版社，2017年，第5493页。
② 湖南省地方志编委会：《光绪湖南通志（点校本）》，湖南人民出版社，2017年，第5495页。
③ 杨慎（1488—1559），字用修，号升庵，四川成都人，明正德六年（1511）状元。

万国其宁，窜舞永奔。

2. 沈镒[①]释文

承帝曰咨（一作嗟）：翼辅佐卿水处与登鸟兽之门，参身鱼池而明发尔兴，以此忘家，宿岳麓庭（一作亭），智营形折，心罔弗辰，往求（一作来）平定，华岳泰衡，宗疏事裒，劳余伸禋，羸塞昏徙（一作乱），南暴昌言，衣制食备，万国其宁，鼠舞蒸奔。

3. 杨时乔[②]释文

承帝令衮，翼为援弼，钦涂（一作途）陆、登岛滈，端乡邑。仔麓流船，暗歇迟眠，即夙（一作宿）迄冬，次岳麓屎，陌裂岳析，踋罔堕缠，往求出窍，华恒泰衡，嵩陲事裒，献桴挺禋，郁濬垫徙，南暴幅员，节别界联，魑魅魍魉，窜舞蒸彝。

4. 郎瑛[③]释文

承帝曰嗟。翼辅佐卿，水降舆发，鸟兽交行，参身若流，祁明癸酉，兴以此忘家，宿岳麓庭，智营形折，心图不辰，往来平定，华乐泰衡，宗疏事裒，劳锡伸禋，郁塞昏徙，南渎衍亨，衣制食备，万国首宁，窜舞永奔。

（二）（明）顾炎武[④]《肇域志》[⑤]

古今文士称述《禹碑》者不一，然刘禹锡徒闻其名矣，未至其地也；韩退之至其地矣，未见其碑也；崔融所云则似见之矣。宋朱晦翁、张南轩游南岳，访不获，其后晦翁作《韩文考异》，遂谓退之诗为传闻之误。《舆地纪胜》：“《禹碑》在岣嵝峰，又传在衡山县云密峰。昔樵人曾见之，自后无有见者。宋嘉定中蜀士因樵夫引至其所，以纸打其碑七十二字，刻于夔门观中，后俱亡。近张季文佥宪自长沙得之，云是宋嘉定中何政子一模刻于岳麓书院者，凡七十七字，云：‘承帝曰嗟，翼辅佐卿。洲诸与登，鸟兽之门。参身洪流，明发尔兴。久旅忘家，宿岳麓庭。智营形折，心罔弗辰。往求平定，华岳泰衡。宗疏事裒，劳余神禋。郁塞昏徙，南渎衍亨。衣制食备，万国其宁，窜舞永奔。’”按，此乃是伪撰，古以“门、奔、禋、辰”为一音，“卿、衡、亨”为一音，“庭、宁”为一音，“兴”为一音，今混而用之，又其云：“久旅忘家，智营形折。”皆非三代以上人语也。

---

① 沈镒，字孟约，浙江嘉兴人，明代学者。

② 杨时乔（1531—1609），字宜迁，号止庵，江西上饶人，明嘉靖四十四年（1565）进士。

③ 郎瑛（1487—1566），字仁宝，浙江杭州人，明代学者。

④ 顾炎武（1613—1682），字宁人，浙江昆山人，明末清初学者。

⑤ 顾炎武：《肇域志》，收入《顾炎武全集》第十册，上海：上海古籍出版社，2011 年，第 3277-3278 页。

（三）朱剑心[①]《金石学》[②]

三代刻石，虽或见于史传，然传世实鲜，多由附会。如旧传《岣嵝碑》《坛山刻石》《比干墓字》《吴季子墓碑》、石鼓文及清末新出《红崖刻石》《锦山摩崖》等七种，除石鼓文已考定为秦刻石外，余皆未可信也。

《岣嵝碑》七十七字，在衡山岣嵝峰，宋欧阳修、赵明诚、郑樵俱未尝录；至明杨慎、郎瑛、沈镒、杨时乔、杜壹，始各有释文，以为夏禹王刻，实由韩愈、刘长卿之诗而附会也。韩诗云："岣嵝山尖神禹碑，字青石赤形模奇。"又云："千搜万索何处有，森森绿树猿猱悲。"是但凭道士所言，未尝目睹。刘诗云："传闻祝融峰，上有神禹铭。古石琅玕姿，秘文龙虎形。"曰"传闻"云者，亦不过凭空想象之词矣。夫南岳，道家所称阳明朱虚洞天也。此碑云雷诘屈，有似缪篆，亦如符箓，或以为"五岳真形"，庶几近之。又此碑原石已佚；今所存者，皆后世之摹刻也。

① 朱剑心（1905—1967），名建新，浙江海宁人，民国时期学者。

② 朱剑心：《金石学》，杭州：浙江人民美术出版社，2015，第204-205页。该书集传统金石学研究之大成，自1940年首版以来，再版多达20余次。

第二章　交通碑铭

树碑立传、铭记善举是中华民族的文化传统。道路、桥梁、凉亭、渡口、航道等公益设施，多为官府、商绅或社会贤达出面，集资、集劳、集料修筑。为铭记建设缘由、建造过程，倡导“善相劝，过相规，有无相通，患难相救，和气所感，诸福骈臻”① 风尚，弘扬“爱君忧国，不以进退生死累其心”② 情操，当地多碑刻其事，以垂后世。

国内现存最早碑刻，是歌颂大禹治水的衡山岣嵝碑（又称禹王碑）。交通史上最早碑刻，当属东汉《神汉桂阳太守周府君功勋之纪铭》。

第一节　古　路　记

旧时社会生产力低下，道路修筑堪称浩大工程。然而“修路之利比之桥，其济人利物之功尤远且大也”③。本节收录13篇北宋至民国期间撰写的路记，包括驿道、大道、村道及近代公路，作者有国务总理、知州、知县、文吏、书生、捐资人等。

一、邵州修康济庙路记④

邵州州学教授 陈阜 北宋乾道三年（1167）

幽明之理，神民之心，一也。天子置吏以治于明，天地命鬼神以司于幽；吏为民而祷，神必阴相之；神为民而应，民必昭答之。神民之心，讵有幽明之间耶。

邵在楚之尾，旱涝不常，民无他业，岁小歉，则艰食。河内李侯牧邵，之明年，夏旱，侯斋戒祷乎泽侯之祠，随祷而雨，岁以不饥。郡民喜贤太守祷之之诚，而神应之迅速，谋答神庥。神之庙，去城六里，其路嵚崎硗确过甚，虽稍平旷，遇雨则泥淖不能容足，往来病之。市民军长石谅等，即旧路而修治之。于是鸠工编石，曾不数月，坦然一新。自庙达通衢，长三百丈，广三尺，费金百万。既告成，市民军长等请阜记之。阜窃谓侯以无私而祷于神，神以无私而应于侯，侯之祷，神之应，咸在斯民，今民以是报于神，神将以是福于侯也必矣。矧今事简，吏清政平，讼理德化，薰蒸和气浃洽，此虽动天地可也，况于鬼神乎。神之听之，介尔景福。岂庸释于贤侯乎？于是乎书。

乾道三年正月初五日，左迪功郎充邵州州学教授陈阜记，右宣议郎新知临江军新途县事王延年立石。

资江砥柱矶上建有康济庙（现存于邵阳市双清公园关圣殿和观音殿），康济庙额是宋徽宗赵佶亲笔所书。

康济庙（今名关圣殿）及陈阜撰《修康济庙路记》碑，位于今邵阳市双清公园内，始建于宋徽宗（1100—1126）时期，清康熙年间（1662—1722）更名关帝庙。

---

① 《宁乡枫木桥碑记》。

② 《重修（祁阳）笑岘亭记》。

③ 《平江龟山修路记》。

④ 湖南省地方志编委会：《光绪湖南通志（点校本）》，长沙：湖南人民出版社，2017年，第5854页。

二、绥宁錾字岩改路记①

绥宁县主簿 陈敬 元至大元年（1308）

绥宁，古徽州也，治二乡十四图一十五峒四十八团，至元丙子（1276）归附我朝，仍隶武冈路辖焉。在（武冈）西南万山间，去府城百八十里，层峦叠巘，道路险阻，故宋以前稍置官属，縻之而已。其田隘，其山险，其石乱，其毛秃。度岭下川，跻攀步屣，蹊径蜿蜒，微若一线。而中州仕宦，镇戍军旅，临履未习，愀然变色；或值阴雨，努力上下，其滑如油，进寸退尺，劳苦百状。既置郡县，同轨同文，又多历年载，守令代迁，理有更张，而皆苟且犹豫，恬然莫之。寻求至土豪之家，隐蔽平坦，复指官府创修山巅溪坳。仰及云汉，俯及幽谷，崎岖之态，不可惮举。

大德丙午（1306）夏四月，余来主是邑簿，每念县治僻在天陬，利民之政，平易宜先。遂躬杖履，审山水，蠲重橐。因民无事，改自寥溪、茶湾、盐井、锁石、旱田、深渡、山口、武阳、千里、止田、大安、插柳、关峡、蓝口、双溪、大泉、次溪冲、黄石、小水、土溪、吉惹、长溪、木皮寮，至县亘百余里，鸣鸡吠犬，庐舍相望，递驿所经；其他邻境沅、靖、融、宜，支径歧出，咸能达焉。时董乐从之民，翦榛莽，辟郊墟，锄草莱，碎砑石，架桥梁，百里康庄，五岭（一曰枫门，二曰磨石，三曰火甲，四曰平溪，五曰寨坡）通畅，且诫以经始之勿亟，仅二稔而工完。

邦侯少中大夫南湖先生、承务郎山蔡先生、郡博士姚南桤、学正谭潜居、学省龙达斋、学录黄进斋、山长独孤处，德名儒士，乃谓履平避险，便益良多，各赠以诗。余亦作唐律二首，檃括大概。县教李雪湖记其事。讲书肖仪父取成周之遗制，附都梁之续志，叙其本末。皆集书坚珉，镌而垂永，俾问津者知其去就云。

元大德十年（1306），新任绥宁县主簿陈敬主持拓改县城东去路（府）城武冈驿道，历时两年竣工。

三、平江龟山修路记②

平江知县 黄华 明弘治四年（1491）

平江多义民，好施与。然富家知建桥之利有益于人，而不知修路之利比之桥，其济人利物之功尤远且大也。夫桥之与路长短较然矣，奈何兹土人士胶于见闻，往往以砌桥为因果获阳报，忽于修路而弗之图，维十室九然矣。

县治之东，曰余存厚者，早失所怙，赖母喻氏抚育成立，资产独雄于人。弘治辛亥（1491），覩叔义、官余秉、常昆季三人建吴溪桥，工费浩繁，而人皆称美。秉权造松杨桥，功半于前，而民亦便之。乃喟然曰："叔氏之慕义，得众人欢如此，家维饶积而不散，甘为守财奴耳。盍赍吾志，告知县大夫，听处分焉。"

一日，其戚里钟玉顷引存厚于庭，告如前言。予欣然曰："此吾志也。世人之务厚积者多为子孙谋，能以建桥修路存心者几人哉。今予募民建南浮桥，开黄土岭。汝叔秉权建松杨桥，第由松杨抵龟山，由龟山抵黄新桥，相去二十余里。其间险阻关隘之不通，棘蓁莽苍之弗治，如行者之弗利何？兹欲剪荆棘，通险阻，度蔽障，费不下百缗，汝能独成之乎？"存厚曰："诺！"归告其母，母曰："儿辈

---

① 绥宁县志编纂委员会：《绥宁县志》，北京：方志出版社，1997年，第804页。此文于元至大元年（1308）镌刻于黄石（今长铺子）驿道旁石壁上，1969年扩修公路时被毁。

② 平江县交通局：《平江县交通志》，内部发行，1989年，第249-250页。

能坚此志，上承令公之永图，次便万人之视履，汝父虽亡，迄今有年矣。吾誓柏舟，汝念蓼莪，始有今日。汝能卓立，不伍于群，儿如此，汝父可瞑目于地下矣。亟图之，使九原可作汝之祖父宁不胥庆于一堂哉！”

存厚闻母氏诲言谆切如此。于是不惜早暮之勤劳，不避炎暑之酷烈，募匠数十人，遣苍头治薪水，凿平龟山岭凹，开通沿江悬岩，运去泥涂废土，昔之低者平，险者夷。往来由之者，啧啧称颂弗少置。存厚乃益励厥心，发其所积于家，帑不少吝，旬月之间，功满告成。复建亭于龟山之阳，请予记其事，因书此以遗之。

明弘治四年辛亥岁十二月

黄华，字实夫，安徽歙县人。明成化十七年（1481）进士，弘治三年（1490）知平江县。在任六年，修缮学校、坛庙、公署、桥梁、道路，增辑邑志，谨言足以传信。

四、新修（宜章）折岭路记[①]

宜章训导 胥文友 明嘉靖十五年（1536）

邑治北三十里，名折岭。邑人由以至郴，凡郴属邻封及各省士夫达两广者，率皆由焉。而商旅经历尤多，盖冲要路也。崎岖险阻，荒榛宿莽，多怪石巉岩，森列蹲踞。巨者如虎，次如豕，锐者如鹭，鳞次参错，高下起伏，逶迤三里许。罔克肩舆，乘则拔辔徒行，担负倚杖，遇雨颠踬，杖屩俱折，甚至或不能步，病之。

嘉靖癸巳（1533），浙之汤溪胡君九峰来令邑事，以公务往来，叹曰：“昔闻折岭之险，信不诬也已。”修葺桥梁路道，王政首务，百废固在综理，兹其可以。缓三年政治，遂节俸募工以从事。椎凿怪石，巨者浃旬，小者浃日。突而起者平之，岈而陷者实之。起伏逶迤，随其形势而理焉。中道覆土甃石，高尺余，一顾坦然。平道如长桥，高标如卧龙。肩舆罔扶，乘罔按辔，担负罔杖，雨旬日罔惧。素履者不知其险，初至者以所闻为虚语。丙申（1536）仲春起工，季冬工毕。计其费，中人之产；计以日，岁暮而始成。

呜呼，厥惟艰哉！夫自秦汉以来至于今，吏兹邑者不知凡几矣，未闻有能葺而理者。九峰弗取于民，弗费于库帑，规措集事而民罔知。凡厥上下，利有攸往，功德在人，顾可量欤！邑之耆老谓公治邑兴滞补敝，轻徭振乏，善政如兹，宜悉刻诸石以垂不朽。余谓公善政，自有观风者悉焉。是岭夷之行当亟纪之，俾行者识其先难后易云。

折岭，位于骑田岭东麓、宜章五岭镇折岭村，湘粤古官道上。图 2-1-1 为 1899 年来湘勘测粤汉铁路线的美国工程师柏生士（William Barclay Parsons）拍摄的折岭骡马道[②]。

---

① 郴州地区交通志编纂领导小组办公室：《郴州地区交通志》，长沙：湖南出版社，1993 年，第 348 页。

② ［美］柏生士：《西山落日——一位美国工程师在晚清帝国勘测铁路见闻录》，北京：国家图书馆出版社，2011 年，第 60 页。

图 2-1-1 折岭上的骡马古道［（美）柏生士 摄］

五、修建（泸溪）浦市江津路记[①]

贡生 李官 明天启七年（1627）

卢溪有浦江，水陆津要地也。舟楫蚁拥，鬻贩鳞集，沿河下上，络绎不绝。当春夏泛涨，波涛荡析，土崩路圮，行者苦之。

邑人廉梓芳既亡之后，其妻陈氏，母姚氏，皆孀妇，相语曰："俗言不竟其禄，子孙之福。吾家有余资，而两世皆早夭，意者行未修，天故示之罚乎?！今幸有藐孤在，盍日行利济事。"适有码头路圮告者，慨捐千金，理其旧而大新之。市人裒资以助，购石鸠工，缺者补之，卑者高之，倾者筑之瓷之，石级既宽且厚。不数月，井然告竣。往来者，历阶而升，坦坦荡荡，垂之永久而不坏。

嗟乎，广由宅聚货财，习于鄙吝，且多行不义，不转盼而与逝波同其消没者，吾见其多矣！求能行其德，轻千金以就义，虽高明积学之士，或鲜能为之。今巾帼孀妇，乃能创义举废，实真可钦也！传曰：人之欲善，谁不如我。后之览者，其亦有感于斯乎？

天启七年丁卯仲夏月立

---

① 泸溪县志编纂委员会：《泸溪县志》，北京：社会科学文献出版社，1993 年，第 457 页。

六、重修（桂东）八面山路记[①]

郴州知州 胡星 清乾隆八年（1743）

楚南多山，衡岳称最。此外有名不登于舆图，路实苦于行人者，如郴属宁桂之交八面山是也。

余丁巳（1737）岁，简命来楚宰耒，与郴遐迩，略闻其险状。既而调宜接守郴郡，备悉其详。然仅得之于耳，尤疑人言之过甚；山之险恶，未必至于此也。迨壬戌（1742）夏，因编甲务，巡历各属，由宁之桂，亲历其地。第见层峦叠嶂，密谷深林。藓苔积秽而离滑，藤萝蔓延而盘踞。上蹑近天，云雾块然；下临于地，冥迷惊心，不觉目眩胆裂。喟然叹曰："蜀道之难，难于上青天，此岂有异耶？偶涉且若此，嗟彼行人，其将奈何？"

缘是，归而谋诸属吏，共结善缘。余捐薄俸以为之倡，各属亦欣然乐从。即令宁邑苏令纠工督匠，董率其事。因山之左有旧开小路，较为坦夷，重加修砌。披荆填石，务求宽稳；移置邮递，以增烟火；建造客房，以便憩息。至癸亥（1743）春，始得告竣。往来士民，莫不称便。余亦抚掌自快，是为记。

胡星，字长庚，号石渠，山东高密人，清雍正二年（1724）进士。曾任耒阳、宜章知县，桂阳、郴州知州，衡阳知府等职。

七、修（浏阳）芦前山路小引[②]

浏阳 陶浔霍 清嘉庆三年（1798）

戊午（1798）之秋，七月既望，二客过予，以芦前路募修序为嘱。

予正襟询之曰："厥路为何？"

客曰："自吾乡宝盖寺而北，山益峭，水益驶，有路之沿石确、附长板、蜿蜒逼窄而入者，曰芦前。其高者，出青天、临绝壑而不敢瞬；其下者，入黄壤、仰悬岩而不能扳也。如是者凡二十里而遥。盖蚕丛鱼凫之所不能辟，而天梯石栈不足方其险者也。"

予曰："嘻！如客言，特豺狼虎豕之径，山鬼木客之居，即有过客，亦猎禽、采药、负薪、曳杖者流，其事闲，其情逸，朝出暮入，习而安焉！予何所用其修为？"

客曰："不然。是虽山径，实平浏二邑、东北二乡之捷径也。以其捷也，故两邑之民，贩夫贩妇，劳苦旅人，常络绎焉。蹂躏多则崎岖益甚，崎岖甚则修益无人。富商大贾，既不由斯，而高人贤士之辙迹，更无从及。惟此，触风雨，冒寒暑，饥渴顿踣之人，履险蹈危于其间，谁能寸草片石之铲除哉！不特此也，地险人穷，而天又重为之困。一岁之中，惟冬气收藏，道路可辨；若夫春之交，草木蒙翳，加以重雾弥月，咫尺常不能辨物。当此之时，肩负重任，足难正履，以是而坠岩齑粉者，岁恒有之。盖争锥刀之末，捐躯命之重，在小民原不自惜，而至于狐狸蝇蚋之是饱，招魂收骨之无方，虽曰天实为之，抑亦地险境窄之故，仁人君子所当闻而恻然者也。"

予闻而喟然曰："嗟夫！安得其地常为冬日之开朗乎？"

客曰："子甚！毋言冬日也。盖平地则阴阳而寒暑适，重岩之巅，夏雾既多者，冬雪又十倍焉。往往村原微霰，芦前之路已闻有雪中坠陨者。积雪坚冰，虽孝子悌弟，不能觅其所。己酉之冬，盖至十余人焉。使其道略平，何至于此？"

予闻而又喟然曰："嗟夫！安得其道尽由众山之麓乎？"

---

① （清）光绪《兴宁县志》，卷之十六，清光绪元年刊本。

② 浏阳市交通局：《浏阳市交通志》，长沙：湖南出版社，1993年，第228-230页。

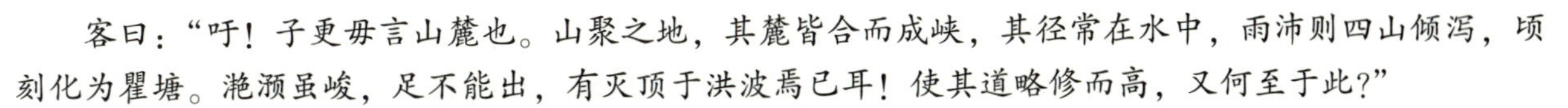

客曰："吁！子更毋言山麓也。山聚之地，其麓皆合而成峡，其径常在水中，雨沛则四山倾泻，顷刻化为瞿塘。滟滪虽峻，足不能出，有灭顶于洪波焉已耳！使其道略修而高，又何至于此?"

予闻而蹙然曰："修之奈何?"

客曰："令其地得甃为石，诚善矣！然山水窃发，泥去而石随之，不易为也。今但谋每岁一修，剃草平石，宽之补之。其有暴涨坍塌之虞，则又随时治之，期得行人稳步而已。第创始继修，当筹久远，必得百数十金，醵会生息乃善。子幸一言，以为善士长者劝。"

予闻而拊髀曰："善。虽然，予无用更为言也！人之乐善，谁不如我?"即以客言述之，想善士长者未有不闻而欣然者。于是乎书。

陶浔霍，浏阳东乡人，后居西乡大元里。乾隆五十七年（1792）举人，著有《四书随笔》《古文杂著》《医案》等作品。

八、修（酃县）雷山路记[①]

酃县邑痒 项中 清乾隆二十六年（1761）

雷山特起于层峦之中，驰奔云矗，纪其程，二面四十余里，系七八两都上下要道，吴粤通径，往来者不绝如缕焉。道旁杳无人烟，惟巅际一寺颇称轩露，足供游人眺览。然山高崎岖，左右悬壁千仞，仅可独步，不可联肩。往来高沙排，缘壁循行，路尤小，凡肩挑舆马与夫背负徒手者，足一失势，瞬息辄石撞糜碎；每遇风雨，伞具不敢开展，肝胆为之掉栗，即剑阁栈道之险当不过是也。失足跌殒，间有其人，前岁今春，尚毙二命，由斯道者咸惄然悚然，不敢舒步。

五月朔，雷山寺释予一乘，诣首炉寺商洞远募修时，予在寺肄业，为构募序助微资，先为一篑之基。我都人士好善有同情悉慷慨乐捐，就期兴工，运土结石，补其狭而阔之，高沙排循壁凿开以石砌级，沿路溪桥尽修，荆棘尽除，狭者阔之，坏者补之，其宽盈七尺余，至八月而工竣。予虑后复崩颓修补无人，捐田二亩于其寺，为他年修理费。

是月既望，二僧欲将都人捐数姓字勒诸贞珉，属予为记。予率昆弟友生缓步而陟焉，变崎岖为大道，行旅便于往来，舆马负载肩摩者喜其康庄，忘其巉岩。夫建桥修路锱铢皆成胜果，不顿乎碑何由知其姓氏哉，且不书所作，使二僧及诸君懿行郁湮，是遏好善乐施之心也，故志之。

九、新修（永绥）轨者道路序[②]

永绥厅止耳寨千总 石文魁 清道光八年（1828）

乾属轨者之阳（今吉首矮寨），有山曰十里坡。高峻逼天，登临近日。有路曰千层径，上达乾、凤，下通花、永，诚苗疆要道也。每逢七宪巡阅，递送公文，以及客商夫役至此，见其山窈而深，路遥而曲，栗栗危惧，不徒有灾肤鞍，足为日患，且不免颠坠。诗人谓蜀道之难，难于上青天者，殆不过是。

特以穷乡僻壤，改修者不得其人，又以俭于紫标黄榜而止。魁世居于此，几阅百年矣！先大父生平好善，有志未达，先君子继大父之志，亦未克偿愿，惟易箦时，犹谆谆以此为嘱。魁承先人遗命，

---

① 酃县交通局：《酃县交通志》，长沙：湖南出版社，1992年，第225-226页。

② 《湘西土家族苗族自治州交通志》编委会：《湘西土家族苗族自治州交通志》，长沙：湖南人民出版社，1993年，第414页。

未敢或忘，但朝夕相其阴阳，机诸形势终不获，另择一处以开通道路，心甚惶然。

忽一日，有樵子曰："轨者坡南去经计里许，有小径焉，直通岩板桥，中有石屋可息，有清泉可濯可饮，就此改修新路何如？"余闻之，跃然而起，趋至其处，扳藤萝履，巉石盘蛇而上，审视良久，目之所寓，悉与樵子之言无异。但欲介然成路，则有需填土累石者六七穴，有需劈岩拓土者十余处；荆榛梗塞，有需人力剪除者，则不可以胜数，工程浩大，独力难支。因归而谋诸乾轨者苗守备石君，约与石君分任其事。石君欣乐从，不复推诿。

时酌议甫定，幸值本府仁宪胡，由永至乾，目及山路崎岖，恻然心动，欲令行人避险而夷，原实仁德，口碑载道，魁等迎接后，即批示准修。爰督众兴工，届吉经始，石工魁任之，土工石君任之。越数月而工告成，至后之人，与魁志嗣而葺之，使行路之人，不致视为畏途，则又魁之所深幸也，云尔。

上至岩板桥，下至大河溪沟桥共修道路七百丈（图 2-1-2）。

永绥厅下十里，止耳寨苗千总石文魁，妻龙氏，长子二桥。首士乾州厅轨者苗守备石有能，首士乾州屯外委张国清，首士乾州饶元，石匠李定高。

道光八年八月十五日谷旦，信官石文魁立。

图 2-1-2　石文魁修轨者坡道路遗存（龙骏峰 摄）

石文魁，名老才，生卒年不详，永绥厅芷耳寨（现花垣县芷耳村）苗人，曾任止耳寨千总，善经商理财，热心公益，是永绥厅善举名人。

轨者汛系清代营汛，位于今吉首市矮寨镇家庭村、湘川古官道上。中华民国期间修筑湘川公路时，拓展为矮寨盘山公路（图 2-1-3）。

图 2-1-3 中华民国期间拍摄的矮寨盘山公路（曾常 供图）

十、永绥石文魁公益记①

清乾隆年间，有石季五者，永绥厅止耳寨人，生子二，次名文魁（苗名石老才）。因其生性聪敏，书算俱能，经营商业，颇称巨擘，自往永绥各场，收买黄豆、包谷、米粮等项，运赴乾、泸、辰、常销售。一连经营十余年，赢余治产，家至数十万。自此知足，停止行商，专办地方公益事宜。文魁平日经营时，所过桥梁道路等处，见有崎岖狭小未平，不便行走者，即有修补或新建之意。至此除商归农，清闲之际，正好完成平生之志愿，略将修建桥梁道路事宜分别述之。

桥梁方面：四川省边境之身家桥，永绥县的高坝、尖岩、排碧、排料、高岩河，乾州的得夯冲、矮寨坡、排棒各新修古桥一座。永绥下寨河石桥已动工修建，尚未竣工，文魁出银三百两圆功，其他还有新修及补修之桥梁者，未可胜计，共修补桥四十八座。近以年久，不知地点，故未列入。

道路方面：凤凰县梅流坡新修大路一条，计长六百余丈。乾州轨者坡新修大路一条，计长七百丈。乾州得夯冲新修大路一条，计长五百余丈。三路均系险道，陡壁悬崖，凿山兴修，蜿蜒羊肠，行人经此，莫不惊奇称赞。其他兴修小道，不知凡几，各处募化善缘，众犹乐为，概予之助。

今之富户，各地皆有，对于公益事宜，乐善好施，如文魁者，能有几人？

① 《湘西土家族苗族自治州交通志》编委会：《湘西土家族苗族自治州交通志》，长沙：湖南人民出版社，1993 年，第 413 页。

十一、募砌（兴宁）雷溪新路修整拱桥并双溪至石虎铺官道记[1]

拔贡 李佑奇 清同治三年（1864）

雷溪界郴郡东南，为吾宁西达郡城堠道，而同属两桂之邑郡者，亦由之焉。溪故恶桥筏，罔攸济病涉者，盖将与此水为终始云。

道光七年（1827），有沤。邑胡李诸公弗任为虐，乃鞭石于溪上。流青龙山口，堰以长虹，凿山倚径，至谷家铺，与故道会。晴明时，行者或迂之。当霖潦暴溢，怒涛汹涌，望洋者方识利济之溥然。循歧旁，达桥所，缘溪行，将五六里许，越度半阡陌，雨泞泥汰，弗良于行，踌躇焉若弗满于志。

同治三年甲子（1864），吾邑诸君子恻念罔释，刻意促成前功：会商里居长者，率各能畔涂。而于桥之拱而未固者，更能肩任维防。既乃厚集城乡乐善诸君，与人同之。幸物之而归者，受以大有。总计得洋镪一千七百余元，爰大兴筑。自东江西岸至石虎铺，综二达，计里四十有奇，靡资一千三百余串。其余尽以补双溪路之圮而塌者，于乎悠哉！

古者，成梁弗道，政有常经，士君子得志于时，出身康济，本皇极以赐福，荡平正直，非他人待也。否者，一乡一邑之近，履屐所径，倾欹险仄，行者侧目相顾，而自伤卑贱，才力薄弱，恨不起周道而砥平之。废然中止，是亦未竟厥仁术也。且人之欲善，谁不如我？己则必赴而能谓人已乎？人惟能各善其善，然侯不独善其善，本旧德之积，续余庆之功，夫谁靳而不为战？佑卑屑弗克任事，幸诸君之笃于善，且能与人为善而善，善者复果能相与有成也。因并捐资名氏，第丹诸石，以著若人之胥与于斯道者。

十二、永绥牛角屯修路碑文[2]

邑人 吴士烈 1914 年

从来天地有难全，亦赖人功善补偏。
一带溪流波浪急，高山险阻路途悬。
方舟无处行堪悯，泳游莫由实可怜。
为善取人工既毕，而今无复虑深渊。
当年一望从心惊，此日功成享太平。
幸得诸人欣附和，狂澜永镇济苍生。
盈盈一水绕溪流，无恨波涛济渡忧。
一自修为成坦道，行人未病乐千秋。
民国叁年菊月 桐山逸士（吴士烈笔名，清末秀才）撰。

十三、湖南华洋互赈会创修（湘潭）潭宝汽车路纪事[3]

原国务总理、世界红卍字会会长 熊希龄 1927 年

自互助进化论兴，一破强者生存之旧说。国无论东西，种无论黄白，苟遇天灾，圆颅方趾，莫不

① 郴州地区交通志编纂领导小组办公室：《郴州地区交通志》，长沙：湖南出版社，1993 年，第 350 页。
② 花垣县地方志编纂委员会：《花垣县志》，北京：方志出版社，2014 年，第 543 页。
③ 摘自邵阳市交通局：《邵阳市交通志》，郑州：中州古籍出版社，1991 年，第 337-338 页。

立于同盟军之阵线，与自然界为对抗之进行。古时交通未广，救灾恤邻，仅限禹域；海通而后，万里户庭，国际之竞争益烈，而互助能力亦为正比例焉。

近十稔中，若法兰西之大水、俄罗斯之大旱、日本东京之大地震，我人亦尝追随列邦，加入救济团中。岁己未，中国北部告灾，各国慈善家相率为华北赈灾会之组织，美人募资尤巨。越明年，湖南以兵燹之后，重遭叹潦，孑遗父老，奔走告哀。希龄方居京师，乃约京省同乡，创设湖南义赈会，施放急赈，前后征募款百余万。而巨灾之余，疮痍未复，鸠形鹄面，垂毙待拯之同胞，仍复触目皆是。于时中外人士，就长沙复设华洋筹赈会，续事救赈。会中干事湘雅医院院长美人胡美君提议，用以工代赈法，向美国华北救灾会乞助湘赈。

协议既成，佥以工事最要点为筑路。湘路之可以行汽车者，自长沙至湘潭一段，业经建筑。今待筑孔亟者，又莫如自湘潭至宝庆之一线。于是决议：以所受美国助赈会中金五十六万八千余元，专筑此路，由湘政府担任收购筑路地址。乃就会中另立潭宝路工委员部，公推华洋干事经理其事。华方被推者为曾约农、袁家普，外人被推者为饶伯师、任修本、韩理生、戈德白、胡美、夏义可、邓惟真、包惠尔、范尔正。其工程技师各职，由经理人会商，敦聘总工程师卫陆森，副工程师赫兰思、郭才华、欧阳镜寰、余籍传、唐勉之、胡景昆，钱粮股长鲍泽中、郗理格，于壬戌五月十日开始工作。至甲子五月，自湘潭至湘乡一段，长八十里工程，铺砂完全竣工。自湘乡县城至永丰一段，长一百里，土方工程，一律告成，约共支出土方费五十万元，桥梁费十六万元，铺砂费六万元，薪津杂费四万余元。适美款告罄，自永丰宝庆一段，工事中辍。其时南北政争，纷扰浪起，未暇更及。

去秋，湘局稍定，当事锐意路政，议仍续本路。同人以政府既能谋交通，人民仔肩可以稍卸；而前兹工役，既承友邦扶助，在事诸人，沐雨栉风，俱不可无此纪述，以示来许。远道邮书，属为纪事碑文。希龄适令时艰，频年羁，对于桑梓之灾黎赈济，虽声嘶气竭，愧未能根本救治，尚何纪述之可言！独念人类互助，为世界进化之原因。此次华洋人士，同心尽瘁，费数年之力，助成斯举，非独交通便利、商业发展，有益于经济民生；而中西两大民族，努力于共同互助之事业，世界大同，将以此为权兴。希龄虽非躬亲其役，而追随于华洋诸君之后，实悉其详也，泐石记文，永志不忘。

本会理事：熊希龄　谭延闿　林支宇　任修本　聂其杰　彭兆璜　左学谦　何炳麟　沈克刚　朱赫德　赫兰思　舒理慈　池永林　马邻翼

本会干事：任修本　袁家普　唐飞鹏　饶伯师　颜福庆　刘棣芳　韩理生　曾约农　陶绥德　戈德白　欧本麟　李海　方永元

美国华北救灾协会代表 保路委办：谢国藻　袁家普　邓惟真　方永元　欧阳镜寰　包惠尔　克罗戴维士　克保罗　胡德光　周棋棋

建筑纪念碑亭工程师：陈盛罗

撰文：熊希龄　书丹：方永元

中华民国十六年即西历一千九百二十七年四月

熊希龄（1870—1937），字秉三，湘西凤凰人，清光绪二十年（1894）进士。中华民国时期政治家、教育家、实业家和慈善家，曾任时务学堂总理、奉天盐运使、热河都统、国务总理、世界红卍字会会长等职。图 2-1-4 为潭宝汽车路纪事碑亭。

图 2-1-4　潭宝汽车路纪事碑亭（郝飒爽 摄）

第二节　古　桥　记

桥梁位居交通要津，又系当地景观，碑刻中留下不少佳作妙句。其中，《渌江桥记》达 11 篇，是湖南省内桥记最多的古桥。本书收录北宋至中华民国期间撰写 48 座桥的 54 篇碑记，涵盖湘鄂、湘桂、湘黔、湘赣、湘粤官道，作者有状元、进士、举人、总督、巡抚、县令、乡贤等。

一、武陵归老桥记[①]

曾巩 宋熙宁二年（1069）

武陵柳侯图其青陵之居，属予而叙，以书曰：武陵之西北，有湖属于梁山者，白马湖也。梁山之西南，有田属于湖上者，吾之先人青陵之田也。吾筑庐于是而将老焉。青陵之西二百步，有泉出于两崖之间而东注于湖者，曰采菱之涧。吾为桥于其上，而为屋以覆之。武陵之往来有事于吾庐者，与吾异日得老而归，皆出于此也，故题之曰归老之桥。维吾先人遗吾此土者，宅有桑麻，田有粳稌，而渚有蒲莲。弋于高而追凫雁之下上，缗于深而逐鳣鲔之潜泳。吾所以衣食其力，而无愧于心也。息有乔木之繁荫，藉有丰草之幽香。登山而凌云，览天地之奇变；弄泉而乘月，遗氛埃之溷浊。此吾所以处其怠倦，而乐于自遂也。吾少而安焉，及壮而从事于四方，累乎万物之自外至者，未尝不思休于此也。今又获位于朝，而荣于宠禄，以为观游于此，而吾亦将老矣，得无志于归哉？又曰：世之老于官者，或不乐于归；幸而有乐之者，或无以为归。今吾有是以成吾乐也，其为我记之，使吾后之人有考，以承吾志也。

余以谓先王之养老者备矣，士大夫之致其位者，曰“不敢烦以政”，盖尊之也。而士亦皆明于进退之节，无留禄之人，可谓两得之也。后世养老之具既不备，士大夫之老于位者，或摈而去之也，然士犹有冒而不知止者，可谓两失之也。今柳侯年六十，齿发未衰，方为天子致其材力，以惠泽元元之

① （明）嘉靖《常德府志》，卷之十八，明嘉靖刻本。

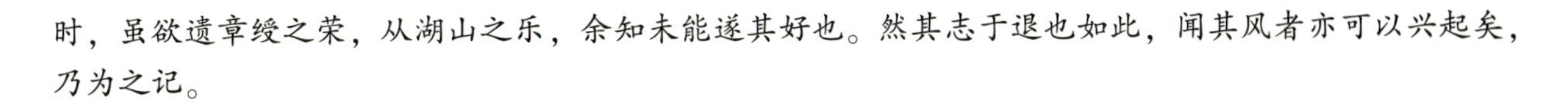

时，虽欲遗章绶之荣，从湖山之乐，余知未能遂其好也。然其志于退也如此，闻其风者亦可以兴起矣，乃为之记。

归老桥位于武陵县西青陵村、今常德柳叶湖西南。嘉庆《常德府志》：“归老桥。宋柳拱辰挂冠于此，一名拱辰桥。府城西三里，故青陵村白马湖上，曾巩为记。”[1]

柳拱辰，武陵人，北宋天圣八年（1030）进士，曾任永州知府等职。

曾巩（1019—1083），字子固，江西南丰人，北宋嘉祐二年（1057）进士，唐宋八大家之一，有《曾巩集》《隆平集》等存世。

二、安化开远桥记[2]

安化知县 吴致尧 北宋政和年间（1111—1118）

介于湖湘南北间，有两梅山焉。广谷深渊，高岩峻壁，绳桥栈道，猿猱上下，自五季弃而夷之。食则燎肉，饮则引藤，衣制斑烂，言语朱离，出操戈戟，居枕铠弩，刀耕火种，摘山为猎，不能自通于中华。

我神考经武圣谟制自庙幄，乃遣中书检正章惇经略其地。惇以诏使往大沩山，使刘次庄因浮屠往谕其酋。酋长扶氏解发稽首曰：惟命是听。于是启禁焉。天辟山川，神相桴鼓，斩茅而嘉林秀，徙石而寒泉冽；旷野平林，可锄可耘，急泷清濑，可渔可钓。若有所待，以成太平，开远之功也。

案两山皆为县，而下梅山独居形胜，溪徭凭以为固。惇辟宁乡令毛渐往莅之，度岩险，控隘处，建寺者五。意以为徭人畏罪，口福报应，因俗以教，使之瞻仰而默化。又即溪人祈祷之洞，请建观焉，赐名洞天。设学校联师儒，以作新之庶，所谓君子学道则爱人，小人学道则易使也。

经略之初，观寺与学畀之内府之钱三百五十万，给膏腴之田二千一百亩。迹夫圣意宏远，革夷以夏，俾知迁善远，罪责暂贵，永宁之策将有在也。熙宁诏语，信如金石，两山赋税，永不折变。诏圣神武，均劳节役，计户输钱仅二百万，而移于湘潭以补其不足者共三百万。于戏新民被累，圣涵养宽恤之恩，何其幸与上方以善继善，述为达孝深仁厚泽，渗漉万有。则区区臣子之心，所以仰承上意者，可弗至与。

爰为经营是桥，度木千章，乘流而下，民不知其劳也。远通迩趋，大小竭作，修梁横楹，隐然雄峙，虽溪潦涨流，无厉涉之病，使行旅之北襄汉而南岭粤者，得通津焉。至是工未讫十之一，值移春陵弗克成。

越明年冬，邑人重趼来春陵以请曰：桥告成矣。畴者之造诬夺邑者，天既大罚鉴之矣，不辨自直。某将还也，请名以记之，以慰远民之望。致尧应之曰：令人适然去来，初不系辛苦休戚也。虽然若等之甘其食，美其服，邑里相望，鸡犬之声相闻，联之有什伍，教之有师儒，陶陶然利仁乐义，以趋华风者，亦知出自熙丰时。启辟土宇天地革也，照临天外日月丽也，德教旁敷雷泽鲜也。方今率由旧章，以惠我新民岁丰人和，相与出力，以成是桥。开远之功不可以无记，乃书其事，以遣邑人而系以辞。倘遒人采而献之，庶江湖之远者，有葵藿之心加此云。

吴致尧，生卒年不详，润州丹阳（今江苏镇江）人，字恪文，北宋政和二年（1112）进士，安化第七任知县。

开远桥位于梅城镇南桥村[3]，宝安益道上，今不存。

---

① （清）嘉庆《常德府志》，卷六，清嘉庆十八年刻本。

② 安化县交通局：《安化县交通志》，内部发行，1992年，第359-360页。

③ 安化县地方志编委会：《安化县志》，北京：社会科学文献出版社，1993年，第535页。

三、江永步瀛桥记[①]

邑人 韦牟 宋靖康丙午（1126）

治坦途者易，平危险者难。缉旧址者易，辟荒榛者难。惰事功者于易犹忽，好修为者虽难必成。能协力而成其难，非有利济之心者弗克难也。

惟此甘棠之溪，循山沿畛，皆通往返，比官道缭绕，斯颇径焉，故人多由之。然当春夏之泛涨，无舟楫之渡。逮秋冬之凛冽，须揭厉而涉，行人常苦之。

此坊所居，惟周氏一族。族之长者有济道、讳惟广，子美、讳惟彦，显道、讳允功，佥议佣工，唱率子侄偕族属辈，共为鸠集裒金几二十万。乃辟危险，乃辟荒榛。构石为梁，横跨汹涌。凿山之崖，筑沙为堤。可以乘，可以骑，咸得坦夷而履之。春夏泛涨，秋冬凛冽，无复曩时之苦也。构之以石，非若树木之易坏，所济信无穷也，为子孙之津梁，莫永于是。始而倡之者，岂不曰仁人之言，其利博哉。

济道一日踵门丐予名之，兼为之记。予时讲道寓是，目击其勤，义不可默。予闻海上蓬莱神仙之隩也，缥缈空虚，忘之如云，第见屹然高峙，骏极霄汉，四面波涛渺茫，欲登者无阶而进，惟有功行而成仙骨者不疾而速，不行而至。大唐十八学士，居天子儒宫，备顾问，时况以登瀛洲焉。其意亦谓仕宦而至华近者，诚在于能修德，而阴有以骘之尔。斯桥之成，行人平步如飞湍旋汇之上，徘徊于嵌岩岛坞之间，林幽鸟鸣，山青水绿。而隔岸楼观，倒影澄洲，望外峰峦，环绕虚洞。翠烟紫雾，或乍卷而乍舒；行客飞云，常自来而自去。观其胜概，俨若画图，殆与昔人言蓬莱之景，可仿佛意游矣。周氏于此修瀛洲之德欤，予生平喜人与善，故乐纪之，遂名之曰步瀛桥。冀观者因是而有所劝，幸毋诧予言以为侈也。

始创于宣和乙巳（1125）十二月，告成于靖康改元丙午（1126）二月。桃川韦牟记并书，周唐辅题额，唐粥召刊。

步瀛桥，又名度仙桥，位于江永县上甘棠村，潇贺古道上（图2-2-1）。

图2-2-1　步瀛桥（谢夏姣 摄）

① 永州市交通运输志编委会：《永州市交通运输志（1992－2015）》，北京：方志出版社，2020年，第823页。

四、武冈济川桥记[①]

湖南转运使 许应隆 宋淳祐年间（1241—1252）

余自漕幕摄郡武冈，有进士李君友直者，白曰："予家于石羊渡，司渡者以舟济往来人，而用输于官。窃思古人船危桥安之训，愿渡蠲额易舟而桥，予将力任此役，一毫弗以累众也。"余闻而义之，亟罢其额，且为之旌礼，既归道于李君之乡，则桥之柱已屹乎中流也。砻之琢之，李君触热董工，靡惮劳苦，然后知君出言不我诬。越明年，书来曰："桥成矣，愿有以记。"

余谓天下之多义事，患无力以成之；有力也，患无志以决之。人居乡邻，以气势相颉颃，跬步置畦町，若秦越不相及，若为此志，出此力以急乡谊者，寂乎不见。李君置家事于度外，惟乡井是急，非胸中卓然超乎流俗者能为之乎！武冈地险而川激，雨下逾期，奔流澎湃，必及乎民居漂荡之忧，虽有舟其何能济？今君筑砥也深，甃石也密，可阅数百年不坏。是役也，岂惟彰李氏父子之惠？凡为李氏子孙者，世守此义俾勿坠异。时李氏其昌行者，指为积善之报，愿不伟欤！事宜书以劝夫乡之好义者。君之父，名世辑，济川其字也，因以济川名其桥。

济川桥，又名石羊桥，位今武冈市头堂乡石羊村，遗迹尚存（图2-2-2）。

李友直，武冈人，宋淳祐元年（1241）进士。李家居石羊渡，父欲修桥而无钱，尝与友直说："他日当成吾志，幸勿忘。"友直举进士，乃筹资请众工兴建。桥成，以其父字"济川"命名。

图2-2-2 济川桥（刘继荣 摄）

五、道州濂溪大富桥记[②]

道州知州 赵栉夫 宋咸淳二年（1266）

道州营道县西出郭二十里有村曰濂溪楼，田保元公（即周敦颐）故居实在焉。未至故居二百余步，有水萦纡，隐隐如青罗带者，濂源溪流也。溪之上有小石梁，横跨乎青罗带者，大富桥也。世传

① 武冈县交通志编委会：《武冈县交通志》，郑州：中州古籍出版社，1991年，第186-187页。

② 湖南省地方志编委会：《光绪湖南通志（点校本）》，长沙：湖南人民出版社，2017年，第5819-5820页。

以为元公年十三时钓游之所，其然，岂其然耶？

余牧舂陵，春秋行舍菜礼，每谒故居，儿童□□□□□□□□□则信乎其然也。于是周览山川，徘徊左右，顾瞻遗像，生色凛然，为之叹曰：盛矣，元公父子祖孙道义之尊，即夫子之宫墙阙里也。然窗檽几格，龛帷服用，色色弊陋，殊非所以尊崇之意，□前有□□□创小学以为教育周氏子孙之地，而于故居似未加详焉。余误□□比来帑藏，请益，甚欲一新，□□□□□□□□□□其一二而又不能并其桥与亭而新之，是余一大欠事也。

一日，周之子孙主祠者，天（祺）□□□起而（语）余曰：先生既嘉贲故居之仪式矣，桥则天祺将□月俸而新之矣。亭□未创不可□□以□□世□垂后来，天祺窃有请焉。余应之曰：龙山豸岭之嵯峨，濂溪营水之□□，钟而生元公焉，上以□□□于往圣，下以开后觉于将来，其功盖不在孔子下。少年钓游于此，意岂在鱼耶，□亦与子钓而不纲者同一意，余何言哉。既而思之曰：元公之道无得而名，然桥不名钓游，而名大富，其义安在？□读易通而得之，有曰天地间有至贵至富，可爱可求，非富乎。又曰见□大则心泰，非富之大乎，夫富□也。

富贵之富小也，道义之富大也。见其大则忘其小，志于道义则富贵不足道，大哉，富乎，其道义之富平，此桥之所以名也。登斯桥者，毋以钓游藉口，盖有得于言外之□云。

咸淳丙寅七月既望，中奉大夫知道州军州事兼管内劝农营田使充管界沿边溪洞都巡检使高安县开国男食邑三百户借绯赵□（栯）[1] 夫记。

《金石补正》：“右濂溪大富桥记，十八行，正书，在濂溪故里祠大门之右，亦翟斗南所搜得者。惜工人草率不尽明显，姑就所见录之。濂溪八景一曰石桥晚钓，即此桥也。”

六、重修（湘阴）文星桥记[2]

湘阴知县 陈兰孙 宋咸淳庚午（1270）

郑子产以其乘舆济人于溱洧，孟子惜其惠而不知为政。徒杠舆梁成，民未病涉也。然则桥之兴废，亦可以观政矣。案《县志》，文星桥在堤南，跨秀水之中流。水本出白水江之板桥支流，数百步汇于桥所，迤流而南，拱于县庠。邦人士以为南方文明之地，故水以秀名，其来尚矣。岁久桥圮，水亦湮塞。淳祐乙巳（1245），令尹胡君乃命直学彭英、邑士彭述疏而复之，桥而亭之。开庆己未（1259）边尘澒洞[3]，令尹赵尹断桥以御贼，而桥与亭遂坏。赵君秩满，虽幸修复，不数载巨浸冲激又坏。

咸淳庚午，余既领邑之二年，每一过之，仅存略彴。肩不容并，轨不容过。顷谓直学彭燧憾曰：“此君家旧德事也。方连岁文明蔚兴，而乃无桥，可乎？”彭君慨然谋诸季父述，述亦欣然任责。于是官为之倡，而率有力者为之助。或畚而土，或凿而筑，曾不逾月，而桥复成。广丈三尺，袤三丈九尺，规模视昔尤壮云。

文星桥，位于县城东八甲的白水河上，始建年代不详，宋咸淳六年（1270）重修石拱，1958 年改建公路桥（图 2-2-3）[4]。

---

① 查《光绪湖南通志（点校本）》确认为“栯”。见湖南省地方志编委会：《光绪湖南通志（点校本）》，长沙：湖南人民出版社，2017 年，第 2435 页。

② 湖南省地方志编委会：《光绪湖南通志（点校本）》，长沙：湖南人民出版社，2017 年，第 1306 页。

③ 指元兵扰湘。

④ 湘阴县志编委会：《湘阴县志》，北京：生活·读书·新知三联书店，1995 年，第 423 页。

图 2-2-3 嘉庆《湘阴图志》东湖图。前为文星桥，后为湖上桥

七、常宁廉政桥记①

宗道传 元皇庆癸丑（1313）

宜江之源分而复合，顺流百有余里贯阛阓之中，又七十里凿石为九折，达其流于湘江。常宁据荆衡上游，距郡城之南，其西乃车马往来之冲。宋淳祐甲辰（1244）尝梁其上以济，至元丙子（1276）半毁于兵，积有岁月，过者跋踏覆压是惧。

达鲁花赤金刚奴敦武，河西宁夏人也。皇庆癸丑（1313）夏，钦受宣命来守是邦，始议撤而新之，首捐己粟百石以倡。遂单骑伐石度材，不惮险远。巨木坚石非人力所能致者，公为具栰与舟。未逾月，毕集江浒，工偿倍直，人乐效助。桥之墩叠石于渊为址，酾水为六道，架空以行，广三百尺。墩之培广者名桃花洲赑，员属中流，上建宝阁桥，屋两翼列工商之肆。取田毛肆租之岁入建庵桥侧，请比丘普觉居之。复以己财置四大部经，俾其徒日夕诵之，为圣天子万寿祝厘。木公丞相闻而喜之，施长明灯。此吾使君为桥之大略也。至于莅官以勤，行事以恕，创义仓，葺黉宫，户口日增，圜土屡空，此皆吾使君善政良法。适部使者至，名其桥曰“廉政”，且俾官图上之京师。

此州自入职方，实为星吉班大王之胙土。王降旨护持，且命昭文馆大学士、荣禄大夫李溥光大书其额以宠之。使者归以语予记。或疑廉政之名于桥为不类，予曰：“廉政之说有二。有廉能之廉，有廉察之廉。使君不数月间能复兴数十年之废遗，以壮千里之形胜，是非廉能如是乎？其可无辞以记？”乃述颠末，俾归刻之。若捐镪助役姓名则具于碑阴云。

廉政桥，位于常宁县城西门外，始建于南宋淳祐四年（1244），名西桥；元皇庆二年（1313）重修，始名廉政桥，明成化二十三年（1487）修建五拱石桥，2002 年改筑钢筋混凝土梁桥。

---

① 湖南省地方志编委会：《光绪湖南通志（点校本）》，长沙：湖南人民出版社，2017 年，第 1314-1315 页。

八、酃县安济桥记[①]

酃县知县 李达 元泰定元年（1324）

古人于川断土分渡涉维艰之处，必设舟楫或桥梁以济之，而后大则无冯河之忧，次亦免褰裳之苦。夫惟有以济之而后人赖以涉焉。

酃治西郭外有溪焉，厥流甚细。当大雨时，行山泉汇溢，奔腾汹涌，行者苦之。先是，邑人陈氏有都统字平宁者，乐善好施，目击病涉，慨然有济渡之志，乃于宋理宗绍定三年（1230），蠲吉鸠工以成厥美，旋以疾殁而惜其不终。距今百余年来虽设榷为梁，间不乏人，然断续不常，永终知敝。

平宁后裔有节妇陈门江氏，夫丙炎以仕梧州，卒于任。江氏守制抚孤，柏舟中河，堪媲古烈，乃追念先平宁之遗志，思有以继成之。爰是施财请工，凿石甃砌，阅数月而落成焉。桥既成，更作亭于其上，荫人憩息。凡负者、担者，徒步肩舆，纷纶□□，肩摩毂击之众，不惟忘壑溪之险，而履平地之安，即日暮途穷咸得即次。百年之缺成于一旦，功存万祀，德载口碑，莫不啧啧颂节妇之德于不衰。

夫古之为桥梁者，插天跨海，言则高矣，而未免近于夸；掷杖驾虹，事则奇矣，而或则涉于诞。孰若节妇之建兹石桥，利涉行人，有以济人而人赖以安也。予为题其亭曰安济，允为名当其实云。

尔节妇县郭望族，子二人俱一时俊髦，女三俱适名门。桥成于泰定元年（1324），予遂为之记，岁次甲子仲冬月。

安济桥，位于酃县（今炎陵）城西，始建于宋理宗绍定三年（1230），元泰定元年（1324）建成两孔石拱廊桥，是炎陵现存最早的石拱桥（图2-2-4）。

图2-2-4　安济桥[②]

---

① 酃县交通局：《酃县交通志》，长沙：湖南出版社，1992年，第223-224页。

② 酃县交通局：《酃县交通志》，长沙：湖南出版社，1992年，彩插。

九、临澧佘市桥记[①]

太史 揭傒斯 元至元二年（1336）

澧州西南七十五里，有镇曰佘市，市之南有溪曰道溪，溪之南有山曰浮山。按郡乘，昔浮邱子得道是山，浴丹是溪，故山以浮名，而溪以道名也。溪之源发于石门、慈利二县东西泉，曲折漫衍，而东流百里。与诸山峒岩谷之水合于道溪，又东入澧。溪为常澧二州往来之津。春夏淫雨，则溪水澒洞无涯，过者病涉。旧以浮渡，又曰佘渡，盖市以佘姓，而渡亦因焉。

宋宝庆乙酉（1225），僧人广海垒石为址，斫木为梁，以利涉者，实出一时草创，而后隳且坏。咸淳戊辰（1268），里人屯田总辖李元佐、进义副尉梅兴祖复输力于众，垒三址，上为石杠，南不及堤，绩木续之。岁久，三址啮于湍而残缺，大水至，且漂桥木。巡徼官责居户游水取木，夜则举爝火，叫呼达旦。水杀，复布木以济人；或失木，则号召居户，责其立成，斯民甚苦之。

刘君慨然曰："吾居此数世，见溪水病斯桥，雨桥又病斯民，卒元瘳也。苟一日二日无桥，往来者咨嗟，两岸有千万人弗济焉。鬻薪者不至于市，有数十家弗食焉；里居者受责于官，有百余家弗宁焉。其苦若是，吾倾吾资，以图永久，庶病有□矣。"乃发帑，命工取石于浮山，葺旧增新，而为八址，甃两堤酾水一为九道，崇址二丈六尺，广二丈七尺，中为行，半于广，皆石其面，延袤二十五丈有奇。上为屋二十六楹，中建阁四楹，以奉镇水之神。阁之下左右有轩，右署曰："江山有待"，左署曰"风月无边"，南北为门，以司阖辟。建浮石图二范，金犀三琢，石犀四座，以压水怪。居道人以备洒扫，听民贸易其上，晨合暮散，各得其所。是役也，为石计二十万三千，木计五千，瓦计十万，工计倍石之数，钱计二十万缗。始于至顺辛未（1331）十一月，成于丙子（1336）八月，题其桥曰"道溪"，以不忘是溪之名，与夫子在川之意一也。

凡六年之间，君冒寒暑，忘饥渴，而身亲临之，心筹目视，口吟手画而不知疲至。一旦告成，合州之人与四方宾旅至者，顾望徘徊，啸歌徜徉而不忍去。倦者有以休，担者有以驰，钓者有以凭，出游者有以观眺。若浮沉鱼鸟之乐，远近山川之胜，风樯水楫之上下，烟林云壑之变态，可一日尽得。以荡人性情，释人愁思，遵和纳粹，神恬气清，而不知其然者，然后知其桥之功，其大者以济千人，其小者以快千人如此。

呜呼，岂易哉！百有余年来，桥凡三建，而乃克成，在君独任之功耳。使君非独任，而筑室道谋，吾知其不成矣；虽成之，苟且如前人，不久远也必矣。而今而后，可以绵久远垂无穷者，君以家视桥，则百倍其固，以遗子孙，以遗其人民，此君独任之心之力为难能也。慷慨好义，敦尚儒道，尝建道溪书院，今翰林学士谢公记之矣。郡人欧阳所立又请余记其桥，今职在太史，且不辞，而成其命。君名世英，字茂卿，尝仕柿溪州蒙古学正，子南美西门巡检，世为澧人云。

佘市桥，又名道溪桥，位于临澧佘市桥镇，湘鄂驿道上。南宋宝庆元年（1225）始建石墩木梁，南宋咸淳四年（1268）建成石墩石梁。元至顺二年（1331）改建九孔石拱廊桥，到元至元二年（1336）建成。中华民国期间拆除桥廊，利用为公路桥（图 2-2-5）。

揭傒斯（1274—1344），字曼硕，号贞文，江西丰城人，元朝文学家、书法家。历任翰林国史院编修、奎章阁授经郎、集贤直学士、翰林侍讲学士等官。

---

① 常德地区交通局：《常德地区交通志》，长沙：湖南出版社，1992 年，第 329-330 页。

图 2-2-5 佘市桥[1]

十、重修（湘阴）恩波桥记[2]

余阙 元至正年间（1341—1368）

湘水出零陵，北至湘阴入洞庭。而湘阴诸山谷之水，则会于城南为东湖以入湘。方春夏时，水潦降而洞庭涨，则湘水不能入湖，因以泼漫为大浸。州为湖南北孔道，凡行者之陆出，与夫乡民之有事于州者，每涉湖则有风涛之虞，否则又为舟人还阻之患。

宋之时，州有邓氏姬率其田人作大堤，绝湖以属之州，为二木桥以跨湖水。行者德之，谓之邓婆桥。当德祐末，桥毁，官为复之。迨元初旋圮。州人黄仲规乃以私财命其子惟敬率众为石桥，南北楗石为崖，中垒石为高柱，布木甃石其上，为屋九楹覆之，以与民为廛，易其名曰镇湘桥。历四十余年，至元间，覆木又朽，屋且坏。惟敬之弟惟贤、惟德发其帑，得钱万贯，以告州人将卒其先人之功。州人乐为相之，又得钱二万五千贯。乃撤覆木，施石梁，更作大屋，中为道，左右为市肆。桥广若干尺，袤若干尺。上可以任大车，下可以通万斛舟。饰以彩绘，远而望之，灿若长虹之饮湖中。行者之往来与州人之市于此者，若由康庄而履堂奥，不知有湖之阻焉。

夫水，天下至险，圣人为之舟楫以济民。而舟楫须人之力，人力有限而涉者之无穷也。不须人而能济，有无穷之力者，惟桥为然。夫桥之利大，故其费亦大，非若一舟楫之可以易具，非有司与大家之力所不能为。黄氏非有大作业大廪藏，而为有司、大家之事。力有不足，至父子相承，乃克承成此，夫亦难能也。惟德之子天禧有才藻，通经术，屡领乡荐。子校艺部省时，得其文以置前列，其擢第也抑易尔。黄氏有子如此，多益于人，如是桥类也，故为之记。

恩波桥位于湘阴南堤。北宋咸平（998—1003）中始建木梁，时称邓婆桥。元至正间（1341—1368）改修石梁廊桥，始名恩波桥。清康熙三年（1664）重修，仍名邓婆桥。

---

① 摘自中华人民共和国交通部：《中国桥谱》，北京：外文出版社，2003 年，第 122 页。

② 湖南省地方志编委会：《光绪湖南通志（点校本）》，长沙：湖南人民出版社，2017 年，第 1306-1307 页。

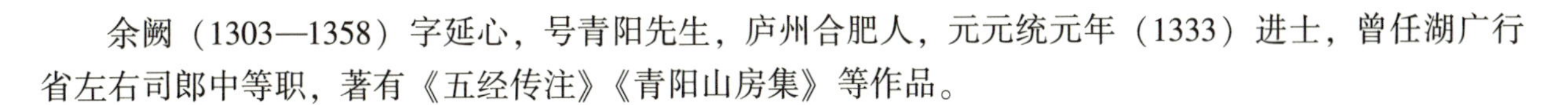

余阙（1303—1358）字延心，号青阳先生，庐州合肥人，元元统元年（1333）进士，曾任湖广行省左右司郎中等职，著有《五经传注》《青阳山房集》等作品。

十一、攸县月桥诗序[①]

大学士 李东阳 明朝

攸邑东北四十里，有山焉。奇耸峻拔，每月出，得先见其巅，登高而眺，一白万顷，景象澄澈，得月之高，故曰明月山。山之麓有桥，横亘其间，其长可数丈，凭空而步，左右顾盼，水光恍漾，与月上下，四无津涯，得月之广。登兹山者必于兹，故亦曰明月桥。

李东阳（1447—1516），字宾之，号西涯，湖南茶陵人，明天顺八年（1464）进士，明代政治家、文学家，官至内阁大学士，为茶陵诗派领袖。

明月桥位于今株洲市攸县丫江桥镇境内，旧时通醴陵、株洲要道上，南宋宝庆三年（1227）建造，株洲市级文物保护单位（图 2-2-6）。

图 2-2-6 明月桥（20 世纪 80 年代摄，肖三定 供图）

十二、新化庆丰桥记[②]

邑人 伍佐 明正德元年（1506）

邑城西出庆丰桥，旧用板木为之，有亭以御燥湿，至是敝，几二载而莫葺。弘治十八年（1505）冬，邑人周邦达始谋易置以石，乃请之邑侯谯公，募众而协作之。越明年八月而成，则圣天子纪元正德，岁丙寅（1506）也。桥上仍为亭以便休息，两端各砌石街，东为水步二，各若干级。于时，易坎坷而为康庄，弭变数而为永固矣。

佐适来游而重有感焉，尝闻诸先儒有言，一命之士，苟存心于爱，物于人必有所济。然则斯桥也，城门通道，往来于上者，旁午相属，其为济可资量耶？吁，此特布衣者之所存尔，孰谓操可为之势有

① 株洲市交通志编纂委员会：《株洲市交通志》，长沙：湖南出版社，1993 年，第 451 页。

② （明）嘉靖《新化县志》，艺文志，明嘉靖二十八年刻本。

可致之权者而不足以济人利物者哉？谯侯之政举其大而不遗其细，用事善率于其下，诸子之心惟其公而不恤其私，故能得裨助于人以就是功也，诚可嘉尚也。

已庸疏勒诸石，与凡有铢两之资者，感志之以垂不朽云。

庆丰桥位于新化城外，明正德元年（1506）建石梁廊桥，今不存。

伍佐，字良臣，号文峰，新化县人。明弘治二年（1489）举人。曾任安宁州知州、思南知府等职，著有《文峰集》。

十三、郴州苏仙桥记[①]

邑人 崔岩 明正德十二年（1517）

郴江绕郴山而下，去城东北五里许曰马岭者，汉苏耽修炼之所。江与山遂以苏仙名。郡城东郭濒江，江外为永丰乡，裹几百里，近而属邑兴宁、桂阳、桂东，远而江西吉赣，往来必经之地。商旅辐辏，担负络绎，实孔道也。

江源发自秀才乡黄岑岭，逶迤五十余里，诸溪合流，至是始大。淋涨则潢涝灭顶，沍寒则坚冰侵骨，涉者病焉。前代桥梁志不可考。入我朝来，有司琢石甃墩上跨以木，雨霖日炙，旋复腐败，迨今百五十年，未有经营为恒远图者。

正德庚午（1510）冬，予奔太淑人丧还，已而谢政家居，民瘼满目，无可与语。癸酉（1513）春，湖广宪副祁门程公时昭，督理湖南兵备，分司于郴。是秋九月，天朗气清，禾黍蔽野，予约为登高之游，以探仙迹而涤尘襟，览疆域而询民隐，非无事也。肩舆涉水，颇觉惶恐，因请于公曰："是桥废圮，多历年所，今公驻临此地，数非有所待乎？"公唯唯。薄暮言旋，郴民百余遮道，乞易木以石，庶克坚久。适戎事旁午，且无有良司以胜厥任。

甲戌（1514）八月，咸宁卢君锐时进以进士来守是邦，视篆半载，政通人和。于时黄署正温和、杨知县汝和辈相与过之曰："桥废已久，方岳重臣，贤能太守相踵而至，且年谷颇登，边境亦谧，修举其时也。"予往谋程公曰："可。"时进慨然以为己任，遂择日祭告，鸠工集石；且以事体重大，工费不赀，州中则遴委谨愿，属邑则移文令佐，俾各劝募以助不给。曾未旬月，有鲁藩左长史之擢，乃与予议，捐俸金，规措白粲若干以为众倡。居无何，程公亦以行边远出，人遂懈弛。乡人闻之踵予曰："公不从臾成之，是无益而有害也！"因叮咛典术曹均礼辈，遍谕郴人暨肆市商贾，复折简二三有司，用申前议。均礼辈惟日督视，予亦时往调度。匠卒趋事惟谨，桥得以渐就绪。适时昭迁江西大参，丙子（1516）冬太谷陈公德如来代，先期佥宪濮阳高公德章、既而京口王公汝楫相继分巡此土，兼以是桥为济人首务。维时同知余姚鲁君玘，共图成事，规助为多，遂臻完美。

桥峙而为墩者陆，拱而为门者五，崇二十余尺，亘二百五十余尺，广一十六尺有奇。东西立石以纪创建，构亭以蔽风雨，高耸绵亘。望之隐若长虹，亦吾郴之胜渠也。用石以块计者，七千六百五十；材木以根计者，八百六十；石灰以担计者，一百三十；工费以两计者，四百五十；饩廪以斛计者，三百七十各有奇。其他供役之人不与焉！经始于乙亥（1515）正月初九日，讫工于丁丑（1517）五月十有二日。募金则典史周冕，阴阳典术曹均礼，义官唐渊、高崇文、唐仕源、张淳，耆民张久端，道士吴元阳，僧人明浩，董役则均礼、唐渊、唐仕源、张淳、高崇文、王球，往来提督则千户胡勋、王福续，至而综理落成则知州嘉定沈君焰文明也。

呜呼！徒杠舆梁时成，先贤以为王政，修葺桥梁道路，国典具载刑书，是固藉众人财力以成，抑

① 郴州市交通志编委会：《郴州市交通志》，长沙：湖南出版社，1993年，第211-212页。

所以利乎众也。兴废之责，则有司存。凡官兹土者，遇一木一石之蔽，即思有以葺之，勿坐视日圮。此桥或与山川相为悠久，是郴人无穷之利，亦有司惠民之心。予与二三子究心弹力，相与成事者，亦得以讬名于不朽也。予不文，直述颠末以告。若夫施财多寡，名第先后，则具别石，兹不复赘云。

苏仙桥，位于郴州城东，明正德十二年（1517）建成五孔石拱廊桥，1964年利用为公路桥（图2-2-7）。

崔岩，郴州人，明成化十七年（1481）进士，曾任都察院右副都御史、陕西巡抚、工部左侍郎等职。

图2-2-7 苏仙桥（1986年摄，萧落落 供图）

十四、临湘永兴桥记①

进士 廖道南 明嘉靖十七年（1538）

永兴桥者，临湘之要津也。桥之者，何湘尹，尹君德章也。工告成，乃厥邑、厥士、厥民告诸内史曰："愿纪贞石，以垂有永。"内史曰："云何？"厥民若曰："惟兹桥也，奠湘南浦，基于教广，则汇流奔放，石梁沕口，虽有巨灵，罔善厥始焉。绍于迎恩，则潢潦浸淫，旅人号眺，虽精，罔善厥终焉。惟兹爰始经营，鸠材命工，相士县臬，庶民攻之，不日成之。诗有之，就其深矣，方之舟之。其是之谓乎？"内史曰："广哉，然而泽厥民矣。厥士若何？""惟兹邑也。楚南疆，绵亘东陵，则岷江浩渺，洞庭潋滟，沅湘资澧，诸大水趋焉。惟兹爰度形胜，宣涸疏滞，架流通轨，庶士歌之，惟日不足。诗有之，造舟为梁，不显其光。其是之谓乎？"内史曰："贞哉！""然而孚厥士矣，厥士厥民咸广而贞者何？"内史喟然叹曰："古者王政之行于天下也，制器利用，若时成务，以厚民生。辰角现而雨毕，天根见而水涸，氐现而草木解，驷见而陨霜，火见而清风戒，寒于是乎收。场工峙畚振，观泉流、经土野，而成之桥梁。民不病溺，旅不病涉，财不匮输，力不告疲。是故，泽广诸民，匪小惠也。化孚厥士，匪近利也。乃若溱洧之济惠矣，匪广搓梁之除义矣，匪贞广而且贞，将畴与哉！"兹役也，昉于丁酉之孟冬，成于戊戌（1538）之孟夏。其他诸役则自有载笔者存，故不及。

永兴桥，始建于五代。明嘉靖十七年（1538）知县尹仲仪重修，改称永兴桥。清同治九年

① 岳阳市云溪区志编委会：《岳阳市云溪区志》，北京：方志出版社，2017年，第731-732页。

(1870) 重建七孔梁桥（中孔木梁，以备行舟，余为石梁）。1964 年改建公路桥，更名陆城桥。

廖道南（1493—1547），字鸣吾，湖北蒲圻人。明正德十六年（1521）进士，累官至侍讲学士。嘉靖十五年（1536）丁忧归，二十六年卒于家，著有《楚纪》《殿阁词林记》等作品。

十五、常德七里桥记[①]

湖广川贵总督 王崇 明嘉靖三十七年（1558）

圣天子龙飞御宇，特笃亲藩，肆荣王王于常德，食岁万石。居黄驾螭，差拟帝者，尊荣富贵，胥此焉极矣！然王贤乃承奉左右。王者艺事备物，供好于王所者朴而则，俨冠裳，陈职于王所者无小大不恪，宫中府中秩如也。故天下之贤亲藩者，必曰荣府云。

府北七里许，有巨河，岁溢，弥弥无际，道冲诸省，涉者病之。嘉靖丁未（1547），余尝为楚参知，过此辰常固楚辖也，则见迎者、导者、行呼唱者、介而驰者、拥而卫者、负者、随者，悉裸以渡。水中人济跄，有倩而相者，自挝植而索者，顷之，有需于泥者，需于沙者，浮者，溺者，泳以出者，号相救者，息相肩者，哗然杂出。余顾以叶航受舆，与诸涉者先后发，见之益恐，有虞心。日方午耳，既岸，昃而燎举，何其济之难与！是尚为吾见者尔矣，其所不见与先后吾者，日不知其几也。是尚暑也，而官且为之津焉，其难也乃尔。若隆冬朝胫，淫雨飞涛，野渡争舟，舟弗之胜也落鱼腹，问诸其水滨者，岁又不知其几也。

迺者，皇上以湖广川贵百蛮，亘数千里，叵测易动，简廷臣往监诸军，特授钺总三省，得专生杀。臣崇实承乏焉，载命入楚，复濒於前河。是时，日既晡矣，驺骑从且十参知矣，余戚戚然向者之渡，而重难从者之涉也，顾候吏问曰："水可涉乎？曷勿危乎？"吏报曰："河业有桥矣，桥而南，逵皆石矣。"余诧夫河若是其涣漫也，刿可桥。自桥距府城，若是洼窗且遥也，孰能石？讯之，乃知为荣府宋承奉治。

石桥三大券，砥通衢，竟七里。至则穹然高坦，周矣，费不赀哉！王捐金犹五百也，其施乃不博，而济乃不众乎？夫中宦侈乐施者类，侈为禅林福地结缘轮回，即黄金斗高无益，未有桥券砥衢，惠此元元，造无量功德，结见世缘者也。

昔贤良文学，跻公卿，都将相，其志亦惟欲济无穷，垂不朽，善世不伐而已。公卿将相而下，即有欲济众也而不能无穷欲，垂后也而不能不朽，限于遇也。今夫济者垂者之于是桥也，衢也，宁有穷耶朽耶！苟充其义，世当有不自后夫公卿将相者，充其不伐，当有不自外夫贤良文学者。承奉其贤乎哉，是可纪矣。宋名贵为右承奉，相与赞王者，则左承奉郭名良也，法得并书。

七里桥，位于武陵城北，湘鄂古官道上，明嘉靖年间荣恭王朱载堭捐筑三孔石桥，抗战期间损毁，2014 年重建四孔廊桥（图 2-2-8、图 2-2-9）。

王崇（1496—1571），四川永康（今四川都江堰市）人，明嘉靖八年（1529）进士，曾任湖广布政使司参政，兵部侍郎兼湖广、川贵总督等职。

---

① 常德地区交通局：《常德地区交通志》，长沙：湖南出版社，1992 年，第 323-324 页。

图 2-2-8 常德七里桥［（美）加纳德 摄于 1915 年 陈先枢 供图］

图 2-2-9 重建后的七里桥（龙益军 摄）

十六、新建（宜章）三星桥记①

福建布政使 卢梦阳 明嘉靖四十一年（1562）

宜章，三面皆崇冈环抱，而玉溪萦回如带。出其阳，东流百折，虽甚旱不涸，稍雨则波流横决，

① 郴州地区交通志编纂领导小组办公室：《郴州地区交通志》，长沙：湖南出版社，1993 年，第 351 页。

舟不可渡；溪之南，居人联络，率异省商旅所裒聚，与城中人朝夕往来，桥岂容一日缺。

先是，尝于两崖粗甃石，上架木为桥，旋即坏。琼山陈侯傅尧，居宜章二年，桥遇大水，崩塌入江，涉者病之。侯谋诸乡士夫与父老，佥谓以木易木，易举尔，非所以垂久，请易以石。或曰："石非千金不可，如诎于时何?"侯曰："图大者不计少，猷远者不惜费，苟可以不朽矣。举之以义，必有乐舍而争先者。"遂自捐百金为之倡。于是，乡士夫与父老喜而相告曰："侯为吾宜章未尝轻挞一人，妄取一物，岁为吾人裁省冗费，视曩时，岂直什佰而已。今复为吾人谋千百世不朽之业，吾人又敢爱小费而失大利哉?"乃相率各出其家所有，米、盐、钱、布不浃旬而集，度可足工费，遂举事。匠石之长虑者，为言溪水迅急，土虚浮石难为力，非浚土不可下石，乃浚，仅四尺许，得巨石，其平如砥，横亘接溪岸。盖两山脉理相属，不断于此，为桥，山川若预有待焉。工人既不苦深浚之力，而以石附石，事省功倍，虽使万夫畚土厚筑，无以越此矣。

楚地四时若雨，近岭尤甚。桥工始辛酉（1561）腊月初吉，是冬幸晴霁。越壬戌（1562）春，工人恐恐然，以久晴必雨，雨则溪涨，竣事为难已。乃正月不雨，二月不雨，迄三月初桥工落成，雨乃大降。邑人举手相贺，以为是桥之建于众心之乐助也，见人和之萃焉；浚土得石，见地利之宜焉；工成而后雨，见天时之顺焉。上得天时，下得地利，中得人和，三才具矣，皆吾侯盛德所感召也。侯曰："有是哉?"桥故名三星，由有三阜也。自今言之三才会合，于义为当，敢因而名之曰"三合桥"。

会予便道省觐阻雨，留县中，侯置酒偕游艮岩，过桥上。余连岁道此，尝苦木桥欹侧，心怯之。今坦然履平地，又屹然大，巍然壮也。异以问侯，侯语故，且属为记。尝读孟子讥子产，以其乘舆济人溱洧，曰"惠而不知为政"。夫子产以善政名春秋间，而犹念不及桥梁，为孟氏所讥，其他可知矣。今上念琉璃河夏秋间水泛滥，为四方经行者病之，不爱百万巨费，下司空为桥。天子日万几，深居九重，乃加意至是。彼为县令者，亲见其事，可坐视哉?

顾今之为长吏者，往往鄙啬，自顾其私，稍以贤智称者，则又多粉饰，以钓虚誉，计日时，待迁转。民有不便，不啻秦人视越人之肥瘠。虽讼庭倾覆，城郭颓塌，且不遑恤，岂有及于津梁济渡之处者乎？闻陈侯之风亦可以愧矣。侯为人谦谨，恂恂若不能言，虽遇贱卒，未尝形遽色，而庶务井然有条，纤悉必察。是时四方多事，民日苦加赋，侯惟以慈爱动民，凡可以为民宽一分者，无所不用其力，民亦乐输以供上，不待棰楚。《诗》称："恺悌君子，民之父母。"侯之谓也。侯迩时问乡先生，若邝司马、邓司徒并跻八座，有显望，二公后数十年间阙科第，必有故。说者归咎学宫卑隘，压于诸峰，不利学宫，弟子咸以为然。侯述其事，闻诸按、布。诸按、布为出帑羡不足，侯更倡助而改建之。然则修桥，特侯之一节耳。独以其实心行实政，不为粉饰以沽名誉。而宜章又僻远，诸按、布鲜至其地，不得亲睹其事。其知侯者，孰有过于余之知侯者哉？桥为巩凡三，逾岸数尺，广十丈余。助工者凡若干，登诸别刻，以志不朽云。

三星桥，又名三合桥，位于宜章城南，湘粤官道上，原为木梁，明嘉靖四十一年（1562）改建三孔石拱，清乾隆二十五年（1760）重修，湖南省级文物保护单位（图 2-2-10）。

卢梦阳，字少明，号星野，广东顺德人。明嘉靖十七年（1538）进士，官至福建右布政使，著有《焕初堂集》。

图 2-2-10 三星桥（颜宝林 供图）

十七、郴州北湖桥记[①]

邑人 刘本学 明万历三年（1575）

北湖桥在北关外，北湖水流其下。旧名朝天桥，岁久倾圮，万历乙亥（1575），知州胡汉鼎建。

郡人刘本学记：北湖桥者，北湖之桥也。湖之源发于刘仙浍停泓委蛇。凡几折而注于此。世传旧有毒龙，宋人曹姓者驱之。即今祀为北湖神者是已。湖当衢路之冲，其间道路之所经，若燕蓟、若荆扬、若闽粤豫章，莫不由是。故旧设有桥，岁久就圮，每遇水溢，则缓急不得渡，渡辄随流去。不，则所谓天幸耳！今上在位之明年，屏麓胡公自新安来守郴事，以经术饬吏治，治般起，文庙、城垣、仓传、吏舍以次修举，民烨然改观。视后，以事游衡岳，取道北湖。适水涨，须筏，民争筏就溺。侯叹曰："此汉责也！"乃鸠石建桥。

桥址抱岸而起，高十尺，跨址为垣道，修六十有五，复道以亭，亭前后为两表。费凡几百缗，皆出自侯禄。郡幕朱君辍政，代侯程督，且时捐俸以助。侯尝叹谓："幕禄薄，何得縻此?"君曰："侯为民藿食，裳何敢窃温厚"

民谓侯功在世世矣！谋石纪侯迹。侯谢父老："休！守不需誉，誉彰守过。"民蹙然且举手曰："在侯何用是？虽然，侯功钜，假石识岁月耳!"侯再谢，民则不得请，遂相谋于刘子。

刘子曰："本学闻，昔人称循吏皆谓在官无赫赫名。彼非逃之，诚谓此父母之事。父母之于子，析薪肯堂，莫不屑屑，彼岂为子德我地哉！渤海劳来，循行南阳，出入阡陌，好为民兴利，泉渠、韭斋、牛犊、鸡、豚，未尝一以烦细厌弃。侯今尽心于事，事类如是其何乐有迹在石!"

民谓刘子："固必若而言，则勿翦勿伐之歌何耿耿在诵说？籍令侯意不在誉，终当使侯迹泯泯乎？君子作之，小人乐之；小人诵之，君子享之，彼所谓民心，非誉上也。使侯迹果泯泯，是民有胸无心，而且使来者谓胡公劳苦而功高，民视之曾不能以朝夕，吾又安效其以官若家为也？国子济人溱洧，彼所谓私惠非大道，乃当时亟称之。今侯举王政，过国子不啻什伯又何可泯泯也。由今则彰侯之绩，由后则劝其嗣，侯政者，盖于是两赖也。"

刘子曰："善！《诗》曰：'乐只君子，德音不已，'惟其为君子也，是以有德音也。父老其有式歌

① 郴州市交通志编委会：《郴州市交通志》，长沙：湖南出版社，1993 年，第 213-214 页。

心焉？本学固不足以识，父老亟藉年月以授刻石。”

桥始于三月庚子，成于七月辛亥。

北湖桥，位于郴州城北，湘粤官道上，原名朝天桥，明万历三年（1575）重修，今不存。

胡汉，字屏麓，安徽歙县人，万历初任郴州知州，期间主修《郴州志》，捐建北湖桥，除常例，省徭役，州称大治。

刘本学，郴州人，明嘉靖二十二年（1543）举人，曾任常州通判、署理上海县事、常州府盐运司同知（副使）等职。

十八、桂阳七拱桥记[①]

邑人 陈尚伊 明万历十四年（1586）

桂阳州北三十里为斗下渡，其水发源九疑。经蓝山至州北境，流势日盛。春涨夏潦，舟不时济。即秋冬水落，一苇争渡，人马杂蹂，亦往往有覆溺之患。

万历中，罗公来守桂阳，休养生息，年丰人乐，因民请俸银三百，以倡乐助者众。复偕同寅孙君豹、周君王进告虔于川神，进耆者犒之。以吏目任君远董其役，乡官秦使、罗邦应，齐民邓显分督之。重念民困，里甲不扰，铁石并用，以敌水怒。盖虑于民者，深则谋其始者，周也。将观厥成，侯与任君以报行政。孙君周君以侯所委，诸程督皆有条，会道宪。孙公衡府丞刘公因公至州，见桥叹曰：罗守贤哉，复以百金助之。民益趋事恐后。桥成，侯归自京师，童叟迎者，集桥上，莫不欢欣鼓舞，以颂侯功。

桥洞有七，长四十丈，广三丈，高五丈有奇。两栏翼然，辉映山川。经始于甲申（1584）正月，告成于丙戌（1586）十月。衡以南，桥壮丽无比。尚伊曰：先王经理天下，徒杠舆梁之成，弗敢后时后世，视民事如胡越久矣。孙刘二公，视民溺犹己溺，罗侯能休之。罗侯以兴作利民为己任，二公能知之，使上下相孚。皆如是，政事将莫不底绩，矧兹区区一桥。虽然，桥于州，大工也。况承诸大府贤使君美政，宜告于后。其始终有勤者，西蓬许公梅庭、尤公萃洪、顾公谊得并书。

七拱桥，位于桂阳西北斗下渡，桂阳至衡州、永州古官道上，明万历十四年（1586）建成七孔石拱廊桥，1952年改建为公路桥（图2-2-11）。

陈尚伊，桂阳人，明隆庆二年（1568）进士，曾任工部员外郎、江西布政司参政等职。

图2-2-11 七拱桥，后为新春陵大桥（周发金 摄）

① （清）同治《桂阳直隶州志》，卷第六，清同治七年刻本。

十九、湘乡城江桥记[①]

邑人 贺幼殊 明万历十七年（1589）

湘乡，潭属邑也。距邑南三十里曰城江。江之名，莫诘其所自始。其水发源牛下岭而来，实通宝、辰、云、贵，神京觐贡，胥此经焉。桥之用为最急，顾流砂夹岸，势不可桥，故自昔未有建造者，病盖久之。上里陈君良义性素乐施行，每涉此，辄欲桥之，会无因且止。

迨万历丙戌（1586）秋，邑父母揭侯以济川材奉命莅湘，凡所拯弱救孺，靡不殚竭。不期年，惠泽洽遂，兴念此桥，偕少尹胡某诸僚捐俸首倡，仍以义动民。陈君闻而欣然曰："良义此愿非旦夕矣，今幸有主，敢不悉力从事。"乃即沿江度基适，循而下二里许，得石迹可桥。于是鸠工材匠，捡财费，环其圈而石面之，阔一丈四尺，长八丈，累二百余金，并捐俸、众助，共百十金佐之。经始于丁亥（1587）十一月二十一日，以今己丑（1589）十二月二十日落成。基址坚固，规模宏丽。侯嘉其功，语余曰："兹亦一邑盛美也，子岂可无言以俾托诸不朽？"余尝闻昔人有言，天地之雷电草木，人不能为之；人之陶冶舟车，天亦不能为之。若桥梁之利，补助化工所不及，尤为不动而及物，一成而永赖者，恶容使其泯泯哉！

第伏忆今上御极元年，是为癸酉（1573）。余治官都水，奉敕往建涿州河桥时，出帑金七万两，集中外官匠毕力结构，犹逾年而始成。费浩工矩，其难盖亦至此。况于遐村野渡，以一人之力为之，竟底厥成，是遵何德致然？

大都上者下之倡，仁者义之统；未有上好仁下不好义者，未有好义其事不终者。惟侯平政以仁倡于上，陈君爰志以义应于下，上下间精神流贯，志意敷畅，货自不必藏于身，力是恶其不出于己，桥成也，何有焉？不然使非各致其情，或有一毫勉强逼迫于其内，则极今人所难，不足以进古人所易；而充古人所易，不能为今人所难。叶水心曾以记桥黄岩矣，安所望于陈君。

虽然，陈君之义未尽是也。顷岁水旱频仍，饥馑日甚，侯复赈救不遑，储谷发廪，以仁倡之，诸未见有响应者，独陈君输谷即遵钦命八百石数。爰膺冠服，竖坊表，风动一邑。斯义也不与斯桥并光哉！且厥兄良芳者，其谷所输，亦同时为之。先是建桥梓门，以制以费，俱视城江埒，斯义也，又何惟陈氏伯仲间见哉！是故侯之仁蔼于百里，陈之义聚于一堂，诚哉，一邑盛美也。庸并书之，以垂永劝。

城江桥，位于湘乡山枣镇，潭宝驿道上，始建于明万历十七年（1589），抗日战争期间毁于战火，1956年重建为石拱桥（图2-2-12）。

贺幼殊，湘乡人，明嘉靖三十一年（1552）举人，曾任工部都水司郎中、云南兵备副使等职。

---

① 湘乡市交通局：《湘乡市交通志》，长沙：湖南出版社，1992年，第259-260页。

图 2-2-12 城江桥[①]

二十、芷江龙津桥记[②]

状元 朱之蕃 明万历二十三年（1595）

粤惟王制悯民病涉，犹遑遑乘农隙以成杠梁；矧洪流逆浪，方舟靡航，瞬息不绝，将挤于罔济而饱鱼腹以为殃者乎？兴慨仁人莫问，水滨棹彼鞭石，妄求三神，孰若竭智尽力，化波涛为平陆，而易拯溺为驰轮者，犹足以赞王化于四达，而通商旅于安行也？

沅称方州，据楚上游，滇南贵州之往来其途，若门户之必由。暑雨涨夏，霪霖泛秋，迫于程期而驱于糊口，寄命刳木而灭没，忽若浮沤。往岁已卯（1579），先子出守，尝目击而心忧，方图画其永利，奈志阻于归休。越十七载，有僧宽云，矢志建修。晴虹将饮，游龙欲浮，虑事半而功辍，遥叩阍以恳求赉，虽阻于用匮，举已彻乎宸旒仗秉节之钜公，采刍荛于谘诹，义声动乎遐服，金粟捐于有邱。功讫用成，公私咸便。金以两计，万有五千；粟以石计，十有一万。云胡忘费以忘劳？众心普物而乐善之。蕃闻厥端委，嘉乃始终，追痛千古之游者，以睹利济于无穷，乐捐获福，达人固非希夫冥报，功用显著，绝胜流俗之涂，饰梵宇而藻绘琳宫，爰为文。

以落成而纪之诗歌，冀来哲之攸同。歌曰：

维沅有江，驮游汤汤。于构于梁，示我周行。
往者尽伤，今无揭裳。击毂摩肩，亦孔之臧。
沅江湍兮多狂澜，长年悲台行路难。
石梁成兮危以安，基孔固兮其凭栏。
歌于途兮生欢颜！于万斯年兮以垂不刊。

龙津桥，又名江西桥，位于沅州（今芷江）西关渡，湘黔官道上。明万历十九年（1591）建成16墩木构廊桥，1936年改建为公路桥，1999年重建桥廊，为当时世界最大风雨桥（图2-2-13）。

朱之蕃（1548—1624），字符介、元介，号兰嵎、定觉主人，南直锦衣卫人，明万历二十三年（1595）状元，历任翰林院修撰、礼部右侍郎等职，卒赠礼部尚书。其父万历七年（1579）以房县令提知沅州。

① 湘乡市交通局：《湘乡市交通志》，长沙：湖南出版社，1992年，文前彩页。
② 芷江侗族自治县县志编纂委员会：《芷江县志》，北京：生活·读书·新知三联书店，1993年，第808页。

图 2-2-13 龙津桥（蓝宇 供图）

二十一、重建（醴陵）渌江桥记[①]

举人 陶汝鼐 明崇祯六年（1633）

萍江水束于群峰，沺濼而入醴陵，澄且碧绿，净不可唾。紫白石粲粲可数，大略似临淮与蓝田桥下水，而清澈见底为异，如是数十里，绕治而出，放于湘潭，故独称渌江云。然县且以醴泉得名。醴泉者，古圣征也，无所源而出，其偶出也，与景星、庆云、器车、甘露之祥同。今泉不可得，而一江色味若沆瀣醽醁之冲然，岂其斯泉之澹渐耶？

县无城墉，官民庐舍夹江而居，中通一梁，治在江以东，而阛阓在西者繁且盛，是昏晓之所奔会也。南云接江岭之冲衡，诸侯王与朱陵谒者道所出，是轮蹄之所络绎也。西山森秀，青影落县庭，唐李卫公祠、红拂墓在焉，则又游览之所登陟也。然古渌江桥久沕，但恃小舠往来。春夏暴涨，两山势欲合，而水怒急流不受楫，往往覆溺，歌公无渡河。岂醴泉之变遂至此耶？抑士大夫未能思所以济之之术耶？

旧令某某常请诸当事曰渌江桥宜亟复。计将作、徒役之费千缗，非公帑不可，屡不报，因循廿馀年。今上辛未（1631），滇南朱君东宰是邦，惇大廉敏，有古循良风。询邑之利害，则士民首以桥为请，公毅然任之。吏如故事具牒进公，日令事耳，少需之。又明年，公既得上考，将报绩，乃捐俸百金为倡，矢无扰民，无所擿罚，而父老子弟翕然助之。刘生某素侠气好施，起而任其事焉。谋于筮，筮从。乃伐巉岩之石，庀轮囷之材，磊其旧址，为墩者九，上施梯栈，广二十馀尺，长二十馀丈，为亭十数楹，陶甓覆之。左右置拦楯，加丹垩。长虹卧波，翼然若宇。工浩费侈，如驱五丁，而人不劳，仅一年竣矣。

① （明）陶汝鼐：《陶汝鼐集》，长沙：岳麓书社，2008 年，第 550-551 页。

于是君平之帘，波斯之肆陈其上；湘渔之舟，江估之帆出其下。轩者、乘者、趋者、谈者、讴者、坐卧者，比肩接踵，如走康衢。或雨深涛急，且倚栏而玩啸之，不知何以昔险而今彝也。噫！昔险而今彝者，贤令力尔。夫搴裳竞渡，过河而舍筏者，朝夕也；舆梁徒杠，虹见而考工者，岁月也；砥狂澜济大川，举非常而民不惊者，百世也。朝夕者，小人之事；岁月者，有司之事；百世者，大君子之事。朱君能其职而宜其民，信而后劳，诚而后动，垂百年而始见之。则醴之有令，犹昔之有泉也乎！何也？地不爱其宝，人不爱其情，观于桥而可知也。请书襄事者名，与落成之岁月于石。

渌江桥，位于醴陵城南，湘赣古官道上，跨渌水。始建于南宋乾道年间（1165—1173），原为石墩木梁廊桥，1925 年重建为十孔石拱，全国重点文物保护单位（图 2-2-14）。

陶汝鼐（1601—1683），字仲调，号密庵，宁乡县人，明崇祯六年（1633）举人，累官至翰林院检讨。明亡后入宁乡沩山为僧，号忍头陀，有《宁乡县志》《长沙府志》《嚏古集》《荣木堂集》等作品传世。

图 2-2-14　晚清渌江桥（美国工程师柏生士 摄于 1899 年）

二十二、醴陵渌江桥记①

邑人 丁宗懋 清乾隆三十三年（1768）

县志载：有宋时邑之好义者椓大木为杙于潭底，而累碕石于杙上，为墩七。雁齿挤排，架木成梁，往来称便。宋元兵燹。上下守御以桥为门户，阻强寇必先断桥，盖醴无城，恃桥以保也。嗣是捐金修

① 陶振民：《中国历代建筑文萃》，武汉：湖北教育出版社，2002 年，第 359-360 页。

葺，代有贤令尹。然屡成屡圮，卒无持久，则斯桥之累邑人久矣！

乾隆壬申（1752）岁，邑绅义庵彭公慨然以捐修为己任。桥成不十年，风雨飘摇，复就倾圮，公乃再竭数千金重修。顾此桥之所苦者，每墩相距中空五丈至七丈不等。即木之大者，首尾仅几，墩石中间，软弱不支，故易败。

公乃采大木，缚三为一，贯以铁钉。每墩先布纵木十余株，咸长出墩三、四尺，如檐霤状。乃衬以横木，一纵一横，逐层斗阁，至二十余层，乃架桥梁焉。故墩之宽者，式渐狭，而梁之柔者，亦劲矣。桥既成，覆以板亭。构合面店房数十间。两壁置雨板、罘罳。下环栏槛，极坚且致。居人住桥上巷市，中空胡同，与阛阓通。往来行李，不觉其为桥也。事竣，公掀髯色喜曰："以此图永逸，或庶几乎？"

甲申（1764）冬，居人不戒，以回禄灾，一炬炽两河，惊焰起烟霏。闻者浩叹。于时，邑耆旧敛金商，所以董其役者，而难其人也，则仍相与揖公，而请公复起，而督任如初。桥面幕以石。罅缝封以石灰土。参用前法而变通之，而利涉复古矣！（图 2-2-15）

图 2-2-15　晚清渌江桥（德国建筑师恩斯特·柏石曼摄于 1908 年）

二十三、重造（醴陵）渌江桥记[①]

邑人 胡壬杰 1929 年

渌水曲流三百余里，经县治而有桥。桥之作不知始于何代。自唐五季以前，州治东南有门曰醴陵门，自门首涂传十八驿亭而达县治。于是渌水限其前，越水而南，直趋岭表，西南走攸、酃，东南走

① 夏剑钦：《湖南纪胜文选》，长沙：湖南师范大学出版社，2011 年，第 108-110 页。

袁、吉，桥于是尯然为楚粤一大要津。千数百年来，州门虽久徙，而驿程无改，且加繁焉，桥之不可一日无也，夫非一州一邑之关系矣。

惟自有桥以来，历搘以木，非毁于水，即毁于火，旋毁旋复，财殚力痡。自顷戊午（1918）之变，县燹于兵，桥又及焉。桥会董姑伐之梓，以其迭毁也，佥议重造必易以石，石之费将什于木，而其寿视木且仟佰焉。

事经西人测勘，提交议会，牒准政府就于辛酉（1921）蠲免项下拨银二万七千九百五十九元，旧桥会认资二万六千元。成数，此视测勘之数不螯甚巨。愿宏力绌，迁延六载。会邑人陈君盛芳熟练工程，确切估计，并勘移桥址，上于原桥十余丈。费金较省，且慨捐巨金以为之倡。复次集议，决定分途增募，以竟其成。幸人心向义，踊跃乐捐，总计收入官私捐银都二十四万九千四百余元。赖督工敦敏，不再稔而石桥成。长营造尺五十六丈，宽二丈四尺，为圜十，为墩十有一。墩之脚插江四丈二尺有差，自水铺而上，至于圜顶三丈五尺有差。墩之两岸陼壁称之，桥之两端磴称之。穹其下可舟可帆，砻其上可蟲可轟，楯其旁可轩可凭，霜不剥而雨不呰，水不啮而火不劫。石具有木之能，而木非所任于此矣。遂以其余力为公园，于洲面卧石梁以跨之，抑又有桥以来之特观也。费银二十一万一百余元，馀存桥会岁修（图 2-2-16）。

昔蔡忠惠守泉，为石桥于海曲，碑其渡曰万安，并泐其输资者于碑阴。兹桥之作，未知于万安何若？若乃渡世之心，与其命物之巧，不言神相而专资人力，其遗安于人人，人自利赖之。保固之旅歌宾诵，与江同永，桥之寿可识也已。是为记。民国十有八年己巳良月。

图 2-2-16　1925 年重修后的渌江桥①

胡壬杰，一名德辰，字侠亭，醴陵北乡人，举人出身，曾任安徽太和知县等职，有《胡侠亭先生诗文稿拾遗》存世。

二十四、道州龙江桥记②

道州州牧 吴大熔 清康熙二十五年（1686）

州东南二十里，宁远官路旧有石桥，为洪水崩。康熙二十四年（1685），秦人白龙标、越人欧乾侃捐金谷工石为桥，极其坚壮，行旅便之。

---

① 湖南省地方志编纂委员会：《湖南省志 · 交通志 · 公路》，长沙：湖南出版社，1996 年，彩插。

② 零陵地区交通志编纂办公室：《零陵地区交通志》，长沙：湖南出版社，1993 年，第 353-354 页。

国朝州牧吴大熔记云，由道州至宁远县凡程七十里，达临蓝，通豫章、交广地界，中途爰有龙江涓涓，一衣带水，而汎溢之靡常。古有石桥，行者便之。岁在龙蛇，忽感风雷之变，没入河伯之宫，此有天数。延三十年来，支危圮于一木，如峻坂之九折，恻然心悸，谁克胜任而愉快哉。

今之继起而图者，则居奇之子。秦商白龙标、越商欧乾侃毅然负有大为之志，捐资鸠工，一倡百和，甃石为梁，高与岸齐，凡四丈余，衡一丈余，经始于乙丑（1685）之冬，落成于丙寅（1686）之秋，约费三百余金而工始成。会监司朱公巡行下邑，予例陪骖乘。获履兹地，监司解橐犒工，予亦割俸助焉。

厥工既峻，问记于予。予谓桥梁道路，系王政之大者，乘舆济人，国子犹讥，而况委于波臣而费之顾者乎！且宁远一邑为重华遗弓之地，代有命祀，皇华作赋，輶轩所经。匪惟行迈悠悠，履道坦坦，而节使无望洋之虞，其裨益亦非鲜浅矣。第予治道八载，善政无闻。何幸商旅皆悦，而且匡之于不逮也，予其何德，以堪此哉？谨书其捐助之姓氏于贞珉，以为好义之士说项于元既云尔。康熙丙寅十二月朔记。

龙江桥，位于道县上关街道，道州至宁远驿道上，清康熙二十五年（1686）建成石拱，1948 年改建为公路桥。

吴大熔，辽东人，荫生，康熙十八年至二十八年（1629—1689）任道州州牧，任内纂修《濂溪志》，重建道州浮桥。

二十五、重建（湘乡）夏紫桥记[①]

邑人 简能 清康熙二十七年（1688）

治之北有水一泓，绕东北而入江。横临大路，襟带城郭，使轺之所必经，官府军民所必历，其有桥也旧矣。肇于胜国之初，名曰夏紫，存其名而遗其义。嗣修于弘治，再修于嘉靖，三修于万历。莅斯事者董其事，爰更其名曰迎恩，以为百岁千秋不复知谁之力，故更张使相睹记，以无忘其姓氏。然而土人相传至今，仍复夏紫，未谓迎恩也。

康熙壬寅（1662），陈君拱照守是邦，颇信堪舆家言“桥此，于地不利，且路冲衙署之后，未足升擢”，而君纷然多事矣。乃圮旧桥，鸠工运石，徙于治之东。倚岸傍河，一泓所会，若窒其口而扼其吭。遂大书特书，曰陈功桥。磋乎！陈君假此遂足志不朽哉！而土俗相呼，仍谓夏紫，终不谓陈功也。

逾年，陈君以他事坐废，邑之病噎哽痨瘵者，疑桥有窒口扼吭之形，咸归罪焉。群欲废之，而无其力。夫天下之多噎哽痨瘵也，非尽若湘之桥也，固非此桥之足以噎哽痨瘵人也。然而昔咸寡，今咸多；昔之升擢者垒，今且寥寥；以是知由旧之足以致富，而终更之足以滋弊也明矣。

丁卯（1687）秋杪，当除道成梁之际，邑侯王君其始土功。耆老遮道曰：“侯治此九年矣，政简刑清，民和庶附，兴废举坠，罔不厘然。顾此桥殊未便，愿易之。”侯雅不喜纷更，而坚于从请，乃捐资百金。余家大人乃故旧耆老，董其力而共襄厥事。越二月而功竣，仍正其名曰夏紫。

夫民之抚今思昔，睹物而兴怀者，不自今日始也。前之人为其劳，后之人守其逸，虽百世可以无弊。乃始也易其名，继而易其地，而舆情众志终不改其名，而复其地，夫乃征作者之谓圣，喜事之繁，不如由旧之安也。士人居官理物，不无因革而议，因者什之九，议革者什之一。革之而善，则民易于从；革之而不善，则民易于疑。恩与俱洽，则存之惟恐不固；怨与俱深，则去之恐不速，兹桥其明验也。有志者其亦守先由旧，慎毋为无益之事也哉！

---

① 湘潭市交通志编纂委员会：《湘潭市交通志》，长沙：湖南人民出版社，2006 年，第 642-643 页。

简能，字坤若，湖南湘乡人，清康熙二十三年（1684）举人，曾任山西徐沟知县，著有《带江堂诗文集》。

夏紫桥，今名夏梓桥，位于湘乡市望春门街道，潭宝古官道上。始建于明洪武四年（1371），清康熙二十七年（1688）重修为两孔石拱，20世纪50年代被改建为公路桥。

二十六、安化福安桥记①

安化知县 吴兆庆 清康熙二十七年（1688）

邑治东南隅，建桥以通往来者有三焉：一为洢水所经地，一为大梅溪之所出，而其一则跨东华山之西麓，即昔之严东桥也。三桥俱架木所成，鼎峙溪畔，行旅便之。惟是东华西麓，适当洛阳湾之冲，为大梅、洢溪诸水所汇注。每值梅雨泛滥，水势漂急，桥辄随流而去。旋构旋流，迄无虚岁。

越甲子，余尝捐费为倡，募众纠工，而邑绅傅正道、吴奇佐等，易木为石，名曰东华桥。自谓一劳可以永逸，旋遭洪水冲圮。因仍为木桥，漂流如故。噫！斯桥之成毁，岂真有限于地势耶。抑人事之未尽，工力之不齐使然耳。

今康熙戊辰（1688），邑人何士章乐善捐资，购石改筑于数十步之外。余尝适星沙，过斯桥焉，睹其筑址甃石。诚坚桥梁，比旧高峙两旁，走水得法，不省工，不惜费，非粉饰以完事者。遂不觉为之讶，讶之者何？讶其独力而成；复不觉为之喜，喜之者何？喜其民无病涉。时，士章之子祥雯、祥云二生来请于余，以名斯桥。余览其形势，按其地理，而知是桥也：内接北门锁钥，外迎东华紫气，将来风水攸隆，科第蝉联，其造福于安邑者不浅，因名之曰福安桥。猗欤休哉！夫以斯地也，而有斯人，以斯人而有斯桥，宜勒石以垂不朽。

福安桥，又名东门桥，跨洢水，为县治通省城的八铺大路第一桥。始建年代不详，清康熙二十七年（1688）重建石墩廊桥，全长110米，为“一时巨观”②，1959年改建为公路桥。

二十七、重建（浏阳）同善桥记③

浏阳知县 王珽 清康熙四十一年（1702）

余治浏六载于兹矣。下车之始，观乎地僻民淳，俗厚政清。余私心窃喜曰：“此乐善之邦也。”比年以来，雨旸时若，百谷咸登。又私心窃喜曰：“此为善之时也。”夙夜扪心，虽不敢效古人弹琴栽花之致，顾此心实务与民休息。而浏民亦烝烝然慕义向风，赋足讼平，乐善之诚油油弗艾。

辛巳（1701）夏日，余过邹婆桥旧址。其地为吴楚要道，溪水湍急，沙碛崎岖，行旅病涉，视为畏途。其桥随修随废者，盖未择其土坚流缓处也。乃进斯民而语之曰：“成杠成梁，王政之一事，尔民其有意于此乎？”曰：“唯唯。”于是择阴阳，定位置，选材鸠工，筑桩甃石而迁建焉。余首捐俸六十金，同官绅士及里民共襄盛举，令民朴实可任事者谭公鼎等董之。浏民骎骎好善，乐于经营，不期年而桥成。上覆以亭，寒暑风雨可借少憩。

壬午（1702）新秋，邑之岁进士鹤畴吴君邀余与学博严公率都人士往观之。桥窿窿然，亭翼翼然，水澄泓而顺流，岸诞登而平坦，同声称善。佥曰：“是桥倾圮已久，前乎此者，修筑屡无成效，待其人而后行，是使君之惠也。”余谢曰：“非余之功，皆同志之力，浏民之好善，不于兹而益见乎？”

① 安化县交通局：《安化县交通志》，内部发行，1992年，第362-363页。
② 湖南省地方志编纂委员会：《湖南省志·交通志·公路》，长沙：湖南出版社，1996年，第22页。
③ 陈先枢：《湖南慈善档案》，长沙：湖南人民出版社，2015年，第87-88页。

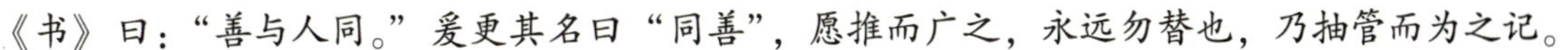
《书》曰："善与人同。"爰更其名曰"同善"，愿推而广之，永远勿替也，乃抽管而为之记。

桥三洞，高二丈许，长十余丈，阔丈奇，亭八间覆其上。经始于康熙辛巳仲秋，落成于壬午七夕，工费三百余金。其输资者如干人，姓名共勒诸石。

同善桥，又名邹婆桥，位于浏阳城区，渭川河下游。相传当地谭邹氏始建，清康熙四十一年（1702）重修，更名同善桥（图 2-2-17）。

图 2-2-17　邹婆桥（《浏阳日报》供图）

二十八、耒阳接武桥记①

耒阳知县 张应星 清康熙五十六年（1717）

耒水东五里有石牌湾，汉丞相诸葛武侯征蛮纪功树碑之处。余从簿书，暇渡江访其遗迹，喜道甚平，而独恨一小溪不甚便，行者至此多踌躇焉。因聚都人士而谋之，量力捐赀，代石为梁，不数月而落成。

因问名于予，予曰，是桥也，去武侯之碑甚近，都人士可以深长思矣。昔武侯匡扶汉室，丰功丰烈，照人耳目，独其鞠躬尽瘁、不计成败利钝之一心，先儒称其有儒者气象。予睹斯碑，想见其心钝乎。王者之佐，岂特征蛮之功烈赫赫哉！吾耒都人士，登贤书，擢高第，增毋徒慕其勋，犹烂然而必心乎。武侯之心，从而接踵焉，从而步武焉，援名桥曰武侯，抑亦有顾名思义之意乎。若夫乘坚策肥之子，不须望洋而兴嗟；负锄荷笠之徒，不致临渊而恐坠。此不过济人之一事，于桥名之义何稗。都人士可以深长思矣。

① 耒阳市交通局：《耒阳市交通志》，内部发行，1991 年，第 357 页。

接武桥，位于耒阳石壁万[1]，清康熙五十六年（1717）修建。

张应星（1669—1723），号筱山，安徽休宁人，清康熙四十八年（1709）知耒阳县，卒于任，期间纂修《耒阳县志》，“兴文教，黜陋习；恤民困，除积弊；正人伦，倡孝道；建文庙，修城池；培杜墓，葺庞祠；开乡道，筑石路；修津渠，便商旅；建宝塔，壮风水”。

二十九、酃县溅里石桥记[2]

邑谕 彭之县 清康熙五十九年（1720）

酃四塞以成邑，其绵亘西北，当衡长两郡要径者，为峤头、顺风，其地旧属茶陵，非酃有也。其间有溪焉，每当大雨倾注，万流迅涨，奔山怒石，拔木吼波，行旅辄数日不得渡。两邑之人欲成此桥久矣，而卒无设建者，岂彼都人士慕义独后哉？盖力分则涣，地险鲜功，恐劳而无成，难乎继也。

庠友罗骧好施乐与，凡利济事为之惟恐不坚。年逾七旬，以其先人有志未就，欲踵成斯美，乃慨然独任，不谋于众，不请于官，礬石架空，务图永逸。甫落成而为浮槎所摧，时辛卯（1711）秋也。适四明陈莘学先生奉命来祀炎陵，诸生趋见，独询罗生而揖之，赞其义举，且劝其续成前修。而罗生果志不少怠，七年之间修而复圮者三，罗生力亦竭矣，然犹不肯辍。庚子（1720）春，大谋兴作，易其故址，结构益宏以广，阅数月工竣。屡试怒流，无伤砥柱，数邑之人去褰裳之嗟，有周行之乐，群欢欣交祝，请刻石以垂永远。

予惟自古桥梁道路责在所司，然未尝不劳民力，夏令曰：九月除道，十月成梁，以伺农隙也，而司里期之，民牧督之。今不烦于官而便于民，功便于人人，而德成于一人，复不成于其地之人而成于酃之人，以是知酃民之好义而益笃，而罗生又其尤也。

方今大祀频颁，皇华庚止，瞻巍然具举，无有川不梁之嗟，知太平德化所施者溥而良，有司教泽之深，触目可想，升车而眺，将入境必式焉。地不必为酃有，固已为酃人重矣，罗生之功宁浅鲜耶？予其请记之，因系以铭：云阳之村，泥江之门，舆梁以建，萝壁可扪，圣王之教，期占天根，永奠永固，长此屏藩。

溅里桥，位于炎陵县霞阳镇，炎陵御祭道上。雍正二年（1724），都察院左副都御史杨汝谷奉旨祭祀炎帝陵，在《雨霁由顺风岭度峤梁岭》中描述了过溅里石桥情景：“巉巉顺风岭，攀缘气欲塞。扶杖过石桥，又见悬岩逼。峤梁（即峤岭）入丹霞，羊肠路更窄。下临千余仞，失步不可测。”

三十、湘乡万福桥记[3]

邑人 彭心鉴 清雍正四年（1726）

皇上御极，励精图治，一时大小臣工，率作兴事，而山林草泽之夫，亦往往慷慨有为，创非常之义举，以仰赞高深。若邵阳徐君公明者，岂不铮铮一奇男子哉！

湘乡于长沙为僻壤，然上通黔蜀，下通岳鄂，则洙津渡亦水陆要冲也。旧设官渡，每岁动支工食以饭舟子，然人马辐辏，旅商杂遝，未免疲于奔命，兼以置邮，文移络绎不绝，刻时电驰；严冬大寒，黄昏子夜，星使伤其留滞，篙工苦于呼号，徐君思之。

先是徐君曾于某邑修石桥一所，至是年逾古稀，老而益壮，毅然以创洙津石桥为己任。除量力捐

① 耒阳市志编委会：《耒阳市志》，北京：中国社会出版社，1993年，第239页。
② 酃县交通局：《酃县交通志》，长沙：湖南出版社，1992年，第224-225页。
③ 湘乡市交通局：《湘乡市交通志》，长沙：湖南出版社，1992年，第257-258页。

资外，不惜重趼募修，芒鞋节杖，遍长宝间。诚心所动，虽在悭吝，亦乐倒囊。由是审曲面势，约长五十四丈，宽二丈四尺，高四丈七尺，九门十墩。又为经久计，于西岸构梵刹二进，置田若干亩，永远守护。取料则有邑叟刘大斑捐助，由丰溪逆载而上；取石则于上流之薛家渡舟运至桥所，近二百里。工大而竣速，经始于雍正元年秋，告成于雍正四年（1726）夏，不三载而集事，约费万余金。桥成，锡以嘉名，曰“万福”，如长虹映水，卧龙跨波，公私两便，寒暑无虞。

若徐君者，岂非布衣之雄，激昂于明作之代，而为湘邑创非常之举，以佐王政之所不逮，而惠四方行旅于无穷也哉！余心伟徐君之仁心义气，侠骨壮胆，因其请记以寿贞珉也，爰为缕陈始末，以纪胜迹。是役也，襄事则有某某等，惟工匠者，则惠昌张氏也。

万福桥，位于湘乡�津渡，潭宝古驿道上。清雍正元年（1723）徐公明捐建九孔石拱，道光十四年（1834）重修，1923 年改建为公路桥。

彭心鉴，字士衡，湘乡人，清雍正二年（1724）进士，曾任广东仁化知县、桃源教谕，著有《四书衷注》《彭氏诗文集》等作品。

三十一、重修（湘乡）万福桥记[①]

邑人 谢兴峣 清道光十四年（1834）

余闻韩文公读滕王阁序，谓王子安有雄词于前，而深以未至洪昌睹名胜为怅。吾邑洙津渡有万福桥，为西南钜观，创建于徐公公明。越六十年，乾隆甲辰（1784），黄公文玉修之。先大夫为记其颠末，且曰：“用以告后世，志徐公、黄公之志者。”

夫物之成亏有数，固赖乎有志者之补救。迄今日久，以岁岁沙水之啮趾也，风雨之蚀颠也。文玉之嗣笃伦，完其桥西壅墩，其桥面榨石，分水东西，牌坊、万福庵宇之倾圮者，复董其役，偕众修葺。道光癸巳（1833）冬兴工，今秋将告竣工，千里以书来属序於余。

维先大夫作序之年，峣方龆龄，或经过其地，亦不省记；嗣后侄偬入都，虽归里者云，皆往返侄偬，不获睹是桥之壮丽也。其与韩公未至之憾，不有同情耶！兹幸黄公济其美，邑诸君子又能捐资以襄美举，其足闪照前而耀后者，精神常充畅山河之间，使后之人莫不想慕于藓碑零落之际。吁戏！邑诸君子，皆成共成。夫徐公之志，若黄公笃伦，尤可谓善继先志者矣。峣愧无文，谨以先大夫尝叙其事，又承黄公之命，不敢不为之记。时在道光甲午（1834）岁秋仲，去甲辰已五十年矣。

进士出身、前翰林庶吉士、武英殿纂修知四川叙州府事果堂谢兴峣拜撰并书。

谢兴峣，字尧山，号果堂，湘乡（今涟源金石镇）人，清嘉庆二十四年（1819）进士，曾任翰林院庶吉士、武英殿纂修、陕州（今河南陕县）知州、叙州（今四川宜宾）知府等职。万福桥见图 2-2-18。

① 湘乡市交通局：《湘乡市交通志》，长沙：湖南出版社，1992 年，第 258-259 页。该文于 1987 年 6 月在黄佩碧老人处发现。

图 2-2-18　万福桥[①]

三十二、浏阳灌江桥记[②]

浏阳知县 陈梦文 清雍正十年（1732）

雍正庚戌（1730），予由浏阳调摄醴篆。醴在浏之南境，灌江桥所必经也。水源发于霜华山，至桥而聚，急湍迅驶，奔注入江。桥当两县孔道，轮蹄络绎，而水日吞啮，因易圮。予过之，木板腐朽，有戒心。

夫徒杠舆梁之弗成，以为民病，守土者责也。爰集耆老谋所以修葺者。而诸生李渭请独任，更愿易木以石。石必采自某山，待春涨始达，而兴工作焉。予讶其愿之奢，而急欲以便行人也，请先以木。生坚持其说，予亦无以强也。辛亥（1731）冬，闻石桥成，甚坚峻。李生果未贷力于人也，心甚重之。

逾年（1732），李生贡成均，来谒。予嘉生之践言而功倍前人也，亟称之。生则肃然谢曰："此非渭之能，固祖之遗命也。渭少孤，事祖父久。祖父乐善好施，曾建木桥，圮于水，方欲营石而殁，遗训不及他，惟以桥为念。谓以此不敢苟且速成，而终必成之者，成祖父之志也。渭则安能。"

嗟乎！论者谓浏多隐君子，今李生利济之功，足以及人，而善则归亲，若己毫无与焉！人言犹信。生以序请书其实畀之，且以为人后者劝。生祖讳锦，字今白，例得书。

灌江桥，位于浏阳金刚镇，浏阳至醴陵驿道上，明嘉靖二十三年（1544）始修木桥，清雍正九年（1731）改建六墩石桥，1938 年加铺横条木作为公路桥，次年为阻遏日军炸毁。

陈梦文，江南江都人，清雍正七年（1729）任浏阳知县，曾修雍正《浏阳县志》。

---

① 蒋响元：《湖南交通文化遗产》，北京：人民交通出版社，2012 年，第 73 页。

② 浏阳市交通局：《浏阳市交通志》，长沙：湖南出版社，1993 年，第 232-233 页。

三十三、新邵石马江桥记①

邵阳知县 邓钰 清雍正十二年（1734）

高平水自新化灵真村（今属隆回）东南流百三十八里至邵阳县北三十里（今属新邵），名石马江，为新邵官道。水阔而溜，高而危，初以石墩架木而渡，行者病之，且易颓难久。

夫桥梁为王政之一端，留心民事者，诚视官事如己事，必为之经营区画，获利济，民无病涉而后安，岂徒以刑名钱谷清理征收为尽职耳？余奉简命承乏邵阳，抵任之次年，郡伯俞公亦莅兹土。公明信人也，谒见之际，即谕以有利于民者，宜为之兴；有害于民者，宜为之革。而道路桥梁宜修整平治，总使事无巨细，必悉心竭力，方无负国家设官为民之意。

会余以公务至石马江，遥望溪流如带，立数石于洄伏湍激中，上支两木，行人如蚁负戴，椽延其上，惴惴焉如临深渊，履危栈，足不敢移，目不敢眴。余慨然曰："民病如此，非守土者之责而谁责乎？"乃思创建石桥，而工费不赀，自量饮水之操，不能为鞭石之术，且不能督责于民也。乃其地居民有邓非凡者，慨然出千金为修主，而诸生孙道绰，释子如行、郁又等乐襄其事，余喜此举之成，大有利于民，并可仰副邵宪之谕也。于是首捐清俸以倡之，而劝士民之殷实者广为捐助。爰鸩工伐石，经始于雍正八年（1730），越四岁而桥成，高若干丈，长广若干丈，凡费缗钱若干，坚固平坦，如履康衢，行者称快，因名曰广济，而刻碑以示久远。

夫此举，似无关于殿最，亦无切于考成。而余必亟亟于是者，盖以利民为务，而所以治此邑者，必如此桥之不敢忽也，乃为之记。

石马江桥，又名广济桥，位于新邵县新田铺，宝安益道上。始修于明万历年间（1573—1620），清雍正十二年（1734）建成五孔石拱廊桥，1947 年改建为公路桥。

邓钰，安徽六安人，清雍正二年（1724）进士。

三十四、衡阳青草桥记②

衡阳知县 陶易 清乾隆二十六年（1761）

青草桥在城北一里跨蒸水，经数寻地即与湘会流。南宋淳熙十三年（1186）四月，郡守薛伯瑄始建。费八百缗有奇，米七十石。排去积沙，布以横木，累石为六墩。南北为大堤，架木为梁，上覆以小屋。明永乐十四年（1416）七月，霪雨水溢，桥圮墩仆。自后官编竹筏效浮梁以济往来，每淋潦暴溢亘弱弗支，筏数败散。正统初郡守李显建言重修请于朝，许之。然未有成功。及乐安邹良来守衡，乃修复旧墩，费千金，米五百石。石墩高一丈二尺，上架以大木，纵横五层，上覆厚板，板上起贯屋，五年始成。教授方珏记之。嘉靖二十四年（1545）火灾，桥板及横木俱烬。时分巡道姜仪、太守林允宗、知县郭文习大集工匠，尽易以石为七隧，长四十五丈，逾年乃讫工，更名曰永济。历百年来，桥皆夹道为厘，列四十馀间，岁输桥店银八两零。

又查河墩陷石刻记云系正统元年（1436）知府张葵创修，万历四十四年（1616）四月初六日，水大涨倾北头第一第二两拱，四十五年三月初六日，起工重修，至四十六年告成，与旧志不合。查秩官志，无太守张葵。姑阙以俟考。康熙五十年（1711）四月二十四日，大水又倾北头第一第二两拱，官民谋修未遂。初设两渡，济者丛拥不便，编木为桥。每遇春涨，摇摇欲坠。邵僧海岸，初修西渡桥。

---

① 邵阳市交通局：《邵阳市交通志》，郑州：中州古籍出版社，1991 年，第 336 页。

② 蒋响元：《湖南交通文化遗产》，北京：人民交通出版社，2012 年，第 270 页。

既落成，于五十七年九月来衡募修，经始而僧寂，嘱延寿庵僧圆本重修。五十八年（1719）九月起工，六十年（1721）三月告竣，共费银二千七百六十四两。又募修桥亭置铺地六间，供住持香火费。

雍正二年（1724）甲辰十月十三，夜失火尽毁桥上厘肆。太守孙元以桥上列肆易致桥坏，因禁民建屋。捐资两旁立石栏杆共二百五十三柱，尽设石扇。桥面石上加铁锭。北头建文昌阁，共费七百余缗。

青草桥，位于衡阳城北蒸、湘二水汇合处，湖广古驿道上。宋淳熙十三年（1186）始建六墩木梁，明嘉靖二十五年（1546）改建七孔石拱，1930年改建为公路桥，抗日战争损毁，1956年重修八孔石拱（图2-2-19）。

陶易（1714—1778），字经初，号悔轩，山东威海卫人，清乾隆九年（1744）举人，历任衡阳知县、代理衡阳知府、江苏布政使等职，有《惜阴诗草》等作品存世。

图2-2-19　20世纪80年代的青草桥[①]
（衡阳市交通局 摄）

三十五、平江水口桥记[②]

邑人 李本烈 清乾隆三十年（1765）

昌江古罗国也，防厢而外，列以乡都，乡各有川，川各有桥，所以济行人，资利涉也。而独立斯桥之建，则有不尽然者。

夫造物菁华之气，然大聚则不大发，而两间磅礴之气，不能蓄亦不能钟。岭之地舆，象应先天，群山屹峙于四周，人江划然而中注，川原人物固已□著，垂阀阅之隆，氤氲明之盛矣。此地居岭之委，当岑川吐纳之区，为吾乡之险隘，其需桥宜也。

粤稽志乘桥坊，于宋迄明，邑人爰秉志又复修之。然皆甃石为墩，架木为梁，故历久而圮，遗址虽存，倾颓殆尽，览古者不无盛衰兴废之感焉！乾隆乙酉岁（1765），吾岑好修之士，慨然有恢复之志，首倡厥举，爰集同人，捐金募修，拓其旧规，竖为三拱，仍其地址，名之曰水口桥。

盖工既繁而费亦倍，事虽旧□而实则创矣，桥高二丈，广杀其数。其上护以石栏，其下枕石为基，左右皆距山麓。故沿江而至者，面阻要则势若长城，履通衢则洞若门户，行见川原济美，人物增辉，

① 衡阳市交通志编纂组：《衡阳市交通志》，长沙：湖南出版社，1993年。

② 平江县交通局：《平江县交通志》，内部发行，1989年，第250-252页。

所以萃菁华之气，而极氤氲磅礴之盛者，殆□□乎其未艾也。是岂徒以济行人，资利涉，为斯桥志不朽之名哉。

虽然，予窃于兹有感焉！夫功必需人为成，物必等人而著。昔王周偿粟永垂利济之芳，张君构亭益唤彭城之胜。宇宙盛衰兴废之故，大抵为一、二有志者为能转移耳。是桥之作，成功匪易，况复值麦歉之候，工食所需，费绌其支，倘非当局者锐志经营，则观成无自，奚以俾斯桥崛起于久废之后，为吾岑壮川原人物之色，作中流砥柱之姿。□□固无斯圮之能，桥也且幸，斯桥之大有造吾于岑也，爰为之记。

桥自麦正鸠工伐石，迄麦秒始竣。一时首士之人，若予族周重、作周，朱君瑞璜、谦益，族君汉卓、应召、殷建、性安、禹贴，聂君善政，周君道斋，苏君子惠，朱君灿文，黄君希韩、三叨、友德、起元、松林辈，或输囊而揭重金，或鸠募而倡众姓，或竭厥而躬肩督率于其前，或鼓舞而并效赞襄于其后，靡不共为踊跃，务抵厥成。是以和衷共事，不数月，而桥乃就绪。并备次其名以赘于是，匪为诸君侈厥功也，亦以见斯桥之成有所来自，而踵事增华之举，又不能无望于后之好修君子。并志。

进士候选儒学正堂李本烈竞维氏谨启

邑庠生朱能忠禹尚民敬书

皇清乾隆三十年乙酉仲冬月吉旦日

水口桥，位于平江县岑川镇水口村，始建于宋，清乾隆三十年（1765）重修为三孔石拱，岳阳市级文物保护单位。

三十六、湘潭石灵桥记[①]

邑人 张璨 清乾隆年间（1736—1796）

去郡城六十里有河焉，名烧汤，有桥焉，名石灵，崩圮累年，川途交病。予姻家宁乡黄君庭英，过而蠹伤，见乡人之募修者困于道谋，乃独身任之。费千金而事蒇，徒旅水陆咸跻于安。乡之人磨石纪事，而来乞予言。

予维古者大同之世，上下为一体。田里树畜，民事也，自上制之；道路桥梁，官政也，自下劳之。后世田不井授，人自为生，富连阡陌，而贫无立锥。井税之外，欲其率一钱以佐公家之急，即相顾有后言。由私生吝，由吝生忍。大之城郭，次之桥梁，废坏不修者比比而是。夫天下之事，贼于需，成于断。今黄君之斯举，可谓伟矣。顾或者曰：地有神，最灵。斯举也，神实示兆以启黄君。君适有祷焉，蒙神之郡佑，而以是酬之。夫神诚灵，受佑者宜不上一黄君。君受神佑，而即能推神之佑，以惠及无疆，斯其伟绩，岂不当大书而特书哉。则睹斯河桥一片石，其亦有观感而兴起者乎？是为记。

石灵桥，位于湘潭市雨湖区鹤岭镇，湘潭至宁乡古道上。清乾隆年间宁乡富绅黄庭英捐建，湖南省级文物保护单位（图 2-2-20）。

张璨（1673—1753），字岂石，号湘门，湘潭杨嘉桥人，清康熙四十七年（1708）举人，曾任长芦盐运使、大理少卿等职。

① 陈先枢：《湖南慈善档案》，长沙：湖南人民出版社，2015 年，第 86 页。

图 2-2-20　石灵桥（曾志贞 摄）

三十七、长沙双溪桥引[①]

邑人 李芳华 清乾隆年间（1736—1796）

考之夏令，九月除道，十月成梁。盖两山之间必有川焉。虽曰流峙之恒理，然至车不能连轨，马不得径进，人不免灭顶，则弥盈冰亘之日，徘徊断岸，望洋兴叹，斯亦天地间之缺陷也。先王知其然也，因天之道，用民徙杠兴梁，民不病涉。是则王政之纤悉委曲，无非裁成辅相之道也。迨至后世，司空守职于王朝，司里不设于乡，因则龙火之令，不得不望于守牧；而赞襄之功，不能不有待于丰裕之长者矣。

东路距城五十里，地名双溪。上达豫章，下通鄂岳，是皇华雨雪所驰驱，邮书飞檄所往返也。是编氓纳橘纳粟之所肩摩，而商旅坦登之所过从也。前明曾建砖桥，两经戎马蹂躏倾圮。逮皇路清夷，居民架木以渡。顾山溪暴涨，则漂荡长流。盖旷怀司马题诗柱，邛友莫招者，历年有矣。兹值招提某，议建石梁，方图房固，唯以鸠工庀材非钜金不可，有难色。

余曰：构巨室者非方寸之木所胜，兴大功者非一人之力所赡，理势然也。不揣固陋，为之卑言，俾当路有心人共成其事。昔诸葛武侯治蜀，凡桥关隘，罔不经理，识者称其王佐才。吕申公微时命卜，初以相，继以医，卜者错愕。公曰：吾志有益于人耳。由是观之，举废兴颓者，贤能之义举；而利济民物者，仁人之本怀。则是役固达人修士所乐许者也，或捐俸，或解囊，腋集而裘成。庶春波浩荡，狐不濡尾，降冬栗烈，鹤不惊寒。利千人之往来，非即补两间之缺陷乎。至于佛氏所谓因果，余不识其诚然与否？愿君子为其所当为，余何敢侈陈阴骘之说以相溷软。

双溪桥，又名万古桥，位于长沙县跳马镇，湘赣驿道上。始建于明，清乾隆年间重修石梁，与百世、千秋两桥咫尺相望。光绪《善化县志》：“一里三桥，百世、千秋、万古。”

李芳华，字实庵，善化人，清雍正七年（1729）举人，授徒为业，著有《四书详说》《通鉴纲目集义》《澹园诗文集》等作品。

① 陈先枢：《长沙名胜文选》，长沙：湖南人民出版社，2015 年，第 185-186 页。

三十八、祁阳驷马桥记[1]

祁阳县令 罗守学 清嘉庆十一年（1806）

驷马桥距城东十里，邑人向称下马渡者是也。

考《周礼》掌固，掌修城廓、沟池、树渠之固。而遂人以土地之图经田野，言畛涂道路，独不及桥梁，非义有所遗也。古者五沟五涂皆有梁，故《尔雅》曰：堤谓之梁，夏令曰十月成梁。而子舆氏亦以十一月徒杠，十二月舆梁为王政之一。助梁之设，自古得赖之，而以为经世久远之计，则石梁之一劳永逸，又非木梁比也。

据邑志，下马渡石桥创于顺治十有七年（1660），乾隆十有五年（1750）圮。既圮，复修加扩焉。五十九年甲寅稍倾倚，越二年酉巳，水骤涨桥崩，河两岸绝隔，行旅苦之。

邑绅士刘普、廖夔飏等首倡义举，议修复。适余之视篆斯土也。为捐廉怂恿其事，每公余躬亲，董率工匠之勤者、怠者、巧者、拙者、醇而谨者、刁悍不用命者，劝之、惩之、再三鼓舞而策励之。计八月而功成，摩肩击毂，遐迩皆称便焉。顾余独怪下马渡之旧有石桥，至今尚相沿从渡称也。夫渡与桥异，渡者所以济桥之所不及，往往于无桥处所不得已而用之。余每恨渡夫，满载苛索，乘人之急，故意留难，甚且风波交作时，荡至波心，停篙歇桨，以饱其欲，而操纵人命于一呼吸间，此薛广德所以慎重于从舟之危不如从桥之安也。

此地车马络绎，自顺治十七年以至于今，积五朝一百四十有六年，桥之由来久矣，而里人尚沿其称曰渡，殊于名实不符。即何异永州铁炉步之独有其号冒而存焉者乎！昔司马长卿过升仙桥，援笔歇柱有高车驷马之说，今之经斯桥者平平荡荡，如矢如砥，虽驷马球并辔可也，何以下马为哉？爰仿长卿题桥之例，改题曰驷马桥，循名考实，不知诸君子以为于义何如也？桥既成，邑首事以题石请，因推论桥与渡名实之不可混，而书以归之。

驷马桥，位于祁阳城东下马渡。清嘉庆十一年（1806）建成湘江流域最大（长 98 米）的五孔石拱廊桥，20 世纪 60 年代改建为公路桥（图 2-2-21）。

图 2-2-21 驷马桥旧影[2]

---

① 黄启圣：《祁阳县交通志》，长沙：湖南出版社，1994 年，第 192－193 页。

② 录自祁阳县交通志编纂委员会：《祁阳县交通志》，长沙：湖南出版社，1994 年。

三十九、安化大福桥记[①]

安化知县 周文重 清嘉庆十五年（1810）

安邑之北，地名大福坪者，其市后冻青树塘有渡口焉，通新益宁乡等处，实水陆要地，往来通衢也。访古用楫，后易以杠。溪水泛涨，屡修屡圮，民之病涉非朝夕矣。

是岁，首事等心殷利济，欲倡议更砌石桥，持簿以请予。因询其源委，稽其形势，以为工程浩大，金非数万不能足厥用也，工非亿万不能胜厥劳也，时非累岁不能告厥成也。且任大责重，苟非谙练有素，经理有方，廉洁有品，慎终惟始，协力以图之，其何以济事，而成济人之举也。诸君子其勉之，众唯唯而退。

本年五月，余因公出，道经其地，则见制度巍峨，□梁特起，规模巩固，雁齿排连，工程已十之八九矣。诣其局，览其簿，知捐输踊跃，条件井然，兼悉诸公自备资斧，几历寒暑，不辞况瘁，是诚不负余言克襄乃事矣。

不数月工竣，乞文于余，勒贞珉以垂不朽。余心甚韪之、嘉之。乃叹其德之宏，功之大；乘天之时，得地之利，而卒归于人和也。因题其桥曰：功侔宝筏。都人士将必有展题桥之志，乘驷马高车而过者，是以乐为之记。

大福桥位于安化县大福坪镇，宝安益道上，清嘉庆十五年（1810）建成四孔石拱，1980 年改建为公路桥（图 2-2-22）。

周文重，字尚斋，河南新密人，举人，曾纂修嘉庆《安化县志》。

图 2-2-22　大福桥（益阳市交通局 供图）

① 安化县交通局：《安化县交通志》，内部发行，1992 年，第 360-361 页。

四十、安化大福桥十八首事合传[①]

清同治八年（1869）

十八首事先生者，吾乡前清耆旧也。余生晚，未获目睹其人。然时耳其姓名，吾知其品行、学识与夫性情、道德，自难强之。使同类磊磊落落，高尚其志，清逸其身，盘错其节，恂恂然有吉贤士风，非仅乡党自好者然也。故其嘉言懿行，往往散见于族谱或登诸县志，以示不忘。

姑勿具论，专论其修桥一事。泥溪之上游，地名冻青树塘，为宝、益、新、宁往来之要道。旧设义渡，冬易徒杠。先生等嫌其不便，议改建石桥，以资利济。其志愿可谓宏远矣！桥埠渡口，今昔殊地，当桥基卜地时，晓起出视，有雾浮水面，凝成四拱，显示桥象，后就地成之，果得石底，藉坚桥脚，一劳永固，其择地可谓奇妙矣！桥功开始，期底如成。茹素三年，溪无巨漫。今读其誓言：凡我同志，一日不得卸肩，有无事故，日日必集，经营七载，始告成功，其往事可谓勤劳矣！监督工匠，朝饔而出，晚归退食，奔走募捐，不辞跋涉，自备资斧，因人谅其诚，此竭力赴公，解囊相助，其持己可谓廉明矣！

桥成之后，道光丙戌（1826），上游洪水暴涨，缘溪竹木和奔涛骇浪以飞流，又有连根巨木横触桥墩，水益湍激，桥身震栗欲动。尔时，先生等跪立桥上，热檀焚楮，默祷上苍，愿以身殉。俄顷树中断奔放而出，梭墩受伤，而桥身无恙，其至诚可谓感神矣！凡此遗爱，皆吾乡父老嗔嗔称道于不衰者。昔有十八学士，共登瀛洲，驰名后世，先生等其继启者欤！己巳（1869）冬，后嗣拟续桥志，以传属余。余因采其轶事以传之（图 2-2-23）。

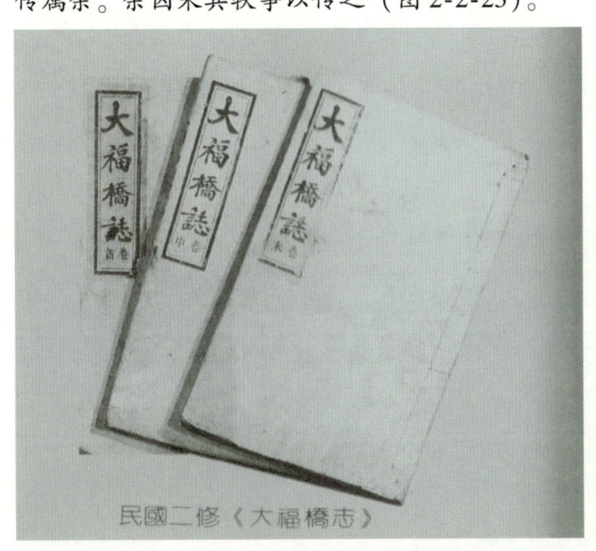

图 2-2-23 民国二修大福桥志[②]

四十一、重修宁远凤桥记[③]

宁远知县 曾钰 清嘉庆十六年（1811）

出治南门数武，有桥一，道冷水之所经也。两旁怪石耸立，洄流激湍，怒号澎湃。春夏水生，舟子不能下楫，行者艰之。旧有桥，不知建自何代，久毁。

---

① 安化县交通局：《安化县交通志》，内部发行，1992 年，第 361-362 页。

② 录自安化县交通局：《安化县交通志》，内部发行，1992 年，彩插。

③ 零陵地区交通志编纂办公室：《零陵地区交通志》，长沙：湖南出版社，1993 年，第 354-355 页。

乾隆二十有七年（1762），邑人陈、黄、刘、何、关五姓倡修之，累石为柱五，杀其端以缓水势，架梁甃石，翼以扶阑，上覆以亭如其桥，于是往来憩息，无复往日之艰矣。夫舆梁之成，王政之所尚也；草茀不除，陈□之所以衰也。宁邑通津，僻壤由乡达邑，由邑达郡，道路桥梁罔弗整理，行旅载途，如履周道，虽戎地方殷庶，有暇及此，亦乡人士乐善好施，不悭于财，用能废坠克修，咸成美举。

岁（1809）秋，水骤涨，波涛恣肆，冲击石柱，桥将圮焉。五姓后人恐前绩遂湮也，谋之于众，鸠工庀材，刻期举事。经始于庚午（1810）之春，期年而工毕。制由旧而壮丽过之，雁齿鸟革，焕然聿新，为一邑之巨观。尝秋望夜，步履其上，江深月朗，气象万殊，雉堞亭槛，隐映于波光月色中；临江楼阁灯火薄射，而隔岸渔歌断续时起，与水声相酬答，四顾悠然，如身在龟背上也。

工成而未有以纪，适余涖兹土，请为记，因序其颠末，勒铭诸石。桥之命名未详，俗传大舜南巡，凤凰栖此，故名曰"凤桥"，其说无稽。或曰"斯桥"也，其兴废关邑文运之盛衰。刘勰有言：藻耀高翔，乃文中之鸣凤。然则无所取诸，盍取诸此。

宁远凤桥，又称南门桥，始建于元，曾有望仙桥、迎薰桥、仪凤桥、七七桥、解放桥、凉桥、跃进桥等称谓，2013 年重修为廊桥（图 2-2-24、图 2-2-25）。

曾钰（1765—1829），字砺臣，号石友，福建惠安人，清嘉庆五年（1800）举人，历任宁远、平江、黔阳、宜章、桂东、祁阳、邵阳知县及桂阳、郴州直隶州知州，卒于任上，曾纂修《宁远县志》《黔阳县志》《桂东县志》，著有《听雨楼诗集》。

图 2-2-24　南门桥旧貌（廖晗望 绘）

图 2-2-25 南门桥新姿（刘铭 摄）

四十二、新宁廻溪桥记①

邑人 李春右 清嘉庆二十一年（1816）

小溪村以村有小溪也，而小溪之西有村曰西村。西村近小溪，故小溪虽一村之名，而以西村为尤切。西村既与小溪近，则小溪必为西村所出入，而小溪之桥必为西村所当修。独此桥之修，迄今百有余年矣。风雨飘摇，木石圮败，行者不乏倾折之忧焉。于是诸首事募化，众善士皆乐捐，斩木伐石，争相踊跃，五余月而告成功。复于桥下筑坝，以廻溪水使不奔流迅驰，且固墩基。尤是村虽临溪而不艰于涉，溪实远村而更利于行。往来者以为是桥直能回溪之西也，因名之曰廻溪桥。而又立桥上以观溪水，见夫波澜阔壮，纹縠静细，而名其坝回澜，亦取孟子观水必观其澜，韩子回狂澜于既倒之意也夫！

廻溪桥，位于新宁县一渡水镇，邵阳至东安古驿道上。始建年代不详，清嘉庆二十一年（1816）重修为石墩廊桥，湖南省级文物保护单位（图 2-2-26）。

图 2-2-26 廻溪桥（刘和英 摄）

① 桥碑位于新宁县一渡水镇西村坊廻溪桥头。

四十三、澧县多安桥记[①]

岳常澧道守 多赉 清道光元年（1821）

语有三尺童子，耳熟而成万古不易之至论者。曰见义必为，曰有志竟成是也。人情可与乐成，难与虑始。由君子视之，审民情利病之不容缓，度所乘时势之毋庸需，辄毅然行之而不疑，复以真实笃挚之心，贯注于事之始终，而一一如人意中所欲出，则无虑乎专欲而难成。

澧东郭外之有桥也，为南北要津。方夏涨时波涛震荡，一棹如叶，行旅患之。且邮传利速，而兹则三渡而后达，且甚险，遑论速，其病涉也实甚。

乾隆间，一再建于州绅彭宗亮，志非不壮，然始以谋之不臧而旋圮，继以力之不赡而中辍，卒至赍志以殁。论者哀其志，又未尝不叹其事之难而以不量力为之惜。何也？凡工之难，不第在于能成，而在于可久，久则一劳而永逸。其为之也，不第资乎力，而兼之乎势，势在则事权归一，如百体之从心；又不第恃夫势，而必乘夫时，时丰则商民随力醵资，而不以为累。

今斯桥之修，一迫于民望之甚切，一乘乎时势之必需。故予与州牧挟必成之志，而倡导于前。州牧矢公矢慎，一以真诚笃挚之心，而鼓舞振作其际。所以人心争奋，众志成城。计所捐输，遂共得若干缗，而余力且可以兼及涔河之桥，此岂复虑专欲难成哉！由是易平桥而为拱桥，水势杀，而磐石永奠矣。所倚籍者，皆公正精勤之人，而费无虚縻矣。公余即以时躬亲稽复，则工役胥凛然于精明，无异身使臂，臂使指矣。且幸天降屡丰，若以助贤牧之政通人和，使百废具兴者。予與氏所谓天时、地利、人和，殆不期而兼之，斯亦千载一时哉！

语云：非常之原，黎民惧焉，及臻厥成，天下晏如也。即工役何独不然！往予与牧纵谈今古事业，不外见得真，行得定，奚不可即，是为嚆矢也哉。至其始终经营之不易，已详于牧序中，予不赘。桥原名澧江，继名绣水，今舆论取予与州牧之姓以名桥，予亦喜其有永奠之义，故无以易之。

多安桥，位于澧县城关东门外，跨澧水。清乾隆五十一年（1786）始修梁桥，道光元年（1821）建成11孔石拱桥，1932年改建为公路桥，是湖南省内现存最长（198米）古拱桥，全国重点文物保护单位（图2-2-27）。

多赉，字介堂，满洲正黄旗人，曾任岳常澧道守、广东惠潮嘉道守等职。其父鄂云布，累官至安徽巡抚、贵州巡抚。

图2-2-27　多安桥旧照
（西班牙传教士 摄于1902年）

① 常德地区交通局：《常德地区交通志》，长沙：湖南出版社，1992年，第326-327页。

四十四、澧县多安桥记[1]

澧州州牧 安佩莲 清道光元年（1821）

多安桥即昔初建未成之澧江桥，继建未成之绣水桥也。澧水发源于桑植，至澧城西分而为三。一则绕郭东，注至津市，而三水合，复合涔、澹、道、茹、漤、渫诸水，趋汇口，入洞庭。绕东郭之南岸，即古兰江驿，原济以舟达驲所。出驲分两路：折而东者，赴津市、安乡；直而南者为驲道，行四里许至宝塔湾，再渡黄沙河而通海汊铺，赴清化，入常德，达滇黔。此水实南北要津，冬涸夏涨，涨则湍汹船簸，渡者惴惴，更不便于邮传。

乾隆丙午（1786），州绅彭宗亮倡建平桥，桥名澧江。方成而水圮焉，又独改建之，更名绣水，即今址。乃甫成九墩，墩高八尺，力竭，而工遂寝。由郭东赴乡市者，仍设旧渡，惟驲递恐滞，遂改渡于上游，凡三渡而始至海汊渡。既数而中，有伍家洼渡为尤险，病涉者垂三十年。丁丑（1817），余莅澧，思竟厥功，遵驲故道，进绅士而谋之。佥谓："澧有三大工：志也、塔也、桥也。志阅八十年而未续，塔经二百载而未成，士民望修尤亟。桥固宜修，现有渡，可从缓，且费巨，而工难兼营。请先修志、塔，而后及于桥。"余允之。旋有澧典诸商，谓桥关利济，今幸议修，则工莫可缓，缓恐歇，请先捐三千缗以为倡。余喜甚，即饬将捐资捞石购灰，先示以必成之志，俟志、塔竣而决计续修之。

及志、塔成，随集绅议，佥谓宜由旧墩加高，再添三墩，重砌码头，而仍建平桥，工较便。忽有老成者作而曰：昔因桥身低，不足杀水势，故易圮。兹照前式而加数尺，约费万有余金。自可蒇事，恐仍与水为敌，终不固耳。应由旧墩起拱，拱高须一丈五六尺，出两岸外，逐拱渐加，至中拱约高二丈许，复渐杀之。势如长虹，斯能容流顺溜，而桥始坚。惟计费则数倍于平桥，虽现有三千金，然欲于修志、塔后，再劝加捐，恐大不易。众默然，而韪其说。余悚听之，命退再计，方窃虑其难以观厥成也。

迨己卯（1819）夏，介堂观察履任，询此桥何以欲修未果，余举前说对。观察毅然曰："民望既殷，议修久定，捐资已倡，何可犹豫！谁不乐善，但令得人妥办，则有志竟成。费即巨，吾当与子共成之。"因嘱进诸绅再议。诸绅见宪意切舆情孚，即相率以兴修请。余喜而谕之曰："凡集众资以兴大工，务须精勤廉正。分文出入，众所共知。纤细工程，众所共见。非廉正则人心滋疑，非精勤则匠工作弊。滋疑作弊，则物议腾而人情散，迨于无成。前之修志、修塔，可为车鉴。吾方与诸君重修志与塔矣，惟诸君能精勤廉正，取信州人，故其成工也速。今试问诸君，亦能如修志、塔时之夙夜勤敏，纤微必察，丝毫不苟乎？苟能一德一心，照前规而共赞之，工虽巨，仍易举也。诸君其果能如是乎？"佥曰："夙奉教矣，敢不勉！"于是共矢神明，派执事，定章程，计工定价，分路劝捐，各备资斧，轮流赴局，矢公矢慎，各勤乃职。州之人莫不乐输恐后焉。而余与观察随时核其工程，稽其出纳，钱必经手，事必经心，奖劝董率，毫不敢懈。经始于己卯（1819）之腊，起拱于庚辰（1820）之秋，至辛巳（1821）仲夏而大工已竣，吁，不可谓非速矣！

桥十一拱，长六十六丈，宽二丈四尺，高连旧墩共三丈二尺，两傍卫以石栏。桥头各竖石坊，又各竖二十碑，以记倡首官绅及乐捐姓氏；中立一亭，共费三万六千余金。于是崇闳巩固，匪特利行旅，尤足壮观瞻。登桥一览，山环水绕，气象万千，更足培风水而锺灵秀；亦堪报观察命，慰士庶心，且毕彭君愿矣。桥成，毋事招招舟子，即修旧驲道，复设黄沙渡，重建涔河桥，来往咸安，康庄多庆。

士民于是颂观察督修之仁，念予监修之力，请易澧江、绣水旧名，而名曰多安。余笑而谓之曰："名固吉，但合观察与余之姓以名桥，则不可。观察与余不过尽守土责耳，观察岂自多乎哉！余亦惶然

[1] 常德地区交通局：《常德地区交通志》，长沙：湖南出版社，1992年，第327-329页。

不敢安也。”众复合词进曰：“桥固创自前民，兹亦成于众姓，然非二公督率之善，指示之详，岂易至是？且前人之建桥也，始名澧江，继名绣水，究之两修未就，厥名宜易，先是有以桥成何时而祷于乩者，判曰：‘乱石森森积水隈，经营两次半虺赜；欲知巩固题桥日，连夜加冠待汝来。’夫乩所云‘连夜’者，‘二夕’也。二夕非观察姓乎？曰‘加冠’，俗说‘宇’之宝盖头也，曰‘待汝’，汝去水为‘女’，合之非刺史姓乎？待二公来，而桥始成。神早已告我澧人矣，岂偶然哉！吾侪故欲表姓以志感，合姓以征祥。谓桥千古，二公亦千古，天然巧凑，确不可易。”竟翕然坚持其说。余复述于观察。观察曰：“善！舆论也，听之。”

安佩莲，字玉青，贵州贵定人，清嘉庆七年（1802）进士，曾任长沙知县、澧州州牧、岳州知府等职。

四十五、涟源蓝溪桥记[①]

两江总督 陶澍 清道光十六年（1836）

蓝田在邑南百二十里。其水自新、邵交界之处滥觞而来，经安化境至湘乡界，入涟归湘，其在境内颇长。而蓝田市为大都会，有桥曰柳江，通往来，资舟楫，商旅辐辏，占利涉焉。历年久，遭泛滥，遂倾陨。

道光五年（1825）乙酉，乡人出谋，可以舍旧图新，创集义举。复择地立桥，改名蓝溪。并于河之北岸建祠，曰镇江，以祀关忠义。工竣时，值余假归，省松楸，请记于余。余固乐其众志之诚，而嘉其鸠工之固，走疾书，略叙颠末，以为慕义而向善者劝。道光十六年作。

蓝溪桥，原名柳家桥，位于蓝田镇，湘安古驿道上。始建于北宋，清道光五年（1825）改址重建三孔石拱，更名蓝溪桥（图2-2-28）。

陶澍（1779—1839），字子霖，号云汀，安化人。清嘉庆七年（1802）进士，曾任翰林院编修、川东兵备道、山西按察使、安徽巡抚、江苏巡抚、两江总督等职，后加太子少保，著有《陶文毅公全集》《印心石屋诗抄》《蜀輶日记》等作品，是清代经世派主要代表人物。

图2-2-28 蓝溪桥（刘媛 摄）

① 蒋响元：《湖南交通文化遗产》，北京：人民交通出版社，2012年，第276页。

四十六、浏阳老女桥记[①]

浏阳知县 刘名锋 清道光十七年（1837）

同里甘姓，望族也，世居小江甘家湾，有老女桥焉。明甘氏女名金贞，以父母无子，矢志不子，纺绩奉养葬亲，后以供养余资而建之者也。桥砖镌正德十五年甘氏金贞立。女年八十余卒，葬桥左。

嘉庆丙子（1816），锋与修邑乘，因将金姑事及桥与墓备纪之。道光初，桥水圮，甘族拾桥砖置墓侧。有窃其砖者，辄心动，还之。十七年，甘生崇勋以复修事蒇，嘱锋为之记。且云："历今三百余年，一旦病涉，欲重建。适祖姑夫刘公蓉屏宰奉新，崇勋客其署。语余曰：'曾梦老妪，自称金姑，谓桥宜复修。向我谆谆，醒悟勿忘。今以银二十两付子，且募足之。'崇勋归，商之族祖志湘，族叔孔昭、孔成等，募各房及族嫂，共获钱二百余缗，鸠工兴事，以石易砖。今桥已讫功，乞先生记之，以垂不朽。"

锋窃惟古忠臣孝子、义夫烈妇，其立心行事，初非有所为而为之也。即如金姑，激于父母之无养，自伤茕独，誓死不嫁，终其身，生养死葬，毫无欠缺，使父母无子如有子，且胜于有子。彼其心，安知有他计哉？知有父母而已。真其利断金，恒其德贞，不愧命名之意也。一点精诚血性，数百年来宛然如生。后之人经其墓，过其桥，访其事迹，当为皇然兴，蹶然起，咨嗟唏嘘，感动奋发，而不自知。其有功于人心风俗，岂浅鲜哉。抑锋尤喜甘族之女媛有同心也。一女倡修，众女乐捐，顿使前人遗迹，不沉沦于蔓草荒烟。金姑贞心亮节，固与天地无终极，合族之女之表扬盛德，亦复人世所稀有。宜乎，自金姑后，甘族德义节孝，相望不绝也。

《易·文言》曰贞固足以干事，其金姑之谓乎？《诗》曰民之秉彝，好是懿德，其甘族众女之谓乎？

老女桥，位于浏阳市中和镇甘家湾，明正德十五年（1520）建造，清道光十七年（1837）重修。

四十七、重修（长沙）湘西万福桥记[②]

何绍基 清道光年间（1821—1830）

由长沙渡湘江西北行，约三十里，至牯牛山之右，有万福桥，上通省城，下达宁邑，盖往来孔道也。建自某年，洎某年重修，近复倾圮。昔人之工，非不坚也，河西数十里沟浍之水，悉汇此达以于川，每值大雨，山水盛涨，而桥势平夷，无以御其涨而抵其澜，是其所以易毁也。

今乡里醵金重修，商度甫定，畚筑遽兴，近取云母山石，石质本坚，特易为拱桥，令其上隆然以高，而其下窕然以深。桥面宽平，而其南北下垂之处，又广为坡陀以资壮固，庶几其可久乎？足见我乡之人乐善急公，不斤斤于近小之图也。修之培之，有基使勿坏，是所望于后来者矣。

同人以昌期家在桥之左，属董其役。工既竣，谨记其颠末。其旧碑仍立于桥之北岸，志不忘也。

万福桥，位于长沙市望城区靖港镇牯牛山之右，清道光年间重修石拱桥，上通省城，西达宁乡，今不存。

何绍基（1799—1873），字子贞，号东洲，道州人。清道光十六年（1836）进士，曾任翰林院编修、四川学政等职，先后主讲济南泺源书院、长沙城南书院、浙江孝廉堂，著有《东洲诗文集》等作品。

---

① 蒋响元：《湖南古代交通遗存》，长沙：湖南美术出版社，2013年，第336页。内容有补充。
② 陈先枢：《长沙名胜文选》，长沙：湖南人民出版社，2015年，第187-188页。

四十八、重修（宁乡）玉潭桥记[①]

邑人 李隆萼 清同治三年（1864）

宁邑为省会西北通衢，轮蹄辐辏。县治南滨玉潭，沩水入湘必经此道。郦道元《水经注》所云沩水历沩口溢，东南注湘水是也。春漉漫，行者苦之，邮牍辄稽璀。前明以来，于藓花岩下架木桥以渡，曰玉带桥，屡修屡圮。

国朝乾隆二十六年（1761），县令刘君善谟谋邑人移建石桥于南关外，会更替，未及蒇事。越三十五年，乃成。桥上置化字介次一、石狮四、铁牛二，棒以栏石，亘若锥堞，工牢费逾巨万，创始之难有如斯尔。

岁月绵历，沙碛潄啮其下。又数遇大水涨高于桥，近岸基趾甃之廉且龋也，蹬之悬且压也，介次半閪，狮、牛亦漂落。追蠡閿剥，物理常然，盖自肇造迄今已百年于兹矣。予以癸亥（1863）莅宁，道经巡览，见岌岌有不支之势。窃惟兴利修废有土之职也，顾兴利难于创，而修废易为因，因其创者而踵事焉，利即存乎其间已。

予之来兹土也，去粤酋犃乱未久，残缺颇多，比户方急输边，未敢扰以兴作。属都人士来谒，佥以斤廨多就颓堕，相与醵资修葺。爰自两辕头门内及二堂，皆肸饰而新之。堂之西偏拓六楹为衙斋，翼以篷房，基柱、衡缩恢于前。因庤其赢余复商诸君子，益以羡锾各款，得千余缗，择监生朱兰恬等董其事。就地量度广袤约十丈，召匠石鸠工庀材，绳之准之，营之缮之，础碣而砻斫之。枯槔翻翻然竭流而籍板也，层碟驳般般涩浪而浮砌也。草端八月，两阅月而工讫。予就观之，有若琢者焉，有若削者焉，有若施砥濯者焉。夷庚由由，庶几旧规之完焉（图2-2-29）。

予稽邑志，桥自刘君经始，其间停工殆五六年。义民李廷清出佣积百余金倡输之，邑人感而乐从，功以竣。是役也，举之不费，成之不劳，盖因之说也，因其易，实因其利而利之也。

夫兴利修废，有土之职也。顾初终一出于因。虹其飞欤，鼍其巩欤，予何力之有欤？于其成，书以纪之，更俟后之善因者。桥旧无碑，廷清水或弗闻，予嘉其义，并以表诸石。同治三年（1864）。

图2-2-29　宁乡玉潭桥（挪威传教士摄于清末 陈先枢 供图）

李隆萼，字劭青，宁乡人。清道光十五年（1835）举人，著有《学愈愚斋诗赋钞》《文钞》《诗剩》《谈苑》《琴言》等作品。

---

① 陈先枢：《长沙名胜文选》，长沙：湖南人民出版社，2015年，第196-197页。

四十九、宁乡玉潭桥记[①]

邑人 廖基棫 1925 年

宁乡南门外之长桥，先在东门薛花崖下，明弘治时[②]，县令陈以忠所建，名玉带桥，后圮于水。清乾隆时，刘善谟知县事，移建南门，改名玉潭桥。桥长六十有三丈，宽一丈，高二丈有奇，累石为柱，分水为二十四道，架巨石其上，其平如砥，左右翼以扶栏，栏外有石亭一，铁牛二。

同治壬戌（1862），蛟水为患，栏石尽毁，桥亦欹仄，铁牛亦随波而去。甲子（1864）秋，前知县郭庆飏劝县人募捐重修。阅六十年，为民国甲子（1924），山洪暴发，为数百年所仅见，乌江两岸受祸尤惨，庐舍、人畜漂没者以数千计，桥遂中断，存者无几，而行旅往来或比木为杠，或驾小舟以济，人皆苦之。

岁乙丑（1925），县人倡议复修，而经费无从出，遂议将前年货赈款收回，暂供支用，众皆曰善。於是鸠工庀材，即以其年七月经始，十二月讫工。桥之修广，一仍旧制，唯增高二尺许，使水无越桥横溢之患。当建址之初，昔年铁牛竟于石砾中复得其一，遂仿其形再冶一牛副之，桥之旧观自是悉复矣，行者莫不称便利焉。是役也，縻番银三万五千元，用工凡五阅月，职其事者唐寅清、廖基朴、庞卓武、唐云栋，筹款则有陶鼎勋、王泽洪、刘宗向、齐璜、朱友谅等十人。至于率先匠役，不避劳苦，则庸君寅清之力为多，匠人李金海等亦勤谨无误，可并书之。

廖基棫（1861—1946），字次峰，号石芙主人，宁乡人。曾纂修民国《宁乡县志》，有《瞻麓堂文钞》《沩宁诗选》等存世。

玉潭桥，原名玉带桥，又名南门桥，始建于明成化二十一年（1485），清乾隆二十五年（1760）建 24 孔石柱石梁，1925 年按原样重修，1974 年改建为公路桥（图 2-2-30、图 2-2-31）。

图 2-2-30 1925 年重修的玉潭桥（孙凤琦 供图）

① 长沙市交通志编纂委员会：《长沙市交通志》，长沙：湖南出版社，1993 年，第 459 页。

② 应为明隆庆六年（1572）修建。

图 2-2-31　1930 年建造的沩江公路桥，后为玉潭桥（湖南省档案馆 供图）

五十、宁远应龙桥记[①]

邑人 李鼎臣 清同治八年（1869）

原夫山川□而水土斯平，道路通而津梁多阻，只因过涉常忧灭顶之凶言，念近究更深□□之痛。若巨川作有舟楫，何用不臧，倘涉水，其无津涯则罔攸济，而况一朝失足便葬鱼腹之中，瞬息沉渊□，莫傍鹦洲而上，虽非溺由己溺，实恨援无人援。

如灌溪里许，桥名应龙，水出东涧上，既通乎两广，下达于三湘，客商所经，络绎不绝。当日长虹排岸，咸欣鹰齿横来，此时断桥卧波，徒见鸭头，涨处常惊儒子，入井莫念征人。

济川窃忆卅年前，河道如常，曾经走马廿载，后江心顿改，未见续貂。隔一水兮盈盈，望千尺而渺渺，临河莫渡，终赊一苇之杭，刊济无由，曷胜穷途之哭，何处前呼舟子，几时进问邛须，岂若鹧鸪徒怨湘江太阔，同精卫漫嗟海水难填。只凭砌石多墩，乃为久远之计，必俟捐金千数，足备修复之需。但愿寸楮裁来，将拟沿门托钵，余赀好丐，定看取物探囊。由是卓而指捐，惠贻仁人之粟，欣然鲜橐，珍入处士之钱。从此一条碧玉，期万古似常新，两岸翠屏，异千秋而罔圮。纵然寒威溧烈，无须就浅就深，甚至洪水沸腾，不必为后为揭。功成告竣，各勒真珉，是为序。

邑增生[②]李鼎臣撰并书 同治八年岁次己巳腊月上浣之吉日立

应龙桥，又称广文桥，位于宁远县湾井镇下灌村。明末地理学家徐霞客有记[③]，清道光十一年（1831）重修为三孔石墩廊桥（图 2-2-32）。

---

① 蒋响元：《湖南交通文化遗产》，北京：人民交通出版社，2012 年，第 274 页。

② 增生系科举制度中生员名目，比秀才高一级。

③ 徐霞客在《楚游日记》写道："下观西，有溪自南绕下观而东，有石梁锁其下流，水由桥下出，东与萧韶水合。其西一溪，又自应龙桥来会，三水合而胜舟，过下观，始与萧韶水别，路转东南向。南望下观之后，千峰耸翠，其中有最高而锐者，名吴尖山。山下有岩，窈窕如斜岩云，其内有尤村洞，其外有东角潭，皆此中绝胜处。盖峰尽干羽之遗，石俱率舞之兽，游九疑而不经此，几失其真形矣。东南二里，有大溪南自尤村洞来，桥亭横跨其上，是为应龙桥，又名通济桥。"

图 2-2-32 应龙桥（孟春 摄）

五十一、宁乡枫木桥记[①]

邑人 刘典 清同治十一年（1872）

邑西百里，有桥名风睦。不知创于何时，修建者何名氏，碑籍散佚不可考。桥一瓮，甃以砖。中空外实而又宽平，利于行者。往询诸父老，但能述其大略，未克究其因缘，殆数百年前好善者为之也。

同治十年（1871），水刷港岸，岸塌而桥圮，行者病涉焉。里人唐松筠等倡议复修，好善之君子解囊佽助，以速其成。基仍其旧瓮，易以石。经始于十年九月，阅五月而功竣。用钱二百余缗，费约工巨，利亦溥而可久。而即桥思名，循名核实，其取字取义必有所因。或当建桥之始，年丰时熙，人安物阜。其迓天之庥而沐皇仁，不敢一日忘诸怀。故以“风睦”名，用志感戴之意。或风俗醇厚，无诈无虞，以及行旅往来皆能辑睦而弭争竞之风，故名以“风睦”，于导扬之中寓勖勉之意，其用心良厚矣。

窃尝思之，祸福无门，惟人自召。风气一坏，自相侵陵。倾人者人亦倾之，陷人者人亦陷之。浇俗之为厉阶，其害卒归于己，天网疏而不漏也。惟夫善相劝，过相规，有无相通，患难相救，和气所感，诸福骈臻。天眷无穷，风睦之为义大矣哉。余故于其桥成而乐为之记。

枫木桥，又名风睦桥，位于宁乡县灰汤镇枫木桥村，清乾隆时建木桥，同治十一年（1872）唐松筠等倡建石桥，今已不存。

刘典（1820—1879），字伯敬，宁乡人，湘军将领。曾任浙江按察使、甘肃布政使、陕西巡抚等职。著有《刘果敏公遗书》17 卷存世。

五十二、安化锡潭桥序[②]

八秩老人贺浩如口授 三男联珍敬撰

清光绪八年（1882）

中梅山水最秀，溪潭亦多险，其不便舟楫者，悉通以桥。细则略彴，巨则舆梁，固不仅七星耀彩，夸昔贤利济之怀。亦何殊十月成杠，开盛世荡平之路也。

① 陈先枢：《湖南慈善档案》，长沙：湖南人民出版社，2015 年，第 90-91 页。

② 安化县交通局：《安化县交通志》，内部发行，1992 年，第 362-363 页。

麻溪水出辰山东北，顺流数十里，而碧溪水入焉，又数里，而海南溪、天河山水合焉，过山门，经洞口，波涛汹涌，下达锡潭湾，石壁嵯峨，两岸隔绝，而又为南北往来之要津。行者病涉，每叹望洋，昔人曾舟之柳荫深处，唤渡茫茫，今而后无穷问津矣。然春夏之交大雨时集，山谷水溢，助势奔腾，水石相撞如雷吼电击，挽舟而乱，往往蹈公无渡河之怨。里中义士目击心惊，毅然以造桥为急务。先解囊相倡，后广募多金。土工、木工、石工一时并举，其基址若关天造地设，其师匠各挟鬼斧神斤，拟其固于铁柱金堤，壮其观于风亭水榭。自丙子（1876）至辛巳（1881），六历寒暑，始告成功。

诸君子酌酒相庆，颜曰永锡相与。徘徊其上，第见景物一新，山川生色。岭岈大壑，化为坦途。可以美嘉号于千秋，可以通遥情于万里。行人至此夹道胪欢，谓非有志者事竟成乎。然而诸君子未尝任功也。但愿龙龟永驾，乌鹊长填。创于前者，不避艰辛；守于后者，时加修葺。将浅涨层波之候，稳踏虹腰。即洪涛浊浪之来，难摧雁齿。万古之溪山不改，中流之砥柱长存。固诸君子所深幸，尤亿万姓久长之福也。

予当髦年，目此创举，惊喜异常。特述始终，道扬盛美。至于乘驷马、驾高车，大丈夫得志天下，当复有兆于题柱者，是又予所厚望也。夫是为序。

锡潭桥，即永锡桥，位于江南镇锡潭村，茶马古道上，清光绪七年（1881）建成四孔廊桥，全国重点文物保护单位（图 2-2-33）。

图 2-2-33 永锡桥（熊学武 摄）

五十三、宁乡惠同桥记[①]

邑人 岳衡 清光绪二十五年（1899）

邑治西北六十里六寨坑，高峦倚云表，其麓袤延，右折西湖朗山冲，左折侧大冲坳，水皆汇田庄湾。盖邑居之上游，赴省会通安湘之要冲也。旧架木为桥，曰会龙，水潦冲啮不时圮。

岁戊戌（1898）三月，众人募资，鸠工伐石累两岸。溪水阔可六丈，二丈为一墩，施以长磴，上覆栋宇，中设长座，旁为之楹，溪畔卫以崇墉，守者岁给以租，俾煮茗待行人，越十月桥成。

明年五月，亭亦蒇事，费金一千五百有奇，诸父老谓当刊碑志不朽。余观斯桥，长虹亘拱，如履康庄，凡四方出其涂者皆曰便，惠一也；有亭以憩行者，炎熇渴饮，开畅烦襟，惠二也；地当冲要，门者居之，有司险守川泽，修闾氏守里门之遗意，宵小知警，行路无虞，惠三也；桥以上平畴开旷，

① 长沙市交通志编纂委员会：《长沙市交通志》，长沙：湖南出版社，1993 年，第 457-458 页。

居氓错杂，至此而山川之气翕然完固，一方关键，莫要于此，惠四也。遂易惠龙之名而额曰惠同。董斯役者何君开周等。

惠同桥，原名会龙桥，位于宁乡市沙田乡，湘安古道上，原为木桥，清光绪二十五年（1899）改建三孔廊桥，湖南省级文物保护单位（图 2-2-34）。

图 2-2-34 惠同廊桥（熊浩华 摄）

五十四、冷水江龙潭桥记[①]

摘自《文姓五修族谱》

先王经国，政在济群，故秋月舆梁，列诸要政。子产以乘舆济人于洧，圣贤犹或小之，以其利未普也。若我院龙潭桥设，深有合于先王经国之旨乎。是桥也，位于球溪之下游，当东西之要道，两岸砥石突出，如龙鳞状，桥下有潭，故以龙潭名之。

前清乾隆三年戊午（1738）岁，咸感斯桥之必要，乃就其木之大者而架焉。奈防范无栏，复梁无瓦，不无速腐断跌之虞。至乾隆五十七年壬子（1792）岁，经七世祖秀山、又发两公，沿其制而式廊之，就石以为墩，建亭以资复，过者便焉。因桥在我姓院前，历届首又为我姓先辈，均以文家桥呼之。

越八十年同治壬申（1872），桥亭将圮，季叔祖步蟾公感桥址、桥名之属为我姓私有也，而责亦不容旁贷，乃商同益清公三修。桥之气象虽新，而规模仍旧。

岁次丁巳（1917），已四修矣，加雨板二层，墩高三尺，任首者为严君化蜀，族叔济川，二兄慧章，子代父劳，几费监督之力。桥成，远而望之，有虹横天角之势；近而观之，有龙卧波心之形。于是俯栏凭眺，则见香山鼎峙于北，龙源蜿蜒于南，与兹桥横亘而三，信乡村之大观也。吾闻地灵人杰，必有异征。斯桥也，长亭翼然，为上游镇锁，亦有书授留侯，柱题司马其人者乎？因此而为记。

龙潭桥，又名文家桥，位于冷水江三尖镇，宝安益道上。始建于清乾隆三年（1738），乾隆五十七年（1792）改建为石墩木梁廊桥，1954 年毁于洪水。

① 冷水江市交通局编志办公室：《冷水江市交通志》，内部发行，1990 年，第 162 页。

第三节　古　亭　记

路亭作为道路设施，供人歇息、乘凉、茶饮或观景，故又称凉亭或茶亭。古代“五里一亭”，凉亭星罗棋布。清道光年间（1821—1850），新化有凉亭488座①。2010年，湖南交通遗产普查上报古亭722座，主要分布于永州、郴州等地，部分遗存古亭还供应茶水。

规模或影响较大的路亭有文人雅士撰写的赋记，内容多为道德说教。如常德《武陵北亭记》：“役必先公，人不馀瑕。”又如江华《乐善亭序》：“乐善之义不在一人，而在千万人也；不在一世，而在千万世也。”宁远《永乐亭记》：“孙叔埋蛇而尊居宰相，宋郊渡蚁而选中状元。”

本节收录唐代至中华民国时期亭记（序）31篇，其中不乏元结、刘禹锡、柳宗元等名家之作。

一、江华寒亭记②

道州刺史 元结 唐永泰二年（766）

永泰丙午（766）中，巡属县至江华县，大夫瞿令问咨曰：“县南水石相胜，望之可爱，相传不可登临，俾求之得洞穴而入。又栈险以通之，始得构茅亭于石上，及亭成也。所以阶槛凭空下临长江，轩楹云端，上齐绝巅。若旦暮景气，烟霭异色，苍苍石墉，含映水木，欲名斯亭，状类不得。敢请名之，表示来世。”于是，休于亭上为商之曰：“今大暑登之，疑天时将寒，炎蒸之地而清凉可安，不合命之曰寒亭欤？”

乃为寒亭作记刻之，亭背博陵瞿令问书。

元结（719—772年），字次山，号漫叟，河南洛阳人，文学家、诗人。唐天宝十二载（753）进士，曾任监察御史、道州刺史等职，有《元次山集》存世。

寒亭位于江华县沱江镇蒋家山。寒亭已毁，故址遗存《寒亭记》《暖谷铭并序》等唐至清代石刻71方，湖南省级文物保护单位。

二、武陵北亭记③

刘禹锡 唐元和八年（813）

郡北有短亭，繇旧也。亭孤其名，地藏其胜。前此二千石全然见之，建言而莫践，去之日率遗恨焉。

（元和）七年（812）冬，诏书以竹使符授尚书水曹外郎窦公常曰：“命尔为武陵守。”莅止三月，以硕画佐元侯，平裔夷，降渠魁。又三月，以顺令率蒸民增水坊，表火道。是岁大穰，明年政成。农缘亩以勇劝，工执技以思贯。因民之余力，乘日之多暇，乃顾其属曰：“郊道有候亭，示宾以不慁也。虽闻兹地，韬美未发，岂有待邪？自吾之治于斯也，购徒庀材，大起堙废。未尝植私庭，砻燕寝。役必先公，人不馀瑕。调赋幸均矣，城池幸完矣，而重渎辰之役，掠苟简之问，卒使胜躅冒没，犹璞而不攻。惧换符之日，遂复赍恨，无乃遗诮于来者乎！”言得其宜，智愚同赞。

① 新化县志编纂委员会：《新化县志》，长沙：湖南出版社，1996年，第503页。
② 湖南省地方志编委会：《光绪湖南通志（点校本）》，长沙：湖南人民出版社，2017年，第5587页。
③ 湖南省地方志编委会：《光绪湖南通志（点校本）》，长沙：湖南人民出版社，2017年，第984页。

于是撤故材以移用，相便地而居要。去凡木以显珍茂，汰污池以通沦涟。自天而胜者列于骋望，由我而美者生于颐指。箕张筵楹，股引房栊。斧斤息响，风物异态。大道出乎左藩，澄湖浸乎前垠，仙舟祖友，繇是区处。

九月壬午，厥工告休，亭长受成。赤车威迟，于以落之。肃宾而入，圜视有适。沅水北澳，阳山南麓。□焉蘧蘧，雄展郊隅。前轩舒阳，朱槛环之。舞衣回旋，乐虡参差。北庑延阴，外阿旁注。芊眠清泚，罗入洞户。初筵修平，雕俎静嘉。林风天籁，与金奏合。

亦既醉止，州从事举白而言曰："室成于私，古有发焉。矧成于公，庸敢无词？观乎棼楣有严，丹雘相宣，象公之文律煜然而光也。望之宏深，即之坦夷，象公之酒德温然而达也。庭芳万本，跗萼交映，如公之家肥炽而昌也。门辟户阖，连机弛张，似公之政经便而通也。因高而基，因下而池。跻其高，可以广吾视；泳其清，可以濯吾缨。俯于逵，惟行旅讴吟是采；瞰于野，惟稼穑艰难是知。云山多状，昏旦异候。百壶先韦之饯迎，退食私辰之宴嬉。观民风于啸咏之际，展宸恋于天云之末。动合于谊，匪唯写忧。"公曰："夫言之必可书者，公言也。从事不以私视予，予从而让之，是自远也，其可乎！"乃授简于放臣，俾书以示后。后之思公者，虽灌丛萋草，尚勿翦拜，矧翚飞之革然，石刻之隐然欤！

刘禹锡（772—842），字梦得，河南洛阳人，唐贞元九年（793）进士，文学家、诗人、哲学家，曾被贬为朗州（今常德）司马，迁连州刺史，追赠户部尚书，有《刘梦得文集》等传世。

武陵北亭，故址位今常德市柳叶湖万金障社区，已毁。

三、永州万石亭记[①]

柳宗元 唐元和十年（815）

御史中丞清河崔公来莅永州。闲日，登城北墉，临于荒野丛翳之隙，见怪石特出，度其下必有殊胜。步自西门，以求其墟。伐竹披奥，攲仄以入。绵谷跨溪，皆大石林立，涣若奔云，错若置棋，怒者虎斗，企者鸟厉。抉其穴则鼻口相呀，搜其根则蹄股交峙，环行卒愕，疑若搏噬。于是刳辟朽壤，翦焚榛薉，决浍沟，导伏流，散为疏林，洄为清池。寥廓泓渟，若造物者始判清浊，效奇于兹地，非人力也。乃立游亭，以宅厥中。直亭之西，石若掖分，可以眺望。其上青壁斗绝，沉于渊源，莫究其极。自下而望，则合乎攒峦，与山无穷。

明日，州邑耋老杂然而至，曰："吾侪生是州、蓺是野，眉庬齿鲵，未尝知此。岂天坠地出，设兹神物，以彰我公之德欤？"既贺而请名。公曰："是石之数，不可知也。以其多，而命之曰万石亭。"耋老又言曰："懿夫公之名亭也，岂专状物而已哉！公尝六为二千石，既盈其数。然而有道之士，咸恨公之嘉绩未洽于人。敢颂休声，祝于明神。汉之三公，秩号万石，我公之德，宜受兹锡。汉有礼臣，惟万石君。我公之化，始于闺门。道合于古，佑之自天。野夫献辞，公寿万年。"

宗元尝以笺奏隶尚书，敢专笔削，以附零陵故事。时元和十年正月五日记。

万石亭，据明洪武《永州府志》："在府治后，今存其址。"

柳宗元（773—819），字子厚，山西运城人，唐贞元九年（793）进士，思想家、文学家、诗人。

崔能（？—824），字子才，河北清河武城人。曾任黔中观察使、永州刺史、广州刺史、岭南节度

---

① 湖南省地方志编委会：《光绪湖南通志（点校本）》，长沙：湖南人民出版社，2017年，第937-938页。

使等职。

四、湘阴杜公亭记[①]

湘阴县吏 潘惟一 北宋庆元六年（1200）

湘阴南堤旧有亭曰故人，世传为杜工部系舟之地。元丰乙丑（1085），知县王君定名重立，有序。第言伯仲旧游事，他无所闻。其后更名诗翁，又曰清风，而纪述亦莫之见。独舍人侯君延年作诗云："杜老诗中系画船，吟余物色故依然。卧虹堤影东西水，夹镜湖光上下天。"至今为绝唱。

亭废弗存久矣。惟一作吏数月，暇日访求故址，荒秽侵迫，犬豕是游，徘徊太息而返。未几，玉牒赵侯善邢来视邑事，惟一间道斯亭之兴废。侯喟然叹曰："亭固不可无。然邑有社稷，委之荆榛，春秋无祭所，此又政之大者。使予居以岁月，与百姓相安于无事，当次第而举，子姑待之。"既而侯以宽临民，以俭节用，期年财乃赢。遂鸠工会材，复社坛于县北，规模恢而广，斯亭亦随以成。质而不华，因名杜公，属惟一为之记。

尝考其集，系舟固多，此则未之明言。盖公晚自蜀浮江南游于楚，淹滞三湘，慨慕乎祝融之柴望，九疑之巡幸，湘诸之帝子，汨湘之大夫，长沙之太傅，因以发其伤时怀古之意。如过湘夫人祠，南入乔口皆有留咏。湘阴界乎其中，舟楫之所必至。公之憩息于此，信不诬矣。

今亭面江枕湖，神鼎、白鹤耸其东，汝洲、碧湾绕其南，修峰隐其西，秀水经其北。至若岸花汀草，江柳浦枫，狎鸥轻燕，落雁跃鳞，此动植之概见者也。日出寒山，星垂平野，朝云细薄，夜月清圆，此晨昏之概见者也。春帆细雨，江风夕凉，远岸秋沙，舞雪渡湖，此四时之概见者也。

然则工部系舟之乐，其寓是乎？赵侯名亭之意，其以是乎？工部居酸辛憔悴之余，志不获用，一饭思君，其忠愤感激具见于诗。今侯忧时雨旸，视民疾痛举切诸身，其亦工部之意欤？亭成始与民乐之。会季父次对来帅长沙，以嫌引去，邑人借留莫可。登斯亭也，即以为茇舍之遗也，亦可。

杜公亭，位于湘阴东湖南堤，唐杜甫尝泊舟江浒。旧称故人亭，北宋元丰八年（1085）复修，定名诗翁亭；南宋绍兴六年（1136）再修，更名清风亭；南宋庆元六年（1200）易名杜公亭，今亭已废。

五、湘阴杜公亭记[②]

湘阴知县 邵庶 南宋宝祐二年（1254）

亭旧以杜公名，已而易为故人晓春，相传工部系舟处也。岁久弗葺，日就颓圮。余亟撤摒弊而新之，且复旧名。

余非徒为是美观也。缅想诗翁，虽不偶于唐，而形之篇咏间，乃心罔不在王室。登斯亭者，当以是心，溯杜公可也，诗云乎哉。

时宝祐甲寅（1254）孟陬大名邵庶志。

---

① 湖南省地方志编委会：《光绪湖南通志（点校本）》，长沙：湖南人民出版社，2017年，第918-919页。

② （明）姚广孝、解缙等：《永乐大典》，北京：中华书局，1986年，第2526页。

六、湘阴放生亭记[1]

湘阴知县 邵庶 南宋宝祐二年（1254）

天地之大德曰生。凡飞潜动植，囿形于天地间者，生意之流畅也。虽然生之者在天地，而所以生其生者在圣人。夏之咸若，商之去网，周之德及，虽鸟兽鱼鳖昆虫亦得以各正性命，况于人乎？三代有道之长，率由是推之。人臣志于爱君者，欲推广此生意于流动充满之域，遇诞节必放生。亭经所由作也，嵩呼华祝，川泳云飞，于天于渊，在郊在沼，尽人物之性与天地参，具文故事云乎哉！

亭经始于淳熙之甲午（1174），已而中废。邑令左谠复旧观，未几就圮。宝祐甲寅（1254）之秋，乃彻而新之，阑楯其前后，梯磴其高低，丹垩其壁楹，疏高豁敞，名之曰泳飞。偶阅图经，则其名旧矣。是亦有数乎哉？不可无以识岁月。臣邵庶拜手谨书。

放生亭，位于湘阴县东南堤，南宋淳熙甲午（1174）建，原名泳飞亭，宝祐甲寅（1254）重修。

七、临武韩张亭记[2]

邑人 陈章伯 元泰定三年（1326）

临武，汉唐古县也。今县治则非古矣，县治非古，而有古迹存焉，以人重也。不有好古君子，孰能振起而表彰之。此韩张山，韩张亭之所以久废而复兴焉。春秋大复古，谨书而记之，谁曰不宜？

按图经，县本隶郴，唐以郴属江南道，而进为岭南附郡。贞元中，昌黎韩公愈、河南张公署为御史，论旱事兼言宫市之扰，以宜触忌，被谮左迁。韩落阳山，张飘临武。地界楚粤，两境相邻，联镳并驾，袖弦歌谱，而来会宿界上把盏相饯，分袂而别，故老相传，此其地也。古迹之存，后人思之，山以是得名，亭因之而立。

或者未详以为旧治，居县之东南，临武水古驿道，由彼不由此。不思自有宇宙，即有此山。今以韩张名之，非二公实曾经此。齐东野人，亦岂能创之为说，以相矜夸？

周郎去敌之处，一赤壁也。而江汉间，言赤壁者五。谢公携妓之处，一东山也。而江浙间，言东山者三。前贤过化之境，亦何必尽得故处，概意之而已？况路有迂有直，二公直道而行，由此不由彼，殆必有说。不然，余唱君和，百篇之作，竟无一语略及。当时之为长于斯者，非有所避，则有所嫌，其志可想而然。

是亭之建，创始于邑人陈氏。所以寓思贤之意深矣。去古既远，遗基故址，荒芜不治，识者惜之。邑大夫戴侯，以古心得古道，三年为政，本于平易宽和，未尝轻役其民。一日戾止泮宫，携诸生登山之巅眺望，一再有契于心，欣然谂诸众曰："山不在高，有仙则名。临武虽壤地偏小，而有此山，有韩张古迹，闻其风而而兴者，尚庶几不自菲薄，诸君其亦尝念及此否乎！"众谕侯意，咸愿有以相其成。于是下教命工，计度材委，直学苏宏孙、县吏项毅董其役，俾邑教刘监提其纲，且谓："道不直则不见，我且直之。"乃芟、乃夷、乃凿、乃甃、乃垣、乃牖、乃基、乃构。盖其年而后，诸工有僦，僦夫有愿。或作或息，不急不促，一以农为度，亭既成。董役者将侯之命以记笔

① 湖南省地方志编委会：《光绪湖南通志（点校本）》，长沙：湖南人民出版社，2017 年，第 919 页。

② 郴州地区交通志编纂领导小组办公室：《郴州地区交通志》，长沙：湖南出版社，1993 年，第 355 页。

属予。

予惟斯役之作，盖将以表贤励俗，而非徒为美观也。且函迩文堂采芹之士，来游来歌，时一登览，溪山胜概，得之目睫间。俯视城郭，万井环布。长江环绕乎其前，群山翠拥乎其后，笔峰插立，镜池光涵。周回四围，上下一碧。瑰奇诡异之状，远献近呈，左拱右揖，使人应接不暇，起吾胸中之梗概，翻吾笔下之波浪，亦足以相发。

抑有说焉，乡前辈尝论县有三贤，韩张之外，东汉唐公羌伯游其一也。公永元中，以临武长，上书谏罢海南生荔枝，以省民劳，高名清节，昭映史册，与二公并为三。夫令职远臣，外官也，而直言得行，汉治为犹。近古御史，近臣也，今侯之宰斯邑也，蔼然著唐令之政声，从而慕韩张之人梓，精神胥契，数百载之前，肝胆相照。数百年之后，三贤可业，固所优为，知已满秩，朝令有掖而置之，风日不到之处，滚滚登台省，指日事耳。

变今之俗，发古之道，有不难者，因君怀古，故并论之。三贤英灵东歇，尚当往来山水间。闻予言谅亦为之首肯，于是首书。侯名孟均，字继宇，号凤山，洛阳人，爱民礼士，观其所尚可知其政。时，泰定三年丙寅（1326）夏五月下弦记。

韩张山，一名官山，位于临武县北，因韩愈、张署到此得名，宋绍兴年间（1131—1162）山顶始建韩张亭，为临武八景之“官山遗迹”（图 2-3-1）。

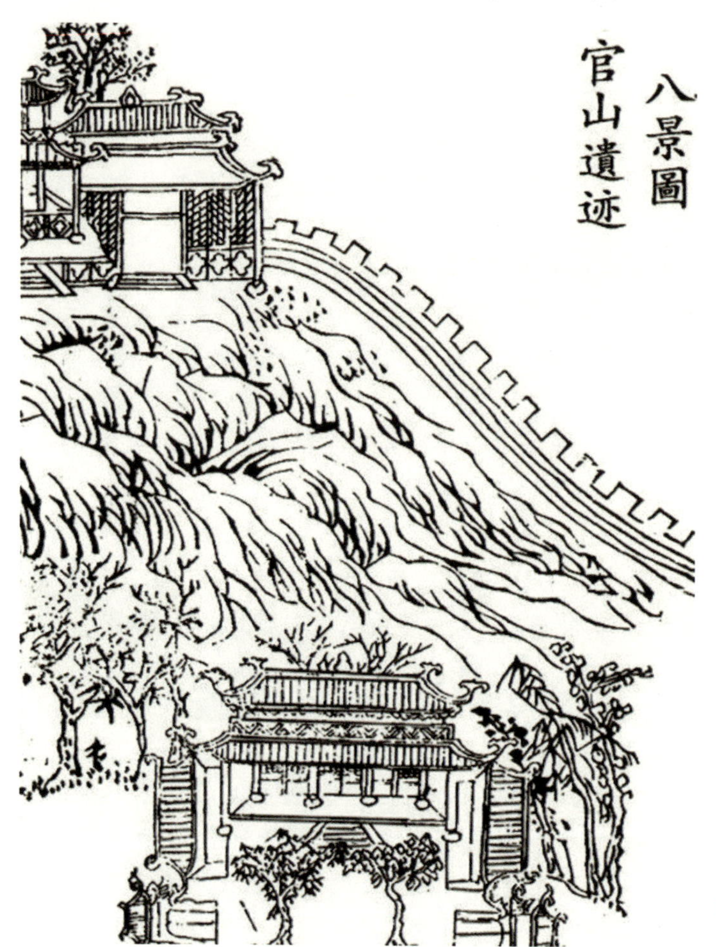

图 2-3-1　旧临武八景之“官山遗迹”图（局部），山顶为韩张亭①

韩愈，字退之，河南河阳人，唐贞元八年（792）进士，曾任监察御史、阳山县令、史馆修撰、

① 清康熙二十七年（1688）《临武县志》，地舆图。

吏部侍郎等职，被尊为“唐宋八大家”之首，有《韩昌黎集》传世。

张署，河北河间人，唐贞元二年（786）进士，曾任监察御史、临武县令、刑部员外郎、澧州刺史、河南令等职。

八、临武韩张亭记[①]

邑人 刘尧诲 明嘉靖四十年（1561）

韩张亭为临武旧令张公署及阳山令韩公愈构也。二公在唐德宗朝，俱历官监察御史，因旱上封事，语侵执政者，恶之，被谪出为县令南方。二公旧同官且同志，其言事也同，而左迁之地同于一隅。方其出都门偕行而南也，指朱明于千里之外，念江岭之氛祲，虽二公毅然自任，素不作儿女子态，而回望春明，登陟畏涂，一时感慨宜亦无不同也。阳山道出武邑，张公之任，韩公与俱，濒死投荒，得遂官所，韩亦望阳山于境上矣。且将为三秋之别，则于故旧梓里之间，情有所不能遽然者，而况患难与同、为道义莫逆者乎？故执袂留连，登高选胜，于以抒恋阙之怀，寄关河之想，则溪山明秀如官山者，宜为二公之所也。二公当日振衣濯足，酌酒赋诗，岂惟士民记之，往来传之？虽山灵亦旁睹而记之也。后人既以二公名其山，又因山而建亭。亭久而敝，敝而更为，至再至三，由唐至宋而及于今未已也。二公何所期于千百世之人而要之固耶？

案唐书，二公以贞元十九年（803）冬去国，又明年春顺宗即位，大赦迁谪人而追之还。韩公出阳山，与张公俱俟命于郴下。是年宪宗即位，二公乃量移江陵，张公功曹，韩公法曹，如此者又几一年。而张公始以邕管表奏去江陵，与韩公别。以后张公入内，韩公即外，补韩得内，张又改外，疑若参商。然则二公生平相与旅游最久且亲洽者，惟郴地叉鱼见招、邀月相属。郴为山水奥区，泊沙劈石，于二公必有合也。乃今郴地不为二公亭，岂非以张公父母我土，遗爱之深，因以波及韩公。彼为迁客郴下者殊矣，在江陵则固同有事于境内也。二公理政之暇出游，忆昨尚有夸于盏底之深、笔锋之劲，则兴亦不减于郴也。而习池宋宅，胜概所存，虽为二公标一亭于上以为荆志，亦无不可，岂以曹官、县主所德于民有浅深久近邪？载观二公在县斋时，情况颇不预然。践蛇茹蛊，畏螯苦炎，鸟音怀我而烦其钩辀，海气舒空而恶其腥臊，群飞得所而厌其虫蛊，雷电常威而诧其光怪，虽再期界上，枕石欹眠，然征寅凭祷，情亦急矣。一出郴口，便以生还自庆。乃今咏张公终日思归之句，则二公之于我邑惟恐去之不速，岂知千载下尚为斯民留而永其迹邪？

官山之麓，武溪之湄，萍蘩蕴藻，今昔所同也，于以羞二公而荐岁事，其一歆而尝之邪？曲槛华轩，水行之区，其亦俯而临之邪？或曰二公怀国之思与忧民之政并存，故一时情景所遭，因以摅发其所为播迁者若大不然，乃于其土实无不安也。张公虽终日思归，亦岂能遽舍民哉？且公之忠爱见于忧旱陈言者，俱见恒切，则所以子民者可知。去之日，斯土民遮道攀泣，恐韩公亦当为之迟迟也。然则二公所以感召于千百世之后者，有道哉！往矣，吾固知其尚能并临我亭而歆我祀事也。

考旧亭在官山巅，继迁于半山，俱地欹隘，今且就倾圮。我邑侯望湖公[②]力追先轨，闻二公之风而以其恍惚与交者屡矣。迩因庙学考成，徒步官山，怃然于名胜之及湮也，乃改卜山麓之吉，特为二公续旧亭，经度甫三月而突然在望。鸠工市材取诸节，冗民不知役。

刘尧诲（1521—1585）字君纳，又号凝斋，临武人，嘉靖三十二年（1553）进士，曾任江西巡抚、两广总制、兵部尚书等职，著有《虚籁集》《岭南议》《临武志》等作品。

---

① 湖南省地方志编委会：《光绪湖南通志（点校本）》，长沙：湖南人民出版社，2017 年，第 1002 页。

② 望湖，费懋文的号，明嘉靖时任临武知县。

九、重修（祁阳）笑岘亭记[①]

祁阳县令 王荣忠 元至元己卯（1339）

笑岘亭者，次山（即元结）元水部右堂之故基也。自次山后，而其堂遂圮。至宋熙宁间，邑侯莆田蔡君琼作亭于其上，更名曰笑岘。盖深慕次山爱君忧国，不以进退生死累其心，乃撰立《大唐中兴颂》（图 2-3-2），鲁国公颜真卿为之书，雄文健笔，焕耀今古。发明君臣父子之义，千载不磨。非若元凯之流咨嗟叱咤，惟怪其身没而名袁，徒有岘山、万潭二碑，而卒无补于世，此其为可笑者。历唐至今，嗣而建之者鲜矣。故亭宇荡为一空，所遗者断碑残础、荒榛宿莽而已。然而物之开塞否泰以其时，当其时也，必有好古者出而为之兴起，岂有久塞而不开，久否而不泰者乎？

图 2-3-2　浯溪摩崖《大唐中兴颂》拓本（美国哈佛燕京图书馆 藏）

至元己卯（1339）孟春，佥岭北湖南道肃政廉访使颍川王公按临是邑，登浯溪俯仰，嗟唐崖之碑碣尚存，而前代之亭台尽废，抚今怀昔，重为怛然。因前佥宪姚公既以首倡创建书院，以继前修，而亭台亦前贤之遗迹，殆不可缺，故复兴之。于是委群材、会众工，亲临裁度，指挥布置，运思特巧，务在于成。不日而危亭屹然，顾其梁柱雄固，耐岁月可以凌风雨，居衽席可以穷山川，而松篁花木之幽荫，风雨烟霞之吞吐，征帆过棹之往来，游人行客之隐见，与夫山禽、野兽、崖猿、林鹤之飞鸣，皆在于履舄之下。昔之景物复见于今，视千载犹一日，抑物之所当兴耳。元、颜有知，必鼓舞于九原，

① 湖南省地方志编委会：《光绪湖南通志（点校本）》，长沙：湖南人民出版社，2017 年，第 944-945 页。

山灵与有光矣。特以传千万年不朽之作，岂但为一时之快欤？于以见作，兴斯文之心，继述名贤之志，仁民爱物之念，使人歌咏太平，为国朝之伟迹也。

荣忠忝守是邑，亦得与于此，以实序其大略，后之登斯亭者，庶知公之盛意云。至元己卯三月记。

笑岘亭，位于祁阳浯溪东、元结故居旧址，北宋熙宁间（1068—1077）知县蔡琼始建，已经毁坏。

十、沅江楚贡亭记[①]

元 王儒真

禹贡九州之物，凡一州所有，不复识别，其用在一州；而有产有不产者，则分系某地，如峄阳之桐、泗滨之磬、九江之龟是也。

荆州包匦菁茅，未指实所在，盖以南国多材，原无定处。宋祥符中，封祀泰山，遣使求之不得。沅民王皓，年逾八十，能辨其茅，一茎三脊，芬芳殊甚，爰用解进奉敕，赐王皓双帛，擢岳州助教，其茅遂成额贡。

先是，县建萧梁时，治洞庭之西曰乔江，隶岳州；至是改隶鼎州，曰沅江，而迁治于今地。县宰因即治东南构亭，曰楚贡亭，每岁于内拜贡其茅。本朝初，官徙其亭于县南一里，江水之南。湖北道廉访使佥事白公作记，游客颂咏，诚可嘉焉。

斯茅产于沅江之陵，著乎神禹之贡，每春始官督工栽之，及夏遣使督采三千茎，濯以江汉，曝以秋阳，金绣龙凤，赭黄罗揪，虔恪包匦，设香案拜送，委官进之于京，以为缩酒用。其后遭兵燹，亭碑煨烈，感慨系之。易曰：藉用白茅无咎，苟措诸地可矣。藉之用茅何咎之有？慎之至也。

嗟乎，圣人制礼，上以承宗庙之祀，下以摅致敬之忱。昔管仲以齐伐楚，责以包茅不入，王祭不供，春秋犹伟其功。今沅江楚贡之设其亭已废，其名固存。恐后之君子久而昧构亭之始贡茅之意也，为记之如此。

楚贡亭，位于沅江三巷口社区楚贡亭闸附近。北宋大中符祥元年（1008）真宗封祀泰山，因贡包茅，立此亭。元初重建，后遭兵燹圮废，遗址在明清之际沉于水底。

十一、新化梅山亭记[②]

新化训导 杨士珩 明永乐三年（1405）

新化为宝庆属邑，地势阻僻，山林茂密，然民俗简朴，亦颇有古意焉。今邑宰萧侯、二尹罗判簿洗同寅协恭，兴坠举废，逾期而政理教通，民和物宜。

一日公暇，偕寻旧邑南至五里许，得胜境曰“梅山”，四面之峰峦林壑迎趋拱揖，竞秀呈奇，翠紫纵横，烟云开合若图画，鲜明旋绕于兹山，使人周览环观，心神飞动，恍出乎尘埃之表，咸谓宜建亭于斯，寓暇日之观游可也。邑之耆老有晋而言曰：“相传是山，初无草木。一夕忽有梅枝插石上，日就荣茂，岁久雕枯，根干已尽，昼犹见影于石。众以为仙迹，乃建亭于其上而有‘梅山’之扁，邑之号梅山者，亦由是也。昔之为邑者，盖尝以为观游焉。兹亭虽不存而名未泯也。”侯乃跃然喜，慨然叹曰：“是何先得我心之同哉？”于是抡材命工，而复斯亭。

---

① 沅江市地方志编委会：《沅江市志》，北京：中国文史出版社，2010 年，第 760 页。

② （明）嘉靖《新化县志》，艺文志，明嘉靖二十八年刻本。

梅山亭，位于新化县南五里。始建于北宋开宝二年（969），元毁。明永乐三年（1405）修复，嘉靖三十年（1551）重建，万历十二年（1584）更名问农亭；清雍正元年（1723）重修，复名梅山亭；20 世纪末迁建资水河岸。

十二、重建（新化）梅山亭记①

邑人 刘轩 明嘉靖三十年（1551）

梅山，距邑南四里许，石峦特起，周匝可十余丈，列嶂环拥，秀水带映，烟云花鸟，萃丽献奇，实囊括一方之胜览也。山曷以梅称？或谓汉臣梅鋗之家林寓焉，或谓昔传一夕忽有梅枝插石上，朝即荣茂花实，众以为异，故名。则是山之毓灵协瑞有自来矣。宋章察访惇有《开梅山》之歌，国朝萧邑侯岐尝建梅山之亭，已屹然为吾邑增重。嗣是岁月侵寻，芜为榛莽，百有余年，宦游兹土不知其几人，未有举其废者。

嘉靖戊申（1548），邑大夫佘君以江左名士来令吾邑，越三载，政清邢服，治洽风淳，而百度具以振饬，佐之以邑簿周君经，公毅明敏，恩施泽流，而经理之才猷宿著，邑尉张君槐惠爱孚而民心怀，均以能称者也。肆今四时宁谧，百谷用登，邦之人士偕得以享和平之福，而公庭之政亦多暇日。大夫乃相与徘徊嘉景，寻梅山之故址而构亭焉。损资命匠，罔劳民罔伤财，不逾月而厥功就绪矣。是役也，邑团郭君宸、周君苢、程君凌云适风化是邦，咸与赞襄之力焉。落成之日，诸公宴会于亭，予亦叨席之末，大夫举觞而属予曰："子，邑人也，当有言以纪厥美。"予因作而叹曰："事之兴复，固有其时哉？"

予素景仰是山，每思恢复其旧，今遇大夫而一旦亭宇翚飞，焕然聿新，凡胜日芳辰，郊游饯赏，冠盖相仍，恒聚于斯，易荒秽而为瑰伟卓绝之境，可以庆是山之所造也。噫，景得人而彰，人得景而美，如竹楼之胜概，兰亭之佳致，固以人而显者也，将俾是亭传之于四方，不与之媲美矣乎？遂撰次其颠末，镌诸坚砥以谂往来之观者。

大夫名杰，号南麓，直隶铜陵人。

十三、修（兴宁）云盖山缥缈亭记②

兴宁知县 麦江 明嘉靖丁巳（1557）

县之南前二三里，嵂然而峙者，曰云盖山。考之图志，以云气常覆其上，故名。是故远而望之，崔嵬葱郁，如宾斯朝，如跂斯翼，说者指为文峰。故县治黉宫，皆面之为宾山，邑之魁第蔚兴，咸谓此山钟灵毓秀所致。昔人因建梵宇于其上，以壮游观。岁久摧于风雨，翳于荆榛，日就颓圮，识者咸议宜重修之，而时莫能也。

迨今嘉靖丁巳（1557）之冬，岁康人和，庠生李受爵、欧乾、欧坤、何宗中、唐仕道等，奋然首倡前议，询谋佥同，乃募缘敛贿，鸠材饬工，予亦捐俸以助其成。撤梵宇，建重楼，规模宏廓，黝垩绚丽。公余，因偕野航刘君、竹村缪君、作山李君暨庠友焦文星、李务光、黎春茂、李受益、何春谅、李应期辈，蹑登而上，推窗而四顾，云物斑布，而绚烂之状与目谋；岩溜飞滴，而琮琤之声与耳谋。嘉植奇葩，竞秀若绘，层峦叠嶂，远近间出，心旷神怡，真若凭虚驭风，遗世而独立也。乃抚掌叹曰：美哉！诸君之建斯楼乎，可以观堂构之传矣，可以观兴衰振弊之猷矣，可以观地

① （明）嘉靖《新化县志》，艺文志，明嘉靖二十八年刻本。
② 资兴市地方志编纂委员会：《资兴市志》，长沙：湖南人民出版社，1999 年，第 957 页。

因人而胜矣！夫此一山也，前此混为梵宇，鞠为莽区，供樵牧之所嬉游，释子谈元之所憩足焉耳矣。今一旦翚飞鸟革，上耸元穹，朱拱碧窗，下瞰阛阓，山若增而愈高，堂既饬而愈丽。吾与子则登眺于此，以豁尘鞅，非负兴衰振弊之猷，其谁为基因于前，制拓于后，先叶振迹，擢文之地，赫弈重光，藻思鸿名，武贻来许，不谓丕基堂构之成耶？东望匡庐，则紫阳之遗绪可寻；北望衡岳，则舜禹之辙迹所经，遗风犹在。溯知行合一之功，广熙绩惠畴之业，则圣学不孤，而王猷可举也。自此大魁于天下，勒勋于旂常人将指曰是楚之英也，兴宁之自出也。则此山将与匡庐、衡岳并名于世矣。故曰人杰地灵，交相赞以成其美也。夫是谓地因人而愈胜也，余兹重有望于诸君也，野航诸君闻而喜曰有是哉！敢不拜教请志以垂久。因僭书于石末。若夫慕义而助资者，姓氏列刻于碑阴。兹不赘云。

缥缈亭，位于资兴城南云盖山巅，旧系资兴八景①之“云盖仙亭”，1968 年损毁，1996 年原样修复（图 2-3-3）。

图 2-3-3 缥缈亭（云盖仙亭）（张读立 摄）

十四、安仁洁爱泉亭记②

湖南督学使 岳宏誉 清康熙三十四年（1695）

安仁据衡岳上游，当郴桂孔道，熊冈凤岭，环翠耸秀，清溪白沙，萦回映带。余驱车过之，见其山高而水驶，土沃而民淳，沟塍绣错，林木丰茂，农力耕而士恬习，心窃尝之。入城廓，憩客馆，雨阻留，信宿。

邑宰陈君相见，问士俗询士风外，为予道：城北里许，近熊耳山麓，有泉冷然，向没于芜蔓，人无知者。辛未（1691）春，邑宰巡陌课农，息阴田畔，但见激湍喷薄，腾涌如珠，且淙淙作声，急往视之，泉在草间。如是披荆越莽，循流溯源，不过数武，一泓澄然，酌而尝之，味洌且甘。因相与建亭于上，砌栏甃石，轮如翼如，额曰洁爱，取其泉之洁而可爱也。每公余多暇，天朗气清，辄与僚属，

① 资兴八景：云盖仙亭、牛山宿雁、玉泉夜月、兜率灵岩、瑶岭占晴、炉峰袅烟、回龙望日、程江醁水。

② 蒋响元：《湖南交通文化遗产》，北京：人民交通出版社，2012 年，第 277-278 页。

徜徉泉际，遂为一邑胜游之最云。

余闻而益嘉之。春初按星沙，即聆衡属安令有循誉，及按衡，令名益噪，今过其地而睹境内之气象与夫民物之安阜，其长吏之拊育，尚待问乎！斯泉也，湮没几何年矣，邑宰无心得之，作亭以表章之。其视民如赤子，疾痛□□，靡不洞悉而振刷焉。更可知矣，且天下事，失于不知者，其过小；知之而不能成，其过大。所谓见义不为，见不善而不能去。龌龊委□，因循苟且，往往皆是。以视陈宰之周章区画，事无不知，知无不行，不大相迳庭乎。然则斯泉也，或亦待其人而后出耶？

时康熙三十四年（1695）岁次乙亥。

洁爱泉亭，位于安仁县城北，清康熙三十年（1691）知县陈黄永建，“泉亭珠涌”为安仁八景之一，惜于1971年拆毁。

岳宏誉，字声国，号蒿亭，江苏武进人，顺治十八年（1661）进士，曾任灵丘知县、提督湖广学政等职，著有《蒿庐文稿》《白云草堂诗稿》《楚江集》《三江辨》《游衡山记》等作品。

十五、宁远应龙亭记①

佚名 清乾隆四十六年（1781）

事有创制一时而垂之千百世者。武阳得山溪之胜，汾亭传中子之游，便行人舒啸傲，诚胜概也。

余□境内之由江旧有应龙亭，路通两粤，控九疑，盼萧韶，清江绕其侧，但垣基待圮，卑隘堪虞，游人宦达憩息其间，不无不足之憾。有善士等倡首，遍募得百余金，□易以石石坚，以磐下阔，址基上重陶，较旧制而高大之，猗欤盛哉。爽垲宏敞之模，焕然一新矣，是举也。故有不容辞其责者，兹亭落成，高广能容，实实枚枚，欺风傲雪，任过客之遨游，赋山光，题江濑，听鸣嘤上下，斯聚斯歌，不将与武阳汾亭诸名胜争光于不朽哉？功竣勒石因为之记其盛云。

皇清乾隆辛丑年（1781）冬月

应龙亭，位于宁远下灌村，宁远通往舜帝陵的御祭道上。清乾隆四十六年（1781）重修，清嘉庆二十年（1815）新砌亭前道路（图2-3-4）。

图2-3-4 应龙亭（尹珺君 摄）

① 蒋响元：《湖南交通文化遗产》，北京：人民交通出版社，2012年，第278页。

十六、新砌（应龙亭）大路碑记

琼林 李秀 清嘉庆二十年（1815）

从来福善祸谣之说，自古昭然。好善者君子之心，而望报者世俗之见。盖人生斯世，苟力所能为，何妨善与人同，而乐取于人，以为善哉？如我处应龙亭，上远临武营路，一条两粤通衢，每遇春雨淋漓，往来载道，不无泞泥之苦，生斯地者，靡不目击心伤。因兹集我同人各处捐资，共勷盛举，功成告竣，用泐贞珉，以垂不朽，而福善祸谣之说，非余等之所敢望也。

嘉庆二十年三月（1815）立

十七、宁远永乐亭序[①]

邑人 刘大昌 清乾隆五十六年（1791）

宁东郊外有一山曰韶峰，岿然特出，耸然独秀，傍有源泉，幸生道左，行人至此，每叹无停骖避雨释渴乘凉之便。吾侪生斯长斯，常思□建于兹，但功浩费繁，爰募善姓仁人大展金囊，乐成事举，命匠鞭石造立一亭，名曰永乐。是举也，非为停骖乘凉之便，亦抑圣天子三亭五馆之溢泽也。

工竣勒石，愿诸君之福如峰之秀，诸君之寿似泉之达，将与永乐亭并垂千古云尔，是为序。刘大昌撰。

永乐亭，位于宁远冷水镇，泠道故城遗址附近，宁远通蓝山驿道上，清乾隆五十六年（1791）修建（图 2-3-5）。

图 2-3-5 宁远永乐亭[②]

十八、宁远永乐亭记[③]

邑人 刘超凡 清乾隆五十六年（1791）

孙叔埋蛇而尊居宰相，宋郊渡蚁而选中状元。自古登甲第而应显荣者，无非阴骘所致。况开通道

① 蒋响元：《湖南古代交通遗存》，长沙：湖南美术出版社，2013 年，第 222 页。

② 蒋响元：《湖南古代交通遗存》，长沙：湖南美术出版社，2013 年，第 222 页。

③ 蒋响元：《湖南古代交通遗存》，长沙：湖南美术出版社，2013 年，第 222 页。

路，本于月令除道成梁，垂之夏书，则建亭修路宜急也。

韶峰一溪，源出山口，灌会疑流，为州县之通衢，亦两粤之要路。春水泛溢，未免泥滑而险阻；秋冬雨雪，实属蹂躏而倾崩。悲举止之维艰，叹行人之莫慰然而修。因有自乐善同心首事，捐金砌桥途于两岸，同人竖凉亭于千秋，既往来之康庄，亦憩息之有所。倡始于孟夏，告竣于季冬。从此服贾挚车不致临途而叹，诗人骚客且将问境是依，正道荡而玉道平敧，周道者咸乐，如砥之休。永载驰者，且有周行之示，既刊首事之经营，并勒各捐之银数凡百，君子流芳百世。

超凡（刘）撰 乾隆五十六年（1791）辛亥仲冬月吉旦

十九、安化鹞子尖甘露茶亭捐田契碑记

两江总督 陶澍 清道光十七年（1837）

《禹贡》荆州之域，三邦底贡厥名。李安溪以为名茶类。窃意吾楚所辖，如今之通山、君山及吾邑，实属产茶之乡。“六书”中古简，后人始加以“艸”，而名乃从茗，则李说近是矣。顾茶产于山，而高山崇岭，行人往来，渴而得饮者，往往难之。夫樾可荫暍，救死良法也。然与其救之于已死，不若全之于方生。如十一都之鹞子尖，上下十余里，亦一险阨也。有兴言老人者深垂怜念，日汲水半山中，煮茗古亭以待渴者，行者便之。所赖仁人君子，广为施济，以佐老人之不逮。庶几功博人间，不独经传陆羽，露裛双芽；歌续卢仝，风生七碗矣。是为引。

皇清道光十七年丁酉岁菊月吉日立

二十、汨罗磊石山钟亭记[①]

湘阴知县 夏廷樾 清道光二十三年（1843）

洞庭天下巨浸，南汇众流，浩无涯矣，中数山星立，舟行过者，得就泊焉。天阴日黑，风雨震荡，四望如幕，莫辨垠岸。

治北磊石山，踞湖上游。道光初，前令元和徐侯建钟亭其上，募道士。夜鸣钟以引行舟，又燃灯亭际，可望为投止地，舟人便之。徐侯令满去，邑绅黄公方村踵行之，后中废。岁癸卯（1843），予自湖北之竹溪调湘阴，舟从湖外来，径磊石山下，舟人犹能指点其处以相示。既下舟，黄君鲵溟来谒，语及钟亭事，知继徐侯建亭者，君父也，已前卒矣。至是，毅然请继先志，捐钱若干，撤其亭而新之。捐县北高家坪田三石一斗九升，岁以所入为经费。于是，钟亭加设高炬，数十里外能望见焉。

夫天下急公慕义之事，于人所不求，而熟思以得之，而后知其利人无穷也。而行之一时，其力不足以及远，尝赖有人从后以持之。徐侯创始斯亭也，所谓人所不求而熟思以得之者也；黄氏两世承而行之，及益所以善其后而永其利。

夫惟人所不求以自致其力，而受其利者远且益多，既久安之，而不知其谁治之利也，斯真善也欤！予乐此举之成，而益嘉黄君之能承先志，为具其事勒之石，以告来者。道光二十三年夏。

磊石山位于湘江、罗水与洞庭湖交汇处。旧有驿站，清道光元年（1821）山顶建钟亭，上设航标，长沙会战期间钟亭被日军摧毁。

---

① 岳阳市交通局：《岳阳市交通志》，北京：人民交通出版社，1992年，第435页。

夏廷樾，字憩亭，号春岩，江西新建人，曾任湘阴、长沙县令、湖南盐法道、四川按察使、湖北布政使等职。

二十一、道州四自亭赋[1]

邑人 郭维翰 清道光二十七年（1847）

为五里之名区，系四方之达道；叹客途之多艰，让家居而独好。中途彳亍，愁看雪雁飞迟；两鬓萧骚，怕听霜鸡叫早。每遇斜风送雨，不尽凄凉；时当赤日炎空，无边焦躁。

则有轻财义士，东善名公，虑息肩之无所，致远道之难通，经之营之，筑幽亭于中路，高也明也。类筑阁之盘空，五六月茶煮清泉，念过路嗟兴鲋辙，亿万年椽遮碧瓦，免行人因等鹅笼尔。

其为亭也，辉腾径北翠耸村南，四檐风透四壁烟涵，四面之遥山入画，四围之远树如簪。利薮名场，便四民之税驾；朝来暮往，供四路之停骖。当头呈四座之奇观，留人小住，到眼备四时佳趣，引客闲探。第见夫旅舍纷纭，行装整饬，经古驿之迢迢，来长亭而得得。标题细认如古帝之广辟，夫四门担荷，遥临疑方物之分呈于四国，快饮一箪之茗，溽暑全消，清谈两扇之风，尘氛顿息，无冬无夏，咸欣厦之遮，曰秋曰春，共乐春台之陟，最爱霜风红醉，停车于斜照之西，恰当烟柳青笼，系马于层楼之北。少焉，双旌乱拥，四境分行，四野流泉，如斟别酒，四山啼鸟，齐送欢声。

其自亭而西也，叠西关之曲而得意。其自亭而东也，谱东门之韵而移情。其自亭而南也，南浦之新腔共唱。其自亭而北，北郭之雅调。同赓不复惰其四肢，千峰远度，管教放乎四海，万里长征。彼夫旗亭画壁，徒有较胜之心，兰亭泛杯，仅有祓除之意，是何如基辟五里之衢亭。建四达之地，东西南北任伊往者往，而来者来，士农工商，无不乐其乐，而利其利，其利也哉。

歌曰：客亭长短路东西，满径飘飘滑滑泥；频唤哥哥行不得，山南山北鹧鸪啼。又歌曰：自南自北自西东，四面鹂歌唱晚风，最是征途堪画处，竦林斜挂夕阳红。

清道光二十七年岁次丁未孟冬月 南垣郭维翰撰书

四自亭，位于道县柑子园镇四自亭自然村，潇贺古道上，清道光二十七年（1847）修建。亭内北墙嵌有浮雕“双狮抢绣球”及当地名士郭维翰撰《四自亭赋》（图 2-3-6）。

图 2-3-6 《四自亭赋》碑遗迹（杨雄心 供图）

① 蒋响元：《湖南交通文化遗产》，北京：人民交通出版社，2012 年，第 278-279 页。

二十二、安化第一泉亭记[①]

邑人 何茂椿 清同治七年（1868）

梅岭当宝永之冲，其腰有泉出石穴，曰梅岭寒泉。昔人筑亭于侧，以待行旅，今已墟矣。

余夙有卢仝癖，又居岭之南阳，过斯岭之日多。每折苇小憩，掬泉漱齿，未尝不叹亭之久废，而修复之宜急也。谋于龙君桂垣，桂垣谋于南桥汇诸君子，而佥有同心。于是购龙姓铺屋基址以为亭，又购龙姓山土以植茶，又公酌定章，岁拨桥租谷八担，以缮守亭人。

亭成，余又过，适斜日欲沉，薰风时至，披襟啜茗，万山在目，余心乐甚，想蜂午之众亦必同此乐也。诸君子问亭名于余，余曰泉擅梅山之胜，又出城南行，即饮此泉。亭距泉特百武（步）耳，以第一泉名，诸君子曰善。遂署其额曰第一泉亭。

第一泉亭，位于安化梅城梅子岭，当宝安益道要冲，清同治七年（1868）重修，亭联“梅岭寒泉能止渴，长途有客好停车”，旧为梅城八景之一。1917 年 8 月毛泽东游学安化期间，曾写下“洢水拖蓝，紫云反照，铜钟滴水，梅岭寒泉”[②]。现亭已毁。

二十三、郴州下关石亭记[③]

邑人 萧瑞云 清同治八年（1869）

吾村四面皆山，万朵芙蓉摩天插。汉南来自村外，视之不信，层峦叠嶂之中，尚有如许烟户。迨入境度桥，顿觉豁然开朗，别有洞天，更喜东西二山，盘旋而来，至此建亭之处，头为之掉，臂为之交，重重包互欠亦曲折，随之相与转还，潆洄若不肯去。盖天生如是之罗城，自生如是之水口，融结凝和，以与地方钟灵而效顺。昌黎伯寓郴作叉鱼亭，时谓扶舆磅礴，萃而为中州之清淑，于物生灵寿杖，于人为忠信才德，以故九仙二佛迭出，洵乎不诬？居其间者，浑忘此处复有尘世。琅嬛地耶？武陵源耶？有绘二笔墨所不能到焉。

瑞生长于斯，徜徉六十三年，已自愧株守故乡，毫无建白，转幸以樗栎之材，不中世用，得遂其藩篱燕雀之愿。巢父之巢，壶公之壶，爰得我所。天之以是林泉娱我老我者，不可谓不厚而顾于桑梓之关，栏庇荫无所，曾雪泥鸿爪之不留，保毋令洞口花，花笑乎？

同治己巳（1869），村人移建石桥于兹，瑞乃为建亭于其上。柱镌以石，瓦覆诸檐，桥告竣而亭亦落成。不安墙壁，怕遮山也；栏回亚字，便观水也。楹峙长空，仿佛天边玉宇；镜悬波际，依稀月窟蟾宫。凭槛静对，江声山色尘襟口涤矣，岂非苏子之又一快哉？昔永叔居里，自称文而慨然慕之。今余作是亭，未知于滁之环山，何如？第问其年有余，论其量则不足，似与醉翁之迹迥异。然醉翁之意本不在酒，余为六一居士，且名其亭曰醉翁，极写琅琊之美，未尝不读其虽不识饮中之趣，其于山水之乐好之深，而得诸心，则无不同也。但均是亭也，得其人则山川生色，非其人则草木共湮，为题桥柱，能无对青山而欣然色喜者，顾白发而慊然心惕也夫！

同治捌年己巳，建亭主人五品卫选举孝廉即用训导岁贡郴阳萧瑞云撰，国学萧昆云书，丹工师王文魁勒石。

---

① 蒋响元：《湖南交通文化遗产》，北京：人民交通出版社，2012 年，第 278 页。

② 萧三：《毛泽东同志的青少年时代和初期革命活动》，北京：中国青年出版社，1980 年，第 51 页。

③ 郴州市北湖区志编纂委员会：《郴州市北湖区志》，北京：方志出版社，2011 年，第 828 页。

下关亭，位于郴州市北湖区仰天湖瑶族乡安源村，清同治八年（1869）由进士萧瑞云捐建，湖南省级文物保护单位（图 2-3-7）。

图 2-3-7　下关亭（舜峰 摄）

二十四、奉节母命鼎建（零陵）茶亭（节孝亭）记[①]

邑人 熊学礼 清光绪四年（1878）

戊寅（1878）秋，节母熊张氏，流火月三日寿古稀开一。儿欲制锦以脩觞入告，母曰否。制锦壮观耳，于我失实，于人未济。继请曾膺旌典，即树坊。母亦否曰建坊扬名耳，荣于我，何利于人？儿善谋之。余无对。既而，母自谓曰某为河西张富公季女，自幼生长其地，有以茶亭名庵者，果何谓也哉？儿于是揆母之意矣。

图 2-3-8　节孝亭（蒋响元 摄）

母迨欲建长亭以利行人，施茶水以解渴烦乎？遂觅愚溪旋水湾通粤西官途，前行数里方有亭，行者每苦之。亟为购地鸠工，采木选石，附亭枕流，并建茶舍。其间树竹阴翳，山水回环，饶有画图幽趣。告成日，迎舆请观之。母忻然曰，儿可谓善体吾意矣。遂援笔书由，以毕母命。时在光绪四年冬，男翰林院侍诏学礼谨撰并书。

节孝亭，位于零陵柳子街口，湘桂古官道上（图 2-3-8）。清光绪四年（1878）翰林院侍诏、邑人熊学礼奉旨为母亲守节尽孝而建。亭联：“憩片时，沿溪寻柳迹；饮一勺，放步到枫林。”“古井流芳，人怀六峒；圣泉比洁，地纪零陵。”

① 蒋响元：《湖南交通文化遗产》，北京：人民交通出版社，2012 年，第 180-181 页。

二十五、重修（邵阳）双清亭记[1]

两江总督 刘坤一 清光绪九年（1883）

郡城外东北里许，冈峦回抱，嶙峋石骨，卓立江干，是为砥柱矶。资、邵二水，合流至此，汇为深潭，徐引而下。前人构亭其上，额曰双清，义固有取也。亭介东、北两塔间，层台掩映，每际秋月一轮，微波万顷，凭栏俯仰，逸兴遄气，盖郡志所记八景之一云。

余弱冠来应试，辄与二三良友，载酒遨游，流连竟日。迨后驰驱王路，犹复心焉系之。己卯（1879）秋，由羊城请归省，旋奉移督两江之命。明年春，俶装入觐，道出郡垣，晤萧虞臣司马于爱莲讲舍，则以筹修双清亭告，余颔之。越二载，解组南还，而双清亭以费未集，尚稽兴作。复与虞臣诸公函致同郡绅宦，共得资若干。谢筠士学博，嘱其子德山经营一载，始克落成。以形家言，别建文昌阁、奎星楼于高阜，巍然焕然，视昔增美。且储备看守岁修之资，为经久计，则虞臣之力多矣。

夫东南名胜，载在志乘脍炙人口者，莫如江右之石钟与夫大、小孤山，江左之金、焦、北固。余服官兹土，因公来往，数数登临，远瞩高瞻，目穷千里。至其风景之美，则我双清亭无多让焉。或者以双清亭僻处偏隅，不若石钟、金、焦诸山滨临大江，舟车络绎，时得达官华胄、迁客骚人，一觞一咏，为名山生色。而余窃不谓然。盖山主静，乐幽旷而厌烦嚣。彼石钟、金、焦诸山，亦不幸生于大江之滨，为纷纷者所扰耳。年来江上戒严，如钟山、焦山，戈矛林立，壁垒相望；昔之称为仙境者，而今且为岩疆。山灵有知，毋亦哑然笑，愁然戚欤！双清亭地故奥区，盘纡森秀，有林泉之趣，无尘俗之侵；抱朴葆贞，唯日与吾郡之贤士大夫相应接。则天之所以位置者，不诚得其所哉！吾郡附郭，因以此为伟观，且居下游关键，窃愿后之君子，相与维持于不敝焉。幸甚。

清光绪九年（1883）立

双清亭，位于邵阳市北，资江、邵水汇合的砥柱矶上，两条清流汇于其下，故名。亭始建于北宋，为纯木结构，六角重檐，脊饰龙凤，绕以明廊。清代学者魏源题双清亭诗云“屿扼双流合，江涵一炯郭。”

刘坤一（1830—1902），字岘庄，新宁人，廪生出身，湘军将领、晚清政治家，曾任广西布政使、江西巡抚、两广总督、两江总督兼南洋通商大臣等职，有《刘忠诚公遗集》传世。

二十六、新建（道州）凉亭（种福亭）并置茶田记[2]

邑人 廖学早 清光绪十一年（1885）

州西五里许，有种福亭。建自前人，历有年所。上通西粤，下达南湖。小住为佳，是息肩之得地；肩夫尔止，宜润吻之有资。每逢游子停骖，尚虑嗟兴足；如有骚人选项胜，何以搜尽枯肠。

诚以地当冠盖之冲，岂恃一椽足庇，愧少杯盘费，难期七碗生风。加之未补垣墉，交侵风雨；纵堪容膝，讵足蔽身？爰议更建斯亭，兼买义亩。倡首者或输膏壤，同心者共解奚囊。集狐腋以成裘，用鸠工而兴役。从风者众，不日观成。聊舒客路之艰，共饮仁浆之渥。由是偶停游迹，何殊高树凉归；爽沁枯喉，奚啻望梅渴止。当红叶秋深之候，过客停车；唱黄河远上之音，有人画壁。请勒芳名，代序。

---

① 邵阳市地方志编纂委员会：《邵阳市志》，长沙：湖南人民出版社，1997年，第661页。

② 湖南省道县县志编纂委员会：《道县志》，北京：中国社会出版社，1994年，第801页。

种福亭，又称双屋凉亭，位于道县城西南，潇贺古道上，始建年代不详，清光绪十一年（1885）重修。全国重点文物保护单位（图2-3-9）。

图2-3-9 种福亭（杨雄心 摄）

二十七、宁乡司徒岭新修茶亭记①

邑人 张寿荃 清光绪十四年（1888）

佳岭嶙峋，梅山岌丛，连峰亘地，群峭摩天。鸟道回而烟萝深，蚕层高而栈道远。一地为司徒岭，为宁乡、安化往来要道。洵夫邱石堆螺，雨生缪篆，屏山叠黛，风满南窗。露浥芙蓉，旧是青平之地；云开华盖，遥分白马之尊。为楚泽之奥区，辟渚宫之胜地。概尔其鸡足名山，鹫头作岭，当阙踞虎，细路萦蛇。引蔓拔藤，悬趾劲刺，二分在外，扪参历井，抚膺而十陟，为劳冠盖往来，轮蹄辐辏。途非蜀道，难竞等于登天；人异长房，术鸡咨夫缩地。一亭一驿，加银鹘而弥多；三暮三朝，见黄牛而如故。若乃青春受谢，赤帝司权，大伞当空，凉珠难御。奔走平铄石流金之顷，坌息乎炎风赤白之中。美词容之追凉，坐调水质；嗟仆夫之况瘁，谁酌金垒，惟应广厦千间，庇兹热客；安得杨枝一滴，偏炎陬是。拓地半方，造亭十笏，诛茅启宇，接笕通泉。披襟当大王之风，举盏携小团之月。每当游人驻足，行李息肩，当壁无尘水瓯饷，容息薪劳之栗，陵听铃语之即，当小住为佳。息影非同恶木，劝公无渡临河。何必投钱，徐春雨月。领夜风生，双瓶火活。忘却当头日午，一笠阴圆；又有古井澄波，长生拂日。苍髯千尺，即是浔阳；寒碧一泓，便分河润。不够移山之策，何须调水之符。左右逢源，盘桓永日。是题小序，俾勒贞珉。此时啜茗挥毫，作元次山语亭之记；他日打萝腊屐，寻杜少陵长沙之驿。

司徒茶亭，位于宁乡司徒岭，长沙通安化梅城驿道上，清光绪十四年（1888）修建。

张铣（1822—1891），字叔最，号寿荃，又号袚庄，咸丰辛亥（1851）举人，曾任浙江丽水知县、广西平乐知府、广东惠潮嘉（惠州、潮州、嘉应州）兵备道、广东按察使等职。

---

① 陈先枢：《长沙名胜文选》，长沙：湖南人民出版社，2015年，第205页。

二十八、复修（涟源）半排上乐善亭记[1]

举人 陈璟梅 清光绪三十一年（1905）

自县城（安化梅城）东行六十里至久泽。自久泽行二十里，至伏口。此二十里中，冈岭迴复，沙草岩松。拳曲黄赪，居户罕稀。往往夕日西坠，雾雨冥合，舆马迷乱，剽掠有闻。而其地通三面：南上衡宝，东度长沙，北绕资江下洞庭。行旅之繁，争萃于斯。

道光乙未（1835），贤侯蔡公构造茗亭，以饮渴者。见亭而栋，辟为崇厦。祠关社缪，于是循岭上下，烟火增密，□□□焉。乡先达陶文毅、罗文僖止憩其间，嘉念阙功，皆有题墨，距今七十年矣。岁时不饬，瓦破椽摧。阙君滨池、罗公圣和等，慨善举之不可坠，贤侯之惠不可忘也，乃募资重建，并开通涂径，欹裂峻险，铲石平之。环亭前后，各赢十里（古道维修）。经始于癸卯（1903）六月，至甲辰（1904）仲冬，始克蒇事。计费缗七百七十有奇。

嗟呼！古者道路亭舍原有专官，条狼氏、野庐氏、合方氏、遂师、候人、司险之职，皆以掌巡郊野，除治不利，迄秦而废。然汉制有官寺，乡亭漏败，墙垣陀坏，犹令自劾。自魏晋后，官治民而不治地。所谓道路亭舍，所民之自为。而民之中，贤而急公者又少。于是道路秽塞，亭舍颓绝。欧西人以游历过者，至以此诋为半教之国。乃深叹中国古先圣王之法非不善，而后世自失其传。致启欧西人之侮者，举类此也。然则是役虽小，中国之大，使皆推此意。行走亦何苦，而不可雪哉！蔡侯往矣，罗阙诸公，傥能心知其意乎？

曩余数过此，睹篷鹳之掩门，惧遗址之将陨。今重登是亭，水色山光，景物如昨，而气象顿改。因感念天下事，非不可为，废兴之故，全在乎人。秋风新起，听落叶蔌蔌有声，辄悠然四眺而意远也。

光绪三十一年（1905）岁次乙巳，仲秋月朔日，里人陈璟梅谨记。

刘颂华抄录整理

乐善亭，位于湘乡至安化梅城的湘安古道上，始建于清道光十五年（1835），光绪三十年（1904）重修，今亭不存。

陈璟梅（1860—1921），字谔鲁，号遂园，安化人，清光绪十七年（1891）举人，曾任浙江布政使司文案、淮阳盐运使署盐场大使、湖南谘议局议员等职。著有《遂园文初编》《遂园文次编》等作品。

陶文毅，即陶澍（1779—1839），安化人，清嘉庆七年（1802）进士，官至两江总督，赠太子太保衔，谥号“文毅”。

罗文僖，即罗绕典（1793—1854），安化人，清道光九年（1829）进士，官至云贵总督，谥号“文僖”。

二十九、隆回佑善亭记[2]

邑人 欧阳兆仑 清宣统元年（1909）

吾乡黄皮岭，距滕头坳十五里许，为郡城西北通衢。而土地界横截其中，菁深林密，山径险阻，行旅视为畏途。乡先辈建亭修路，不乏善举，而此地缺如，斯固仁人君子之所恻然遗恨者也。

---

① 刘颂华：走访“湘安古道”，湖南省文物考古研究院，http：//www. hnkgs. com/front/toReadNews. do？id=1976。

② 录自佑善亭东壁碑文，原名《修亭碑记》。

前甲辰（1904）秋，两姓同志，各输己资，谋议建亭。推张君以成为督监，鸠工庀材，疏泉凿石，甫阅岁而落成，因以佑善名其亭，而嘱序于予。

窃思当今世变新奇，铁轨火轮，仅便于坦途耳，其如斯蚕丛鸟道何？士君子利济为怀，虽斧柯未假，随分皆可自尽。斯举虽微，要亦忧乐与共之所见端也。昔欧公名亭以醉翁，苏公名亭以放鹤，只以自写其乐。兹名曰佑善，以较两公之乐更有进焉。若以是而疑诸君子之为善望报，则过矣！此予之所欲书也。

至若峰峦罗列，石印回环，草木云烟之缥缈，出没于空旷有无之间，而可以备骚人逸士之游览者，宜静观者自得之，兹故不复赘云。

宣统元年乙丑仲春月谷旦立。

佑善亭，位于隆回县黄皮岭村，湘黔古道上。始建于清宣统元年（1909）。

三十、永兴云山亭记①

邑人 戴学士 1922 年

尝思当道之险阻，需开世路之崎岖。地势陡避，荆棘丛生，沟槽小径，泥土泞滑。自黄草坪曾乐铺户，下至马仰坪方有住家。雨霖无遮身之处，日曝无歇凉之区，过往行人无不嗟叹。

吾窃思之，蒙天佑之，颇得粥食之荣幸，盛叨兰桂之芬芳。于是独立维持设立亭焉。其亭何名？远望南岭斯山层层可数，近看观音龙山历历在目，衡郡耒邑，山峰连天，云霞及地，故名“云山亭”焉。戴学士撰。

云山亭，位于永兴塘门口镇，永（兴）耒（阳）大道驿道上。1922 年修建，20 世纪 60 年代损毁。

三十一、建筑湘潭县望衡亭碑记②

廖兆熊 1932 年

亭以石为基，步石磴以登至亭楼。石栏周环，凭栏回顾，江干风景掩映眼中。自楼亭左旋，循铁梯而上，为亭之中层，再上则平台矗立。南望衡峰，朝阳碧色，隐约于烟云缥渺间。而大江环绕，逦迤以达于麓山。叠嶂层峦，出没于风沙，望里上下，波光帆影，百鸟翔集，蓼渚芦汀，参差夕照。风景如斯，诚足乐也。每值四时佳日，游斯亭者，凭高远瞻万里，孤怀触感兴亡，尘念俱寂，能不有江海无涯之慨乎？益令人不能忘情于斯亭者矣。

望衡亭，位于湘潭市雨湖区湘江北岸石嘴垴，始建于晋，原名望岳亭。中华民国陆军中将王捷俊（1891—1930）筹资重建，1932 年建成，湖南省级文物保护单位（图 2-3-10）。

① 蒋响元：《湖南交通文化遗产》，北京：人民交通出版社，2012 年，第 278 页。
② 蒋响元：《湖南交通文化遗产》，北京：人民交通出版社，2012 年，第 189 页。

图 2-3-10　望衡亭（胡金文 摄）

三十二、邵阳吕氏留念亭序[①]

邑人 吕振羽 1936 年

一九三六年寅历七月望六日，为吾母陈太夫人耳顺寿辰，三月廿一日为吾父梦求先生五十八岁寿辰，振羽、持平仰奉慈意，停开觞庆，建此亭以为纪念，并便行旅。复于亭近置地斗升，土一块，茶山一块。招致居亭，备迷途之问讯，供过客以茶汤，义非同于生祠，意实符于大众。亭名留念，盖有二义：一为纪念两亲寿诞，一为纪念先祖鸿章公、祖母陈太夫人劳苦一生。

然亦非敢为特殊夸张，诚以终生刻制生活。于其时物质水平下，更强支出其劳动，由辛勤而自耕、而富农、而小土地所有者。之先祖父母一生，足表徵其时吾乡农村生活之一面。而吾祖天资之高迈，个性之坚强，助弱锄强，援贫屈富之行事，尤足见其特性。此殆与参入太平天国叛逆之先曾祖纪公一生有其直接影响欤！

吾父卅二岁后，吾乡适入于军阀统治下，筹饷派捐年数十，至地方豪绅复相为狼狈，悉嫁其重荷于小康。吾父乃弃其半耕半读生活，专事家务劳动，以应官家需索，精神物质同被剥削，致屡萌弃家远徙之念，此足证其时农村小所有者生活之一般。而吾父个性尤类先祖，力疾豪强，同情愚弱，常为羽兄弟道农村黄暗至明白，而易晓于羽兄弟之生活意识殊有至大影响。此殆由其困危生活中所得之休念欤！

吾母农家女，自青年来归吾家后，于生育外，全家之炊爨、针织、纺纫、园艺诸劳动主要皆由吾母一力担任，此足证其时农村妇女过度劳动之一般。吾母生羽兄弟姊妹前后八人，率皆强慧，而夭亡者五，此足证封建农村卫生与生命之绝无保障。农家固多拂意事，吾于吾母从未闻詈声、未见愠色，此殆所谓淑媛之典型，以视过渡时代妇女既乏此美德，又无新觉悟者于过渡家庭生活之利弊为何如耶！

振羽、持平谬负时誉，略有悟解，身同贫民，志切大众，岂敢张封建之余咏？聊以纪吾身之自来，

① 邵阳市交通局：《邵阳市交通志》，郑州：中州古籍出版社，1991 年，第 339-340 页。

兼以俾后之论我者如是如家庭背景而已。亭成并鸿砌道路，爰泐石之右。

留念亭，位于邵阳县金称市镇溪田村，1936 年修建，门额“留念亭”为国民政府主席林森手书。湖南省级文物保护单位（图 2-3-11）。

图 2-3-11 留念亭残迹（姜子程 供图）

吕振羽（1900—1980），字行仁，名典福，邵阳人，史学家，中国科学院学部委员，著有《史前期中国社会研究》《殷周时代的中国社会》《简明中国通史》《中国民族简史》等作品。

第四节 古 渡 记

湖南河网罗布，旧时设渡以通，留下了长沙朱张渡、益阳碧津渡、永州霞客渡、城陵矶义渡等一众名渡口（图 2-4-1），沉淀了楹联、诗歌、碑记等丰富多彩的船渡文化。如长沙湘江义渡，“旧设官渡，每年额给渡夫工食银三两九钱三分零，补荒银一两一钱四分零。”① 又如长沙水渡河民渡，日收铜钱三文，夜收四文，渡亭联曰：“送往迎来，累我作成千个揖（指摇桨状）；朝三暮四，劝君莫惜几文钱。”②

图 2-4-1 长沙湘江古渡
［（美）柏生士 摄于 1899 年］

① 湖南省地方志编委会：《光绪湖南通志（点校本）》（第六卷），长沙：湖南人民出版社，2017 年，第 1304 页。
② 蒋响元：《湖南交通文化遗产》，北京：人民交通出版社，2012 年，第 13 页。

一、衡阳大石渡记[①]

衡阳知县 张五策 清康熙二十五年（1686）

大石旧渡也。大石何以有渡，涉者众也。涉者何以众，其地为豫粤二省捷径也。有渡斯有庵，庵为渡设也；有庵斯为僧，住此庵以司此渡，僧亦为渡设也。僧为渡设，则利于渡者主之，病于渡者逐之，必然之理也。

先是，庵有僧明性，众所招以司此渡者也。时余公西崖、王公文振、袁公介生、高公伊园先后宰斯土，从士民之请，为之给示：免其操舟者之徭役，革其易覆者之渔船，复共捐资斧置田种七石，铺地十间，以为饮食舟楫之费，无非为此渡计绸缪也。

逮明性死，而其徒慧林淫酗实甚，挥霍租粮，盗卖田园，勾结匪类，实繁有徒，遂大病于渡。夫僧为渡设，而反大病于渡，此慧林之所以当逐也。乃此则一逐不已而再逐，彼则一来不已而再来。在慧林之意，岂不曰庵为吾师之庵，而田为本庵之田，若子孙蒙祖父之业，而可任我之变置也。

呜呼！此慧林之愚也，不知庵为众建之庵，而非慧林燕贻之堂构也；田为共捐之田，而非慧林高曾之垅亩也。有渡斯有庵，有庵斯有僧，有僧斯有田，皆为渡设也。利于渡者主之，病于渡者逐之，又必然之理也。

呜呼！慧林安得复萌觊觎之心耶！夫彰善瘅恶，天理也，惩其既往，杜其将来，人情不甚相远也。明揭其事，使人人共知，以垂永久，虑事之周也。戮力同心，护持善事，士民李长英等之公义也。循天理，顺人情，兴利除害，俾地方无匪类之患，而行旅无病涉之嗟，长吏之责也。

此余既逐慧林，而复为文勒碑，著其事之始末，并刊庵田租粮之额于石，使后来供渡之。僧即有不肖如慧林者，亦屹不可动。从士民之情，亦尽长吏之职也。

大石渡，位于衡阳城东，耒河口北，因斜倚岸边的蛤蟆状巨石而得名，是旧时驶出衡阳的第一站（图2-4-2）。2000年大源渡航电枢纽投产蓄水后，巨石连同古码头被淹没。

图2-4-2 衡阳湘江古渡
[（美）阿瑟·罗斯坦 摄于1946年5月]

① 衡阳市郊区志编纂委员会：《衡阳市郊区志》，长沙：湖南出版社，1997年，第607页。

二、重建（长沙）灵官古渡记[①]

善化知县 明英 清乾隆八年（1743）

湘波殷险，秋水漩湍。落叶萧萧，细雨洒征夫之泪；寒流森森，断槎迟过客之踪。芳草黄昏，白鹭洲边人彳亍；鹧鸪班啼，黄陵溪畔月夷犹。杜宇催归，何处烟芜小艇；芦花逆旅，谁来野渡横舟。岂徒贾傅，泪尽长沙；奚翅少陵，心怀剑阁。纵有成规而莫举，畴废古渡；空存故迹之依然，孰贻利涉。

兹逢钦命，侍郎署大中丞（即巡抚）阿（即阿里衮）、御史胡（即胡定），停旌楚泽，念切庥民，泊驾昭潭，欣解清俸。继以大中丞蒋（即蒋溥），宏襄盛事，力济巨川。因行路之多艰，庆安澜于此日。环碛建往来之渡，半汀憩风雨之亭。

慈云蔼蔼，枯木皆春；朗日辉辉，洪涛亦福。鸾和隔岸，不同溱洧乘舆；鸿爪印泥，永快西东襆被。厉揭何需，陋杜预泻长江之闸；潺湲无恙，迈张纶锢钜石之堤。一苇可航，不滞伊人于带水；三门汲浪，欢呼我友之印须。第见岚村入幕，靡忧小径羊肠；飓母号风，宛似卧江虹影。洞庭橘柚，鹢头稳下危樯；岳岫烟霞，蟹舍不惊杯渡。瘦马走山城之驿，乍看破浪齐归；舣乌释游子之情，耐可担囊待客。夕阳古道，啸蝉高柳秋阴；衣杵河干，归燕雕梁社雨。士民感激于浩荡恩漪，诗删匏叶；学子泳游于澄清化日，歌满桃花。峰峰传弦诵之声，八百孤寒此日，中流自在；脉脉绘文章之状，三千锦绣今朝，济胜何多。惟有载道口碑，如拜陆宣公万家之渡；庶几缕镌心版，长铭颜师鲁南之口。云尔。时乾隆癸亥（1743）冬月。

灵官渡，位于今长沙劳动西路至湘江路口，原灵仙祠旁（图 2-4-3）。乾隆十年（1745），善化知县明英重建碑亭并作记。另据《光绪湖南通志》：“宋朱、张二子讲学麓山，多由此渡，又名朱张渡。”[②] 清末灵官渡附近相继创办长沙湘裕炼锑厂、华昌炼锑公司，成为湖南省内的矿产品转运码头，灵官渡锑矿价格也一度成为中国锑矿行情的晴雨表。

明英，满洲正红旗人，举人，善化知县，兼理岳麓书院。

图 2-4-3 清末灵仙祠及中华民国时期灵官渡旧影（陈先枢 供图）

① 陈先枢：《长沙名胜文选》，长沙：湖南人民出版社，2017 年，第 60 页。

② 湖南省地方志编委会：《光绪湖南通志（点校本）》（第六卷），长沙：湖南人民出版社，2017 年，第 1305 页。

三、岳州城陵矶义渡记[①]

湖南学使 钱澧 清乾隆年间（1736—1796）

事为众情所利，未有不宜亟兴者。亟兴之矣，必迟之又久而后成，以此见兴事之难也。洞庭天下巨浸，南汇众水，北输之江，至巴陵城下两渚，始见涯涘。南隶巴陵曰城陵矶，北隶监利曰荆河脑，招舟而济，日千余人。以非通津，故不领于官，两境民各具舟楫，行者量予之直，已而必取盈焉。官司屡禁不听，耕农贩夫，无业贫子，徒手觅食，往来甚以为苦，又未尝量力之所任，但务多载。夏秋水盛，江或反注洞庭，洪波汹涌，重舟绝流，一再簸荡，辄同沉没。即春冬涸浅，然风□不时，重舟之患，亦复如之。

巴陵赵氏慨然捐产，约三千余金，议置义渡。向时居利者，结党徒出死力挠其成，至讼于督抚各宪司。予膺□简命来视学，非有地方之责。投牒诉者，亦不一足，此一是非，彼一是非，而居利者卒不胜，彼所图不过一身一家之私，且众怒集焉故也。

今冬予按试岳州，阖属诸生以事既成，请为文刊石记之。按赵氏名登模，尝官于浙，所捐水田，原直一千八百两，每岁租入完赋外，悉以赡渡夫。又捐银四百两，制舟凡五。又捐八百两，于两岸渡埠建基置屋。又捐百两取息，以作岁修。予乐其事之成也，告之曰，赵氏此举甚义，且众情利之，然挠者曾无多人，必至今而焰始熄，彼其利在己立心专，而党徒之志壹也。

义渡之设，获济者众，然所利者在人。贤者造事，终藉愚者用力。凡今以后，受直操舟者，咸能以捐产置渡者之心为心乎？庸人莫不好逸恶劳，役役然终日为人而不倦，吾未见十之一二也。且向日居利之徒，务以多载为便，必先坚致其舟，帆樯篙橹之属，亦必完好，而后求济者不致畏疑不就。今所置舟，固亦无或不良，然操之者以为非己物也，则爱惜或不至，必易致敝。敝又惮责，而不以亟告也，其为患又岂小小哉。

事创于始难，从后持之尤难。以为姑尽吾之所为，余以付之来者，于君子造事之哲，或犹有所未尽也。夫利人之心诚专，又必与我为徒者亦无不壹其志，斯永无敝之道矣。虽然，又岂可为后来者宽哉。前人美意所存，视其力所可致，即无不致其力，君子人与。

城陵矶义渡，西渡荆河，通荆州路，邑人赵登模呈请设立，捐田十八石，渡船五只，渡夫五名，又于两岸建亭以安行旅。

钱澧（1740—1795），字东注，号南园，昆明人，乾隆三十六年（1771）进士，曾任翰林院编修、湖南学政、监察御史等职，著有《南园遗集》等作品。

四、平江南浮渡记[②]

平江知县 谢仲坑 清乾隆年间（1736—1796）

渡名南浮，本桥称也。桥废无存，址在城南。盖平邑诸乡入县要路，巨浸（指大河）限之。昔人于此，铁缆连艘，以通往来，南浮于是名焉。考厥工成，肇于有宋。今虽遥遥旷代，而蜿蜒苍龙，随波涨落，及其时舆马络绎，士盛于宦，民富于财，城郭市廛，繁般喧聚，雄邑景色，俱于斯桥之建，可想而知。

而沿及前明，伐石系维，劝修于官者犹三五次。则斯桥之攸关于邑，亦莅治诸公所寤寐不忘。惟

① （清）贺长龄：《清经世文编》，卷九十五工政一，清光绪十二年重校本。
② 平江县志编纂委员会：《平江县志》，北京：国防大学出版社，1994年，第580页。

嘉（靖）、隆（庆）而后，成功多毁，桥乃就圮。嗣是铁石销沉，历百六七十年来，官给轻舠仅纾病涉，无复有起而任其修建者矣。

今上改元之岁，邑吏员邱君元功，慨然念桥废江宽，人挤一叶，覆溺堪虞，与里人黎德良、赖上选等谋倡募众更造大舟，以助官渡，欲图可久，置产供需。比辛酉（1741），予调剧来平。事将就绪。又数载，予迁调衡山，邱君来言，渡产告竣，有铺有田，岁租以赡渡子，并资葺渡之用。

嗟乎！如邱君等，可不谓好行其义者欤？夫天下事，废于彼者修于此，其所修废不过一事而止耳。顾予于南浮若独有余思者。忆予在平，尝与绅士议南浮而叹息。盖桥之废也，野水苍茫，坊厢隔绝，无复曩时奔趋杂沓，履声隆隆，其气象消沮，知不第一桥之故。则渡之修也，轮舀击楫，呕轧中流，行见将来利济经纶，水天生色，其规模宏远，又岂第一渡之故哉？且南浮之废，废于典守无专役，故冲决而不豫为防。又岁出无资，致一溃而艰于收拾。若由邱君等营渡之策以策斯桥，赡役有租，何防之不豫？岁资有产，何收拾之维艰？予故于斯渡之修，深有望于斯桥之不终废。邱君等倘即斯渡而推广之，再藉众擎，营其艘缆，横亘河津，当必有舆马之壮桥观如昔所称繁般富盛者。邱君等勉之，毋使南浮但名斯渡也。

图 2-4-4 平江南浮渡（摄于 1923 年 岳阳市档案局 收藏）

南浮渡，位于汨罗江边，古为东街出城主要渡口，平邑诸乡入县要路，20 世纪 50 年代废渡建桥（图 2-4-4）。

谢仲坃（1702—1777），字篪轩，号耳溪，广东阳春县人，雍正五年（1727）进士，曾任惠州、常宁、平江、衡阳、衡山知县，宝庆、永顺、岳州、永州知府等职，著有《楚南纪略》《耳溪文集》等作品。

五、郴州东山书院捐修渡船记[①]

邑人 陈昭谋 清嘉庆十二年（1807）

昔子产相郑，以乘舆济人，孔子谓其爱而弗能教，孟子谓其惠而不知为政，岂真济人者非欤？盖谓执政有体，除道成梁，国有令典，因时举事，岁有常经，原不沾沾在此小惠间也。而要其一念之仁慈，已足令千百世后感激流涕于不置。迄今过溱洧之区，遗爱犹存，碑碣如在，虽妇人孺子，无不爱慕歌思焉！然则利济之念，岂非仁人君子所宜出也哉？

我郴沿河一街，上设牙石渡，下设司马渡。乡间服贾牵车，络绎不绝，至便也。迨连遭水患，两渡冲没，上捐修桥，下未设渡。至乾隆甲午年（1774），建立书院于东山，生童日众，其下居民日多，往往临流兴叹，欲渡无由。民之不便，莫此为甚。

岁乙丑（1805），余主讲东山。其下居民人等，以捐修渡船请曰："民之病斯涉也，久矣！况迩来肆业滋多，虽闭户鲜出，而伙夫五六辈，朝夕薪蔬，奔走不便，至有涉水而溺毙者！吾侪悲之。乡党

① 郴州市交通志编委会：《郴州市交通志》，长沙：湖南出版社，1993 年，第 210-211 页。

有益之举，非君莫为。倡之以义，自易易耳？”余虽心然之，犹恐工钜费繁而难垂久远也。适潘君定魁、曹君义正、胡军忠义至，曰：“此义举也，不特便民，亦且便士，我等俱愿附骥，以襄兹役！”遂各告知亲友，慷慨乐输，不匝月而集，乃庀材鸠工而举事焉。又虑渡岸未立，船多冗滞，告知刺史汪司马出示晓谕，仍于司马堤处，设立渡岸。嗣是应刺史回任，又讯断上南隅瓦铺一间，充入书院渡船，以补工食所不足。至是往来行人，交口称便，士民两利，远近攸宜，遂莫不籍籍道使君之德而称诸者之功不衰。

余思一命之士，苟存心于济物，于物必有所济。无如今世好事者，往往为所不当为，而于利济之事，概置漠然者，比比然也。如诸君之存心济物，虽未能如子产之惠泽旁敷，要其好善乐施之念，非仁人君子，能如是乎？讵可利济小事而少之哉？是役也，计捐费一百三十余金，除造船、砌岸、立碑外，尚余钱一百千，交典生息，以为逐年工食、打油、换船之资。爰勒诸石，以志不朽云。嘉庆十二年（1807）冬月立。

陈昭谋，字剑溪，郴州人。清乾隆四十八年（1783）举人，历任湘阴、湘乡训导，乾州厅教谕，桂阳州学正等职，后归讲郴州东山书院，纂修嘉庆《郴州总志》，有《剑溪文集》《陈剑溪稿》等作品传世。

六、长沙朱张渡亭记[①]

岳麓书院山长 袁名曜 清嘉庆十七年（1812）

嘉庆十七年，名曜厕岳麓讲院。冬十一月，学使者汤敦甫先生按试长郡毕，命驾书院，集诸生堂上，训以敦品励学诸大端。既乃扪萝蹑石，摹禹碑，登高明、中庸亭，寻咏归桥、苍筤谷诸胜迹。

时，名曜方与诸生重修朱张渡船筏。先生韪之，乃般然临岸，历文津、道岸古石坊基址，登牛头洲。揆揽形势，顾虑洲东西水程，各宽若干里，谓洲中间宜构屋数椽，为半渡骤遇大风雨者栖所。乃捐俸二百两，属杨生璋，严生正基鸠工为屋，建亭横径中。

既竣，先生临亭观之，诏诸生曰：“壮于往或终厉，少需焉，而利有攸往也；躁于进则忘危，姑待焉，而无危勿安也。见险能止，相时而动，兹亭亦有神万一乎。”

名曜以兹亭之有裨于涉川者宏也，兹言之有裨于涉世者大也。爰寿其言于石。

朱张渡，位于长沙市原六铺街江畔，为纪念南宋理学大师朱熹和张栻在“朱张会讲”时常由此渡往来而命名，系旧时长沙著名渡口（图 2-4-5）。渡口在湘江两岸各立牌坊，东岸为“文津”，西岸为“道岸”。

袁名曜（1764—1835），字焘岚，号岘冈，宁乡人。清嘉庆六年（1801）进士，主讲岳麓书院期间，与门生张中阶合撰大门对联“惟楚有材，于斯为盛”，著有《吾吾庐存草》等作品。

---

① 陈先枢：《长沙名胜文选》，长沙：湖南人民出版社，2017 年，第 58 页。

图 2-4-5 长沙湘江渡亭旧影（陈先枢 供图）

七、株洲走沙港义渡记[①]

邑人 蓝谷旦 清嘉庆二十年（1815）

关粮津渡，王政所详，即几港绝潢，人事宜备。兹走沙港，固小溪也，而衢通乡里，实为扼要，顾横据上游，会埠接下流两处，皆建桥设渡，利济兴歌。惟此港阙然，经其地址将上朔横石，曲近三三，欲下循无埠，湾几六六，顺流彳亍，褰裳为之。乾隆丙辰（1736）先君子蓝田书、钟公圣谟先生曾共购舟，不久旋毁。厥后，先母屡言复修，临没犹谆谆致祝，乃延言在耳。方期患免假白发足堕，躯竟有殃遭灭顶，目击心伤，倡举佥迫。

岁壬申（1812），因偕族福田，邀同志湘，公共□厥。事越一岁，一叶之舟驾。又越一岁，十亩之田置。更越一岁，前椽之亭建，两岸之厕修。由是招招舟子桨双枚，穰穰行人群登彼岸。春涛夏涨，总盗一笔之杭；苦雨凄风，亦得片时之憩。则是举也，余兄弟因人成事，虽非若巨川舟楫，普济无遗，而于先人未终之志，实藉诸君子之力，得有所□之。

皇清嘉庆二十年（1815）乙亥夏月谷旦公立，石师刘代朝刻。

走沙港义渡，位于株洲市石峰区学林街道大丰社区，湘江支流龙母河边，始建于乾隆元年（1736），《走沙港义渡记》碑嵌砌义渡亭墙壁上。1998 年走沙港大桥建成后，渡口废弃，渡亭坍塌，碑刻无存。

八、道州白马渡记[②]

邑人 黄如谷 清嘉庆年间（1796—1820）

三篙偶涨，听潺潺之江声。一苇可航，用招招乎舟子。深则厉，浅则揭，不敢冯河。剡为楫，刳为舟，诞先登岸。此书有济川之训，而易有利涉之占也。

① 株洲市地方志编委会：《株洲市志·杂志》，长沙：湖南出版社，1997 年，第 568 页。

② 湖南省道县县志编纂委员会：《道县志》，北京：中国社会出版社，1994 年，第 802 页。

维白马渡之古渡，实青雀舫所由通，晓雨添波，行客殊众，夕阳映水，唤渡时闻。爰乐善以造舟，遂鸠工而制楫。野航之受，不仅两三人；春水之深，何妨四五尺。从此坡上马嘶，频看棹去；柳边人歇，徐待船归。鼓枻而行，中流自在。安澜有庆，过涉无虞。成徒杠，成舆梁，用佐仁人之惠政；为慈航，为宝筏，永登释子之迷津矣。是为记。

白马渡，位于道县白马渡镇，潇水河边。清康熙《永州府志》载，白马渡在（道）州东北十五里，地因渡而得名。

黄如谷，字彝榜，号蕴山，道州人，举人，曾纂修《道州志》《安福县志》《晃州厅志》，著有《西斋人镜》《南旋唱和集》等作品。

九、（湘阴）河市义舟记①

邑人 周蕴祥 清道光八年（1828）

汩水发源江右，沿昌江达青草汇洞庭。春夏之交，水势泛涨，河塘承其下流，而又为邑通行李过者，昼夜轮蹄，靡屦不息，而皆视为畏途。

道光戊子（1828）黄公方村，捐置四义舟，简勤谨渡，夫令埠分守候，无寒暑朔望晨夕，不索渡值。复捐腴田若干亩，熟土若干亩，敛租以维修船费与渡夫庸值。仍立案交宗祠董事者经理，亲属不得干预，惧中废也。

方公之未置义舟也，里民以小划渡取直，以为生计，至是皆废。公虑划民失业，付给三十六户钱，户十千，使别治生，通费钱二千缗有奇。一时徒者、负者、舆者、马者颂声四溢，向之视为畏途者，今则担行如砥焉。予谓乎，黄公好善之诚也，施而能济也，成功变永也，谨手胪其颠末贞诸石。

周韫祥，生卒年不详，字辉玖，号石帆，湘阴人，诸生，有作品《石帆遗稿》传世。

十、（常德）龙湾义渡记②

邑人 陈有耀 清道光二十七年（1847）

龙湾古渡，鼎郡名区。自北而南，倏来忽往，洵水陆之通衢，实滇黔之孔道。远指牂牁兮，不易至，常虞野渡稽延；近寻溪洞兮，何处边，恒苦要津阻隔（图2-4-6）。

余等邀集南北居人，募修义渡，劝结福缘，乐善者多解囊不吝。捐田亩以收租，渡子有饲；化钱文而生息，渡船可补。涉惟乘木，济不用匏。行水一如夫行地，岂濡首灭顶之可危；过船更易于过桥，宛徒杠舆梁之最利。有其举之，莫能废矣。第公事要秉公心，善终总缘善始。派无私者主计无弊，乃高倡仁风，凭有品者掌文有余，则另行善举。阅五寒暑而告成，此日勒碑志美，经万春秋以垂久，他时追迹蒙休。

道光二十七年丁未岁郡庠生陈有耀撰文。

---

① 岳阳市屈原管理区志编纂委员会：《岳阳市屈原管理区志》，北京：方志出版社，2015年，第538页。

② 常德地区交通局：《常德地区交通志》，长沙：湖南出版社，1992年，第334页。

图 2-4-6 常德沅水码头船上的鸬鹚（美国传教士奥利弗摄于清末）

十一、（常德）龙湾上公义渡志序①

邑人 陈鼎熙 清光绪二十七年（1901）

武陵龙湾，为枉渚上游，属郡治西关外，方志记载二十许里。近往辰溆，远达滇黔，为其途路所必经。顾由郡陆行，待舟南渡。一苇无航，相向诟病。兼之沿江两岸，攘往熙来，不便于一水者，多濡滞之憾，何其甚也！

道光年间，海宇稍未靖，羽檄驿警，间以此为捷径。吾先君同村中诸老辈，禀请邑侯熊锦峰、谢橘霖两先生，劝捐造舟，而熊君首自蠲廉，为地方好义者倡。一时踊跃乐输，不数载成于是。

吾先君为立规经久，且撰文纪盛，被之金石而碑阴例，仅备书名姓，虽久，或颇称充裕，而其弊每缘利生。先兄又屡次公同条约，禀请前升宪李公阑生，核定义规在案，而司事久者，簿籍独握，犹于人不尽通晓之处，消沮闭藏，阴自攫蚀，图肥一己，往往有也。独是听其义举堕坏，固负前贤，而况今日，沧海横流，滔滔皆是，苟得留此区区于不敝，庸非幸欤！然则外间有寻秦时桃窟者，其尚于斯，而即无从问津耶！乡人发愤，因汲汲于义志之修，搜徵原委，而属纂辑，于蒙俾方来者，户晓家喻，薪共维系于有永。光绪二十七年辛丑岁夏六月朔日陈鼎熙谨序。

十二、重修（长沙）东屯渡碑记代长沙知县作②

邑人 柳廷方 清道光年间③

古者乡邑都鄙之间，沟洫纵横，而民不病涉。考其制，有徒杠，有舆梁。郑公孙民以乘舆济人，孟子讥之病，失政也。先王鸠工庀材，岁用民之力以为常，故力不劳而政举，虽然断港绝潢，阔不盈咫，计步聚石，里中有力者，一夫优为之矣。至若寻丈之溪，假舟以济，而任輂车牛，走涯

① 常德地区交通局：《常德地区交通志》，长沙：湖南出版社，1992 年，第 332 页。

② 陈先枢：《长沙名胜文选》，长沙：湖南人民出版社，2017 年，第 65-66 页。

③ 2022 年 12 月 21 日，笔者经请教《长沙名胜文选》作者陈先枢老师后，确定为清道光年间（1821—1850）撰写。

汜者如鹜，则力非一人之力，而事期众举。众举矣而缮舟楫，募水手，更置田产，储羡馀以备岁修，费不赀也。

综理不善，奸弊丛生，非临以有司之绳尺，则利未举而害集。国家承平百余年，梯航远达万里，近钦奉恩旨，修葺各处桥梁，以通行旅、便邮递，厥惠至渥。而县令奉大吏命，为朝廷守土，境以内纤急之利，知无不为，其有一桥、一梁、一津渡之阻，一职之未修，一民、一物之失所，守土者胥以为病。

余按治长沙之明年，百废递举。邑人士某等以邑属之东屯渡圮败，吁请捐资举行。稽东屯渡界邑治东南，水源若数百里，迤逦西折入湘河，而地颇洼下，两岸平夷，岁春夏之交，雨溢四乡，输灌旁纳涧谷之水不时泄。湘流暴涨，反啮水则都以为宫，溢平原者，弥漫十许里。而地东走浏阳，远达岳属之平江，以通豫，近趋明道、万寿诸乡，聚毂击肩摩，絙縻相属。会舟楫摧败，不独行者坐守终日；即官吏有事，火驰星递，亦辄畏苦之。

余喜邑人士之能急公也，立下其事曰可。先是平、浏两邑有争，董其事者人更数手，历十余年而绪迄不就，沿岸居民怨望鼎沸，遂讦讼成狱。余按讯得状，庭斥之。再查所置田产四石，系将契押长邑郑某银五百两作价，舟楫既敝，舟子缺食弃职。居民有承其乏者，又中持其事而中伤之。狱具，询诸邑议佥同，因以是役移属本邑。老成之士冀事之有成也，抑余尤愿与邑之人约，前车既覆，后者览焉，天水违行，讼端见矣。而君子作事谋始即以之是役也，灵台不日之攻有厚望矣。

兹据郑某缴契捐银，估计章程，除前田四石外，其增产置船、建亭凳级诸事，约费千金，俭是则不支也。邑人士尚其克体余志，共襄斯举以通行旅，以便邮递，以纾守土者一日之责，而广国家爱民无穷之惠，端在于此。他日事成勒石，可以余言弁首而志之碑阴。

东屯渡位于芙蓉区远大路与浏阳河交汇处，旧为长沙通浏阳、平江主要渡口（图 2-4-7）。1958 年东屯渡大桥建成后，渡口废弃。

图 2-4-7　1949 年 8 月架设、迎接解放军入城的东屯渡浮桥（刘士明 供图）

柳廷方，字坦田，长沙人，清嘉庆五年（1800）举人，著有《来青堂文集》。

十三、（兴宁）东江渡船义田记[①]

郴州举人 谢宣 清同治二年（1863）

宁之渡，志于郴志者二十有四，最大者东江。江在今县西，而氏以东者，县故乡于郴，为资兴程

① 摘自郴州地区交通志编纂领导小组办公室：《郴州地区交通志》，长沙：湖南出版社，1993 年，第 354 页。

水，故东江东于郴，仿古桂阳南部始兴东之东江。而东之源出郴属桂阳，注丰溪，迳滁口，会资水，下三泷，北为东江。水经所谓溾水，即桂水也。东江之灏溔潢漾，既无赵盖韩罂，非有一叶扁舟，谁能凌天堑以飞渡？江之有渡，渡之有船也，尚矣。

渡自故县尹罗公、赫公及沤东黄司谕及在所好义者，置田租各若干，皆可稽于石刻。计每岁所入，裁足以食船人。而所以备舳舻、櫂栧之修缮，更张未赡也。往者，司渝洪支曾作渡船以便渡，而隔于地不能常船。或朽腐瓴罅茔，斯必醵人钱以改，为改造，董事者苦之。

余所家东于东江，频年来，高卧东山。每渡江以东、西，辄扣舷而思，弭其憾未能也。咸丰之季，滨江好善者以渡船故，集百人而波及余，醵钱各一缗，得百缗，最会而息之，岁遴廉能者斡之。

同治二年（1863），购田租桶计者五十有六，仍以奇羡权子于母，今且又百缗，将倍敦之以代渡船之匮也。诸君恐其差于久，嘱记诸贞珉。余素怯宦海之风波，未足作巨川之舟楫。而喜诸君之同心济世，使渡此渡者，皆得利涉大川也。用书其本末，寿诸石。

谢宣，号南池，郴州人，清道光十九年（1839）中举，著有《半帆文集》《淳营汇览》《经畬堂文稿》《便蒙六种》等作品。

十四、（湘潭）寺门前湘江岸义渡记[①]

邑人 胡能沅 清同治三年（1864）

湘潭之有萃湘义渡、集义义渡，尚矣。其溯游而上，越三百里，有名寺门前者，衡湘济度之区也。其下为胡氏、陈江口二处，历无舟楫，过客往来，不免望洋之叹。我等原集同人，劝诸乡先生辈，捐金数百，创置渡船二：一设寺门前，一设陈江口；共置田亩，以为岁修佣工之费。县志详之，行人美之。事既成，所有捐赀芳名，泐诸碑碣，以垂久远，未为不可与萃湘义渡、集义义渡共成义举也。是为记。

馨陶胡能沅 谨识 莲士胡涣昌 书

倡修首士：马朝彩　胡馨陶　马云亭　尹楠谱　马力田

劝捐司士：廖立朝　尹敏圃　马维九　谭方文　郭受益

胡竟臣　马朝彩　谭文彬　龙言禄　周承劳

同治三年甲子岁 冬月吉旦立

寺门前义渡位于湘潭县白石镇潭口村，是沟通湘潭与衡东、衡山要津（图 2-4-8）。清宣统二年（1910）原台湾地区领导人马英九祖父马立安等捐资修缮。民国时期《寺门前义渡碑序》：“复有马立安、马采芹、尹献初等，嗟万顷之茫然，思商同志，再行加捐，先后置长江坪、郭家洲两处田贰拾亩，逐年收租，维持义渡，永守要津。”2011 年被列为湖南省级文物保护单位。

胡能沅，字馨陶，湘潭马家堰人，生活于同治前后。

① 政协湘潭市委员会：《湘潭历代文赋选 下》，湘潭：湘潭大学出版社，2013 年，第 621 页。

图 2-4-8　寺门前义渡（谭君 摄）

十五、重修（长沙）义渡码头记[1]

邑人 柳先恩 清同治六年（1867）

嘉庆戊辰（1808）岁，省西关外立义渡，前郡伯舒倡之一时，襄事者皆邑中望。其经营布置之宜，筹画久远之策，先后相承，无事更张，洵所谓美彰盛传者矣。

咸丰初元，粤寇犯顺，城外屋宇悉成灰烬。义渡东西岸旧有亭以憩行人，皆倾坏。西岸亭在水陆洲，同治二年（1863）重修之。东岸亭倚河街，旧构卷棚，两旁砖墙对峙，前立串门。门内石路碑亭左右立刊刻历年官示条规，及捐户姓名、银数。以木栏之门外为石台，中为正码头，两旁为小码头，皆连步石级。此当年创始旧规，即义渡录载。自官街卷棚亭起，至河下码头边止，计长一十五丈四尺之处也。

近年以来，残碑在道，破瓴满途，兼以水潦，不时泥淤日积，行人苦之。恩等忝膺斯役，未敢辞劳。爰鸠工匠掘土至二丈有余，故石级始复得。于是启石覆土，随基增高石路、石台，洎正码头各处修理均如旧。连界之侵越者亦劝自改作重立串门于旧基之前。两壁勒以宪示，更择告谕之切要者，镌刻石柱，并竖河干，观瞻壮而法纪明，诚欲郑重其事，俾得历久不渝也。其天灯及看役住所，原为公文夜渡而设，并依旧建立。惟义渡录所载串门内两旁砖墙、排扇、柱木，谢姓寄缝，如有损坏，公同修理。串门左旁谢姓屋后开便门一张，以防不测，日后不得藉占义渡墙地等语。

兹查两旁谢姓铺屋屡经转售，近又从新建造，各自立有排扇、柱木，于义渡毫无牵涉。今串门内两旁之墙业，经义渡照基独修，缭以石脚，永归义渡私管。所有昔年公修寄缝之议，自不得藉以为凭。即谢姓便门亦经久毁，不得再开，以防藉占。事竣缕颠末，并将毛天胜、庐廷英永不寄缝，亦不开立便门各据，附录于后，庶将来有所查考云。

同治六年（1867）岁次丁卯季春月，长、善董事柳先恩、朱昌藩、贺式闻、张恩溥谨志。

驿步门（大西门）为清代长沙第一大渡，位今橘子洲大桥东端。旧设官渡，清嘉庆十二年

---

① 陈先枢：《长沙名胜文选》，长沙：湖南人民出版社，2017 年，第 62-63 页。

（1807）官府倡修义渡，捐者甚多。共设义渡船 12 只，分别泊驿步门和水陆洲江神庙码头；另设差船 8 只，专渡公差人员。两岸建有义渡亭，供过渡行人休息。咸丰二年（1852）毁于兵火，同治二年（1863）、六年（1867）修复两岸码头和渡亭(图 2-4-9)。

图 2-4-9 清末长沙大西门码头旧影（陈先枢 供图）

柳先恩，长沙人，清道光二十三年（1843）举人，曾任武冈学正。

第五节 其他碑铭

留存至今的交通碑铭，尚有记录水道疏浚、纤道助航、龙舟竞渡及驿站修缮等方面的内容，分述如下。

一、神汉桂阳太守周府君功勋纪铭[①]

荆州从事 郭苍 东汉熹平三年（174）

桂阳太守周府君者，徐州下邳人也。讳憬，字君光。軆[②]性敦仁。天姿蔫厚。行兴闺门，名高州里，举孝廉，拜尚书侍郎，迁汝南固始相，遂拜桂阳守。乃宣鲁卫之政，敷二南之泽，政以德绥，化犹风腾，抚集烝细，阙绥有方。进则贞直，退则错枉，崇举济济，吉土充朝。招贤训蒙，开诱六蔽。君子道长，小人道消。信感神祇，灵瑞苻（应）。嘉谷生淤野，竒[③]草像（蓂）莆。异根之树，超然连理，于此之时，（邦）域惟宁。

郡又（与）南海接比，商旅所臻，自瀑亭至乎曲红，壹由此水。其水源也，出于王禽之山，山盖隆崇，峻极亏[④]天。泉肇沸踊，发射其颠，分流离散，为十二川。弥陵隔阻，丘阜错连，隅隈壅蔼，末繇骋焉。尔乃溃山鑽[⑤]石，激扬争怒，浮沈潜伏，虵龙蛣屈，澧隆郁浥，千渠万浍，合聚溪涧，下

① 碑文参校：(1) 清阮元修《广东通志》卷二〇〇《金石略二》，道光二年刻本；(2) 宋会群：《〈神汉桂阳太守周府君功勋之纪铭〉碑辑校和研究》，《韶关学院学报》，2006 年第 8 期。括号内文字据相关考据补出。

② 古同“體”，身。

③ 古同“奇”，特殊、稀罕。

④ 古同“于”。

⑤ 古同“鑽”，穿孔，打眼。

迄安聂，六泷作难，湍濑潫潫，泫沄潺湲，虽《诗》称百川沸腾，高岸为谷，深谷为陵，盖莫若斯天轨所经，恶得已哉？改其下注也，若奔车失辔，狂牛无縻，（阙）勿荒忽胪，（睦或陆）不相知。及其上也，则群辈相随，檀柁提（携），唱号慷慨，沈深不前。其成败也，非徒丧宝玩、陨珍奇、替珠贝、流象犀也。往古来今，变甚终矣。

于是府君乃思夏后之遗训，（施）应龙之显化，伤行旅之悲穷，哀舟人之困戹，感蜀守冰，殄绝犁魋，嘉夫昧渊，用永夷易。乃命良吏、将帅、壮夫，排颓盘石，投之穷壑，（夷）高填下，凿截回曲，弼水之邪性，顺导其经脉，断碌磕之灵波，弱阳侯之汹涌。由是小溪乃平直，大道永通利，抱布贸丝，交易而至。升涉周旋，功万于前。除昔□（颠），树（表）于兹，虽非龙门之鸿绩，亦人君之德宗。故舟人叹于洲渚，行旅语于涂陆。

孔子曰：禹不决江疏河，吾其鱼矣。于是熹平三季，岁[①]在摄提，仲冬之月，曲红[②]长零陵重安[③]区祉，字景贤，遵承典宪，宣扬德训，帅礼不越，钦仰高山。乃与邑子故吏龚台、郭苍、龚雒等，命工凿石建碑于泷上，勒铭公功，传之万世，垂示无穷。其辞曰：

乾坤剖兮建两仪，刚柔分兮有险夷。
咨中岳兮据崔嵬，叹衡林兮独倾亏。
增陵扞[④]兮甚傴陭[⑤]，鲧莫涉兮禹不窥。
仰王禽兮又崎危，俯泷渊兮怛以悲，岸参天兮无路蹊。
石纵横兮流洄洄，波隆隆兮声若雷。
或抱货兮以从利，或追恩兮以赴义。
汎舟楫兮有不避，沉躬躯兮有玄池。
委性命兮于芒绳，潜寒慄兮不皇计，泛随流兮殆忘归。
懿贤后兮发垩英，閈[⑥]不通兮治斯溪。
蹶巨石兮以湮填，开切促兮导曲机，推六泷兮弱其势。
遏泌汨兮散其波，威怒定兮混灡灡，息聊啾兮逝□□。
□□逝兮蛟龙藏，陆夫唱兮舻人歌，名冠世兮超逾伦。
今称扬兮铿流沙，功斐斐兮镇海裔，君乎君乎寿不訾。
故曲红长零陵重安区祉，字景贤。
故舍洭长南郡邔苍陆，字（阙）夏。
故涢阳守长南平丞长沙汉昌蹇秖，字宣節。
故行事耒阳（华）夏，字汉威。
故荆州从[⑦]事曲红龚台，字少谦。
故荆州从事曲红郭苍，字伯起。
故荆州从事郴王鼎，字季尼。
故南部（督邮）曲红龚雒，字（阙）然。
故吏曲红邓音，字孝良。
故吏曲红朱鹭，字义德。

---

① 古同“岁”，年。
② 古字“江”“红”通用，碑文“曲红”即东汉桂阳郡属“曲江”县。
③ 重安，即零陵郡重安侯国，辖今衡阳县地。
④ 同“捍”。
⑤ 即“崎岖”。
⑥ 闾里的门；巷门。
⑦ 此处原为“從”（音 cóng），古同“从”，是从的异体字。

故吏曲红张源，字子才。
故吏曲红龚逵，字（叔）通。
故吏曲红黄部，字（世）尼。
故吏曲红周盖，字伯嘗。
故吏曲红黄晏，字子齐。
故吏曲红马珪，字元序。
故吏曲红（潭）承，字宁升。
故吏曲红刘鸧，字季产。
故吏曲红黄祺，字（叔）仁。
故宋曲红周刁，字仲鸾。
故吏曲红刘（越），字子省。
故吏郴褚禧，字（阙）让。
故吏耒阳蔡（阙），字巳明。
(空七行)
故浈阳左尉零陵泉陵□□□□□。
故吏侦阳刘明，字仲（阙）。
故吏浈阳左胜，字仲升。
故吏浈阳左龢，字妙举。
故吏浈阳宋硕，字子张。
故吏舍讴尧禹，字公制。
故吏舍洭张邵，字（曼或宁）威。
故吏舍洭黄（详），字伯茆。
(空六行)
工（师）南阳宛王迁，字子强。

武水源于临武三峰岭，在韶关与浈水汇合始称溱水，秦汉时期是桂阳郡（治今郴州）通南海（治今广州）重要通道。东汉熹平三年（174），桂阳太守周憬疏浚桂阳入粤航道，工程竣工后，“商旅所臻，自瀑亭至乎曲江，壹由此水”①。

周憬疏浚武水，是最早见于文献的湘粤航道工程，在水利史、交通史上均有重要意义。郴州、桂阳及广东韶关、乐昌等地曾建有祠庙纪念，称其善政。

郭苍，字伯起，广东曲江人，曾为荆州从事。东汉熹平三年（174），桂阳太守周憬开导武水六泷，郭苍为之撰碑铭，以纪其德。

二、（善化南湖港）开河通商议详纪略②

善化知县 唐源 明万历四十一年（1613）

窃照：来百工则财用足，通百货则生计饶。长善之民，自万历戊子（1588）荒歉以后，十逃九

① （清）同治《桂阳直隶州志》，卷第八，清同治七年刻本。

② 录自（清）康熙《长沙府志》，典章志，清康熙二十四年刻本。原文介绍了疏浚南湖港历史背景：“嘉靖四十三年，推官翟台议将南湖港开河未成。万历二十八年，守道金学曾、知府刘袓奉两院又议南湖港开通，以入觐寝。四十一年，知县唐源复具详申。”

窜，村落成墟。兼以城市所居，强半系流寄之民，在土著者十无二三，且性拙而习懒。其务本者，不过从事一熟之田畴。至于麦、豆、竹、木，皆可生利，而彼不事。其逐末者，不过肩一瓜一菜，及持罟网，觅蝇头于苍莽烟水之间，所售几何？夫资生无策，则病在民。民生无资，何以责之完国课？则其病又在官。

兹欲上下两利，莫于复水利一节。盖府城逼临湘江，而船只不泊者，以沿江不得小港，风起涛涌，则有漂撞之虞；若随便星栖，声援孤孑，又未免盗贼之患。此商船之所以远徙也。

今查善化南湖港，在城外咫尺。先是推官翟呈请开成小港，一时称便。但开浚浅狭，未尽肯綮。又，所起之土多堆港上，雨水淋漓，岸复倾圮，泥复堆积，故未久遂淤塞。然其迹尚在也。若加工开浚得法，有四利焉：

本港开成，可容百船。每船可余十人，日用柴米蔬菜称是，则一日有千人之费也，小民贩者不日增千人之售乎？其利一。

商船多往湘潭，以舍湘潭无可栖泊。计一县所需，宁敌一府？且府有藩封，有各卫宇，货物易售，不但利民，且利商。其利二。

今此肩脚之民，不过竹木砖瓦而已，虽有余力，无所用之。此港开而担负累累，是贫民衣食之薮也。其利三。

商货聚则四方之人聚。以四方之财，供一方之利，所得倍常，兼可转瘠而为饶。其利四。

至于兴工之两费，则就两县代监利县起解之银每年六十余两，又，每年登报赎银计五百余两，申详借支后，而逐年洒补。此可不劳民间丝毫之力而坐享成功者也。若夫监督之得人，开浚之有法，工食之依期散给，皆可以运筹而算者。开一港而有四利无一害，亦何惮而不为？缘系地方兴利缘由，合行申详。

附　开河议①

善化知县 唐源 明万历四十一年（1613）

善化南湖港，在城外，兴功开浚，有四利焉。本港开成，可容百船。每船可容十人，日用柴米蔬菜称是，小民贩鬻者日增千人之售，其利一。商船向泊湘潭一县，所需宁敌一府。河成，则货物易售，不惟利民，且利商，其利二。小民以肩脚为业，虽有余力，无所用之。此港开，而担负累累，是贫人衣食之薮也，其利三。商贾聚则四方之民聚。以四方之财，供一方之利，所得倍常，兼可转瘠为饶，其利四。至于工筑之费，则就两县代监利县起解之银，及每年登报赎银，详请借用，逐年洒补。可谓不劳民间丝毫之力，而坐享成功者也。

南湖港即古之“船官”，郦道元《水经注》载，船官“北对长沙郡……湘州商舟之所以次也”。②宋元期间，逐渐淤塞。明万历年间，善化知县唐源动议疏浚南湖港。清乾隆十一年（1746）、二十一年（1756），湘抚杨锡绂和陈宏谋又两次疏浚南湖港，“筑分水坝以刷泥沙，开月形渠以畅水势”，南湖港再度成为船舶屯集的港区（图2-5-1）。

唐源，浙江钱塘人，明万历间任善化县知县，致力于开河通商，筹开拓南湖港，以利舟楫，后病卒于任。

---

① 湖南省地方志编委会：《光绪湖南通志（点校本）》，长沙：湖南人民出版社，2017年，第560页。

② 《水经注·卷三十八》。

图 2-5-1 20 世纪 30 年代的南湖港码头（陈先枢 供图）

三、重建（沅陵）瓮子洞虎子矶铁索记[①]

辰州知府 刘应中 清康熙二十一年（1682）

楚之水，大于洞庭，而险于辰河。河之源发自夜郎，经数千里抵桃源，历武陵而下，与洞庭汇。其险与瞿塘滟滪相伯仲，而沅陵、桃源接壤之间，有所谓瓮子洞虎子矶者，其险尤甚，崇岸峭壁，兀立如削，为舟之所必经，既无仄径可施牵缆，又无岩罅可用钩挽，遇春夏泛涨，水高石怒，舟必停泊以俟其平，稍触之未有不漂流而倾覆者。

庚申[②]（1680）春，余策马山游，访之故老，知其处旧有铁索，为善士廖翰文之所施。凿石平挂半崖，舟至此以钩逆挽而前，足不劳而随舟以进，其法甚善，游宦商旅之食德亦已旧矣。既而岁久，余其半，复值变乱，有恐其利舟楫者尽去之。余守是邦，慨然思复其制。未几，督运黔疆，奔走未遑也。

及辛酉（1681）春暮归，自贵州顺流下武陵，过瓮洞，见穿石挂索迹宛然存，于是决意修举。遍告诸大吏，咸许为可。回途复值霖雨泛滥，舟泊洞下累日，以俟其平。及解缆，舟与水争，而长年三老目骇神摇，身历之，益竦然惧。抵郡后，遂力成之。爰召铁工计费约需千余金，余捐五百金为倡，而文武诸君子咸乐施，以成其事。用是鸠工庀材，始于是年仲秋，越明年（1682）季夏而成。铁索凡一百二十有七丈，计铁三万余斤，合资一千四十两有奇，盖以重大而期悠久也。其穿挂之法，则于瓮子洞之平崖、狮子崖、走船溪、腰眼溪、长湾头以及上虎子矶、下虎子矶与沙湾，各在其崖之广狭平险以施索之长短。其法较昔更为详密，复令近崖里民，随时守护，而操舟溯流者，可无停滞颠覆之虑，而忘其为险矣！

事竣，谨志其颠末，并文武诸君子姓名于石，以垂不朽。

---

① 沅陵县地方志编纂委员会：《沅陵县志》，北京：中国社会出版社，1993 年，第 785-786 页。

② 《沅陵县志》原文甲申，指顺治甲申（1644）或康熙甲申（1704），这两个时间点与作者任职辰州的年限不符。经笔者考证，甲申应为“庚申”之误。

瓮子洞纤道位于沅陵五强溪镇、沅水北岸，始设于明，清康熙、道光年间皆有修缮[①]，湖南省级文物保护单位（图2-5-2）。

图2-5-2 瓮子洞古纤道（唐世兴 摄）

刘应中，字养和，号雅庵，直隶井陉人，清顺治五年（1648）拔贡，曾任余杭县丞、武昌同知及凤阳知府、辰州知府等职，著有《一介录》《重建瓮子洞虎子矶铁索碑记》《平苗记》《边墙议》等作品。

四、（洞庭舵杆洲）皇泽记[②]

清世宗 爱新觉罗·胤禛 清雍正九年（1731）

朕闻洞庭一湖，绵亘八百里。自岳州出湖，以君山为标准，一望渺杳，横无涯际。而舵杆洲居西湖之中，去湖之西岸，或百余里，或二百余里。舟行至此，倘风涛陡作，无地停泊，亦无从拯救，多有倾覆之患。昔人曾经创议，若于此处建筑石台，则狂风巨浪之中，商船有湾泊之所，实有裨益。只以水中立基，工用浩繁，事不果行。朕以勤求民瘼为心，凡内外远近地方，疏浚修筑工程，可以利济群生者，无不乐为兴举。况商贾行旅之往来，可避风涛之险，登衽席之安，尤事之所当举者。

查营田水利捐纳项内，有平余银二十万两，着将此项银两解送楚省，交与总督迈柱，会同巡抚赵宏恩，遴选贤能之员，相度估计，悉心经理，建筑石台，以为舟船避风停泊之所。务期修造坚固，以垂永久，毋得草率塞责。特谕。

---

① （清）同治《沅陵县志·卷四》："瓮子洞，县东一百八十里，形如廪，水声如瓮响，沿江岸峭壁深潭，昔无纤路。明百岁翁廖善人汉文制铁索数百丈，凿孔系索，舟行始利。清朝康熙初年，岳常道迟日豫损赀重制，嗣辰州知府刘应中又重制。道光年间，铁索俱折毁，知府方传穆出里人黄凤善前捐铁二千余斤，并捐廉若干，谕庠生许文耀董其事，重制铁索数百丈，雇石工凿纤路，较旧倍宽，越数月工始竣，行者称便。"清光绪二十八年补版重印本。

② 朱三明：《湖南水路交通史60年》，长沙：湖南教育出版社，2015年，第355页。

清雍正九年（1731），朝廷拨银20万两，在洞庭湖航线要冲舵杆洲建造石台①。这是洞庭湖历史上第一项由朝廷建设的水运工程，也是中国历史上第一座人工岛屿。乾隆元年（1736）完工后，设救生船12只。顶桅日悬旗，夜张灯，雾则灯、旗、鼓并举，导引船只避风泊岸。咸丰二年（1852）太平军占领舵杆洲，石台遭到破坏，1970年被彻底拆毁。《舵杆州的传说》入选华容县非物质文化遗产目录（图2-5-3）。

图2-5-3 洞庭景观图中的舵杆洲（上）②

五、祁阳大营驿记③

岳飞 南宋绍兴二年（1132）

权湖南帅岳飞，被旨讨曹成，自桂岭平荡巢穴，二广湖湘，悉皆安妥。痛念二圣，远涉沙漠，天下靡宁。誓竭忠孝，赖社稷威灵，君相圣贤。他日扫清强虏，复归故国，迎两圣还朝，宽天子宵旰之忧，此所志也。顾蜂蛾之群，岂足为功？因留于壁。绍兴二年七月初七日。

附 立岳将军题大营驿碑记

唐顺之 明嘉靖年间（1522—1566）

庄子以子之于父，为命之不可解；以臣之于君，为义之无所逃，意若以君臣为强。合子曾疑其不

---

① 据中国第一历史档案馆藏“朱批奏折”之《奏报洞庭湖舵桿洲建筑石台增减工程事》所述，石台砌筑之法：水底用木桩流栅打成基脚，出水面后砌以石条，从水底基脚计算，共四十层，高五丈。于两堤中心四十丈填土三丈五尺，庙宇建立其上，周围有石十层，庙宇尽盖铁瓦。南北两堤各长九十六丈，宽二十丈，中实以土。于堤之中心四十丈，东西增砌横堤二条，牵制南北二堤，连成一片；南北二堤砌石四十层，于南堤外中四十丈增砌三十三层月台拥护，又增砌石墩四个，两个拥护于外，两个牵制在土内，堤外中四十丈增砌方石台三个拥护于外，堤外又填以土拥护。建成后的石台，周围二百五十七丈二尺，袤九十六丈，高六丈，址广三十丈，顶二十丈。

② 湖南省国土资源厅：《洞庭湖历史变迁地图集》，长沙：湖南地图出版社，2011年，第105页。

③ （宋）岳珂：《金佗稡编》，卷十九，明嘉靖二十一年刻本。

然，观岳侯所题大营驿壁，其处心积虑，未曾一日不在于复中原，迎二帝，眷眷若赤子之于慈母。然此岂无所逃而为之？其亦有所不可解者乎？侯之言曰："君臣大伦，根于天性。"此侯之所以自状，而吾之所谓异乎庄子者耶！彼高宗者，乃忍于忘父，臣卤其独，何心且已。既已，忍于忘父矣，有臣焉为之急，于其父如侯者，亦竟杀之，亦独何心？呜呼！纲常万古事也，其磨灭与不磨灭，只在此心之死与不死而已。高宗之为，心何如也？宜侯之，竟以杀身，而中原卒不可复，二帝卒不可还。

大营驿故在永州，侯所题字久而湮没。余父为是州，勒之石，而竝侯所题广德金沙寺勒之。盖侯之心，尚炯然在宇宙间未死也，固不系乎？石之勒与不勒虽然，使忠臣、孝子、英雄之士，过而读焉，其将慷慨泣下沾襟，而继之以怒发冲冠者乎！

图 2-5-4　清乾隆四十九年立《宋武穆岳公忠义碑》（刘劲明 摄）

大营驿，位于今祁东县双桥镇大营市。南宋绍兴二年（1132），岳飞曾在此宿营，并题记于驿壁。明嘉靖年间，永州知府唐瑶子唐顺之撰《立岳将军题大营驿碑记》，并将岳飞《大营驿记》和建炎四年（1130）《广德军金沙寺[1]壁题记》合壁勒之。清乾隆四十九年（1784），后人复刻《宋武穆岳公忠义碑》（图 2-5-4），内容如下：

权湖南帅岳飞被旨讨曹成，自桂岭平荡巢穴，二广湖湘悉安。爰痛念二圣涉沙漠，天下靡宁，誓竟忠孝。赖社稷威灵，君相贤圣，他日扫清强虏，复归故国，迎两宫还朝，宽天子宵旰之忧此所志也。顾蜂蚁之群，岂足为功？因留于壁。绍兴二年七月初七日题祁阳大营驿。

附题广德金沙寺壁

余驻大兵宜兴，缘干王事过此，陪僧僚，谒金仙，徘徊暂憩，遂拥铁骑千余，长驱而往。然侯立奇功，殄丑虏，复三关，迎二圣，使宋朝再振，中国安强。他时过此，得勒金石，不胜快哉！建炎四年四月十二日，河朔岳飞题。

乾隆四十九年岁次甲辰仲冬月。

六、湘阴湘水驿记[2]

湘阴知县 邵庶 南宋宝祐二年（1254）

邑介湖南北间，为水陆冲要。使车行部，幕府沿檄，县官始终，更往往税驾僧舍，或僦居于民，非便也。旧有驿，嘉泰（1201—1204）间令尹王君创。岁久弗葺。木蠹且腐，栋桡勾复支。因曰此邑大夫责也，余虽代庖者，其敢辞。

一日乃视其地，吾夫子宫墙在焉。印州文星森其前，而颓檐败壁其左，外观非美，内失所以崇重

① 广德军金沙寺，位于安徽省广德县东亭乡阳岱山村。

② 《永乐大典》，卷之五千七百六十九，钞本。

意。春秋凡役必书，余是役有名矣。亟撤朽弊而去之，吏相顾骇愕，且云将何所取财？余谓先正有言，财在天地间，只有此数，不在官则在民。盖以聚之官，不如散之民，百姓足，君孰与不足之义也。矧惟财在县家者，亦只有此数。不在公则在私，则聚之官，先正犹以为不可，财聚之私，其不可亦甚矣。余无私焉，或者其可乎？吏始叩头禀命曰可矣。

乃龟卜，乃鸠工。市竹木于江浒，而牙桧不知；市砖瓦于窑户，而乡保不预。匠日给以直，又时劳之，而人忘其劳。由门观而听事，由书院而堂宇，前列舍，后置庖湢，至者如归焉。既成，匾曰湘水驿。

湘四通八达之区也。国家全盛时，朝京者，道所必由。上方有事，于荆州用武之国，当有挚中原版图上职方者。驷马驱驰，轺车骆驿，则此驿不虚设矣。是不可不书以纪岁月。

时宝祐甲寅孟夏，大名邵庶记。

湘水驿，位于湘阴县境，始建于北宋元祐年间（1086—1094），南宋嘉泰年间（1201—1204）重建，南宋宝祐二年（1254）重修，元代改称笙竹站，明清更名笙竹驿。

七、平江邑大路改驿考[①]

湖广巡抚 吴琛 明成化七年（1471）

巴陵、湘阴两县相去路仅三百里，中距洞庭，虽设水驿，一遇风涛，公使艰阻，故多取陆而行，路远驰驱，仆马疲毙，不可胜计，民甚苦之。

成化六年（1470）七月九日，予巡行平江，宿大荆铺，溽暑房陋，不堪寝处，怀抱为之郁闷。时岳守吴节随行，因间言，此地介乎巴湖之中，建一驿甚为官民两利，但未有举而行之者。予允其言，遂疏于朝，蒙恩赐行。爰命有司区画工料，委官经理。于平江、浏阳二邑佥马十二匹，铺陈随之。驿则隶于平江，不三月工将告成。

七年四月六日，予率属往观，喜驿之规模宏敞，地址扩衍，实为官道之壮，且利于公使。爰序其由，勉赋近体一律，用记其事。

旧长沙大路在县西南太平、永平、里梅、牛冈四铺而行，永平且定为小站，至是奏设大荆驿改路，因撤四铺，建长乐、仰山、山峡三铺，三铺司兵虽隶平邑，而地属湘阴管辖。

大荆驿，位于今汨罗大荆镇，湖广古官道上，始建年代不详，明成化七年（1471）重设驿站。

吴琛（1425—1475），字舆璧，号愚庵，安徽繁昌人。明景泰二年（1451）进士，曾任迁安知县、右佥都御史、甘肃巡抚、湖广巡抚、两广总督等职，著有《愚庵集》。

八、平江大荆驿记[②]

岳州知府 戴濬 明成化七年（1471）

大荆驿基，今在大荆铺侧。自兵燹之后，驿废铺存。岁庚寅（1470），前巡抚繁昌吴公历平江而寓于铺，暑溽不堪。时郡守眉山吴节偕行，进曰，巴陵、湘阴相距几三百里，此地界乎其中，若建一驿甚为官民两利。吴公是其言，乃檄大参稷山宁公瑛，宪副云间郁公文博，审度其地，而核实相宜，疏于朝，报可。诠驿丞赵瑄来司驿事，隶于平江，经费区划则属于长、岳二郡，乃命长沙府经历卢炯、

① 平江县志编纂委员会：《明清方志汇刊·平江县志》，北京：国防大学出版社，1994年，第656页。

② 仇润喜、刘广生：《中国邮驿史料》，北京：北京航空航天大学出版社，1999年，第79-80页。

岳州府照磨杨信、巴陵县县丞马珍分董役事。承命惟谨。前为楼，中为厅，东西为廊，燕息有亭。彩绘焕然，不浮于度。总为屋五十楹，三月而告成。至于经制之所未备者，一委之瑄。起仓库，成桥梁，立榜屋，湫街道，而又凿井通池，垦田开圃。凡奇花异草，松柏蔬草之类，靡不植之，间生瓜豆之异，人以为瑞云。

戴浚，字文哲，福建福州人，明天顺四年（1460）进士，成化间以户部郎中出任岳州知府，有《明斋集》《岳阳宦纪》等作品存世。

九、公移详豁（兴宁）小拨船差[1]

清雍正十三年（1735）

等因准此。该卑职查得事关装运军糈急务，难容稍延时刻，当即密差干役，前去县属各埠头，着落各船总星飞雇觅外。惟是职查宪治，及卑邑地方之小拨船只，船身仅长丈余，宽只二尺余寸，其船头则只高数寸，而水手亦只容一人，凡往来长衡一带，稍有风息，即为停泊而不敢行。此久在各宪洞鉴之中。

今查长衡运米赴黔，必由长沙以抵常德，由常德转入辰河，方抵黔境。无论辰河之清浪等滩，船小夫少，滩高浪涌，万难直上。即自衡至常，尽皆大江，且中隔天星等湖，一遇风起，则波涛汹涌，雪浪滔天，似此如瓢小拨，使其负彼重载，冲风破浪而行，能保其相安无事者，诚万难也。所以前奉取小船运米前往龙驹寨等处，亦只取用□舡，而并不议及于郴属之小拨，此即可为前鉴矣。

卑职微□末员，固不应妄为冒详，以干推延之咎，但事关军糈重务，卑职既深知碍难施行，若竟默壅于上闻，倘将来船不能载，另行雇觅，则往返耽延，而军糈已被迟误。且恐一经勉强压令装载，而大江之风滔天，设有疏虞，在船户之一身一舟固无足惜，其如万不可缓之军需何?

是以不揣冒昧，除一面现在将船雇觅外，相应具文，详请宪台俯赐鸿裁，或应照依来关，即将各船押往衡河听用。或候宪慈，转请各宪酌夺，暂缓开行，以免虚糜国帑，穷民枉受奔驰，则弹邑官民，均沫洪恩无既矣。

《兴宁县志》卷十五艺文志（上）

十、（益阳）龙舟记[2]

益阳 周代炳 清道光年间（1821—1850）

湖湘竞渡之俗莫盛于益。每麦秋，沿江无赖水陆索资，行旅苦之。

龙舟长十丈许，巨木为脊，以竹絚络首尾，浇以沸汤绞之，木虽坚亦翘如张弓，内设横木，如齿。可容百数十人。外傅薄板，饰以彩绘鳞爪，首尾毕具旗，别以色。舱中坐者桡四尺，立者桡七尺，两两相间。前坐二人名分水桡，以趫技善博者充，后一人名柁尾桡，择老成谙水者充之。设钲一、鼓一、铳一、长竿一，斗械俱备，旁置别舸三四，藏骁健以备助。在关王夹者曰关王船，黄泥湖者曰扁担船，在粟公港者曰紫山船，在千家洲者曰玉皇船，各以旗辨其地。

自五月朔至端午日，每日啸侣江干，裹红巾排列登舟。舟始行，钲鼓徐应，坐者缓桡而进，立者竖桡而歌，整以暇也。迨两三舟相近，鼓乃急，立桡、分水桡具下，竿摇水激，呼声雷动，江水为沸，

① 郴州地区交通志编纂领导小组办公室：《郴州地区交通志》，长沙：湖南出版社，1993年，第353页。
② （清）同治《益阳县志》，卷二，清同治十三年刻本。

舟行迅疾，虽杨幺水轮不及也。

数舟争进，须臾渐分胜负。捷者更捩舵绕出，其舟放铳三，两岸观者各为喝彩，而揶揄其负者；负者忿而思逞。稍让则已，否则豕突羊奔，不覆不止。嘉庆戊寅年，以斗致溺者，捞尸七十有三，皮肤将腐矣，犹怒目举桡作斗状，可笑也。

市楼有女方簸米，目注龙舟，因手助势，而米已拨去无余。又舟妇方乳儿，闻龙舟鼓紧，抱亦紧，儿啼，急犹曰：莫哭莫哭，看尔爷爷赢船。比觉儿已气绝怀中矣。

是日沿江演剧，观者如堵，彩船画楫，箫管间奏，酒馔丰饫。妇女也盛饰相炫耀，往来杂沓。守土者亦屡设禁，迄不能止，则知因一时之凭吊而成千载之习俗，贻患至中于人心，岂非积之以渐、沿而不革哉？因书其事，以谂夫长吏之辱临兹土者。

周代炳，生卒年不详，益阳桃江人，所著《龙舟记》为有据可考的第一篇关于益阳双桡龙舟（图 2-5-5）的记载。

图 2-5-5　省级非遗项目——益阳兰溪双桡龙舟竞渡[1]（刘太平 摄）

十一、重修（澧州）兰江驿记[2]

澧州知州 魏式曾 清同治七年（1868）

昔先王怀抚区夏，百辟群后，悉主悉臣，于是有正朔宪典之颁，有锡命采风之事，甸候五服，各恭厥职，报政于上，使节简书，交错涂道。其或王命急宣，征卒发旅，牙璋虎符，昼夜千里，四马双轮，力殚不给，乃为驿邮传舍，达于四表，然后朝廷训命，邦国谟告，下逮上达，无有失时，外薄海隅，罔敢或遏。

驿之为政，亦重矣哉！成周之世，左氏所记，若晋侯以传召伯宗，子产乘遽入国，楚子以驿至于

① 双桡龙舟由两层人力划桨，坐着划的叫坐桡，桡长约 80 厘米；站着划的叫插桡，桡长达 2 米；另有吹唢呐、击鼓、鸣锣、放铳、掌舵者多人，一艘双桡龙舟最多可容 100 余人，气势颇为壮观。

② 常德地区交通局：《常德地区交通志》，长沙：湖南出版社，1992 年，第 331 页。

临品，至于罗汭，皆传车也。秦置乘传副车食厨，汉初承秦不改，后汉以费繁省车置骑，是为舍车用骑之始。秦汉之驿相去皆三十里。唐书百官志凡驿三十里一置，犹古者一舍之数。故其马力有余，行速而不疲弊；后世节用，稍从省并，往往合数驿为一驿，马劳困倍于前代。然则刍秣之洁，厩庑之安，所以爱护而调习之者，不可以不亟讲也。

澧之为州，据荆楚，腹缄封，旌节往来相缉，有驿三，相去皆六十里。附于城东隅者，曰兰江，马四十有五，馆舍闲枥毕具。阅岁既久，圮败不完，刍秣无所，夫以事繁责重之地，而颓坏不饬，至于如此，欲其马不踬路，事毋壅滞，盖亦难矣。余知是州，谋亟新之，徒以乏财未果。昔汉薛宣之子令彭城，邮驿不修，宣以为无能。用是滋惧，乃节廪禄所入以资工，缮葺而完治之。堂室厩枥，皆如旧制。今受代将行，爰略述驿政之所系，闲枥之宜修，为来者告；犹望以时补治，弗使摧折朽败如前日也，幸甚。

兰江驿，位于澧州城东、北京至昆明古官道上（图 2-5-6）。

魏式曾，字镜余，直隶临榆（今河北山海关）人，道光二十年（1840）举人，曾任武陵知县、澧州知州、永顺知府等职。

图 2-5-6　兰江驿旧照
（西班牙传教士 摄于清末民初）

第三章　行旅诗篇 凉亭楹联

交通是社会生活基本要素之一，古人诗歌、楹联多有体现。如《诗经·大雅》描述周文王婚娶："亲迎于渭，造舟为梁。"又如《诗经·何草不黄》赞洛邑交通之便："有栈之东，行彼周道。"

道路、桥头、渡口等处的凉亭楹联，根植于历史文化与山川地理，是浓墨重彩的交通人文景观。清末南洲直隶厅（今南县）劝学所总董秦俶元题赤松亭联共292字，比有"天下第一长联"之称的昆明大观楼联还多112字，是湖南最长联、国内少有长联之一。

第一节　行旅诗篇

诗歌源于古先民劳动呼声，是一种有声韵、有歌咏的文学形式。包括屈原、宋玉、贾谊、梁元帝、陈后主、李白、杜甫、韩愈、白居易、柳宗元、孟浩然、刘禹锡、欧阳修、苏轼、秦观、陆游、朱熹、范成大、文天祥、王阳明、解缙、李东阳、张居正等在内，很多文人骚客在三湘四水留下或感慨、或赞叹、或迷茫、或悲戚的行旅诗篇。其中，屈原的"路漫漫其修远兮，吾将上下而求索"，入选《湖湘文化经典百句》之首①。

一、先秦两汉

楚国诗人屈原创作的《楚辞》，以浪漫主义手法书写家国忧思，想象丰富，瑰丽多情，是湖湘乃至华夏最璀璨的古代文化符号之一。两汉时期，无论是溯舟湘水的贾谊，征战五溪的马援，还是泛游九嶷的蔡邕，他们的诗赋既有飘摇命运里的愁思沸郁，又有对家国存殁与共的深情剖白，也侧面反映了彼时交通发展情况。

九章②·涉江

战国 屈原

余幼好此奇服兮，年既老而不衰。
带长铗之陆离兮，冠切云之崔嵬，被明月兮佩宝璐。
世混浊而莫余知兮，吾方高驰而不顾。
驾青虬兮骖白螭，吾与重华游兮瑶之圃。
登昆仑兮食玉英，与天地兮同寿，与日月兮同光。
哀南夷之莫吾知兮，旦余济乎江湘。
乘鄂渚而反顾兮，欸秋冬之绪风。
步余马兮山皋，邸余车兮方林。
乘舲船余上沅兮，齐吴榜以击汰。
船容与而不进兮，淹回水而凝滞。
朝发枉陼兮，夕宿辰阳。
苟余心之端直兮，虽僻远之何伤。
入溆浦余儃佪兮，迷不知吾所如。
深林杳以冥冥兮，乃猿狖之所居。

---

① 李跃龙：《湖湘文化经典百句》，长沙：湖南人民出版社，2018年，第3页。

② 《九章》，《楚辞》篇名，是屈原所作的九篇散诗的合集。

山峻高以蔽日兮，下幽晦以多雨。
霰雪纷其无垠兮，云霏霏而承宇。
哀吾生之无乐兮，幽独处乎山中。
吾不能变心而从俗兮，固将愁苦而终穷。
接舆髡首兮，桑扈臝行。
忠不必用兮，贤不必以。
伍子逢殃兮，比干菹醢。
与前世而皆然兮，吾又何怨乎今之人？
余将董道而不豫兮，固将重昏而终身！
乱曰：鸾鸟凤皇，日以远兮。
燕雀乌鹊，巢堂坛兮。
露申辛夷，死林薄兮。
腥臊并御，芳不得薄兮。
阴阳易位，时不当兮。
怀信侘傺，忽乎吾将行兮！

《涉江》记述了诗人流放路径：渡江湘（旦余济乎江湘），登鄂渚[1]（乘鄂渚而反顾兮），先骑马过山（步余马兮山皋），再乘车至方林[2]（邸余车兮方林），继溯舟沅水（乘舲船余上沅兮），经枉陼[3]、辰阳（朝发枉陼，夕宿辰阳），抵溆浦[4]（入溆浦余儃佪兮），留下了许多交通地理信息。

屈原（前340—前278），字原，又自云灵均，战国诗人，著有《离骚》《九章》《九歌》等不朽诗篇（图3-1-1）。其中，《离骚》“步余马于兰皋兮”“麾蛟龙使梁津兮”“屯余车其千乘兮”，《招魂》“轩辌既低，步骑罗些”，《惜往日》“乘氾泭以下流兮，无舟楫而自备”等诗句，反映了当时的交通状况和舟车技术水平。

图3-1-1　汨罗屈原墓，有疑冢12座，分布于汨罗山上

① 鄂渚，后代注家均从洪兴祖《楚辞补注》，认为其在今武昌西面。而据潘啸龙、张中一等学者考证，认为鄂渚位于长江与湘江交汇的水中小洲，位于洞庭湖畔附近。参阅潘啸龙：《〈涉江〉新解》，《求索》，1983年第2期；张中一：《浅探〈涉江〉中的几个问题》，《求索》，1986年第5期。

② 方林，《屈骚指掌》载“即今岳州府方台山也”（卷三，清乾隆五十一年刻本），今长江北岸。

③ 枉陼的地望，史学界有不同理解，大多数认为在常德一带，也有人认为是泸溪、白沙或者浦市。参阅柴焕波：《武陵山区古代文化概论》，长沙：岳麓书社，2004年，第103页。

④ 据陈致远考证，辰阳地望并非《水经注》所记的汉辰阳（今湖南辰溪县），而位于今湖南汉寿县；溆浦，也并非《元和郡县志》所载唐溆浦（今湖南溆浦县），也在汉寿县。参阅陈致远：《屈赋中“辰阳”和“溆浦”地望异议》，《衡阳师专学报》，1993年第5期。

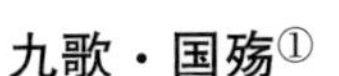

九歌·国殇[1]

操吴戈兮披犀甲，车错毂兮短兵接。
旌蔽日兮敌若云，矢交坠兮士争先。
凌余阵兮躐余行，左骖殪兮右刃伤。
霾两轮兮絷四马，援玉枹兮击鸣鼓。
天时坠兮威灵怒，严杀尽兮弃原野。
出不入兮往不反，平原忽兮路超远。
带长剑兮挟秦弓，首身离兮心不惩。
诚既勇兮又以武，终刚强兮不可凌。
身既死兮神以灵，魂魄毅兮为鬼雄。

《国殇》描绘了秦楚车战的惨烈景象，或与公元前280年秦军进攻楚黔中，夺取郡治沅陵和诗人流放地溆浦[2]，迫使屈原流落汨罗河畔、最终投水自尽的史事有关。

九辩（节选）

战国 宋玉

愿自往而径游兮，路壅绝而不通。
欲循道而平驱兮，又未知其所从。
然中路而迷惑兮，自厌桉而学诵。
性愚陋以褊浅兮，信未达乎从容。

宋玉（前298—前222），字子渊，号鹿溪子，战国辞赋家，诗人，曾任楚议政大夫等职，晚年居临澧宋玉城。

吊屈原赋

西汉 贾谊

谊为长沙王太傅，既以谪去，意不自得；及度湘水，为赋以吊屈原。屈原，楚贤臣也。被谗放逐，作《离骚》赋，其终篇曰："已矣哉！国无人兮，莫我知也。"遂自投汨罗而死。谊追伤之，因自喻，其辞曰：

恭承嘉惠兮，俟罪长沙；侧闻屈原兮，自沉汨罗。
造托湘流兮，敬吊先生；遭世罔极兮，乃殒厥身。
呜呼哀哉兮，逢时不祥。鸾凤伏窜兮，鸱枭翱翔。
阘茸尊显兮，谗谀得志；贤圣逆曳兮，方正倒植。
谓随、夷为溷兮，谓跖、蹻为廉；莫邪为钝兮，铅刀为铦。
吁嗟默默，生之无故兮；斡弃周鼎，宝康瓠兮。
腾驾罢牛，骖蹇驴兮；骥垂两耳，服盐车兮。
章甫荐履，渐不可久兮；嗟苦先生，独离此咎兮。
讯曰：已矣！

---

① 九歌，原为远古歌曲名称，屈原据沅湘民间祭祀悼歌改编而成，共十一篇。国殇，指为国捐躯的人。

② 蒋响元：《筚路蓝缕 以启山林——湖南古代交通史（史前至清末）》，北京：人民交通出版社股份有限公司，2020年，第120-122页。

国其莫我知兮，独壹郁其谁语？
凤漂漂其高逝兮，夬固自引而远去。
袭九渊之神龙兮，沕深潜以自珍；
偭蟂獭以隐处兮，夫岂从虾与蛭螾？
所贵圣人之神德兮，远浊世而自藏；
使骐骥可得系而羁兮，岂云异夫犬羊？
般纷纷其离此尤兮，亦夫子之故也。
历九州而相其君兮，何必怀此都也？
凤凰翔于千仞兮，览德辉而下之；
见细德之险征兮，遥曾击而去之。
彼寻常之污渎兮，岂能容夫吞舟之巨鱼？
横江湖之鳣鲸兮，固将制于蝼蚁。

贾谊（前200—前168），洛阳人，汉初政论家，文学家（图3-1-2）。因司马迁作《史记·屈原贾生列传》，后世并称“屈贾”。此赋是贾谊赴长沙王太傅任途中，舟溯湘水时所作。

图3-1-2　清末长沙贾谊故居（陈先枢 供图）

武溪深行

东汉 马援

滔滔武溪一何深，鸟飞不度，兽不敢临。嗟哉，武溪多毒淫！

马援（前14—49），字文渊，扶风茂陵人，东汉名将。建武二十四年（48）马援率师征五溪蛮，因“水疾，船不得上”，阻今沅陵壶头山，次年盛夏染疾身亡。马援病没前，作《武溪深行》，令门生“吹笛以和之”，歌辞凄切。

九疑山铭

东汉 蔡邕

岩岩九疑，峻极于天。触石肤合，兴播建云。
时风嘉雨，浸润下民。芒芒南土，实赖厥勋。

逮于虞舜，圣德光明。克谐顽傲，以孝烝烝。
师锡帝世，尧而授征。受终文祖，璇玑是承。
太阶以平，人以有终。遂葬九疑，解体而升。
登此崔嵬，托灵神仙。

蔡邕（133—192），字伯喈，陈留郡圉县人，东汉文学家，曾任左中郎将等职。因议政获罪，避祸南方十余年，其间泛游潇湘，拜祭舜陵，写下此诗，有《蔡中郎集》传世（图3-1-3）。

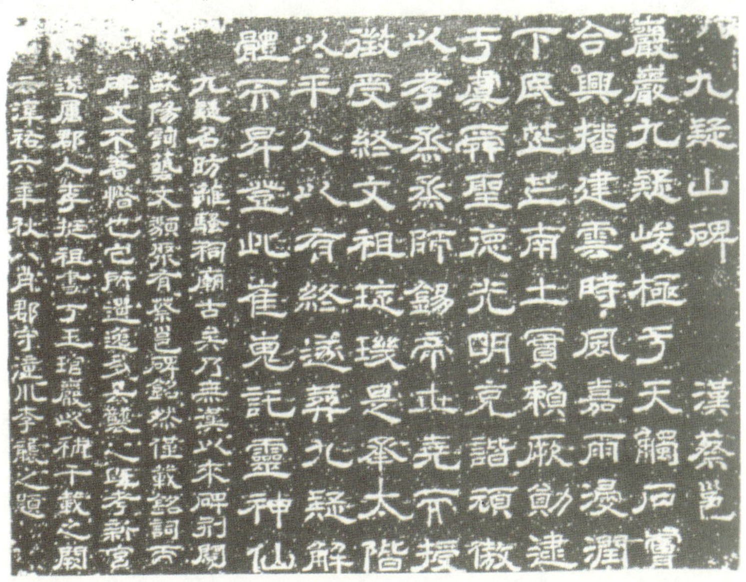

图 3-1-3　《九疑山铭》拓片[①]

二、吴晋南朝

吴晋南朝时期的诗歌自然醇美，繁缛华丽，宏大叙事色彩渐弱，美只关乎美本身，只关乎存在本身顷刻须臾的喜悦或惆怅。

三洲歌[②]

晋 佚名

其一

送欢板桥弯，相待三山头。遥见千幅帆，知是逐风流。

其二

风流不暂停，三山隐行舟。愿作比目鱼，随欢千里游。

其三

湘东酃醁酒，广州龙头铛。玉樽金镂碗，与郎双杯行。

三洲，指巴陵三江口（洞庭水入江处，图3-1-4）三个小洲。《旧唐书·音乐志》：“《三洲》，商人歌也。商人数行巴陵三江之间，因作此歌。”

---

① 湖南省文物局：《湖南文化遗产图典》，长沙：岳麓书社，2008年，第26页。
② 湖南省地方志编委会：《光绪湖南通志（点校本）》，长沙：湖南人民出版社，2017年，第733页。

图 3-1-4 巴陵三江口（岳阳市委宣传部 供图）

始安郡还都与张湘州登巴陵城楼作

南朝宋 颜延之

江汉分楚望，衡巫奠南服。三湘沦洞庭，七泽蔼荆牧。
经途延旧轨，登闉访川陆。水国周地险，河山信重复。
却倚云梦林，前瞻京台囿。清氛霁岳阳，曾晖薄澜澳。
凄矣自远风，伤哉千里目。万古陈往还，百代劳起伏。
存没竟何人，炯介在明淑。请从上世人，归来艺桑竹。

该诗作于南朝宋元嘉三年（426），是中国诗歌史上第一首咏岳阳楼的诗。“始安郡”即今广西桂林，“都”指首都建康（今南京），“张湘州”即湘州刺史张劭，“巴陵城楼”即今岳阳楼（图 3-1-5）。

颜延之（384—456），字延年，琅琊临沂人，南朝宋文学家、文坛领袖人物。曾任始安郡守、光禄大夫等职，有《颜光禄集》传世。

图 3-1-5 岳阳楼旧影［陶冷月（1895—1985）摄于 1925 年］

新亭渚别范零陵

南朝齐 谢朓

洞庭张乐地，潇湘帝子游。云去苍梧野，水还江汉流。
停骖我怅望，辍棹子夷犹。广平听方籍，茂陵将见求。
心事俱已矣，江上徒离忧。

谢朓（464—499），字玄晖，斋号高斋，陈郡阳夏县人，南齐诗人，曾任宣城太守、中书郎等职，有《谢宣城集》存世。

范云，南齐诗人，曾任零陵内史等职。

发湘州赠亲故别

南朝梁 吴均

其一

相送出江浔，泪下沾衣襟。何用叙离别，临歧赠好音。
敬通才如此，君山学复深。明哲遂无赏，文花空见沈。
古来非一日，无事更劳心。

吴均（469—520），字叔庠，今浙江安吉人，南朝梁文学家。

渡青草湖

南朝梁 吴均

洞庭春溜满，平湖锦帆张。沅水桃花色，湘流杜若香。
穴去茅山近，江连巫峡长。带天澄迥碧，映日动浮光。
行舟逗远树，度鸟息危樯。滔滔不可测，一苇讵能航？

据清乾隆《岳州府志》，该诗为南朝梁文学家吴均作①。一说作者为南陈阴铿。

青草湖，亦名巴丘湖，古五湖（洞庭、青草、鄱阳、彭蠡、太湖）之一，南接湘水，北通洞庭，因青草山而得名。

登二妃庙

南朝梁 吴均

朝云乱人目，帝女湘川宿。折菡巫山下，采荇洞庭腹。
故以轻薄好，千里命舻舳。何事非相思，江上葳蕤竹。

二妃庙，又称湘源二妃庙、潇湘二川庙，位于零陵潇湘交汇处、湘水东岸，祭祀舜帝及二妃娥皇、女英。柳宗元著有《湘源二妃庙碑并序》。清康熙《永州府志》：“潇湘（二川）庙，旧在潇湘滩西岸，唐贞元九年（793）三月水至城下，文武官民祷而有应，至于漕运艰阻、旱干水溢，民辄叩焉。后徙于东岸。……（洪武）四年，敕封为潇湘二川之神。”② 遗迹尚存。

---

① （清）黄凝道、谢仲埙：《乾隆岳州府志》，长沙：岳麓书社，2008 年，第 383 页。

② （清）康熙《永州府志》，卷九，清康熙九年刻本。

夜泊巴陵

南朝梁 朱超

月夜三江静，云雾四边收。淤泥不通挽，寒浦劣容舟。
回风折长草，轻冰断细流。古村空列树，荒戍久无楼。

朱超，一说朱超道，生卒年不详，《隋书》称为“梁中书舍人”。

赠王僧辩

南朝梁 朱超

故人总连率，方舟下汉池。玉节交横映，金铙前后吹。
聚图匡汉业，倾产救韩危。昔时明月夜，萌羽切高枝。
冲天势已远，控地力先疲。各言献捷后，几处泣生离。

该诗疑作于王僧辩与侯景叛军巴陵之战期间。

赴荆州泊三江口

梁元帝 萧绎

涉江望行旅，金钲间彩斿。水际含天色，虹光入浪浮。
柳条恒拂岸，花气尽薰舟。丛林多故社，单戍有危楼。
叠鼓随朱鹭，长箫应紫骝。莲舟夹羽氅，画舸覆缇油。
榜歌殊未息，于此泛安流。

梁元帝萧绎（508—555），字世诚，号金楼子，南朝梁天监十三年（514）封湘东王，南梁第四位皇帝（552—555）。萧绎善画能文，有《梁元帝集》传世（图3-1-6）。

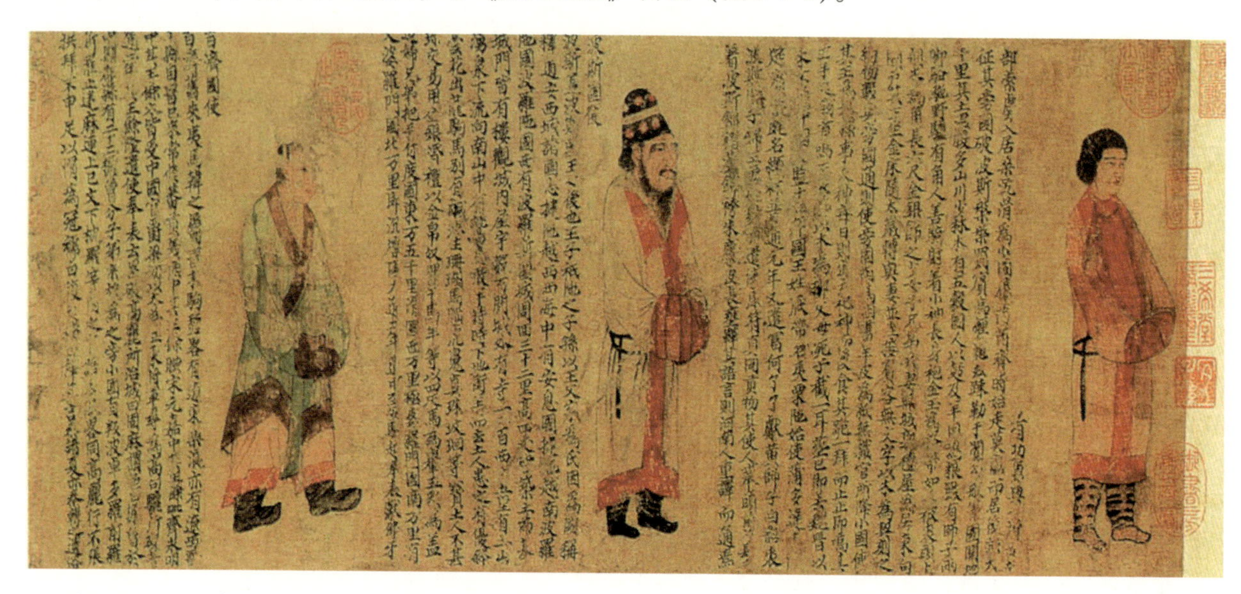

图3-1-6 梁元帝绘（宋摹）《职贡图》（局部）自右至左分别为滑国、波斯、百济国使节（中国历史博物馆 藏）

和王僧辩从军

梁元帝 萧绎

宝剑饰龙渊，长虹画彩旃。山虚和铙管，水净写楼船。
连鸡随火度，燧象带烽然。洞庭晚风急，潇湘夜月圆。
荀令多文藻，临戎赋雅篇。

王僧辩（？—555），字君才，山西祁县人，南梁名将，曾在洞庭赤沙湖水战中大败侯景叛军。萧绎即帝位后，王僧辩因功被封为司徒、侍中、尚书令、永宁郡公。

发武溪（一作武溪深行）

南朝梁 刘孝胜

武溪深不测，水安舟复轻；暂侣庄生钓，还滞鄂君行。
棹歌争后发，噪鼓逐前征；秦上山川险，黔中木石并。
林壑秋濑急，猿哀夜月明；澄源本千仞，回峰忽万萦。
昭潭让无底，太华推削成；日落野通气，目极怅余情。
下流曾不浊，长迈寂无声；羞学沧浪水，濯足复濯缨。

刘孝胜，江苏徐州人，南梁诗人，历任邵陵王法曹、武陵王长史、蜀郡太守等职。

和傅郎岁暮还湘州

南朝陈 阴铿

苍茫岁欲晚，辛苦客方行。大江静犹浪，扁舟独且征。
棠枯绛叶尽，芦冻白花轻。戍人寒不望，沙禽迥未惊。
湘波各深浅，空轸念归情。

阴铿（约511—563），字子坚，甘肃武威人，诗人。曾仕湘东王萧绎法曹参军，入陈累迁晋陵太守、散骑常侍等职。

三洲歌（又名估客乐）

南朝陈 陈叔宝

三江结俦侣，万里不辞遥。恒随鹢首舫，屡逐鸡鸣潮。
春江聊一望，细草遍长洲。沙汀时起伏，画舸屡淹留。

陈叔宝（553—604），字元秀，世称陈后主，浙江长兴人。南陈末代皇帝（582—589），陈亡后被掳至长安，受封长城县公。

三洲，指巴陵三江口（洞庭水入江处）的三个小洲。

三、隋唐五代

隋唐五代，湖南是“地极三湘，俗参百越”① 的偏远之地，文人墨客多被贬谪或迫于战乱流离至

① （唐）柳宗元《代韦刺史永州谢上表》。

此——“远客潇湘里，归人何处逢”。但比自身飘零更难忍受的，恐怕是“身寄穷荒报国难”①。盛世时“坐观垂钓者，徒有羡鱼情”② 的婉转，乱世中只剩“戎马关山北，凭轩涕泗流”③ 的直白了。在这个古代诗歌的巅峰时期，李白、杜甫、孟浩然、王昌龄、白居易、柳宗元、韩愈、刘禹锡等先后在沅湘留下脍炙人口、传诵至今的佳作。

自湘水南行

唐 张九龄

落日催行舫，逶迤洲渚间。虽云有物役，乘此更休闲。

暝色生前浦，清晖发近山。中流澹容与，唯爱鸟飞还。

张九龄（678—740），字子寿，号博物，韶州曲江人，唐景龙（707—710）初进士，盛唐名相、诗人，曾奏开大庾岭道，成为秦凿灵渠、汉拓骑田岭后，又一中原通岭南要道。

耒阳溪夜行

唐 张九龄

乘夕棹归舟，缘源路转幽。月明看岭树，风静听溪流。

岚气船间入，霜华衣上浮。猿声虽此夜，不是别家愁。

该诗作于唐开元十四年（726），张九龄奉朝廷之命祭南岳和南海途中。耒阳溪，即湘江支流耒水。

临洞庭

唐 孟浩然

八月湖水平，涵虚混太清。气蒸云梦泽，波撼岳阳城。

欲济无舟楫，端居耻圣明。坐观垂钓者，徒有羡鱼情。

孟浩然（689—740），字浩然，号鹿门处士，湖北襄阳人，山水田园派诗人。

此诗作于唐开元二十一年（733），诗人写给时任中书令的张九龄，希望得到引荐。

夜渡湘水

唐 孟浩然

客舟贪利涉，闇里渡湘川。露气闻芳杜，歌声识采莲。

榜人投岸火，渔子宿潭烟。行侣时相问，浔阳何处边？

武陵泛舟

唐 孟浩然

武陵川路狭，前棹入花林。莫测幽源里，仙家信几深。

水回青嶂合，云度绿溪阴。坐听闲猿啸，弥清尘外心。

---

① （唐）戎昱《谪官辰州冬至日有怀》。

② （唐）孟浩然《临洞庭》。

③ （唐）杜甫《登岳阳楼》。

巴陵送李十二

唐 王昌龄

摇曳巴陵洲渚分，清江传语便风闻。
山长不见秋城色，日暮蒹葭空水云。

王昌龄（698—757），字少伯，山西太原人，唐代边塞诗人。

唐开元二十八年（740）诗人在巴陵短居，此诗系与李白在洞庭分别时作。

送柴侍御

唐 王昌龄

沅水通波接武冈，送君不觉有离伤。
青山一道同云雨，明月何曾是两乡。

该诗作于唐玄宗天宝七载（748），诗人被贬龙标（今洪江）县尉期间。友人柴侍御要从龙标前往武冈，诗人作诗送别。

卢溪别人

唐 王昌龄

武陵溪口驻扁舟，溪水随君向北流。
行到荆门上三峡，莫将孤月对猿愁。

送吴十九往沅陵

唐 王昌龄

沅江流水到辰阳，溪口逢君驿路长。
远谪唯知望雷雨，明年春水共还乡。

闻王昌龄左迁龙标遥有此寄

唐 李白

杨花落尽子规啼，闻道龙标过五溪。
我寄愁心与明月，随君直到夜郎西。

李白（701—762），字太白，号青莲居士，唐代浪漫主义诗人，被后人誉为“诗仙”。此诗系得知旧友王昌龄被贬后所作。

菩萨蛮·沧水驿

唐 李白

平林漠漠烟如织，寒山一带伤心碧，暝色入高楼，有人楼上愁。
玉阶空伫立，宿鸟归飞急，何处是归程，长亭更短亭。

沧水驿，位今益阳沧水铺。宋僧文莹《湘山野录》：“此词不知何人写在鼎州沧水驿楼，复不知何人所撰。魏道辅泰见而爱之。后至长沙，得古集于子宣（曾布）内翰家，乃知李白所作。”①

① （清）僧文莹：《湘山野录》，卷上，学津讨原本。

至鸭栏驿上白马矶赠裴侍御

唐 李白

侧叠万古石，横为白马矶。乱流若电转，举棹扬珠辉。

临驿卷缇幕，升堂接绣衣。情亲不避马，为我解霜威。

鸭栏驿，位于临湘县（今临湘市）东十五里，唐置水驿，明万历年间裁撤。

欸乃曲（道县）

唐 元结

大历丁未（767）中，漫叟结为道州刺史，以军事诣都使。还州，逢春水，舟行不进。作欸乃曲五首，令舟子唱之，盖以取适于道路耳。

其一

偶存名迹在人间，顺俗与时未安闲。

来谒大官兼问政，扁舟却入九疑山。

其二

湘江二月春水平，满月和风宜夜行。

唱桡欲过平阳戍，守吏相呼问姓名。

其三

千里枫林烟雨深，无朝无暮有猿吟。

停桡静听曲中意，好似云山韶濩音。

其四

零陵郡北湘水东，浯溪形胜满湘中。

溪口石巅堪自逸，谁能相伴作渔翁？

其五

下泷船似入深渊，上泷船似欲升天。

泷南始到九疑郡，应绝高人乘兴船。

元结（719—772），字次山，号漫郎、聱叟，唐代文学家，曾任道州刺史。欸乃，象声词，即开船时的摇橹声。

舟泛洞庭

唐 杜甫

蛟室围青草，龙堆拥白沙。护江盘古木，迎棹舞神鸦。

破浪南风正，收帆畏日斜。云山千万叠，底处上仙槎。

杜甫（712—770），字子美，号少陵野老，原籍湖北襄阳，生于河南巩县。唐代现实主义诗人，被后世称为“诗圣”。

登岳阳楼

唐 杜甫

昔闻洞庭水，今上岳阳楼。吴楚东南坼，乾坤日夜浮。

亲朋无一字，老病有孤舟。戎马关山北，凭轩涕泗流。

唐大历三年（768），杜甫离开夔州（今重庆奉节）东下，入洞庭湖，登岳阳楼，感慨万端，作此名篇，被称为“盛唐五律第一”。

宿白沙驿（初过湖南五里）

唐 杜甫

水宿仍余照，人烟复此亭。驿边沙旧白，湖外草新青。

万象皆春气，孤槎自客星。随波无限月，的的近南溟。

白沙驿，位于今湘阴县三塘镇，唐代设有驿站。

宿青草湖

唐 杜甫

洞庭犹在目，青草续为名。宿桨依农事，邮签报水程。

寒冰争倚薄，云月递微明。湖雁双双起，人来故北征。

入乔口

唐 杜甫

漠漠旧京远，迟迟归路赊。残年傍水国，落日对春华。

树蜜早蜂乱，江泥轻燕斜。贾生骨已朽，凄恻近长沙。

乔口，即今长沙市望城区乔口镇。柳林江（古称乔江）在此入湘水，故名。

铜官渚守风

唐 杜甫

不夜楚帆落，避风湘渚间。水耕先浸草，春火更烧山。

早泊云物晦，逆行波浪悭。飞来双白鹤，过去杳难攀。

铜官，即今长沙市望城区铜官镇。杜甫船行至此，落帆避风。

解忧

唐 杜甫

减米散同舟，路难思共济。向来云涛盘，众力亦不细。

呀吭瞥眼过，飞橹本无蒂。得失瞬息间，致远宜恐泥。

百虑视安危，分明曩贤计。兹理庶可广，拳拳期勿替。

该诗系唐大历四年（769）春杜甫赴衡州途中，在昭陵滩脱险后所作。诗中“云涛盘”“呀吭”皆言滩险。《读史方舆纪要》：“昭陵滩，怪石屹立，水势汹涌，舟行而惮其险。”[①]

① （清）顾祖禹：《读史方舆纪要》，卷八十湖广六，清嘉庆十七年刻本。

泊方田驿

唐 杜甫

聂耒阳以仆阻水，书致酒肉，疗饥荒江，诗得代怀，兴尽本韵。至县呈聂令，陆路去方田驿四十里，舟行一日，时属江涨，泊于方田。

耒阳驰尺素，见访荒江眇。义士烈女家，风流吾贤绍。
昨见狄相孙，许公人伦表。前期翰林后，屈迹县邑小。
知我碍湍涛，半旬获浩溔。麾下杀元戎，湖边有飞旐。
孤舟增郁郁，僻路殊悄悄。侧惊猿猱捷，仰羡鹳鹤矫。
礼过宰肥羊，愁当置清醥。人非西喻蜀，兴在北坑赵。
方行郴岸静，未话长沙扰。崔师乞已至，澧卒用矜少。
问罪消息真，开颜憩亭沼。

方田驿，位于耒阳县北。此诗为唐大历五年（770）四月，杜甫由衡州赴郴州投亲途中所作。聂耒阳，耒阳县令聂某（其名不详）。

潭州留别杜员外院长

唐 韦迢

江畔长沙驿，相逢缆客船。大名诗独步，小郡海西偏。
地湿愁飞鵩，天炎畏跕鸢。去留俱失意，把臂共潸然。

韦迢，唐朝京兆人，历任韶州刺史、岭南节度行军司马等职。此诗作于唐大历四年（769）秋，时杜甫居潭州。

洞庭驿逢郴州使还，寄李汤司马

唐 刘长卿

洞庭秋水阔，南望过衡峰。远客潇湘里，归人何处逢。
孤云飞不定，落叶去无踪。莫使沧浪叟，长歌笑尔容。

刘长卿，字文房，宣城人，唐天宝年间（742—756）进士，历任监察御史等职。其诗作长于五言和七律，是唐代大历诗风的代表人物。

洞庭驿，位于岳州洞庭湖边，为水驿。

湘中纪行十首·横龙渡

唐 刘长卿

空传古岸下，曾见蛟龙去。秋水晚沈沈，犹疑在深处。
乱声沙上石，倒影云中树。独见一扁舟，樵人往来渡。

据《光绪湖南通志》，横龙渡又名衡龙渡，位于益阳市境，长沙通常德古官道上。后修衡龙桥，清乾隆六十年（1795）改建石梁。

泊湘口

唐 戴叔伦

湘山千岭树，桂水九秋波。露重猿声绝，风清月色多。

戴叔伦（732—789），字幼公，润州金坛人，唐代诗人，曾主持湖南盐铁转运，后任湖南观察使李皋幕僚、容州刺史等职。

湘口，即湘口驿，位于零陵城北，潇、湘合流处，潇水东岸。

赴柳州经九疑

唐 戴叔伦

地尽江南戍，山分桂北林。火云三月合，石路九疑深。

暗谷随风过，危桥共鸟寻。羁魂愁似绝，不复待猿吟。

宿湘江

唐 戎昱

九月湘江水漫流，沙边唯览月华秋。

金风浦上吹黄叶，一夜纷纷满客舟。

戎昱（约744—约800），祖籍江陵，生于长安，诗人，唐至德元年（756）以文召登进士第，曾任辰州刺史、虔州刺史、永州刺史等职。

唐大历四年（769），戎昱到潭州刺史崔瓘幕下任事，写下此诗。

题宋玉亭

唐 戎昱

宋玉亭前悲暮秋，阳台路上雨初收。

应缘此处人多别，松竹萧萧也带愁。

宋玉亭，位于澧县望城乡宋玉村宋玉墓园，为纪念战国著名辞赋家、诗人宋玉（前298—前222）而建（图3-1-7）。该诗写于唐建中二年（781），戎昱由桂州北归长安，经停澧州期间。

图3-1-7 澧县宋玉亭

谪官辰州冬至日有怀

唐 戎昱

去年长至在长安，策杖曾簪獬豸冠。
此岁长安逢至日，下阶遥想雪霜寒。
梦随行伍朝天去，身寄穷荒报国难。
北望南郊消息断，江头唯有泪阑干。

该诗作于唐建中四年（783）至贞元元年（785），戎昱任辰州刺史期间。

发潭州寄李宁常侍

唐 令狐楚

君今侍紫垣，我已堕青天。委废从兹日，旋归在几年。
心为西靡树，眼是北流泉。更过长沙去，江风满驿船。

令狐楚（766—837），字壳士，号白云孺子，京兆府咸阳县人，政治家、文学家。此诗为元和十五年（820）贬任衡州刺史途中所作。

潭州泊船呈诸公

唐 韩愈

夜寒眠半觉，鼓笛闹嘈嘈。暗浪舂楼堞，惊风破竹篙。
主人看使范，客子读离骚。闻道松醪贱，何须吝错刀。

韩愈（768—824），字退之，河南孟州人，世称“昌黎先生”，唐贞元八年（792）进士，文学家、思想家，有《韩昌黎集》传世。

洞庭湖阻风赠张十一署·时自阳山徙掾江陵

唐 韩愈

十月阴气盛，北风无时休。苍茫洞庭岸，与子维双舟。
雾雨晦争泄，波涛怒相投。犬鸡断四听，粮绝谁与谋。
相去不容步，险如碍山丘。清谈可以饱，梦想接无由。
男女喧左右，饥啼但啾啾。非怀北归兴，何用胜羁愁。
云外有白日，寒光自悠悠。能令暂开霁，过是吾无求。

该诗作于贞元二十一年（805），韩愈自阳山县令赴任江陵法曹参军途中。张十一署，即张署，贞元中监察御史，谪临武令，时韩愈与张署同往江陵府任参军。

路傍堠·元和十四年春出为潮州作

唐 韩愈

堆堆路傍堠，一双复一只。迎我出秦关，送我入楚泽。
千以高山遮，万以远水隔。吾君勤听治，照与日月敌。
臣愚幸可哀，臣罪庶可释。何当迎送归，缘路高历历。

堠，驿道里程标志，以土或石头堆筑（图3-1-8）。日本僧人圆仁著《入唐求法巡礼行记》：“唐国行五里立一堠子，行十里立二堠子，筑土堆，四角，上狭下阔，高四尺或五尺、六尺不定，曰唤之为里隔柱。”

图3-1-8 京陕驿道、山西榆次南砖井村的堠遗迹（高雄辉 摄）

自蜀江至洞庭湖口，有感而作

唐 白居易

江从西南来，浩浩无旦夕。长波逐若泻，连山凿如劈。
千年不壅溃，万姓无垫溺。不尔民为鱼，大哉禹之绩。
导岷既艰远，距海无咫尺。胡为不讫功，馀水斯委积。
洞庭与青草，大小两相敌。混合万丈深，淼茫千里白。
每岁秋夏时，浩大吞七泽。水族窟穴多，农人土地窄。
我今尚嗟叹，禹岂不爱惜。邈未究其由，想古观遗迹。
疑此苗人顽，恃险不终役。帝亦无奈何，留患与今昔。
水流天地内，如身有血脉。滞则为疽疣，治之在针石。
安得禹复生，为唐水官伯。手提倚天剑，重来亲指画。
疏河似剪纸，决壅同裂帛。渗作膏腴田，踏平鱼鳖宅。
龙宫变闾里，水府生禾麦。坐添百万户，书我司徒籍。

白居易（772—846），字乐天，号香山居士，祖籍太原，生于河南新郑，唐贞元十九年（803）进士，文学家、诗人，官至翰林学士、左赞善大夫。其与元稹共同倡导新乐府运动，世称“元白”，与刘禹锡并称“刘白”，代表诗作有《长恨歌》《卖炭翁》《琵琶行》等。

浪淘沙·青草湖中万里程

唐 白居易

青草湖中万里程，黄梅雨里一人行。
愁见滩头夜泊处，风翻暗浪打船声。

竞渡曲

唐 刘禹锡

沅江五月平堤流，邑人相将浮彩舟。
灵均何年歌已矣，哀谣振楫从此起。

杨桴击节雷阗阗，乱流齐进声轰然。
蛟龙得雨鬐鬣动，螮蝀饮河形影联。
刺史临流褰翠帏，揭竿命爵分雄雌。
先鸣余勇争鼓舞，未至衔枚颜色沮。
百胜本自有前期，一飞由来无定所。
风俗如狂重此时，纵观云委江之湄。
彩旗夹岸照蛟室，罗袜凌波呈水嬉。
曲终人散空愁暮，招屈亭前水东注。

刘禹锡（772—842），字梦得，河南洛阳人，贞元九年（793）进士，唐代文学家、诗人、哲学家，曾被贬朗州（今常德）司马，迁连州刺史，追赠户部尚书，有《刘梦得文集》等传世。

该诗记叙了武陵沅江的一次“竞渡之戏”，即赛龙舟活动（图3-1-9）。端午竞渡风俗，南朝梁宗懔《荆楚岁时记》称“五月五日竞渡，俗为屈原投汨罗江，伤其死所，故并命舟楫以拯之。”①

图3-1-9　汨罗江龙舟竞渡（王平 摄于1959年6月2日）

秋日送客至潜水驿

唐 刘禹锡

候吏立沙际，田家连竹溪。枫林社日鼓，茅屋午时鸡。
鹊噪晚禾地，蝶飞秋草畦。驿楼宫树近，疲马再三嘶。

潜水驿，位于武陵城北、今常德市柳叶湖泉水桥附近。

再授连州至衡阳酬柳柳州赠别

唐 刘禹锡

去国十年同赴召，渡湘千里又分歧。
重临事异黄丞相，三黜名惭柳士师。

① （南朝梁）宗懔：《荆楚岁时记》，不分卷，宝颜堂秘籍本。

归目并随回雁尽，愁肠正遇断猿时。
桂江东过连山下，相望长吟有所思。

唐元和十年（815）夏初，刘禹锡、柳宗元分别赴任连州、柳州刺史，两人同出长安南行，溯舟湘水，到衡阳分手时作此诗赠别。

度桂岭歌①

唐 刘禹锡

桂阳岭，下下复高高。
人稀鸟兽骇，地远草木豪。
寄言千金子，知余歌者劳。

桂岭，又名香花岭，位于临武县北三十里，郴州至连州驿道上。

长沙驿前南楼感旧

唐 柳宗元

海鹤一为别，存亡三十秋。今来数行泪，独上驿南楼。

柳宗元（773—819），字子厚，山西运城人，思想家、文学家、诗人。柳宗元十三岁时，曾随其父柳镇路过长沙驿。清人陈景云在《柳集点勘》："长沙驿在潭州……此诗赴柳时作，年四十三。观诗中'三十秋'语，则驿前之别甫十余龄耳。盖随父在鄂时亦尝渡湘而南。"②

长沙驿，为水驿，位于今长沙杜甫江阁附近。

诏追赴都回寄零陵亲故

唐 柳宗元

每忆纤鳞游尺泽，翻愁弱羽上丹霄。
岸旁古堠应无数，次第行看别路遥。

此诗作于唐元和十年（815），柳宗元奉诏自永州赴京途中。

湘口馆潇湘二水所会

唐 柳宗元

九疑浚倾奔，临源委萦回。会合属空旷，泓澄停风雷。
高馆轩霞表，危楼临山隈。兹辰始澄霁，纤云尽褰开。
天秋日正中，水碧无尘埃。杳杳渔父吟，叫叫羁鸿哀。
境胜岂不豫，虑分固难裁。升高欲自舒，弥使远念来。
归流驶且广，泛舟绝沿洄。

湘口馆，位于永州城北，潇、湘二水汇合处，唐宋设湘口馆，明置驿站。

① 郴县志编纂委员会：《郴县志》，北京：中国社会出版社，1995年，第900页。

② （清）陈景云：《柳集点勘》，卷四，邈园丛书本。

洞庭风雨

唐 李群玉

巨浸吞湘澧，西风忽怒号。水将天共黑，云与浪争高。
羽化思乘鲤，山漂欲抃鳌。阳乌犹曝翅，直恐湿蟠桃。

李群玉（808—862），字文山，澧州人，晚唐诗人。

醴陵道中

唐 李群玉

别酒离亭十里强，半醒半醉引愁长。
无端寂寂春山路，雪打溪梅狼藉香。

洞庭驿楼雪夜宴集，奉赠前湘州张员外

唐 李群玉

昔与张湘州，闲登岳阳楼。目穷衡巫表，兴尽荆吴秋。
掷笔落郢曲，巴人不能酬。是时簪裾会，景物穷冥搜。
误忝玳筵秀，得陪文苑游。几篇云楣上，风雨沉银钩。
□□□□□，□□□沧洲。童儿待郭伋，竹马空迟留。
路指云汉津，谁能吟四愁。银壶傲海雪，青管罗名讴。
贱子迹未安，谋身拙如鸠。分随烟霞老，岂有风云求。
不逐万物化，但贻知己羞。方穷立命说，战胜心悠悠。
不然蹲会稽，钓下三五牛。所期波涛助，燀赫呈吞舟。

洞庭驿楼即岳阳楼，楼前洞庭水驿，始建于东吴，唐设洞庭驿。

四、宋元

宋元是湖湘文化发展的重要时期，宋词、元曲在湖南广为传播。欧阳修、苏轼、秦观、陆游、范成大、马致远等留下名篇，“朱张会讲”更是成就中国学术史上一段佳话。民族英雄文天祥感慨“潇湘一夜雨，湖海十年云”“相见皆成老，重逢便作分”，反映了交通不便时古人聚会的常态——十年一相见，乍见即别离。

咏零陵

北宋 欧阳修

画图曾识零陵郡，今日方知画不如。
城郭恰临潇水上，山川犹是柳侯余。
驿亭幽绝堪垂钓，岩石虚明可读书。
欲买冉溪三亩地，手拈茅栋径移居。

欧阳修（1007—1072），字永叔，号醉翁，北宋政治家、文学家，与韩愈、柳宗元、苏轼、苏洵、苏辙、王安石、曾巩合称“唐宋八大家”。“柳侯”，指曾被贬谪永州的柳宗元。

晚泊岳阳

北宋 欧阳修

卧闻岳阳城里钟，系舟岳阳城下树。
正见空江明月来，云水苍茫失江路。
夜深江月弄清辉，水上人歌月下归。
一阕声长听不尽，轻舟短楫去如飞。

宋仁宗景祐三年（1036）五月，欧阳修因疏救范仲淹被贬为峡州夷陵（今湖北宜昌）县令。诗人溯江而上，九月初四夜泊岳阳城外三江口，写下《晚泊岳阳》。

辰州

北宋 陶弼

草市人朝醉，畲田火夜明。
泷江入地泻，栈道出云行。

白雾驿

北宋 陶弼

一曲青溪一曲山，鸟飞鱼跃白云间。
溪山岂要行人到，自是行人到此间。

陶弼（1015—1078），字商翁，祁阳县人，北宋诗人。
白雾驿，位今沅陵白雾坪。北宋庆历年间（1041—1048）陶弼率军赴辰州征瑶，在此停留期间创作。

泛舟上湘口馆

北宋 沈辽

潇水漫南来，湘川趣东下。二水始相会，清濠不相藉。
山回石濑出，木老修烟架。泛泛白萍洲，林风媚如画。
宿昔感骚愤，幽兴遥相借。不谓垂老年，孤穷羁山舍。
潮来刺舟去，孤月临清夜。安得跨鲸鱼，不复人间化。

沈辽（1032—1085），字睿达，浙江余杭人，《梦溪笔谈》作者沈括族侄，长于诗词歌赋，诗文自成一家。

开梅山歌

北宋 章惇

开梅山，开梅山，梅山万仞摩星躔。
扪萝鸟道十步九曲折，时有僵木横崖巅。
肩摩直下视南岳，回首蜀道犹平川。
人家迤逦见板屋，火耕硗确多畲田。
穿堂之鼓当壁悬，两头击鼓歌声传。
长藤酌酒跪而饮，何物爽口盐为先。
白巾裹髻衣错结，野花山果青垂肩。

如今丁口渐繁息，世界虽异如桃源。
熙宁天子圣虑远，命将传檄令开边。
给牛贷种使开垦，植桑种稻输缗钱。
人人欢呼愿归顺，裹头汉语淳风旋。
不持寸刃得地一千里，王道荡荡尧为天。
汉王黩武竟何益，性命百万涂戈鋋。
李广自杀马援死，寂寞铜柱并燕然。
伊溪之源最沃壤，择地作邑民争先。
大开庠序明礼乐，抚柔新俗威无专。
小臣作诗谐乐府，梅山之岩诗可镌。
此诗可勒不可泯，颂声万古长潺潺。

章惇（1035—1105），字子厚，福建浦城人，北宋政治家、书法家、诗人。北宋嘉祐四年（1059）进士，熙宁五年（1072）任荆湖南北察访使招抚梅山峒蛮，置新化、安化县，史称“开梅”，宝安益道从此贯通。

出梅山歌

北宋 章惇

出梅山，乘蓝舆，荒榛已舒岩已锄。
来时绝壁今坦途，来时椎髻今黔乌。
扶老抱婴遮路衢，为谢开禁争欢呼。
田既使我耕，酒亦使我沽。
吏既不我扰，徭酋岂愿长逃逋。
开山之径谁为初，臣煜入奏陈地图。
臣惇专使持旌车，臣夙协力力有余。
班班幕府授简书，不藉君王丈二殳，酋徭三万争贡输。
如神之速上之化，刻铭永在梅山隅。

道经石槽山下（又名过石槽铺）

北宋 章惇

瘴雾潜消瑞气和，梅峰千里阔烟萝。
人逢双堠虽云远，路在好山宁厌多。
啼鸟丛篁传木杪，瀑泉碎玉激岩阿。
欲留征驭迟迟去，公檄催人不奈何。

石槽山位今冷水江市石槽村，宋代设有石槽铺。《读史方舆纪要》记载，北宋章惇开梅山时曾经过山下。

百家渡

北宋 苏轼

百家渡西日欲落，青山上下猿鸟乐。
欲因秋月望吴云，遥看北斗挂南岳。

一梦愔愔四十秋，古人不死终未休。
草舍萧条谁可语？香风吹过白蘋洲。

苏轼（1037—1101），字子瞻，号东坡居士，北宋文学家、诗人。

百家渡，旧名百家濑，位于零陵诸葛庙，旧为永州至道州的必经之地。柳宗元《石涧记》：“由（袁家）渴而来者，先石渠，后石涧；由百家濑上而来者，先石涧，后石渠。”

踏莎行·郴州旅舍

北宋 秦观

雾失楼台，月迷津渡，桃源望断无寻处。
可堪孤馆闭春寒，杜鹃声里斜阳暮。
驿寄梅花，鱼传尺素，砌成此恨无重数。
郴江幸自绕郴山，为谁流下潇湘去？

秦观（1049—1100），字少游，号淮海居士，江苏高邮人，北宋元丰八年（1085）进士，曾任太学博士、国史院编修官等职，与黄庭坚、晁补之、张耒合称“苏门四学士”，为北宋婉约派重要作家。

武陵道中

北宋 唐庚

朝持汉使节，暮作楚囚奔。路入离骚国，江通欸乃村。
垣樯知地湿，草木验冬温。寂寞桃源路，行人祇断魂。

唐庚（1070—1120），字子西，四川眉州丹棱人，北宋绍圣元年（1094）进士，诗人，人称“小苏轼”。此诗是宋政和元年（1111）被贬惠州、途经武陵时作。“欸乃村”在德山枉渚一带。

离辰州

北宋 王庭珪

逐客休嗟行路难，归鸿心在杳冥间。
初惊草尾千重浪，险渡湖头十八滩。

王庭圭（1080—1172），字民瞻，号泸溪老人、泸溪真逸，吉州安福人，曾为衡州茶陵县丞，后弃官隐居卢溪（今泸溪）。

自蒲圻临湘趋岳阳道中作十首

北宋 李纲

其三

岁寒又复事南征，桂楫兰舟过洞庭。
水入重湖千里白，山连平楚数峰青。
云鸿杳杳飞何远，汀芷微微气自馨。
千古灵均英爽在，固应笑我学余醒。

其五

还驱征骑向三湘，行尽骚人放逐乡。

绿叶素荣歌橘颂，采衣姣服浴兰汤。
云中帝子旌旗降，物外桃源日月长。
便欲翛然与高蹈，故应脱屣谢轩裳。

李纲（1083—1140），字伯纪，号梁溪先生，江苏无锡人，北宋政和二年（1112）进士，抗金英雄，曾任太常少卿、湖广宣抚使、宰相等职，有《梁溪先生文集》《靖康传信录》《梁溪词》等传世。

耒阳道中

南宋 游次公

山头磴石危梯险，山下荒田野草悲。
更著秋风吹两鬓，不消几日尽成丝。

游次公，字子明，号西池，福建建瓯人，南宋乾道年间（1165—1173）任安仁县令，著有《倡酬诗卷》等作品。

乘大风发巴陵

南宋 陆游

雪溅浪方作，翠台山欲浮。奇哉万顷湖，著我十丈舟。
三老请避风，叱去非汝忧。神物识忠信，壮士憎滞留。
击鼓催挂帆，挥手别岳州。仰视群鹄翔，下阅百怪囚。
衡湘清绝地，恨不从此游。聊须百斛酒，往醉庾公楼。

陆游（1125—1210），字务观，号放翁，浙江绍兴人，南宋文学家、史学家、诗人，孝宗时赐进士出身，著有《剑南诗稿》《渭南文集》《南唐书》《老学庵笔记》等作品。

咏醴陵驿

南宋 范成大

渌水桥通县，门前柳已黄。人稀山木寿，土瘦水泉香。
乍脱泥中滑，还嗟堠子长。楮州何日到？鼓枻上沧浪。

范成大（1126—1193），字至能，平江府（今苏州市）人，南宋文学家，绍兴二十四年（1154）进士，累官至资政殿大学士，有《揽辔录》《吴船录》《桂海虞衡志》等著作传世。

北宋乾道八年（1172）作者由平江府出发，赴任静江（今桂林）知府，途中见闻著《骖鸾录》。“楮洲”即今株洲。

楮洲道中

南宋 范成大

烟凝山如影，云褰日射毫。桃间红树迥，麦里绿丛高。
客子叹游倦，田家甘作劳。乘除吾尚可，未拟赋离骚。

黄罴岭

南宋 范成大

薄游每违己，兹行遂登危。峻阪荡胸立，恍若对镜窥。
传呼半空响，濛濛上烟霏。木末见前驱，可望不可追。
跻攀百千盘，有顷身及之。白云巨揽撷，但觉沾人衣。
高木傲烧痕，葱茏茁新荑。春禽断不到，惟有蜀魄啼。
谓非人所寰，居然见锄犁。山农如木客，上下翾以飞。
宁知有康庄，生死安险恶。室屋了无处，恐尚橧巢栖。
安得拔汝出，王路方清夷。

马迹桥（野桥言志）[1]

南宋 朱熹

下马驱车过野桥，桥西一路上云霄。
我来自有平生志，不用移文远见招。

朱熹（1130—1200），字元晦，号晦庵，祖籍江西婺源，南宋绍兴十八年（1148）进士及第，南宋教育家、诗人、理学集大成者，著有《四书章句集注》《通书解说》《楚辞集注》等作品。

马迹桥位于衡山马迹镇。南宋乾道三年（1167），理学家朱熹、岳麓书院山长张栻及朱熹弟子林用中自长沙出发，往游南岳衡山，过马迹桥时，三人赋诗唱和，留下诗坛佳话。

和马迹桥（一）

南宋 张栻

便请行从马迹桥，何须乘鹤篷丛霄。
殷勤底事登临去，不为山僧苦见招。

张栻（1133—1180），字敬夫，号南轩，四川绵竹人，南宋理学家、教育家，湖湘学派集大成者，与朱熹、吕祖谦并称“东南三贤”，著有《南轩集》。

和马迹桥（二）

南宋 林用中

此日驱车马迹桥，远从师友步青霄。
登临不用还歧想，为爱山翁喜见招。

林用中，字择之，福建古田人，幼年师从林光朝，后师从朱熹。朱熹称其通悟修谨，嗜学不倦，实为畏友，有《草堂集》传世。

念奴娇·过洞庭

南宋 张孝祥

洞庭青草，近中秋，更无一点风色。玉鉴琼田三万顷，着我扁舟一叶。素月分辉，明河共影，表

---

① 株洲市交通志编纂委员会：《株洲市交通志》，长沙：湖南出版社，1993 年，第 449 页。

里俱澄澈。悠然心会，妙处难与君说。

应念岭表经年，孤光自照，肝胆皆冰雪。短发萧骚襟袖冷，稳泛沧浪空阔。尽挹西江，细斟北斗，万象为宾客。扣舷独啸，不知今夕何夕！

张孝祥（1132—1170），字安国，号于湖居士，宋代词人、书法家，绍兴二十四年（1154）状元，曾任潭州知府，有《于湖居士文集》《于湖词》等作品传世。

此诗为作者受政敌谗害而被免职后，从桂林北归时所作。

过长桥

南宋 张栻

西风吹短发，复此渡长桥。木落波空阔，亭孤影动摇。

徘徊念今昔，领略到渔樵。傥有山中隐，凭谁为一招。

据《光绪湖南通志》，长桥在宁乡市西九十里大沩山道中。

庚申过青草湖

南宋 张栻

已越重湖险，张帆胜顺流。乱云藏野寺，横网闹渔舟。

物色湖南好，风霜岁晚谋。未知荒歉后，得似向来不。

韩张亭

南宋 戴复古

此地曾栖双凤凰，登高怀古北风凉。

忠规万乘龙颜粲，谪过千山鸟道荒。

百里邻居天作合，两贤名与日争光。

几人缄口贪官职，身在朝廷志已忘。

韩张亭位于临武城北。戴复古（1167—1248），字式之，号石屏樵隐，浙江台州人，南宋江湖诗派代表人物。

湘江宿别[①]

南宋 文天祥

潇湘一夜雨，湖海十年云。相见皆成老，重逢便作分。

啼鹃春浩荡，回雁晓殷勤。江阔人方健，月明思对君。

文天祥（1236—1283），字宋瑞，号浮休道人，吉州庐陵人，南宋宝祐四年（1256）状元，政治家、文学家。

---

① 标题为编者所加，原标题为《某叨臬衡湘蒙恩以便郡归养肯斋大卿实寓衡我》。

题龙阳县青草湖（又名过洞庭）

元 唐珙

西风吹老洞庭波，一夜湘君白发多。

醉后不知天在水，满船清梦压星河。

唐珙，字温如，会稽山阴人，元末明初诗人，生平不详。龙阳即今汉寿县。

江天暮雪

元 陈孚

长空卷玉花，汀洲白浩浩。雁影不复见，千崖暮如晓。

渔翁寒欲归，不记巴陵道。坐睡船自流，云深一蓑小。

陈孚（1240—1303），字刚中，号勿庵，浙江临海人。曾任国史馆编修、礼部郎中等职，著有《观光集》《交州集》等。

元至元二十九年（1292）秋，礼部郎中陈孚陪吏部尚书梁曾出使安南（今越南）。该诗描写途经长沙橘子洲时看到的景象。

至永州

元 陈孚

万里归来一叶舟，淡烟疏雨满汀洲。

梦魂怪得清如许，身在潇湘第一州。

该诗写于元至元三十年（1293）春，作者自安南返京途中。

寿阳曲·洞庭秋月

元 马致远

芦花谢，客乍别，泛蟾光小舟一叶。

豫章城故人来也，结末了洞庭秋月。

马致远（约1250—1321），字千里，号东篱，元大都（今北京）人，戏剧家、散曲家，与关汉卿、郑光祖、白朴并称“元曲四大家”。

此曲写于作者由江西赴湖南途中。

寿阳曲·潇湘夜雨

元 马致远

渔灯暗，客梦回。一声声滴人心碎。

孤舟五更家万里，是离人几行清泪。

熊罴岭

元 傅若金

元统三年（1335），诏遣吏部尚书铁柱、礼部郎中智熙善使安南，而以若金为辅行。其年秋七月辞京师，明年夏还至阙下，往返万六千余里。凡所感于心、郁于情、宣于声，而成诗歌者积百余篇。

百折疲登岭，群峰互接连。风烟含古木，云日射寒泉。
路出飞猱上，江流去鸟前。据鞍临绝顶，注目尽遥天。

傅若金（1303—1342），字与砺，新喻人。“元统三年（1935），介使安南……使还，授广州教授。卒。有文集二十卷。”[①]

该诗作于出使安南途中。熊罴岭，即范成大赴任静江知府所经黄罴岭，位于祁阳县北三十里。

五、明清

明清时期，湖南政治、经济地位上升，明中期有“湖广熟，天下足”之谚，至清中期更一度改称“湖南熟，天下足”。虽然诗歌造诣方面，有唐宋巅峰时期的珠玉在前，明清难免呈式微之势，但仍为观察彼时交通提供了独特视角。

从征古州蛮回途纪驿之安江驿

明 管讷

夜过安江驿，停舟不敢行。乱山藏月色，暗石鼓滩声。
千里从军事，中宵感客情。不眠聊伏枕，天白更孤征。

管讷，松江府人，字时敏，少即能诗。洪武中征拜楚王府纪善，迁左长史，有《蚓窍集》传世。

安江驿位今洪江安江镇，宋代置有安江砦。明廷征古州（今贵州榕江）蛮，事在明洪武三十年（1397）。

从征古州蛮回途纪驿之江口驿

明 管讷

江口何年驿，过逢欲雨天。居人张夜火，使客唤春船。
云起崇山外，江通溆浦前。鸬鹚滩已过，今夕解衣眠。

江口驿位于溆浦县大江口镇，明代设驿。

从征古州蛮回途纪驿之怡容驿

明 管讷

王程不敢缓，四日下辰阳。古木将军庙，春波使者航。
城依山势险，江纳雨声长。莫上观澜阁，伤心在异乡。

怡容驿在辰州府（治沅陵）城东，辰阳驿在辰州府城南隔江。

从征古州蛮回途纪驿之城陵

明 管讷

洞庭八百里，势与两湖通。日月苍茫际，乾坤混沌中。
青山僧寺雨，白浪客帆风。浩荡论胸次，王师小战功。

---

① 《新元史·傅若金传》。

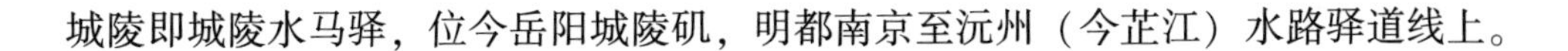

城陵即城陵水马驿，位今岳阳城陵矶，明都南京至沅州（今芷江）水路驿道线上。

过耒江

明 解缙

蔡伦池上雾如纸，杜老祠前秋日黄。

为问靴洲①江上水，流船三日到衡阳。

解缙（1369—1415），江西吉水人，字缙绅，号春雨，明代文学家，洪武二十一年（1388）进士，曾官至内阁首辅，主持纂修《永乐大典》。

洣江舟中（又名夜泊茶陵）

明 解缙

山绕荒村水绕城，箬篷篨篳枕滩声。

秋风淅沥秋江上，人自思乡月自明。

此诗写于明永乐八年（1410）北上京师途中。

舂陵道中

明 吕渊

蚤发潇南驿，晨光尚未明。山横疑水断，滩急讶舟轻。

茅屋稀疏见，筒车远近鸣。民安边患息，千里乐巡行。

吕渊（1418—1484），字希颜，直隶常熟县人，明正统四年（1439）进士，曾任湖广副使、云南布政使等职。

过常德留别李总兵

明 吕渊

不睹芝眉二十年，相思每诵寄来笺。

经行正拟欢连日，往返那期恨一天。

白发无情催我老，青云有路让君先。

明春尚得趋朝便，肯约歌呼醉画船。

竞渡谣②

明 李东阳

湖南人家重端午，大船小船竞官渡。

彩旗花鼓坐两头，齐唱船歌过江去。

丛牙乱桨疾若飞，跳波溅浪湿人衣。

须臾欢声动地起，人人争道得标归。

年年得标好门户，舟人相惊复相妒。

---

① 靴洲，相传唐代诗人杜甫在此遗靴。

② 湖南省地方志编委会：《光绪湖南通志（点校本）》（第六卷），长沙：湖南人民出版社，2017年，第1195页。

两舟睥睨疾若仇，戕肌碎首不自谋。
严诃力禁不得定，不然相传得瘟病。
家家买得巫在船，船船斗捷巫得钱。
屈原死后成遗事，千古传讹等儿戏。
众人皆乐我独愁，莫遣地下彭咸知。①

李东阳（1447—1516），字宾之，号西涯，祖籍茶陵，明代文学家、书法家。天顺八年（1464）二甲进士第一，曾任侍讲学士、吏部尚书、内阁首辅等职。李东阳其“以文章领袖缙绅”②，为茶陵诗派核心人物，有《怀麓堂稿》《燕对录》等传世。

益阳道中

明 鲁铎

益阳南下山岧峣，益阳道旁风物饶。
翠竹丹枫映茅屋，清泉白石临溪桥。
异禽时出语历历，寒花自任风萧萧。
诗中有画见眼底，右丞往矣谁能招。

鲁铎（1461—1527），字振之，湖北天门人，明弘治十五年（1502）进士，曾任国史馆编修，奉命出使安南，著有《戒菴文集》《鲁文恪公文集》等作品。

沅水驿

明 王守仁

辰阳南望接沅州，碧树林中古驿楼。
远客日怜风土异，空山惟见瘴云浮。
耶溪有信从谁问，楚水无情只自流。
却幸此身如野鹤，人间随地可淹留。

王守仁（1472—1529），字伯安，号阳明，浙江余姚人，明代思想家、文学家，心学集大成者，弘治十二年（1499）进士，曾任贵州龙场驿丞、两广总督等职。

沅水驿位于沅州（今芷江）城南二里。

罗旧驿

明 王守仁

客行日日万峰头，山水南来亦胜游。
布谷鸟啼林雨暗，刺桐花暝石溪幽。
蛮烟喜过青杨瘴，乡思愁经芳杜州。
身到夜郎天万里，五云西北望神州。

罗旧驿位于沅州城东北六十里，明代置驿。

---

① 彭咸，传说为殷代贤大夫，后投水死。屈原《离骚》：“虽不周于今之人兮，愿依彭咸之遗则。”

② 《明史·王鏊传》。

泊溆浦

明 王守仁

溆浦江边泊，云中见驿楼。滩声回树远，崖影落江流。
柳发新年绿，人归隔岁舟。穷途时极目，天北暮云愁。

次郑家驿

明 何孟春

三过桃川渡，桃花水正深。留人无燕语，报客有猿吟。
路苦月离毕，田欣岁受心。仙源如许问，他日会重临。

何孟春（1474—1536），字子元，郴州人，明弘治六年（1493）进士，历官至云南巡抚、礼部侍郎，著有《何文简疏议》《何燕泉诗集》《孔子家语注》等作品。

郑家驿，位于今桃源郑家驿镇，明代置驿，清乾隆四十一年（1776）改置巡司。

长沙道中

明 陈洪谟

山路萦回草树稠，午风轻度鸟声幽。
禾苗尽秀初逢雨，衫葛微凉早报秋。
旅店曲随流水转，戍楼高傍暮云浮。
更闻此地民淳朴，女织男耕夜不休。

陈洪谟（1476—1527），字宗禹，武陵人，明代文学家，弘治九年（1496）进士，曾任江西巡抚、兵部侍郎等职，著有《静芳亭摘稿》《治世余闻》等作品。

武冈道中

明 顾璘

其一

界石记州名，旗亭报客程。山行频陟降，春雨易阴晴。
树引荒涂直，花撩客眼明。蛮方行欲捲，翻忆武昌城。

其二

风狂花片轻，春事恼闲情。急雨潜鱼起，新雷乳鸭惊。
浮生悲代谢，大造剧生成。笑断杯中物，来干身后名。

顾璘（1476—1545），字华玉，号东桥居士，江苏吴县（今苏州）人，明代文学家，弘治九年（1496）进士，曾任湖广巡抚、工部尚书等职，著有《浮湘集》《息园诗文稿》等作品。

该诗为其在湖广巡抚任上巡视武冈途中所作。

过（舂陵江）十八滩[①]

明 邓文璧

澎湃涛声白日寒，左盘右折出层山。

---

① 载（清）乾隆《桂阳直隶州志》，清乾隆三十年刻本。

云嘘楚泽三千里，烟锁蓉阳第一关。
乱石排空成玉垒，九天倒影落银湾。
来游思奏平成绩，舜水流经禹庙闲。

邓文璧，字良仲，桂阳（今汝城）人，明弘治十八年（1505）进士。曾以工部郎中赴贵州督采皇木，卒于云南副使任上。

春陵江十八滩，清同治《桂阳直隶州志》（清同治七年刻本）记为：上石坡、下石坡、欧公、点灯窝、闪腰、都管、大桥、小桥、驶鏃、狮子口、雷泄、火箭、上老虎口、大滩、横滩、牛轭洪、野鹿滩、黄牛滩。

云溪驿

明 毛伯温

匹马云溪道，邮亭行复行。野桥春水急，茅店午烟青。
暖日才舒柳，轻风数啭莺。古来淳朴地，健妇把犁耕。

毛伯温（1482—1545），字汝厉，号东塘，江西吉水人，明正德三年（1508）进士，曾任兵部尚书等职，著有《毛襄懋集》等作品。

云溪驿位于岳阳云溪镇，明代置马驿。

长安驿

明 何景明

暮雨萧萧云黯然，数家山下起炊烟。
窗闻早雁秋多思，门对寒流夜不眠。
远使正持三楚节，旧游曾扣九江船。
驿程南去无穷路，来往风尘阅岁年。

何景明（1483—1521），字仲默，号白坡，河南信阳人，明代“文坛四杰”之一。明弘治十五年（1502）进士，曾任陕西提学副使等职，有《何大复集》《何景明诗集》等传世。

该诗及后面几首皆作于弘治十八年（1505），何景明奉诏出使贵州、云南途中。

长安驿，位于今临湘县长安镇，元置长安站，明初设驿。

云溪驿

明 何景明

云溪驿里经过处，六七年间两度行。
风土不殊初到日，雨墙难认旧题名。
异方见月思乡县，远客逢秋念友生。
明日巴陵江上酒，弟兄相对不胜情。

自武陵至沅陵道中杂诗十首

明 何景明

其三

亭午入大谷，烈阳经中天。树木多郁蒸，石圻起焦烟。
掘地饮我马，数尺不得泉。仆夫告饥渴，挥汗堕马前。
安得万间厦，坐使清风延。

其四

暮投界亭驿，候吏迎我前。息徒茂林侧，饮马山下泉。
落日四岩阴，馀映高树巅。坐久吏人散，浊酤聊自延。

其六

大壑百馀尺，流水浩汤汤。我行路中断，欲渡无桥梁。
谁为理舟楫，石乱不可航。改辙上危栈，登兹千仞冈。
临深古有戒，侧足以彷徨。

怀化驿芭蕉

明 何景明

芃芃芭蕉叶，植此园中央。繁绿布重幄，层阴盖高堂。
孟夏日初赫，萧森蔽炎光。众宾御华馆，四座借虚凉。
四序互更谢，南陵回朱阳。穷秋多风雨，寒冬多雪霜。
危丛旦夕茂，绿叶日夜黄。本无松柏固，安用夸其长。
徘徊视草莽，零落同一伤。

怀化驿位于怀化泸阳，宋置怀化铺，明洪武中置驿。

沅水驿

明 何景明

小驿孤城外，阴深草树幽。晚凉凭水榭，秋雨坐江楼。
绝域鸿难到，空山客独愁。夜深归渡少，渔火照汀舟。

宿马底驿

明 杨慎

带月冲寒行路难，霜华凋尽绿云鬟。
五更鼓角催行急，一枕乡思梦未残。

杨慎（1488—1559），字用修，号升庵，四川新都人，明代文学家，正德六年（1511）状元，嘉靖三年（1524）因言获罪，谪戍云南永昌卫，终老戍所。天启年间（1620—1627）追谥“文宪”，有《升庵集》存世。

该诗作于嘉靖三年，杨慎沿湘黔道谪戍云南途中。马底驿，位于今沅陵县马底驿乡，遗址尚存。

送彭胡之官保靖

明 杨慎

青枫带楚乡，红旆引吴航①。溪洞连辰浦，峰峦近酉阳。
稻田多有岁，橘树不知霜。苇籥祈盘瓠，丛词赛竹郎②。
蛮歌花节鼓，公宴桂沾浆。因尔询风土，图经远寄将。

该诗对明代保靖气候植被、交通地理、风土人情等方面作了生动介绍，是研究湘西历史文化和交通地理的珍贵资料。

祝融峰

明 张居正

祝融群峰表，嵂崒万古雄。彩虹挂丹壁，邈若升苍穹。
举手扪太微，天关洞开通。璀璨南斗星，垂珠当我胸。
俯瞰六合内，泱漭烟云重。浩如太始初，二气涵冲融。
须臾涌阳景，倒挂扶桑东。瀛海不复辨，三山安可穷。
寄谢冷风子，吾将游混濛。

张居正（1525—1582），字叔大，号太岳，湖北江陵人，明嘉靖二十六年（1547）进士，历任大学士、吏部尚书、内阁首辅等职，有《张太岳集》《书经直解》《帝鉴图说》等作品传世。祝融峰见图3-1-10。

云溪道中

明 凌义渠

峰峰挟势互奔蹙，倒落平悬危地轴。
乔木千章隔日光，时于缺处度微旭。
濛濛雾色昼为昏，萝树交氤气方燠。
过眼杂花莫识名，绕涧药苗岂一族。
从兹取径及小桥，稍见青烟吐茅屋。
何处哀禽啼复啼，竦立斜阳听幽独。

凌义渠（1593—1644），字骏甫，号茗柯，浙江乌程人，明代文学家。天启五年（1625）进士，曾任大理寺卿等职，崇祯十七年（1644）甲申之变自缢殉国，有《凌忠介集》《湘烟录》等作品传世。

---

① 青枫为当时保靖常见植物，彭胡从吴地来到保靖，属于流官。

② 苇籥（yuè），伊耆氏之乐，泛指音乐。这表明保靖存在以歌舞祭祀盘瓠与竹王的习俗。

图 3-1-10 祝融峰是衡山最高峰，峰上祝融殿建于明代。［（德）卡斯特（Castell）1933—1936 年在中国执行飞行任务期间航拍。］

武陵道中

明 张凤翥

孤城临古渡，斜日一舟横。北渚离人目，西风远客程。
藤疏知树冷，棹响信江平。不用分渔火，前洲月已生。

张凤翥，字仪明，安徽宿松人，明崇祯四年（1631）进士，曾任湖广按察副使等职。

自零陵至兴安道中

明 屈大均

苍松三百里，不尽复枫林。一路白云暗，千峰红叶深。
山空自多响，水落亦成吟。薄暮停车坐，萧萧馀片心。

屈大均（1630—1696），名邵隆，号非池，广东番禺人，明末清初学者、诗人，有《广东新语》《广东文集》等作品传世。

郴江口

明 屈大均

惊涛出江口，一片雪山飞。舟与雷霆斗，人为鱼鳖归。
偷生惭有剑，卒岁叹无衣。历尽人间险，吾今解息机。

滩丁（纤夫）歌①

清 田元恺

滟滪瞿塘称险阻，十八滩头足并武。
涛声澎湃吼虬龙，石势纵横眠怒虎。
逆挽扁舟如上天，顺流鼓枻迅于弩。
行人至此心转寒，歃血荒祠拜大禹。
峭崖未得五丁开，滩水潺潺自终古。

① 原载（清）康熙《桂阳州志》，卷二十三，清乾隆三十年刻本。

数椽茅屋倚危巅，硗瘠何曾有尺土。
男不耕锄女不缫，黄童白叟惟牵舻。
终年送尽客往来，购得余粮才入釜。
观风至此一泊帆，挥毫拟作滩丁谱。
吁嗟世路多险艰，更念民生多疾苦。
谁为临摹入郑图，轻徭减赋始安堵。

田元恺，字莘臣，号卧山，陕西绥德州人，清顺治八年（1651）拔贡，康熙四年（1665）知桂阳州，康熙十年（1671）任云南定远知县，后辞官返乡。

桂阳州的春陵江十八滩，舟行艰难，需征发丁夫牵挽方能通过，百姓疲于苦役，田元恺深为同情，作《滩丁歌》。

朱亭①

清 陈鹏年

赤岸若朝霞，轻舟系白沙。昔贤曾一宿，古镇集千家。
濯足仙踪蚀，垂纶洞径斜。山林何氏檀，秋水遍蒹葭。

陈鹏年（1663—1723），字北溟，湘潭人，历任江宁知府、河道总督等职，著有《道荣堂文集》《河工条约》等作品。

朱亭，明清著名商埠，位今株洲境内。

桐梁潜渡

清 陈祥祚

孔道迢迢出县东，小桥隐隐入林丛。
数松挺立青霄近，一曲潜流碧海通。
磊落山岩云雾绕，玲珑石穴漪涟濛。
行人不断看幽景，千古龙门燕白虹。

陈祥祚，顺天大兴人，监生，清康熙四十五年（1706）至雍正元年（1723）任嘉禾知县，是该县史上任职最长的县令。

桐梁桥位于嘉禾县行廊镇桐梁桥村，三拱石桥，长35.2米，明嘉靖三十年（1551）建造，“桐梁潜渡”被列为嘉禾八景之一。

昭陵滩

清 张文炳

昭潭清绝冠长沙，来往昭陵日未斜。
双桨划儿飞涉险，一篙渔父稳安家。
马迁游迹推湘水，杜甫诗才老岸花。
最是月明风定夜，数声横笛静喧哗。

---

① 株洲县交通志编纂委员会：《株洲县交通志》，长沙：湖南出版社，1994年，第137页。

昭陵滩，位于株洲境内，湘江著名险滩。

张文炳（？—1727），字明德，山西运城人。康熙中以实录馆供事议叙，授高唐州判，终任于泗州知州，撰有《读易隅通》《易象数钩深图》《公余笔记》等作品。

过昭陵滩①

清 陈鑪园

路曲帆随转，滩高石最巉。波声喷断岸，云气上轻衫。

剩饭乌鸦逐，游鱼翡翠衔。迂回行十里，落日挂峰杉。

麻阳船口号

清 蒋深

逆流好用船头力，下水偏将船尾行。

一叶不妨危地过，此心平处水皆平。

蒋深（1668—1737），字树存，号绣谷，江苏苏州人，康熙年间进士，曾任翰林院编修、思州知府、朔州知州等职，有《绣谷诗钞》等作品传世。

沅水舟行

清 彭其伍

流溪一线宽，悬滩不可数。舟行用挽推，篙师脱敝胯。

扁舟一叶长，蓬窗殊逼窄。昂藏七尺躯，经日为匍匐。

岂惟水怕人，两岸山尤逼。姑恶满山啼，声也听不得。

康熙四十二年（1703）平江人彭其伍见漕运征苗军粮情景而作。

溯沅水

清 向兆麟

不信岩疆险，萦纡百二滩。惊涛舂断岸，怪石锁奔湍。

几处村烟白，千峰木叶舟。此来军供急，飞挽正艰难。

清康熙己丑年（1709）征苗，参加军粮运输的向兆麟作。

过八面山

清 洪钟

峭壁万仞鬼斧劈，鸟道飞悬不盈尺。

驱走怪石开鸿蒙，奇幻天生倚空碧。

一峰未过一峰横，上天入渊心胆惊。

饥鹰掠人昼厉吻，哀猿啸侣夜深鸣。

平生游历境不到，疑汝凿开混沌窍。

胸中五岳森峥嵘，对此何能夸奇奥。

① 摘自株洲市交通志编纂委员会：《株洲市交通志》，长沙：湖南出版社，1993年，第453页。

百里雷封万笏山，青骢黄绶白云间。

但愿五都厚风俗，人心人面莫与此山竞孱颜。

八面山位于桂东县境，气势雄伟，层峦叠嶂，鸟道羊肠，以“离天三尺三，人过要低头，马过要下鞍”闻名。

洪钟，湖北公安人，进士，曾任桂东知县，清乾隆二十三年（1758）纂修《桂东县志》。

八面山樵歌

清 邑贡 黄体文

人行要低头，马行要下鞍。一线猿猱路，险于蜀道难。

磨斧刃如霜，举足踏烟雾。砍得珊瑚枝，仙人不知处。

由桥头驿至长沙

清 姚鼐

杂树接行云，晨朝吐清气。遥望西峰顶，已上丹霞蔚。

远山状一同，近岭形千汇。涧雾忽成阴，岩萝密如衣。

泠风发空响，幽怆多髣髴。渐出深谷口，始纵秋泉沸。

湘帆转昭旷，途夷画经纬。遄往凑舟车，趋来孰泾渭。

物象倏以迁，亭午待犹未。缅忆独居情，将母徇俗畏。

桥头驿，位于今长沙市望城区桥驿镇，是湘鄂古官道重要驿站（图 3-1-11）。据清嘉庆《长沙县志》记载，清乾隆五十年（1785），桥头驿有站马 42 匹、马夫 21 名、兽医 1 名。

姚鼐（1732—1815），字姬传，安徽桐城人，清代散文家、诗人，乾隆二十八年（1763）进士，曾任礼部主事、四库全书纂修等职。此诗写于乾隆三十五年（1770），诗人赴任湖南乡试副考官途中。

图 3-1-11　驿站老照片（陈先枢 供图）[①]

① 陈先枢：从桥头驿到桥驿镇，湖南陈先枢，2020 年 12 月 3 日，https：//mp. weixin. qq. com/s/fqeV7U3-ragTI7JA4lrsBw。

舂陵江滩丁行

清 吴鲸

滩丁身手带鱼腥，磐石作骨形挛挛。
欹帆侧施随人意，撇漩捎濆行最能。
日日江头牵百丈，艓子浮沉只在掌。
有力不愁上水船，无钱莫打下滩桨。
滩心船破泅儿喜，身作鱼鹰不畏死。
摩诃浮尸非男子，装囊捧出江头洗。
奇货可居藏沙底，剑入延津龙在水。

吴鲸，字东湄，桂阳县人，清乾隆六十年（1795）举人，授醴陵训导。嘉庆丙辰（1796）某日，东湄从醴陵回乡，见舂陵江十八滩的滩丁拉纤艰苦，有感而发，作此《滩丁行》。

资江归舟①

清 邓显鹤

茱萸滩下青溪滩，一路秋山好卧看。
残暑未收霜尚早，泼空老去绿成团。
溪流曲折响泠泠，两岸人家尽掩扃。
一片乱山遮去路，夕阳红入蓼花汀。

邓显鹤（1777—1851），字子立，新化人。清嘉庆九年（1804）举人，官至宁乡县（今宁乡市）训导，晚年主讲邵阳濂溪书院。编纂《船山遗书》《资江耆旧集》《沅湘耆旧集》，参与《武冈州志》《宝庆府志》修纂，被尊为“楚南文献第一人”。

洞庭湖守风二首

清 陶澍

其一

昏黑舟难辨，风狂雨又交。灵旗趋鬼怪，大响发笙匏。
野气警苍鹘，江声泣老蛟。卧吟输五两，竟夜和推敲。

其二

但觉涛声壮，不闻人语喧。势驱群马过，力掣六鳌掀。
气象万千迥，胸怀八九吞。平生文字癖，始悟大波轩。

大汴滩

清 陶澍

茱萸江水天边落，五十三滩此最奇。
怪石当流蹲虎豹，乱峰趋岸下蛟螭。
险争一橹雷同迅，浪舞三篙雪欲吹。
为语春风挂帆客，回头记取上滩时。

① 新邵县志编纂委员会：《新邵县志》，北京：化学工业出版社，1994年，第706页。

大汴滩，位于安化县敷溪乡境内，水流湍急，危岩四伏。船过此滩，须招招及时、舵舵相应，稍有闪失，船翻人落。此诗是清道光年间，陶澍乘船过此滩所作。

晓发石门潭歌

清 陶澍

群峰西来何巍巍，簇拥香炉干紫微。
六时天半吼雷雨，惊起山雷作石飞。
凌空跌宕不得住，苍然直向江边渡。
古色如铁坚无伦，突兀横流锁烟雾。
五丁之力不能开，巨灵之掌何由来。
划然一线豁神径，屹立双户真奇哉。
绝壁猿猱不可上，一时柱中砥尤壮。
势接两岸森相向，苍穹上极下察渊。
此中嵌空非一状，波浸琉璃千顷足。
四山摇影春烟绿，资水一千三百里。
一一披猖归约束，我家近距潭之湄。
日汲水月浇心脾，只今扁舟又帝里。
他乡还忆故乡水，作歌一笑酹江灵。

石门潭，位于安化县小淹下首，由于城墙崖形似石门，紧锁江流，江水阻塞为一深潭，故曰石门潭。

同陶澍游石门潭观御书崖歌①

清 王礼圻

我闻资水一千八百里，印心石作中流砥。
长江滚滚入门限，夹岸森森排壁垒。
上有层峦积翠秀若削，下有澄潭净练深无底。
石龙渡江倏伏倏起，山蹲熊罴、水截犀兕，
陆离光怪固锁钥，海门巴峡真堪拟。
因知章惇梅山开辟此特奇，讵意丹崖镌玉玺。
由来云秀钟伟人，翠珥金貂对天子。
心坚穿石臣读书，心贞贯石臣入仕。
心石相印屋以名，永肩一心非砺齿。
至尊含笑洒宸翰，珊瑚笔格琅玕纸。
擘窠作大字，摩崖遵特旨。归来督工倕，深刻入石髓。
贞珉雾结烟云霏，峭壁龙拏鸾鹄峙。
山鬼趋朝跨白鹿，水仙瞻拜乘赤鲤。
诸峰罗列如儿孙，辰居星拱端相似。
先生泉壑有家癖，况复高山深仰止。
买舟招我游石门，登临但曳尚书履。
目光闪闪岩下电，安置妥帖独狂喜。

① 湖南省安化县地方志编纂委员会：《安化县志（1956～2000）》，北京：方志出版社，2005年，第253页。标题有修改。

谓是龙飞一十有六年，臣额君题今创始。
此书刻石如刻骨，赫濯天威常尺咫。
兴来旁及观音岩，南海普陀亦尔尔。
墨池清浅靴迹长，一一都归图画里。
石城小憩日昏黄，尚爱松风谡谡一阵吹罗绮。
我家上住潭之西，鲁析闻邾犹密迩。
朝望石门青，暮望石门紫，见惯亦等闲。
大观今若此，乃知山川淑气郁积愈久泄愈奇。
不惟其数惟其理，鄙人之见本蠡测，姓氏觥觥重端揆。
天章今日缀芙蓉，娲皇五色谁能比。
宛然钟彝鼎鼎与铭勋，何必丰镐鄠杜方称美。
先生之名播九垓，皇帝之书绵万纪。游石门，情无已。

横岩塘歌

清 王礼圻

横岩塘，塘中岩横高且长，起自地底逾中央。
石龙汹汹渡江去，斫断龙尾通桴航。
熊罴牛马举莫状，远近观者如堵墙。
资江到此一束缚，奔涛巨浸难披猖。
自来山水是锁钥，帝遣半壁为保障。
不然泰山溜穿石，何以终古成金汤。
我思海门巴峡当亦不过此，惜哉荒僻无游扬。
平生磊落抱奇癖，拜兄欲效元章狂。
停桡歇桨不肯去，划然一笑天苍茫。

横岩塘，位于资水安化柘溪口下首，左岸一巨石横卧江心故名。江水从柘滩飞流直下，被横岩阻挡，形成巨大漩涡。船过此塘，时有触礁翻船事故发生。枯水时，船排只能迂回而行。

入洣江二首

清 尹荣组

其一

洣水千岩束，春舟一叶归。波添新雨涨，山挟晚云飞。
客路羞弹铗，劳人愿息机。故乡明月夜，樽酒挹清辉。

其二

一路滩声接，春潮半夜生。帆从云外出，人在画中行。
逸兴临流发，澄怀对水清。迎舟劳问讯，多累是浮名。

尹荣组，字锡奎，酃县（今炎陵县）人，嘉庆二十四年（1819）进士，授工部虞衡司主事，旋告假回乡，专心著述，有《雯月轩》《蕉窗诗存》《朴尘草》《断玄吟稿》等传世。

井口潭书所见①

清 黄则有

江水滔滔往北注，石壁障之使西去。
石势鸱张水势横，彼此争持声若怒。
上流诸舟杂沓来，如箭离弦挽不回。
水窄舟多难容受，忍看舟与舟相摧。
一舟受困如旋磨，一舟触石头已破。
后舟方从水面横，前舟早向波底卧。
狂澜激荡如山裂，人声水声难分别。
岸侧喧呼可奈何，溺人波际那堪说。
渔艇飞来救恐后，人多艇少但招手。
一半已入鬼门关，生者排比卧沙阜。
开眸知道尚为人，各吐胸中水数斗。
一身以外更何有，留得残生见父母。

井口潭，位于新邵县酿溪镇，是资水著名险滩。明人在临潭岩峰上建南岳殿，因名岩峰为南岳殿峰。清道光《宝庆府志》：“山下有洞，直穿潭底，乾隆年间有人秉炬探之，约行三里许，忽闻鼓楫声，骇而返。”②

茱萸滩阻水

清 刘振翥

山高欲障天，俯视若洞户。一江泻众流，况值半月雨。
但听滩水号，不复见铜柱。乱石排云端，奔涛相震怒。
巨灵初跖时，天公役鬼斧。劈作石门峡，放流通水府。
归心逐飞鸿，忽作一日阻。攀藤走荦确，缘流步江浒。
快舟冲波来，如脱千钧弩。回看舟中人，相觑色如土。
前滩船已破，遥望神先沮。古人尚忠信，风波谁敢侮。
我不如古人，却惮征途苦。不畏水中蛟，那避岸上虎。

刘振翥，字西冈，新化人，诸生，生活于清嘉庆道光间，有《闲庐诗钞》存世。

茱萸滩，亦名铜柱滩，位于新邵境内，两岸各有一溪流，其入口处相对，常有大量滚石随山洪充塞航槽，成为著名的对口滩，号称资水第一天险。《读史方舆纪要》：“昔人置铜柱于岸侧，以固牵挽。俗谓五十三滩，四十八滩，此其首也。”③

铜柱滩

清 李天任

十里金鼓声，遥听如对仗。两壁峭面起，争雄不肯让。
以兹夹东岩，跳波急横撞。微漏一线天，苍烟迷想象。

① 新邵县志编纂委员会：《新邵县志》，北京：化学工业出版社，1994 年，第 706 页。
② （清）道光《宝庆府志》，卷第六十二，清道光二十七年修民国二十三年重印本。
③ （清）顾祖禹：《读史方舆纪要》，卷八十一湖广七，清嘉庆十七年刻本 。

飞橹下云霄，出没鱼龙状。五十三滩首，侈然独鸣壮。
昔年有铜柱，相传大禹创。荒凉古庙宇，遗踪不复望。
忧患此为始，明德何由向？

李天任，字子将，号一峰，新化人，贡生，官至辰溪训导，有《弗过居近稿》存世。

舟别邵陵

清 李天任

奔竞有何益，轻舟别邵陵。春惊两岸老，梦入五更清。
雨过天如浴，潮平石不鸣。孰云垂钓叟，徒是羡鱼情。

邵陵，邵阳在汉晋南北朝时的称谓。

登官山谒韩张亭

清 雷仁

飞来灵鹫倚城荒，樵牧犹能话李唐。
谏疏一封称愈署，山亭万古自韩张。
文钦斗比名齐柳，治媲周南爱在棠。
一瓣携来何处吊，满空云树乱残阳。

题玉潭桥

清 易清照

山县苦荒僻，胜境少可传。寻常偏走觅，芒屦空为穿。
玉潭有长桥，郁郁南城边。横亘通古驿，逶迤跨清川。
洪流自震撼，巨石相钩联。百丈平如砥，一界直若弦。
影动沙上日，根盘水中天。晴疑长虹垂，雨讶苍龙悬。
等闲过此日，危险怀当年。行客愁往来，黄昏唤渡船。
冲波荡小艇，出没如惊鸢。煌煌刘县侯，见之心怃然。
凿石秃青山，倾囊出俸钱。顿令成坦荡，至今歌安便。
伊余亦何营，来此信有缘。明月如可拾，清风自相延。
前人已尘土，后人复流连。人生如汝寿，行乐须目前。
却顾身如寄，抚事百忧煎。风月知我诚，亲故览此篇。

易清照，字无咎，宁乡人，晚清诗人，有《无咎诗草》《易清照遗稿》等传世。玉潭桥位于宁乡县城，始建于明成化二十一年（1485），1974年改建为公路桥。

晚步夏紫桥眺望

清 郑昭耀

乘暇探幽趣，纡回出竹丛。溪澄波漾碧，树老叶飞红。
寓目宜无障，居心岂是蓬。题桥怀往事，咄咄欲书空。

夏紫桥位于湘乡市境，建于明洪武四年（1371），20世纪50年代改建公路桥。

春社日往邵阳道中

清 王闿运

其一

作客真成计，逢春定别家。故园风过柳，残月夜依花。

歧路马犹顾，轻波鸥自斜。离心共芳草，著处便天涯。

其二

细路引沙圻，墟人趁夕晖。烟深镫影大，舟泊水声微。

晚渡争操楫，春寒懒换衣。垂杨最关客，迎送总依依。

王闿运（1833—1916），字壬秋，号湘绮，清咸丰二年（1852）举人，曾入曾国藩幕府，授翰林院检讨，主讲长沙思贤讲舍、衡州船山书院，后任清史馆馆长，编纂《桂阳州志》《东安县志》《衡阳县志》《湘潭县志》《湘军志》，有《湘绮楼诗集》等传世。

枫浆桥晓发①

清 谭嗣同

桥上一回首，晓风侵骨寒。送人意无尽，惟有故乡山。

野水晴云薄，荒村缺月弯。役车休未得，岁暮意阑珊。

谭嗣同（1865—1898），字复生，号壮飞，浏阳人，生于北京，中国近代著名政治家、思想家、诗人，清光绪二十四年（1898）参加维新变法，失败后被杀，为“戊戌六君子”之一。

据张维欣《谭嗣同年谱长编》，该诗作于清光绪十一年（1885）冬，作者由浏阳至长沙途中。《三十自纪》：“冬，赴甘肃，陆至长沙。”②

枫浆桥，位于今浏阳市洞阳镇枫浆村，跨捞刀河，始建年代不详，清乾隆二十八年（1763）年重建四拱石桥，1975年拆除。

洞庭夜泊

清 谭嗣同

船向镜中泊，水于天外浮。湖光千顷月，雁影一绳秋。

帝子遗清泪，湘累赋远游。汀洲芳草歇，何处寄离忧？

据张维欣《谭嗣同年谱长编》，该诗写于清光绪十四年（1888）夏，作者自陕西返湖南途中。《三十自纪》：“又易舟溯江，出太平口泛洞庭，流资溯湘至长沙，陆抵浏阳。”③

去常德舟中感赋

清 秋瑾

一出江城百感生，论交谁可并汪伦。

多情不若堤边柳，犹是依依远送人。

---

① 旧时客商往来长浏间有水陆两种方式：或走水路，乘舟顺浏阳河由浏阳至长沙；或行陆路，由浏阳县城出，经熊家亭、太和铺、蕉溪岭、长冲铺、洞阳市、枫浆桥、永安市至长沙境，途中常于枫浆桥铺留宿，次日再由枫浆桥启程。

② （清）谭嗣同：《谭嗣同集》，寥天一阁文卷二，戊戌六君子遗集本。

③ （清）谭嗣同：《谭嗣同集》，寥天一阁文卷二，戊戌六君子遗集本。

秋瑾（1875—1907），字竞雄，号鉴湖女侠，浙江绍兴人，我国女权和女学思想倡导者，近代民主革命志士。

据2002年版《常德市志》，该诗写于清光绪三十三年（1907）三月，作者回湘潭为光复会筹款购械，返浙江时绕道常德寻友途中。

第二节 凉亭楹联

作为我国特有的一种文学艺术形式，散布于大道、桥头、江畔、山麓的凉亭楹联，以高度概括性和启发性，在点染主题、发人深思的同时，传承着中华传统文化精髓。

如祁阳毛家埠亭联："走正路一条，谁肯甘心落后；奔前程万里，我愿捷足登先。"句句深刻，道破人生真谛。

再如湘潭寺门前义渡亭联："黄金非宝书为宝；万事皆空善不空。"倡导读书行善，被台湾地区前领导人马英九祖父奉为家训。

又如清代名臣陶澍撰安化杉树亭联："茶后行者行，莫愁劳燕分飞，放眼光明路正远；亭前过客过，若访雪鸿遗迹，印心名胜景尤佳。"上联"劳燕分飞"出自《乐府诗集·东飞伯劳歌》："东飞伯劳西飞燕，黄姑织女时相见"；下联"雪鸿遗迹"语出苏轼《和子由渑池怀旧》："人生到处知何似，应似飞鸿踏雪泥，泥上偶然留指爪，鸿飞哪复计东西？"道光皇帝曾为陶澍幼年读书的石屋御书"印心石屋"，陶得字后在石屋旁建塔、刻碑、搭台，构成"印心名胜"。

本书收录交通相关亭联534副，包括路（山）亭联396副、桥亭联93副、渡亭联45副。其中，路亭之湘潭白石铺枫林亭联（184字）、山亭之长沙爱晚亭联（192字）、渡亭之南县赤松亭联（292字），堪称国内少见长联。

一、路（山）亭联

（一）岳阳

岳阳君山朗吟亭联

月光千里白；秋色一天青。

南极潇湘千里月；北通巫峡万重山。

——清 张照

盘庚上中下；鼎甲一二三。

——清 彭玉麟

张照（1691—1745），字得天，号泾南，江苏娄县人，康熙四十八年（1709）进士，曾任刑部尚书等职。

彭玉麟（1817—1890），字雪琴，号退省庵主人，衡阳县人，湘军水师创建者，中国近代海军奠基人。

图 3-2-1 始建于北宋的岳阳君山朗吟亭
[（日）山根倬三 摄于中华民国初年][1]

云溪陆城鱼梁亭联

枫叶荻花，秋色弥天凭笛领；江村水国，春潮拍岸任桴游。

鱼梁亭，位于临湘县（今临湘市，原治陆城）南鱼梁山下，明成化年间（1465—1487）知县徐义建。

华容古道亭联

古道难行，窄路曹操曾下马；夕阳西坠，乱山贾岛莫贪吟。

华容道（图 3-2-2），位于华容桃花山凹，又称路岭子口，沿途尚存倒马崖、关帝庙、吴王庙、昭烈庙等遗迹[2]。

图 3-2-2 华容道遗址（背包客 摄）

① ［日］山根倬三：《长江旧影——1910 年代长江流域城市景观图录》，北京：中国建筑工业出版社，2008 年，彩插。

② 蒋响元：《筚路蓝缕 以启山林——湖南古代交通史（史前至清末）》，北京：人民交通出版社股份有限公司，2020 年，第 214 页。

华容归马亭联

乘兴此登临，大好河山皆在望；同舟须共济，莫教泾水再扬波。

——中华民国 唐伯寅

归马亭，位于华容塔市驿，古代邮传驿路到此而止，故名。

唐伯寅（1897—1952），字剑椿，号剑湘，湘潭人，抗日将领。

临湘雪坳岭亭联

月夜风生，满塘荷叶尽翻白；春朝日出，一路山花相映红。

四面皆山，仿若还邀留我坐；两途是路，但凭择取任君行。

——中华民国 严幸林

临湘雪坳岭凉亭，位于聂市通往文桥的古道上。

临湘走马畈凉亭联

天地犹旅途，攘攘纷纷，未知何时释手；

光阴同过客，来来往往，请在此处息肩。

——中华民国 姚子嘉

走马畈凉亭，位于聂市通往临湘县城的长安大道上。

临湘杨林里凉亭联

客聚茶亭茶聚客；人行便道便行人。（回文联）

鼠暑凉梁客咳惊；鸡饥盗稻童筒打。

杨林里凉亭，位于聂市通往朱贝桥的古道上。

临湘江天清啸亭联

万里秋风游客至；一湖明月钓船归。

——清 吴獬

江天清啸亭位于临湘西北鸭栏矶上，明嘉靖年间（1522—1566）建，今废不存。

吴獬（1841—1918），字凤笙，号子长，临湘县（今临湘市）人，光绪己丑（1889）科进士，曾任沅州府学教授等职，有《吴獬集》存世。

平江幕阜山亭联

廿五洞玄天，高凌霄汉，凭虚望远，喜茫茫空阔无边，看南蹲伏凤，东峙黄龙，北驻马鞍，西停鸡角，高人韵士，何妨选胜登临！美野鹤闲云，时绕就丹岩峭壁，际长虹宿雨，还增添瀑布晴川，原待有独生台竹，三亩石田，万古凉亭，百秋金鲤；

数千年胜事，迹著峰峦，玩景寻踪，叹滚滚豪雄谁在？想大禹篆文，葛洪炼药，刘刚赶羊，太史藏军，伟烈丰功，费尽移山心力。尽珠帘画栋，都化为薄雾残霞，使雁柱丰碑，扫不净荒烟蔓草，只赢得八井廉泉，半溪酿水，一肩明月，二袖清风。

——清 李元度

天岳幕阜山亭，位于湘、鄂、赣三省交界处的平江县南江镇。

李元度（1821—1887），字次青，平江人，清道光二十三年（1843）举人，曾任浙江盐运使、云南按察使、贵州布政使等职，著有《国朝先正事略》《天岳山馆文钞》等作品。

（屈原管理区）**磊石山钟亭联**

深山灯火明潇寺；夜半钟声到客船。

闻到钟声，知此处有先登之岸；射来灯火，羡长江流不夜之天。

——清 黄万程

汨罗高华亭联

一亭尚古风；满途扬正气。

高风传世久；华景惠人多。

高华亭，位于高家坊镇，汨罗至湘阴驿道上（图 3-2-3）。

图 3-2-3　高华亭（瞿木雷 摄）

（二）长沙

长沙爱晚亭（图 3-2-4）**联**①

爱日喜雨，蒸润着锦绣河山，汇入百里洞庭，斧七二峰衡岳，归楼听叶，古寺飞钟，林下停车，亭前放鹤；寻汉魏最初胜迹，览湖湘首著名城，大可搜芷搴兰，岂惟赏心惬足，岁月莫蹉跎，值兹风和景淑，且登临，看东流帆转，南浦雁回，北麓斗横，西峦光霁。

晚烟朝霞，烘笼过繁华厦宇，溯三千年历史，数廿四代英豪，泄恨鞭尸，离骚忧国，遗书匡世，评论兴邦；乃周秦以还哲贤，皆吴楚群知硕彦，当骄地灵人杰，应惜寸时分阴，平时须砥砺；到此游目骋怀，安能负，这春圃桃红，夏池莲脂，冬阁梅素，秋岭枫丹。

——中华民国 万涛

① 长沙市地方志编纂委员会：《长沙市志·第十七卷》，长沙：湖南人民出版社，2004 年，第 480 页。

图 3-2-4 中华民国期间的爱晚亭（陈先枢 供图）

长沙回龙山义茶亭联

不费一文钱，过客莫嫌茶叶淡；且停双脚履，劝君休说路途长。

义茶亭，位于长沙城南回龙山下，今亭无存，有义茶亭街名。

望城义茶亭联

为名忙为利忙，忙里偷闲众生不妨坐坐；

劳力苦劳心苦，苦中生乐大家打个哈哈。

义茶亭，位于茶亭镇，相传为清代当地士绅张子初捐建，内设义茶供行人饮用。今亭不存，留其地名。

浏阳牛皮岭小憩亭联

星沙有迹留鸿爪；浏水多情送马蹄。

牛皮岭，位于浏阳、长沙交界处。

浏阳文家市高升岭半山亭联

九峰擎日月；一亭纳古今。

浏阳大布坳茶亭联

远通近达逍遥过；进退连还运遇逢。

一墩三桥通四路；双溪八景绕千田。

大布坳茶亭，位于文家市与澄潭江镇交界处，后因修公路拆除。

宁乡沩山长香岭茶亭联

绝磴古沩峰，正宜茶活舒筋，天际行云同客憩；

孤亭老秋树，为爱松涛到耳，山深警夜有龙吟。

——清 岳障东

岳障东（1852—1921），字蔗坡，号百川，宁乡人，光绪举人。

宁乡堆子山茶亭联

古来除芳草美人，谁个怜才，请看蜀客尘衫，病渴同嘲司马赋；

公余造莲花君子，借他消暑，擎出沩山露叶，思家欲学季鹰归。

——清 岳障东

宁乡司徒岭茶亭联

野鸟啼风，絮语劝君姑且息；山花媚目，点头笑客不须忙。

四在皆空，坐片刻无分尔我；两头是路，吃一盏各自东西。

司徒茶亭，位于宁乡司徒岭，清光绪十四年（1888）修建。

宁乡南风亭联

南去北来，过客何妨聊坐坐；风和日暖，劝君且莫急忙忙。

——清 龚稀星

南风亭位于巷子口镇，通往安化的古道上。亭名出自舜帝《南风歌》："南风之薰兮，可以解吾民之愠兮。"

龚稀星，宁乡人，清末秀才。

宁乡峡山茶亭联

峡水最清涟，邀过客煮茗谈心，莫嫌他水峡；

山河多破碎，望诸君匡时努力，誓还我河山。

——中华民国 李元爕

此联作于抗日战争时期。李元爕，宁乡人，曾任云山学校、甲种师范学校校长。

（三）湘潭

湘潭书善亭（图3-2-5）**联**

黄金非宝书为宝；万事皆空善莫空。

——清 马立安

图 3-2-5 书善亭，位于白石镇潭口村寺门前义渡旁，宣统二年（1910）原台湾地区领导人马英九祖父马立安等捐资修缮

湘潭稍息亭联

稍停步，到此已登峰造极；息重担，远眺则放眼开怀。

——清 曾国藩

稍息亭，位于石鼓镇顶峰村曹家坳，晚清名臣曾国藩捐建。

湘潭隐山凉亭联

看村媪谈天，东扯葫芦西扯叶；听儿童对曲，南山妹子北山哥。

隐山，位于湘潭县排头乡黄荆坪，因宋代理学家周敦颐隐居于此讲学得名，明正德皇帝朱厚照曾亲笔御书“天下隐山”（图 3-2-6）。

图 3-2-6 湘潭“天下隐山”（叶孤城 摄）

湘潭白石铺枫林亭联

未曾记鸟道行程，数十年劳人草草，三千客车马纷纷。想驿讯传鸿，家书寄鲤，问征夫以前路，

都只为利锁名缰。世事莫须忙，且停鹤驾，且驻骛骖，遇昔时旧雨良朋，与姜公论酒，偕陆羽评茶，赶什么白石黄茅，何妨就弄里开怀，饮几杯竹叶？

即此是熊湘胜迹，八百里湖水茫茫，七二峰岳云霭霭。况塔堪题雁，桥可听莺，接孟氏之芳邻，亦足畅幽情逸兴。乡心犹可慰，或歌鹿鸣，或闻虎啸，趁今夕清风明月，效杜甫吟诗，仿王维作画，说不尽红酣绿战，最难得高山对面，拥九瓣莲花。

——清 马瑞图

枫林亭，位于白石铺北边山坳，湖广古官道上，1960年代拆除。马瑞图（1854—1925），湘潭白石乡人，清光绪年间举人。

湘乡梅桥留茶亭联

山好好，水好好，会心一笑无烦恼；

来匆匆，去匆匆，下马相逢各西东。

（四）株洲

朱亭狮子岭茶亭联[①]

为人忙，为己忙，忙里偷闲，权且喝杯茶去；

劳心苦，劳力苦，苦中有乐，笑待提壶酒来。

攸县砥中亭联[②]

砥柱中流，四面云山皆北向；中流砥柱，千层湖水自东来。

攸县降魔坳路亭联[③]

上下数里绝人烟，正好休息片刻，自无须鹤唳风声，提心吊胆；

江今万古钟灵秀，也许际会一时，且任他龙争虎斗，动地惊天。

（五）衡阳

衡阳马山亭联

马快再加鞭，直上青云迎旭日；山高总有路，且从险处探奇峰。

衡山半山亭联

遵道而行，但到半途须努力；会心不远，欲登绝顶莫辞劳。

衡山红茶亭联

红透夕阳，好趁余晖停马足；茶烹活水，须从前路汲龙泉。

衡东莫井乡分界亭联

分明小憩为佳，诸君切莫错过；界指前程不远，凡事最忌仓皇。

---

① 株洲县交通志编纂委员会：《株洲县交通志》，长沙：湖南出版社，1994年，第139页。

② 攸县地方志编纂委员会：《攸县志》，北京：中国文史出版社，1990年，第584页。

③ 攸县地方志编纂委员会：《攸县志》，北京：中国文史出版社，1990年，第584页。

衡东踏庄乡朗山亭联

上下艰难，最好暂停歇歇脚；往来辛苦，何妨稍坐聊聊天。

耒阳驻马亭联

万山明月一亭影；匹马当年百战功。

萧萧马在鸣，奋戈而起；簌簌人空野，抗战而生。

驻马亭，位于耒阳城北，传三国蜀汉庞统曾在此驻马，故名。

祁东大营驿亭联

蓬头垢面跪阶前，想想当年相国；端冕凝旒临座上，看看此日将军。

静邀山风披经卷；闲剪江云补衲衣。

——清 唐炳霖

大营驿，位于双桥镇大营村。宋高宗绍兴元年（1131），岳飞奉旨权湖南帅，统兵征讨曹成义军，驻军祁阳，其间题壁大营驿。

祁东石燕亭联

峰峙湮江，众山独聚；石形飞燕，千古称奇。

峰以秀称佳，且凭笔墨描图画；石因形擅胜，莫让风霜蚀羽毛。

石燕亭位于黄土铺。

祁东粮市镇广积亭联

去粮市不过十里；到归阳只有一塘。

祁东云排岭鹧鸪亭联

于邂逅时，大家莫作炎凉态；到休息处，少坐聊为风月谈。

过客休忙，芳草有情留坐坐；前程甚易，野禽何事唤哥哥。

祁东洪桥镇扎江口亭联

此处可偷闲，漫道光阴如客过；前程须努力，莫将地步让人先。

祁东马杜桥乡同心亭联

同人歇肩稍憩，慢着坐刻偷闲去；心意乘凉避暑，快些筛杯好茶来。

同去同来到此何妨坐坐；心凉心静大家权且谈谈。

祁东孙家坳朝阳亭联

抵掌话从来，半是凄风苦雨；知音相感遇，各传流水高山。

祁东风口岭凉亭联

泉饮牙香，交谊莫嫌君子淡；风从口出，披襟胜过大王雄。

（六）郴州

北湖叉鱼亭联

烛燃明似昼；叉落浪翻银。

重筑草堂存古意；双浮画舫仿西湖。

关塞亭桥重锁钥；洞天福地小桃源。

叉鱼亭，位于北湖公园内。唐永贞元年（805），郴州刺史李伯康曾邀韩愈在北湖叉鱼，韩愈为此写下《叉鱼招张功曹》诗篇。

北湖鲁塘镇同乐亭联

四檐滴水留君憩；一径清风送尔还。

永兴塘市云山亭联

云淡风轻千秋不改；山高月皎万载如初。

马走崎岖加鞭俯仰；云行雨露少歇山亭。

——中华民国 戴学士

云山亭，位于塘门口镇马仰坪，旧为永兴至耒阳大道要冲。

嘉禾珠泉亭联

逢人便说斯泉好；愧我无如此水清。

——清 达麟

珠泉亭，位于县城北门外，亭侧有珠泉，故名，始建于清道光二十四年（1844），“珠泉涌月”为昔。嘉禾八景之一。

临武金江凉亭联

过了几重山，到来人皆倦，稍休息，得缓且缓；

还有数条水，前去路尚遥，莫耽延，要行就行。

临武三星堂凉亭联①

世路本崎岖，你行难，我行亦难，要当难易俱忘，平安共祝福海；

天壤几宽阔，远者往，近者更往，务使往来迪吉，巩固永孚寿山。

——清 陈天一

资兴凉亭联②

亭从空际立；僧向定中修。

嶙峋秀拔映三台；缥缈亭成万象开。

① 临武县地方志编委会：《临武县志》，长沙：中南工业大学出版社，1994 年，第 354 页。

② 资兴市地方志编纂委员会：《资兴市志》，长沙：湖南人民出版社，1999 年，第 994-996 页。

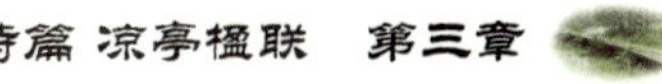

四面皆空，非家非店谁招待；两头是道，或坐或行自主张。

安得广厦酬寒士；幸有斯亭憩征夫。

桂阳鹿峰山半山亭联

山色淡随人入座；松声静与鸟谈玄。

宜章艮岩岩口亭联

洞中蛰龙，两派神渊作甘雨；峰疑灵鹫，千章古木化奇云。

——清 麻维绪

宜章响泉亭联

出郭人事少；在山泉水清。

宜章靠脚岭亭联

初临岭顶疑无地；偶到亭中别有天。

桂东普乐镇东水村红军亭联

四面皆空，非宅非店谁作主；二头有路，是站是坐我当家。

——朱德等

1928 年，朱德率军驻扎东水时，曾与村农会主席合作亭联。

（七）永州

祁阳启善亭联

茶煎含膏，行人且止；亭名启善，过客暂留。

劝君不必争先步；过客何妨暂息肩。

启善亭位于长流铺（图 3-2-7）。

图 3-2-7 祁阳启善亭①

① 摘自《祁阳县交通志》（1994 年版）插图。

祁阳八角亭联

白水涵湘碧；紫霞映地红。

——唐生智、刘兴、冯天柱

八角亭，位于潘市镇八角岭村。紫霞，即隔岸对峙的紫霞山，亦称凤凰岭。1947 年，军政要人唐生智、刘兴、冯天柱同游八角岭，唐生智题上联，刘兴、冯天柱接下联。

喘息获安闲，莫恋此地佳境；宽衣解炎热，暂在斯处欢留。
浮沉换春秋，登临纵目，且莫寻佛祖禅袍、古庙龙涎，总不如香飘稻麦，江中渔火；
上下揽日月，把酒兴怀，遥想那冷泉白水、峻岭八角，召唤起乘风壮志，剑舞豪情。

祁阳清凉亭联

把酒涤凡尘，任天涯芳草，世界红尘，此心澄似湘江水；
凭栏舒望眼，看细雨帆樯，人间白眼，感慨多于八角风。

——黄裔

清凉亭，位于八角岭。黄裔（1873—1951），祁阳人，矢志不仕，终身从教，六十大寿时蒋介石曾送其“湘南一老”匾额。

祁阳狮吼亭联

狮口开自何年，吞不完人间怨气；
兽腔藏着什物，想必是满腹牢骚。

——黄裔

狮吼亭，位于浯溪镇驿马门对岸。

祁阳长寿铺君善亭联

行李也艰，何妨缓步；仆夫甚苦，且暂停车。

祁阳孙市岭驻马亭联

途长未必难留脚；任重何妨暂息肩。

祁阳观音滩益寿亭联

吸水烹茶堪止渴；迎风入座好乘凉。

祁阳百子亭联

百舌催归常滞客；子规唤起晓行人。
小坐只因来路陡；息肩才觉此身轻。

百舌，鸟名。杜甫《百舌》诗曰：“百舌来何处，重重祇报春。”

祁阳保福亭联

深仁重爽垲；遗泽沛甘霖。

劳人欢歇憩；过客喜停车。

保福亭，位于下马渡镇横江枥甘棠坪。

祁阳万福亭联

处世图良，用忠用信还用忍；居家务正，宜耕宜读更宜勤。

万福亭，位于文富市镇白茅滩。

祁阳粟山亭联

前途赤日炎炎，试问能行几步；这里凉风习习，何妨暂坐片刻。

粟山亭，位于文富市镇官山坪。

祁阳惠风亭联

来来来，休愁远道；坐坐坐，各诉前程。

此地真能消夏日；何人不可坐春风。

惠风亭，位于文明铺镇狭江村。

祁阳槐荫亭联

敢集群贤来果报；聊成半壁作槐荫。

槐荫亭，位于文明铺镇狭江村。

祁阳风月亭联

四面风凉，正好谈天说地；前途雨急，何妨住马停车。

吃几杯冷水热茶，亦云小快；躲一阵狂风暴雨，然后大行。

风月亭，位于龚家坪窑头铺。

祁阳慎得亭联

尔为尔，我为我，泽及诸其人乎；

往者往，来者来，莫若由斯道也。

慎得亭，位于龚家坪窑头铺。

祁阳复兴亭联

且小坐喝口茶去；莫匆忙放下担来。

复兴亭，位于文明铺。

祁阳摩天岭亭联

九级云梯才到顶；一天星斗喜垂肩。

摩天岭亭，位于摩天岭。

祁阳四通亭联

东路行人暂止步；凉亭气爽且偷闲。

南星奇峰小木口；眼观胜地卢家坪。

四通亭，位于大忠桥镇。

祁阳多义亭联

天马回头瞧七里；鸿鹄展翅过三门。

观音观三门，必有源沽；寒婆走七里，岂无明塘。

多义亭，位于七里桥镇。

祁阳留念亭联

留是百年，常怀亲思耿耿；念非一日，勉尽子道殷殷。

留念亭，位于七里桥镇。

祁阳蛟龙岭亭联

芒鞋踏破三门路；竹杖撑过七里桥。

蛟龙岭茶亭，位于七里桥镇蛟龙岭。

祁阳培寿亭联

樵吟参鸟语；牧笛伴渔歌。

马坳回栏山愈秀；云腾降雾水犹香。

培寿亭，位于七里桥镇马颈坳。

祁阳天马石山湾亭联

水从石边流去；风从湾里过来。

石山湾亭，位于浯溪镇。

祁阳放眼亭联

放眼天地宽，客路相逢，抵掌畅谈天下态；

回头关山远，征裳甫卸，倾杯共道故乡情。

放眼亭，位于十里坪。胝掌：长满老茧的手，指劳苦百姓。

祁阳孙家坳亭联

好向此间思后路；莫从这里误前程。

仰啸话从来，半是凄风苦雨；知音相感遇，各传流水高山。

——易炳生

孙家坳亭位于黄泥塘镇，祁阳通往常宁的驿道上。

易炳生，饱学之土，耕读传家，终身未仕。

祁阳碧芝塘茶亭联

古井烹茶留过客；清风明月送行人。

碧芝塘茶亭，位于文明铺。

祁阳赶仙亭联

苦苦追人间名利；忙忙赶天上神仙。

赶路终须由正路；仙人见惯亦常人。

赶仙亭，位于下马渡镇枫林铺。

祁阳崇德亭联

捷足先登，履行大道；苦心孤诣，竞走前程。

节励冰清，中热不须防井渫；庇承樾荫，前程争共看云腾。

崇德亭，位于羊角塘镇雅塘冲。“井渫”，即去秽浊，有清洁之意；樾荫即“树荫”。

祁阳马鞍亭联

走正路一条，君子漫步；看前程万里，豪杰急趋。

马鞍亭，位于黄泥塘镇。

祁阳石山亭联

为名忙为利忙，忙里偷闲且向凉亭坐坐；

劳心苦劳力苦，苦中作乐何妨笑语谈谈。

石山亭，位于梅溪镇。

祁阳聚仙亭联

酒美薰人催远路；路远催人薰美酒。

亭凉坐客乐清风；风清乐客坐凉亭。

聚仙亭，位于大村甸镇吊牛岭。亭联为回文联，正反可读。

祁阳望夫亭联

空闺寂寞卿思我；湖海飘零我负卿。

望夫亭，位于大村甸镇凼桥。

祁阳高山亭联

十万里前程由此去；五千年事业在人为。

——陶铸

高山亭位于石洞源。陶铸投考黄埔军校前，为家乡高山亭撰联以明志。陶铸（1908—1969），号剑寒，祁阳县人，曾任国务院副总理等职。

祁阳驻马亭联

仆仆风尘南来北往；融融笑语海阔天空。
途长未必难留脚；任重何妨暂息肩。

驻马亭，位于浯溪镇孙市街。

祁阳冷水亭联

来来来，我们都是同伴人，且坐；
走走走，前面还有许多路，莫捱。

冷水亭，位于挂榜山林场。

祁阳十字亭联

为己忙为人忙，忙里乘凉喝口水去；
劳心苦劳力苦，苦中求乐到小亭来。

十字亭，位于三口塘镇坝塘。

祁阳白鹤亭联

睡醒五百年，放眼试看今世界；历经千万劫，论人原是古英雄。

白鹤亭，位于进宝塘镇。

祁阳清安亭联

清若深潭，更兼夕阳朝晖，长映溪流成画景；
安如磐石，从此熙来攘往，常怀仁爱到人民。

祁阳熊罴岭半山亭联

今日之东，明日之西，青山叠叠，绿水悠悠，走不尽楚峡秦关，填不满心潭欲壑，力兮项羽，智兮曹操，赤壁乌江总是空，忙什么？请君静坐片刻，把寸心想后思前，得安闲处且安闲，莫教春秋佳日过；

这条路来，那条路去，风尘仆仆，驿站迢迢，带勿去黄金白壁，留勿住皓齿朱颜，富若石崇，贵若杨素，绿珠红拂终成梦，恨怎的？劝汝解下数文，沽一壶猜三道四，遇畅饮时须畅饮，最难风雨故人来。

——清 宋湘

熊罴岭位于祁阳东北，古为湘桂驿道要隘。清咸丰年间，太平军将领石达开率众十万，曾在此血战清兵三昼夜，不克。

宋湘（1757—1827），字焕襄，号芷湾，广东梅县人，清代诗人，书法家，嘉庆四年（1799）进士，被嘉庆帝称“岭南第一才子”。

祁阳下山亭

下邳有英雄，竣业曾从亭长始；山亭留过客，骚民羡煞逸民幽。

下马饮游人，六角欲穷争捷足；山亭留过客，一声不得暂停骖。

——清 邓异寸

下山亭，位于羊角塘镇下山村。

祁阳松月亭联

松间明月筛银彩；石上清泉跳玉珠。

松月亭，位于大村甸镇。

祁阳延寿亭联

延客延宾延龄共庆；寿身寿世寿域同堂。

延茶共仰神仙景；寿亭长晖婺女星。

延寿亭，位于三口塘镇。婺女星，天上星宿名，喻指长寿。

祁阳益寿亭联

沥水烹茶堪止渴；南风入座好乘凉。

益寿亭，位于观音滩镇。

祁阳花山亭联

行行行行行且止；坐坐坐坐坐何妨。

花山亭，位于观音滩镇花山岭。

祁阳乾元亭联

乾坤浩荡留鸿爪；元气氤氲印雪泥。

乾元亭，位于观音滩镇。

祁阳望祁亭联

望眼欲穿，频年游子应滋梦；祁城不远，一杯明月且谈心。

望族列千家，谁踏软红离大道；祁山当半壁，饱看叠翠上重霄。

千古江山岁月我；百年身世去来今。

望祁亭，位于县北驿道上，俗谓“接官亭”。

祁阳望邑亭联

为名乎为利乎坐坐再走；劳心者劳力者缓缓而行。

望邑亭，位于浯溪镇黄土岭。

祁阳山阴亭联

百代光阴留过客；千秋风景送行人。

解渴休忘孤井竭；消烦珍爱一山阴。

峻岭梁材培胜地；斜峰道路过贤人。

山阴亭，位于羊角塘镇张阿塘村。

祁阳黄沙铺亭联

走马待来朝，尘净黄沙，栗木半塘清水秀；

停车游营岭，题诗红叶，枫林五里渡花香。

黄沙铺亭，位于下马渡镇云盘町黄沙铺。

祁阳永乐亭联

匆匆而来，暂向凉亭小坐；行行则止，何妨长途息肩。

风雨交加，何妨小坐片刻；茶水至足，随便多饮几杯。

永乐亭，位于龚家坪镇高码头。

祁阳毛家埠亭联

走正路一条，谁肯甘心落后；奔前程万里，我愿捷足登先。

毛家埠亭，位于潘市镇。

祁阳溘浪滩亭联

溘水惊天地；浪涛幻古今。

溘浪滩亭，位于潘市镇。

祁阳水府亭联

游客常来，大好河山依旧，满圆月里看嫦娥，微微有影；
凭夷何去，空留楼阁翻新，半入石中寻故主，杳杳无踪。

水府亭，位于祁水入湘处，明代邑人黄俊首建，清乾隆二十八年（1763）重修。

东安仁寿亭联

小憩计前程，到如意处应知远；骤驰疑险道，得息肩时且少休。
履险正如夷，莫骇言马迹成潭，虎头当道；
有心不怕远，且坐看象鼻卷水，龙口嘘云。
一曲鹧鸪，夜月晓岚添客思；漫天风雨，马蹄车辐为谁忙。

仁寿亭，位于紫溪市镇龙口村。

东安福善亭联

福星一路；善果同修。
守财奴，储财不放，千年田地八百主；
积善人，乐善慷慨，一分银钱万古名。
午眠石枕倦，遥听一声牧笛，借问解渴何处？山指杨梅；
日落暮云平，坐看十里烟村，不妨缓辔徐行，桥横鹿马。

福善亭，位于芦洪市镇。

东安三排岭茶亭

山好好，水好好，开门一笑无烦恼；
来匆匆，去匆匆，饮茶几杯各西东。

三排岭茶亭，位于南桥镇三排岭。

东安雷劈岭亭联

两脚不离大道，吃紧关头，须要认清岔路；
一亭俯视群山，占高地步，自然赶上前人。

雷劈岭亭，位于舜皇山，旧时东安通新宁路上。

东安刘家亭联

祖师殿，阻水口，俎豆千秋；刘家亭，留客坐，流芳百世。

刘家亭，又名祖师殿，位于花桥镇刘家亭村。

东安春晖亭联

飞雀未回，须小坐候瑶池王母；骑牛而过，莫错认作老子函关。
笠戴车乘，几个敦班荆古谊；雪来柳往，此间有寸草春晖。

——清 云翼

嫈焕中天，一路远瞻名利客；恩垂世上，四时长荫往来人。

——清 桑一枝

因树为亭，借老干新条，并垂慈荫；
当衢立柱，共来鸿去燕，竞祝遐龄。

春晖亭，位于石期市镇，旧时东安通永州驿道上。

东安牛鼻岌亭联

过客向前行，水自逆流风自顺；幽情泛地畅，石为狮子玉为麟。
到门就是息肩地；入座即无暴气人。
老幼辈来堪驻足；利名客到亦停车。

牛鼻岌亭，位于紫溪市镇迎龙村。

东安龙口亭联

喜来者来往者往；可止则止行则行。
履险已如夷，莫骇言马迹成潭，虎头当道；
有心不怕远，且坐看象鼻卷水，龙口嘘云。
说什么阴功，也不过节劳途中，差胜柳边分荫绿；
捐些许小饮，即无难解渴道左，何须竹里唤樵青。
当前便是息肩地；过后应无渴口人。

龙口亭，位于紫溪市镇龙口村。

东安水岭亭联

峻岭急湍，兴怀犹昔；旗亭画帜，高唱入云。
问山水清奇，可有醉翁来此；唱云河远上，且看诗客是谁。
扩大胸怀，捷足快登绝顶上；放开眼界，回头已见众山低。

水岭亭，位于水岭乡。

东安半岭亭联

高蹬陂陀征脚力；潺泉甘洌沁神经。
世路苦崎岖，是造物故作不平，我欲夷山堙大壑；
峰岚自今古，为行人聊谋小憩，客来倾盖话前程。
高高亭子山腰路；远远人家屋顶檐。

半岭亭，位于东安县白牙市镇虾塘村半山岭。

东安仪善亭联

大江口小江口是非只因多开口；上界头下界头烦恼皆为强出头。

东安界牌亭联

前途无限，向前须问过来人；后会有期，此后莫忘今日语。

界牌亭，位于大盛镇牌街。牌街地跨东安、邵阳，两侧各建凉亭，都叫界牌亭。

东安半山亭联

循道而登，攀到半山须努力；贪心不远，欲登绝顶莫辞劳。

半山亭，位于舜皇山半山腰。

双牌上梧江凉亭联

野鸟啼林，劝君莫便匆忙过；山花映日，待我从容仔细看。

前路茫茫，坐片刻各奔南北；炎阳冉冉，吃一盏不管温凉。

上梧江亭，位于双牌通道县古道上，亭今不存。

道县福寿亭联

过客闻风心便凉；游人见影身先爽。

切莫附热趋炎；正好养精蓄锐。

常容先进出风头；长替后来留地面。

图 3-2-8　福寿亭（杨雄心 摄），位于寿雁镇上李家村

道县万里亭联

旅客倦行聊驻足；劳人释负暂息肩。

万里亭，位于东门乡下关村。

道县种福亭联

尺寸有度，宜尺则尺，宜寸则寸；
祸福无门，种祸得祸，种福得福。

种福亭，俗称双屋凉亭，位于道县营江、万家庄、道江镇交界处，是秦筑五岭峤道之首站，湖南最古老的凉亭之一。

道县石马神凉亭联

过客莫嫌茶味淡；村居不逊市情浓。

该亭位于蚣坝镇石马神村。

道县太极亭联

至此为高，放眼四周皆胜境；毋须更上，举头三尺是青天。

太极亭，位于清塘镇楼田村。

道县濯缨亭联

豸岭峥嵘，圣脉泉流，缨斯濯矣；
龙山环绕，五星奎聚，仁者乐之。

濯缨亭，位于清塘镇楼田村。“濯缨”出自《楚辞》：“沧浪之水清兮，可以濯吾缨。”

道县富子岭凉亭联

月岩一望昭心德；富岭千秋作口碑。

此亭位于道县营江乡富子岭村。

道县青木山亭联

两足青云将直上；一肩红雨暂栖迟。

此亭位于蚣坝镇长兴洞村青木山。

道县宜山半山亭

中天悬明月；半岭望清潇。

半山亭位于梅花镇。

零陵福寿亭（图3-2-9）**联**

世路少闲人，春怅萍飘，夏惊瓜及，秋归客燕，冬赏宾鸿，慨仆仆长征，只赢得栉风沐雨，几经历红桥野店，紫塞边关，名利注心头，到处每从忙里过；

郊原何限景，西流潇浦，南峙嵛峰，东卧金牛，北停石马，奈茫茫无际，都付诸远水遥山，止收拾翠竹香零，绿天息影，画图撑眼底，劝君盍向憩中看。

——清 唐炳霖

图 3-2-9 福寿亭（蒋响元 摄），位于零陵东门外，两广挑盐大道上

唐炳霖，东安人，晚清廪生。“瓜及”出自《左传》“及瓜而代”，即从今岁食瓜时上任至明年食瓜时由他人接任，指来去匆忙。潇浦：潇水边。嵛峰：嵛峰岭。金牛：金牛岭。石马：石马凼，现名司马塘。翠竹香零：指翠竹园、香零山。绿天息影：绿天指绿天庵；息影，朝阳岩代称。

城廓匪遥，此地堪为东道主；关山难越，诸君谁是西都宾。

古蝶迴环行行且止；长途汇悴息息相关。

有亭翼然，溪山竞秀；我客戾止，风雨攸除。

名利客任其往返；清闲地即是神仙。

福星常照人来往；寿域盛瞻路荡平。

零陵节孝亭联

憩片时，沿溪寻柳迹；饮一勺，放步到枫林。

古井流香，人怀六峒；圣泉比洁，地纪零陵。

节孝亭，位于零陵城西古木塘，湘桂古官道上。

零陵楚粤亭联

楚水在潇湘，此下清塘堪媲美；粤山壮风洞，斯中爽气可同休。

粤岭壮南天，宜舒眼界；楚江观北海，好润心田。

楚粤亭，位于零陵大庆坪乡清塘坳，湘桂古道上。该联入选陕西人民出版社2006年版《中国亭台楼阁楹联精选》。

新田打鼓坳凉亭联

前路赤炎炎，试问能行几步；这里凉飕飕，何妨暂坐片时。

打鼓坳凉亭，位于新田新圩镇。

新田竹风亭联

竹木广荫常蔽日；风雨长年总庇人。

志在春秋，则学孔子也；明合日月，其唯圣人乎。

竹风亭，位于枧头镇彭梓城东。

新田柏寿亭联

柏树永荣，荫分慈竹；寿山独耸，高并衡峰。

车殆马烦，权留玉趾；雪来柳往，稍慰渴思。

柏寿亭，位于枧头镇彭梓城村西。

新田水打莲花亭联

泽饫劳人功德远；恩铭善眷颂歌长。

为逢甘雨来心急；因爱和风去意迟。

水打莲花亭，位于石羊镇。

新田七贤山亭联

停车暂缓一时名利；静坐略舒四体精神。

名著节全，耿耿丹心照日月；才雄感壮，堂堂正气仰春秋。

石秀千秋暑可避；泉流万古渴能疗。

七贤山亭，位于三井乡。

新田普乐亭联

普济爱斯亭，有酿水廉泉，渴烦顿解；

乐观祝过客，愿名场利薮，得意方归。

普乐亭，位于冷水井乡。

新田寿山亭联

寿比古柏春不老；山映廉泉亭更清。

新亭无日不停车；流水有情频送客。

寿山亭，位于冷水井乡刘家山村。

新田寿荫亭联

望远直穷千里目；披风恰对一棵松。
看他酷向红尘逐；到此直同白日闲。
消除暑气添香液；踏破云峰挹碧流。
喜有山色争迎送；休管亭程话短长。

寿荫亭，位于毛里乡大冠岭十字路口。

新田山下村亭联

雨过林霏清石气；秋将山翠入诗心。
试从平坦时观我；直至最高处抬头。

山下村亭，位于三井乡山下村，已毁。

江永关口亭联

去路少行人，去如秋燕，来似春鸿，百般利禄熏心，到处尽从忙里过；
山亭多美景，前有茂林，后垂修竹，四面画图撑眼，劝君盍趁憩中看。

——清 何中魁

行不尽路程，忙里偷闲，车殆马烦当随驾；
看无边光景，苦中作乐，莺飞鱼跃应关怀。

——何博元

关口亭，位于黄甲岭乡龙洋村。何博元是中华民国时期的画家何薰的父亲，功名为庠生。

江永月陂亭联

江山凭指点；风月任流连。
风月资吟啸；烟波得性情。

月陂亭，位于上甘棠村，潇贺古驿道上。“月波”语出《汉书·礼乐志》：“月穆穆以金波。”

江永会缘亭联

为名忙为利忙，忙里偷闲且向凉亭坐坐；
劳心苦劳力苦，苦中作乐暂把笑语谈谈。

会缘亭，位于允山镇圣人山，因聚溪头之会缘庙而得名。

江永俸源岭亭联

瑶汉一家，坐下来畅谈衷曲；阴晴两便，歇片刻攀越前程。

俸源岭亭，位于源口瑶族乡俸源岭。

江华乐仙亭（图 3-2-10）联

雨疏亭幽，骚人有曲惊司马；亭环景岫，旅客无心道沛公。
为名忙为利忙忙里偷闲且坐坐；劳心苦劳力苦苦中作乐暂哈哈。

图 3-2-10 乐仙亭（杨雄心 摄），位于大路铺镇花地湾村，潇贺古道上

江华同乐亭联

野鸟劝君权且息；山花笑客不须忙。
且坐此中聊驻步；何妨静里一迎凉。

同乐亭，位于沱江镇何家村，潇贺古道上。

江华惠风亭联

志奋前程须展骥；肩息此地好停骖。
登程备应羊肠险；坐石权听鸪语安。

惠风亭，位于大路铺镇虾塘村，潇贺古道上。

江华便宜亭联

暑往寒来，随时方便；南辕北辙，因地适宜。
便息征尘，勿悲失路；宜思缓步，聊可当车。

便宜亭，位于大路铺镇花地湾村。

江华五里营亭联

野鸟有声，开口劝君暂且息；山花无语，点头笑客不须忙。
来，予与言，尔且凉凉才去；坐，我明语，子莫茫茫然归。

五里营亭，位于大路铺镇五里营村。

江华松柏亭联

世路崎岖，唯愿当时息辙；风尘扰攘，悉来此处托身。

松有清风，咸资怡乐；柏多劲节，足表贞良。

松柏亭，位于界牌乡蓬田源村。

江华憩行亭联

一路山花迎过客；数声鸟语送归人。

欲赴远程聊驻足；既来中道暂停肩。

憩行亭，位于沱江镇蚂蝗塘村。

江华清胜亭联

群木罗亭近；众山列幛遥。

——何绍基

风月资吟，山水略同盘谷序；

烟霞得趣，亭台浑似辋川图。

清胜亭，位于江华城南，始建于唐。何绍基（1799—1873），清代诗人，书法家。

盘谷序，韩愈有《送李愿归盘谷序》，描述其地风景。辋川图，唐王维作，笔墨造微入妙。

江华中兴亭联

自去自来行路苦；求名求利为谁忙。

百代光阴如过客；片时静坐即神仙。

中兴亭，位于沱江镇腊树脚村。

江华豸山六阁亭联

此亭与豸山沱水并永；斯阁乃酒仙诗伯所居。

——王谟

岂谓一亭乾坤即逆旅；纵观两岸云山尽画图。

——舒云藻

来日大难，聊向长亭释担负；民亦劳止，曷从此处觅棠荫。

——李惠元

六阁亭位于沱江镇豸山，1937 年建。李惠元，时任江华县长。

棠荫，来自周朝典故，当时召伯南巡，曾在甘棠树下处理官司，受到百姓好评，后用“棠荫”比喻良吏。

江华乐善亭联

黄尘长短驿；浮世往来人。
香檀燃客意；驿柳挂乡心。
欲坐则坐，何为是栖栖者；要行就行，谓之又徐徐云。
山远秋泉白，溪路晚照红；亭前山色翠，林里莺风清。
天上日炎，旅客征商，正好息肩坐坐；
亭中风弱，文人学士，聊堪驻足谈谈。
古云今雨，漱石枕流；两袖清风，一路福星。

乐善亭，位于河路口镇，建于清雍正年间（1723—1725）。

江华济泉亭联

泉水澄清，行人止渴；山花艳丽，过客停观。

济泉亭，位于东田镇崩塘村。

江华惠泉亭联

烟树晴岚留过客；廉泉让水荡行旌。

让水，水名，在陕西褒城县西南，又名逊水。

鞅掌奔驰欣得止；枯肠滋润恰回甘。

鞅，古代用马拉车时安在马脖子上的皮套子。
惠泉亭，位于东田镇泥井村。

江华玉泉亭联

一条坦道名金被；四面青山镶玉泉。

玉泉亭，位于白芒营镇深塘铺村。金被，即金被坪（地名）。

（八）益阳

益阳沧水铺亭联

萍水相逢同坐坐；关山难越且迟迟。

此亭位于赫山区沧水铺，1962年亭毁。

益阳樊家庙亭联

春夏秋冬，一岁川流不息；东南西北，四方宾至如归。

此亭位于赫山区泥江口镇樊家庙村。

益阳欧公店亭联

四面来客，坐片刻无分你我；两头是路，吃一杯各自东西。

此亭位于赫山区新市渡镇欧公店，毁于抗日战争时期。

益阳谢家岭茶亭联

迁地又成亭，看栋宇连云，座上好谈天下事；
汲泉常煮茗，怕风尘过客，渴时空望岭头梅。

桃江泉家岭亭联

人生若梦，何处归来，看鲁殿重光，到此有怀思旧雨；
世事如棋，为谁奔走，叹关山难越，停车小歇引清风。

泉家岭亭，位于武潭镇莲花坪村，清代修建。

桃江炼补亭联

四面云山谁作主；一亭风月最宜人。
炼石功深，好为煎茶添活水；补天术幻，但看远岫起浮云。
过客同为汗漫游，小憩邮亭，何如早觅卢生枕；
赠君一副清凉散，顿消渴疾，相对时烹陆羽茶。

——中华民国 李麓泉

桃江浮邱山穿天坳，相传为女娲炼石补天之处，清末乡人刘寿昌倡建“炼补茶亭”，为桃江名胜之一。

李麓泉，名世瀚，高桥天福山人，著有《李氏一家言》四卷。

桃江坂长坡茶亭联

秦时明月，相随久自桃源，照来资上旧游，鸿爪雪泥浑一瞬；
笛里梅花，吹送几番客骑，认取坂长茶话，关山云树有余思。

——中华民国 王运劭

王运劭，湘潭人，中华民国时因矿务移驻益阳，经坂长坡茶亭作此联。坂长坡在桃江武潭境内。

桃江钱家岭茶亭联

人生若梦，何处归来？喜萍水相逢，到此有怀思旧雨；
世事如棋，为谁奔走？叹关山难越，停车小憩引清风。

——中华民国 莫吉爻

钱家岭茶亭，在武潭莲花坪与新铺子交界处。莫吉爻，名京，武潭人，著有《小草吟》一卷。

桃江穿坳仑茶亭联

穿破名利关头，想只因富贵身家，过此尽属康庄道；
坳上清闲地位，看不上江山风月，小坐都是畅快人。
生计尽关心，长途辛苦，坐片刻稍息疲劳，哪管春夏秋冬；
光阴同过客，逆旅奔波，喝一杯全消渴癖，任凭南北东西。

1928年，桃江彭子仁在松木塘与杉树仑交界处大道旁修筑穿坳仑茶亭，并置田31.5亩、土3亩作为亭产。上面两首亭联入选《中国亭联集锦》和《百业谐联大观》。

安化桂岩亭联

四大皆空，坐片刻，无分你我；两头是路，吃一盏，各自东西。

安化白茅亭联

白云一曲，远望山城，暮鼓响咚咚，江上烟波谁是主；
茅屋数椽，丰供茶榻，晨鸡方喔喔，桥头霜迹过来人。

安化桐水茶亭联

桐梢露落，柳下风来，留君请纳清凉味；
水石传声，渔樵互唱，与尔聊消寂寞愁。

安化段家坳指梅亭联

指望征途赊，暂歇驹鞭留祖逖；梅酸虽渴解，安排龙井待卢仝。
指日登程，从此路通衡岳；梅城在望，于斯界划新安。

安化仙人界茶亭联

茶有冷热两缸水；客无远近一般亲。

安化百步亭联

百折岂辞劳，攘往熙来，快到此间停马足；
步行多感慨，汗流口渴，何须他处问龙牙。

安化又一亭联

又添玉露消尘渴；一路清风送客遥。

——清 贺少亮

安化西一亭联

西山瑞气迎朝爽；一路行人纳晚凉。

——清 贺少亮

安化寒婆坳茶亭联

行李半肩，问南粤西黔，莫愁前路无知己；
寒婆一坳，看春花秋月，且喜如今有主人。

安化蹬然亭联

青山问我，话十万年过客重经，曾记此间小住；
白水多情，向二千里大江流去，能否犹识旧交。

安化清风亭联

莽乾坤能得几人闲，看他车马长征，都为名缰利锁；
好风月不用一载负，到此茶烟小憩，自然心旷神怡。
君莫嗟行路难，憩迹休形，且试灵龟一滴水；
我最怜长途怨，披荆斩棘，为种芙山数亩茶。
剩清风一亭，复左环芙岭，右仰洞天，小住即神仙世界；
记驿程几日，纵君去昭陵，我来湘上，相逢有茶话因缘。

——中华民国 陈长簇

陈长簇（1876—1960），字右钧，号秀松，平江县人，曾任湖南高等法院院长等职，藏书家。

安化奉义亭联

奉命岂敢忘，建小亭数椽，献予先慈偿夙愿；
义心尽所表，烹清泉几盏，聊为过客洗尘劳。

奉义亭，位于小淹石门潭，1937 年龚怡发遵母陈护英遗命修建。

安化杉树亭联

茶后行者行，莫愁劳燕分飞，放眼光明路正远；
亭前过客过，若访雪鸿遗迹，印心名胜景尤佳。

——陶澍

山好好，水好好，入亭一笑无烦恼；
来匆匆，去匆匆，喝茶三杯各西东。

杉树亭，位于与冷市、小淹等距之杉树岭，建于清嘉庆年间（1796—1820），是旧时新化、溆浦、梅城通往常德、桃源的要道。

安化钱凿岭亭联

人生如梦，何日归来，看鲁殿重光，到此有怀思旧雨；
世事如棋，为谁奔走，叹关山难越，停车小歇引清风。

安化胡家嘴亭联

来路非艰，得意莫忘回首处；前程远大，偷闲敢作歇肩时。

安化白竹亭联

白水为泉，烹出龙牙雀舌；竹前是箭，射过凫鸭山鸡。

安化梅子岭亭联

梅岭寒泉能止渴；长途有客可行车。

“梅岭寒泉”为梅城十景之一，位安化梅城之南五里处。

（九）娄底

双峰黄龙山清峻亭（图 3-2-11）**联**①

清泉不出山，毕竟能解人间渴；峻岭欲通汉，到此皆为顶上材。

半刻停留问此处抵黄龙几许；山色依旧看何时策甲马归来。

逸兴多在山；此情思过半。

双峰杏子铺憩息亭联

岂非穷士乎，不远千里而来，势逼处此；

是乃仁术也，聊备一宿之栖，居无求安。

图 3-2-11　清峻亭，位于双峰县锁石镇黄龙山，亭东为衡山县境

双峰青树坪崇德亭联②

世路苦多歧，邻亡羊圣迷野纵横错变弗相假小坐山亭正前马；

客游何太急，夔怜蚿鷃笑鹏有条不足谁能绳且当茗饮看浮云。

双峰青树坪栗山亭联③

栗里风清看此日，三径就荒松菊犹存好谢道旁名利客；

山阴亭旧会一时，群贤毕至少长咸集共谈江左永和年。

涟源仙麓亭联

仙露琼浆销郁恼；麓云梅雨送清凉。

仙麓亭，位于湄江镇仙峰村黄旗坳，湘（乡）安（化）古道上。

---

① 双峰县志编纂委员会：《双峰县志》，北京：中国文史出版社，1993 年，第 695 页。

② 双峰县志编纂委员会：《双峰县志》，北京：中国文史出版社，1993 年，第 694 页。

③ 双峰县志编纂委员会：《双峰县志》，北京：中国文史出版社，1993 年，第 694 页。

涟源乐善亭祀关羽联

刘为兄张为弟，兄弟们分君分臣异姓结成亲骨肉；

吴之仇魏之恨，仇恨中有忠有义单刀匹马汉江山。

——清 陈璟梅

乐善亭，位于涟源市伏口镇半牌上，涟源与安化交界处。

陈璟梅，字谓鲁，安化人，清光绪十七年（1891）举人。1917 年夏，毛泽东和同学到安化等地游学，路过乐善亭，曾抄录该联①。

涟源麒麟坳茶亭联

平生素昧来千里；此处相逢似一家。

涟源三甲乡双石亭联

举足何为忙，问渺渺前程，渐领略清风明月；

回头须及早，叹茫茫歧路，莫误到水尽山穷。

新化半岭亭联

半为利半为民忙中暂息；岭以南岭以北过去还来。

半路班荆欢促膝；岭云飞絮拥行旌。

——中华民国 伍毓崧

半岭亭，位于油溪乡实竹村罗公坳。

伍毓崧（1860—1927），字开桂，号香珊，新化人，清光绪二十四年（1889）进士，1923 年捐建半岭亭。

新化所憩亭联

此处望无梅喝杯茶去；空亭煨有火唧筒烟行。

所憩亭，位于白溪镇大熊村。

新化石泉亭联

石冷松涛，不须靖节消坐俗；泉香水冽，可使相如解渴思。

新化止渴亭联

止渴望无梅，喝杯茶水；空亭煨有火，衔口烟行。

新化邓家香炉岩茶亭联

莫嫌狭小三间屋；常备清凉一碗茶。

① 文热心、段云行：《探访湘安古道：毛泽东、萧子升和涟源伏口“三罗”往事》，《湖南日报》，2018 年 12 月 22 日。

新化小鹿村路亭联

生生死死，死死生生，莫谓草庐无俊杰；
分分合合，合合分分，须知山泽起英雄。

新化九里亭联

九天甘露沾途道；里巷仁风惠往来。

新化迪光亭联

一经松风坡老杓；半江书画米家船。
斟酌宛似衢樽设；记识何须里鼓鸣。

新化清让亭联

清泉半溪渴尘尽洗；让他一步云路同登。
清风明月添行色；让水廉泉解渴尘。

新化华山石猪槽亭联

来是路兮归时路；得停车处且停车。

新化桑梓青枫亭联

倦停且自由客侣；渴饮何须问主人。

新化温塘九九亭联

凿井饮清泉伫看康衢再唱；蟠桃欣结子幸会王母余甘。
画荻成文文子文孙更迭出；醴泉益寿寿身寿世两完全。
寿世济人道全慈孝；醴泉益寿渴解清凉。

新化圳上仕梅亭联

仕路初开钦若祖；梅林止渴诳行人。
仕苟过亭无妨驻足；梅林止渴曷若清心。

新化浮溪铺亭联

浮云富贵等闲看，若将若相若王侯，无如此一曲笙歌一场春梦；
青史芳名亘古永，曰忠曰孝曰节烈，决不染半分污垢半片尘埃。

新化上义亭联

上位暂留君子驾；义浆方结旅人缘。

新化古塘茶亭联

聊以息肩坐片刻不分宾主；亦堪适口饮一盏各自东西。

新化善寿亭联

善行善言，一部阴骘文得老而功高盖著；
寿身寿世，千家儿女命徼斯人其谁与归。

新化顾问亭联

顾影堪怜杯中岁月催人老；问津可指马上功名衣锦还。

顾声帝子今何在；问道王孙胡不归。

新化陶公亭联

富贵荣华烟云事；名功利禄勿追求。

冷水江继述亭（图 3-2-12）

两腋风情忘客路；一瓯睡梦到江山。

利锁名韁，谁除热恼；松风雪乳，别换清凉。

冷水江笠亭

得小住为佳耳；何前涂之远哉。

冷水江积善亭

客来久渴逢甘饮；民在多劳迄小康。

图 3-2-12 继述亭①

冷水江慈荫亭

慈著萱阑，堂娱爱日；荫留梓里，曲谱薰风。

慈竹长春甘露湛；荫林消夏惠风和。

冷水江汔可亭

风清且自宽心坐；日暮从兹放胆行。

重任难胜，稍安勿躁；前程尚远，小住为佳。

冷水江望梅亭

不必披襟寻石磴；何须大渴望梅林。

冷水江福善亭

半岭且停骖，力戒岐趋循正路；一瓯聊解渴，且将热恼换清凉。

跋涉漫辞劳，努力方能登绝顶；安闲姑小住，问涂应更向前头。

（十）邵阳

邵阳留念亭联

歇地获安闲，勿谓此地类佳境；凉亭解渴热，能许当途是休征。

到此留行踪，莫辜负山清水秀；前程念归宿，但忽忘任重途长。

留是有年，常怀亲恩耿耿；念非一日，勉尽子道殷殷。

——吕振羽

① 录自冷水江市交通局编志办公室：《冷水江市交通志》，内部发行，1990 年，421 页。

吕振羽（1900—1980），邵阳人，史学家。

邵阳县万人亭联

万万莫乱行，恐关山歧路，野渡迷津，错走了转来不易；
人人可小坐，把异地风光，故园景物，闲谈些才去若何。

邵阳县山野亭联

山鸟有情，开口叫人姑坐坐，姑坐坐；
野花无主，低头留客慢行行，慢行行。

邵阳双清亭联

云带钟声穿树出；月移塔影过江来。
双双对对皆然，为江为塔为桥，来人亦复如此；
清清白白所在，是月是风是水，此身其又云何。
把酒涤烦襟，任天涯草绿、世界尘红，此心澄似双清水；
凭槛舒画眼，看远浦帆樯、夕阳城郭，胜概多于六岭春。

双清亭位于资、邵二水交汇处，与北塔隔江相峙。

邵阳双济亭联

楼阁宛在虚空，恰当面面疏栏，同坐清风明月我；
水石尚留寒翠，愿得家家团扇，添画青山白云人。

——曾伯隅

把酒涤烦襟，任天涯草绿，世界尘红，此心澄似双江水；
凭槛舒画眼，看远浦帆樯，夕阳城郭，胜慨多于六岭春。
双江荡漾金瓯月；济世平兮玉湘春。
双塔六亭开眼界；济人利物慰心期。

双济亭位于邵阳城北，相传清代有两位老者乐善好施，乡众集资建矩形路亭缅怀其德而得名。曾伯隅，又名曾廉，字瓜蠡庵，邵阳人，晚清名儒，14岁中秀才，40岁举京兆廉。

邵东金玉亭联

金风大地吹，看燕去雁来，人间冷暖分南北；
玉辂前边促，怅山遥水远，世路崎岖遍西东。

金玉亭位于黑田铺乡金玉亭村。

邵东康阜岭凉亭联

上岭难平气，下岭气难平，暂坐数分钟，平平气；
抬夫欲息肩，挑夫肩欲息，缓行几步路，息息肩。
此间林石颇佳，且驻马衔环，暂洗征尘舒望眼；
自古关山难越，恰感时促物，好趁粉壁寄闲心。

该亭位于黑田铺乡康阜岭。

邵东界岭凉亭联

界分湘邵；岭列东西。

该联为嵌字联，点出此地乃湘乡与邵阳分界处。

新宁赤木观澜亭联

来路艰难，履坦莫忘回首处；前程远大，偷闲敢作息肩时。

——清 江忠源

江忠源（1812—1854），字常孺，号岷樵，新宁人，清道光十七年（1837）举人，晚清名将，有《江忠烈公遗集》存世。

新邵茶亭联[1]

此去前程路不远；但停片刻又如何？

到此便招凉，何须多竹；欣然能止渴，殊胜望梅。

清风徐来，水波不兴；群贤毕至，少长咸集。

出入无时，人影散乱；往来莫定，鸟倦知还。

亭外建亭亭外亭；月中有月月中月。

——龙芳燎搜集

隆回茅亭子界茶亭联

为名忙为利忙，忙里偷闲吃杯茶去；

劳力苦劳心苦，苦中作乐拿碗酒来。

古井煎茶留过客；清风度岭送行人。

——清 萧光南

孤亭耸立人家远；细草萦回岭路长。

——清 谭人凤

该亭又名节孝亭，位于羊古坳乡茅亭子界。

萧光南（1823—1898），隆回人，清末举人，曾任宝庆濂溪书院和东山书院山长。谭人凤（1860—1920），隆回人，辛亥革命元勋，武昌首义后曾被推举为中央临时政府议长。

隆回莫家坝亭联

茶可沁脾，提壶以待；亭堪驻足，小憩为佳。

隆回仙迹亭联

客从何来，这番劳碌征程，极岭峻山崇，世路几经奇险处；

我行且止，对此放空眼界，笑云奔雾逐，众峰都在急忙中。

---

① 邵阳市交通局：《邵阳市交通志》，郑州：中州古籍出版社，1991年，第351-352页。

此亭位于九龙山西麓膝头岭，建于清末民初。

隆回冷水井亭联

君请息肩，老鹰坡上途犹远；客来解蹬，洗马滩头水正清。

老鹰坡，又名老鹰界，通溆浦。洗马滩，通新化、溆浦等地。

隆回佑善亭联

莫愁前路无知己；须识如斯仰圣人。

泉水长流能止渴；石门少住便为佳。

武冈凉亭联①

跋山涉水，到此何妨少歇；任重道远，劝君莫误前程。

济水长流，竖看由斯飘玉带；川门在望，独立皇城步梯云。

莫嫌狭小三间屋；常备清凉一碗茶。

渠水一泓，甘露荣光微圣泽；云峰万垒，浮岚泼翠耸神居。

——戴天种、唐克勤搜集

武冈城东郊头堂凉亭联

若问前程，离武冈还有十里；欲明地段，过托坪就是二堂。

（十一）常德

桃源水源亭联

山若有灵应识我；水如无意莫回头。

潭水有情澄俗虑；桃花无洞亦仙源。

洞辟几时，问桃花而不语；亭蹲一角，对潭水以怀情。

——清 李维昺

水源亭取《桃花源记》“林尽水源”之名，位于桃花源，始建于明，清末重修。李维昺，清光绪年间（1875—1908）桃源知县。

桃源问津亭联

村舍俨然，笑渔人迷不得路；水源宛在，偕太守常来问津。

渔父不来，桃花何处；空亭独坐，流水自闲。

——清 余良栋

问津亭以《桃花源记》“后遂无问津者”命名，位于桃花溪口，传为武陵渔郎问津之处。余良栋，清光绪年间（1875—1908）桃源知县。

---

① 邵阳市交通局：《邵阳市交通志》，郑州：中州古籍出版社，1991 年，第 351-352 页。

桃源探月亭联

境辟太元年，看流水落花，洞口不生寄奴草；
地犹武陵郡，喜垂髫黄发，村中时见避秦人。

桃源佳致碑亭联

磨镌六代斯文在；歌呼四山明月生。
奇迹隐五百，渊明秉笔开生面；往事越千年，梦得书碑揭大观。

佳致碑亭位于桃花源。原碑刻原为唐代刘禹锡所题，字迹被时光剥蚀无存，现碑为明万历三年（1575）湖广巡抚赵贤补书。

桃源桂花亭联

唤个月儿来，清光更多，已放冰壶一色；
从今花影下，娇黄成晕，染教世界都香。

——清 顾子山

顾子山，字文彬，晚号艮龠，清代书画藏家。

（十二）怀化

溆浦射水洞亭联

茶水清香，奚待杨梅止渴；亭栏冷静，何求绸树遮荫。

溆浦大潭村凉亭联

何处去，何处来，都是为名为利；
几人贫，几人富，并非由命由天。

（十三）湘西

泸溪浦市凤凰山凉亭联

下坡容易上坡难，快来歇歇；我有旱烟你有火，共坐谈谈。
山泉淙淙，坐休凉亭饮玉液；钟声袅袅，放牧童子唱高歌。

（十四）张家界

慈利亚门关亭联

一夫当关，万夫顿辔；五里为堠，十里置亭。

——岩村

慈利亚门关，位于慈利城北二十里，石山夹峙，险峻异常。顿辔：停止前进。堠：古代于道旁筑以记里数的土堡。

四塞雄关，跨溇吞澧；一山乱石，走云连凤。

——岩村

扼九澧上游，试饱看零山溇水；请诸君小坐，与细话秦塞汉关。

守险说一丸泥封关，由汉而晋而唐而宋而明，阅二千年割据兴亡，独此山无恙；

登高看五大洲变局，曰亚与欧与澳与非与美，合九万里纵横扫荡，倘我后有灵。

——田东溪

杨柳四围如入画；水天一色合吟诗。

慈利溇澧亭联

槛外不离云五步；窗中常得月三分。

天风荡空延万景；江水浮槛洗千忧。

——清 于云赞

每喜客来，共昼短品棋，昼长读画；

莫疑我懒，时楼中待月，楼外看山。

再来如不胜情，剩一局棋枰，寻十年诗兴；

高处正宜纵目，看四围山色，听几曲渔歌。

——中华民国 张心量

溇澧亭，位于城北关帝庙西侧。

天风荡空延万景；江水浮槛洗千忧。

——于连仲

校书风流此亭续；澧右山水天下奇。

——吴恭亨

吴恭亨（1857—1937），字悔晦，号岩村，慈利人，清末诸生。

慈利盘龙亭联

亭有盘龙，何不在天飞霹电；岳常凤集，都来此地听箫韶。

慈利远云亭联

禹德长存，千年石鼓供流览；秦政安在，万里长城遗后讥。

二、桥亭联

临湘二逢桥亭联

长途漫漫，为苦遥征暂憩足；独行踽踽，得逢相识且谈心。

都是劳人，休憩时何分尔我；同为过客，坐谈后各自东西。

——中华民国 沈仲山

临湘二逢桥，位于聂市通羊楼司古道上。

长沙万古桥联

一里三桥，万古千秋百世。
两年五仗，四邻十室九空。

长沙县跳马镇关刀和跳马两村间有万古、千秋（已毁）、百世（已毁）3 座古桥，中华民国初年军阀混战，民间流传此联。

跳石桥，位于大围山镇楚东山村大溪河上游，建于明代，浏阳市文物保护单位（图 3-2-13）。

a)

浏阳跳石桥联

梳理河川，敢对洪峰言砥柱；铺排琴键，乐为行客踏笙歌。

b)

图 3-2-13 浏阳跳石桥（木香堂 摄）

浏阳沿溪桥联

一轮明月，沿江千古照；九曲拱桥，溪水四时通。
沿溪桥一桥七孔；大光洞三洞八仙。

沿溪桥，位于沿溪镇沿溪河上，清乾隆年间（1736—1796）建造。

浏阳长鳌江桥化字炉联

翰墨流芳处；文章入化时。

长鳌江桥，位于大围山镇鳌江与大溪河交汇处附近，桥西建有惜字塔（化字炉）。

浏阳万福桥联

桥修万福连吴楚；水自千秋入洞庭。

万福桥，位于大围山镇白沙集镇的大溪河上。

浏阳坪上古桥联

一桥飞架，如虹饮水，似月衔山，凭栏赏两岸稻菽，满溪烟波，何曾留念吹箫美人，题桥司马；
双舟竞发，破浪乘风，扬帆击楫，酹酒吊爱国诗豪，怀沙志士，更应顾及集体休戚，同舟安危。

——焦鸿吉

坪上古桥，位于龙伏镇坪上村，跨捞刀河，始建于明代。焦鸿吉，1916 年生，浏阳人，宿儒焦琴喈裔孙。

宁乡惠同桥亭联

一般春梦无痕，名利走红尘，劝过客喝些茶去；
今日海疆多故，神仙到黄石，看传书谁上圯来。
天开小画图，双流涧口泉声，断岸悬虹围柳絮；
客来好风景，一笠波心亭影，淡烟飞翠点茶瓯。

——岳障东

惠同桥，位于沙田乡，湘安古道上，湖南省级文物保护单位。
岳障东（1852—1921），字淑涵，号百川，宁乡人，清光绪（1875—1908）举人。

宁乡玉潭桥联

上通滇黔二省，商旅骈臻；下极吴越两江，驰驱络绎。

玉潭桥，位于玉潭镇，跨沩水下游，始建于明代。

宁乡新建桥亭联

此地是通衢，迁客骚人，莫道关山难越；
有亭临桥畔，英雄知己，岂无萍水相逢。

——朱人骥

新建桥，位于宁乡、安化、涟源三县毗邻处。关山、萍水语出唐王勃《滕王阁序》：“关山难越，谁悲失路之人。萍水相逢，尽是他乡之客。”朱人骥，宁乡人，清末秀才。

宁乡狮固楼、玉潭桥合联

云封狮固楼；桥锁玉潭舟。①

此联为1917年暑假，在湖南一师求学的毛泽东、萧子升游宁乡、安化途中所作。萧子升（1894—1976），名萧瑜，湘乡人，毛泽东一师同学，新民学会总干事长，1952年定居乌拉圭。

宁乡古南桥联

古国庆重光，试看一片降幡，屈膝竟无条件订；
南桥开盛会，对此三秋风物，新腔谱出太平歌。

古南桥，位于灰汤镇。1945年曾在桥上举行庆祝抗战胜利大会。

宁乡文星桥联

文字光芒万丈；星桥利济三湘。

文星桥，位于宁乡、湘乡、湘潭三县交界处，为往来要津。

祁东状元桥联

山光浮近水；虹气亘遥空。
大桥刚合，从此通行，必吟诗作对，有所感，有所为，状元公有何想法；
小生新中，尔后为官，当报国效民，不图名，不图利，众父老不必担心。

状元桥亭位于归阳镇，始建于明。传说竣工时，恰逢新科状元经过。一老秀才出上联，状元对答下联，后将此联刻于桥端石碑，桥因此而得名，为湖南省级文物保护单位（图3-2-14）。

图3-2-14 状元桥（申浩然 摄）

① 萧子升：《我和毛泽东的一段曲折经历》，北京：昆仑出版社，1989年，第90页。

零陵富家桥联

山影水中浮；滩声天外落。
两岸翠屏山色远；数楹图画水光寒。

该桥位于富家桥镇，今不存。

东安广利桥联

风月无边，东坡放鹤；山川如画，司马乘轩。

放鹤，宋苏轼游赤壁，有梦鹤故事（见《后赤壁赋》）。乘轩，西汉司马相如，赴长安求取功名时，途经成都城北升仙桥，乃题其柱曰：“大丈夫不乘驷马车，不复过此桥”。

广交游，到此闲谈风月；利行旅，于斯补就江山。

广利桥位于紫溪镇花桥村，清乾隆三十八年（1773）建造，全国重点文物保护单位（图3-2-15）。

图3-2-15　广利桥（唐明登 摄）

东安登瀛桥联

大江东去，砥柱其谁，趁紫溪流汇朝东，风平万里；
吾道南来，伊人宛在，看诸葛台崇射影，月映一弓。

登瀛桥，位于紫溪市镇。

祁阳枫林铺桥联

晚景自堪娱，落日余晖，凭增枫叶三分艳；
时光无比好，生花妙笔，难写红林一色秋。

枫林铺桥，位于下马渡镇枫林铺，始建于明嘉靖年间（1522—1566）。

祁阳小陂桥联

山送青来，夹道不妨留小憩；水环绿绕，一亭直欲镇中流。
前程甚远，从今只管行行；后路修长，到此何妨歇歇。

小陂桥，位于羊角塘镇，建于清乾隆五十八年（1793）。

祁阳长滩桥亭联

两岸静涵毛水绿；一弓长抱竹山青。

长滩桥，位于浯溪镇苏油坪。

祁阳横江桥亭联

云横山岭家何在；雾落桥亭望眼穿。

横江桥，位于下马渡。

祁阳沙滩桥亭联

春到船唇流水绿；人归渡口夕阳红。
欲泛仙槎向何处；偶传红叶到人间。

沙滩桥，位于黎家坪镇。

祁阳香花桥亭联

过客那辞劳，问何事行路匆忙，使霜染马蹄，雪留鸿爪；
名亭堪选胜，到此间凭栏远眺，恰风回水面，月点波心。
——清末邑之举人 汪云霖

问何人支大厦津梁，待将来破浪长才，澄清世界；
愿若辈作中流砥柱，有几许回澜巨手，整顿江山。
——清末邑之秀才 桂名灏

香花桥，位于文富市镇香花村，为石墩廊桥，始建年代失考。1965年拆除廊亭，在桥上铺设过水渡槽，桥槽两用。

祁阳十三板桥亭联

板板相连，环环相扣；人人发迹，路路发财。

十三板桥，位于七里桥镇白竹塘。

新田洪城桥亭联

为帝者师，幸老人传书夜半；作仙人婿，携佳妇捣杵人间。
留侯迪前光，圯上兵符传虎略；季鹰怀故里，江边云树忆鲈鱼。

洪城桥位于新圩镇程家村，建于清乾隆年间（1736—1796），今桥亭无存，为永州市级文物保护单位（图3-2-16）。清嘉庆《新田县志》："洪城桥，在南乡，距城三十五里，桥上建亭，有记。"①

留侯迪前光：留侯，汉初刘邦谋士张良封爵。迪：引导。前光：祖先功德。

季鹰：晋张翰，官至大司马东曹椽，后为避祸，假托思念故乡鲈鱼而归隐。

图3-2-16　洪城桥（蒋军君 供图）

新田长富桥亭联

长白望京华，万里河山通地脉；富春怀胜境，一天星斗照江心。

天上好姻缘，看织女牵牛，无须唤渡；

人间大福命，乘高车驷马，方许还乡。

林下水光通画意；风来钟韵落江心。

长富桥，位于大坪塘乡，原为石墩木廊桥，1949年毁于火灾，后在原址建公路桥。

新田塘下桥亭联

大雨将临，尽可停车戾止；前程尚远，犹当快马加鞭。

莫言此处好乘凉，依依不舍；但谓前途欲驻足，坐坐何妨。

塘下桥，位于田家乡塘下村。

新田环灵桥亭联

劳人至此堪亭坐；过客来斯漫峰行。

模旧制神灵有感；承前谟士庶沾息。

该桥位于龙泉镇环灵桥村，清嘉庆二十四年（1819）建造。

新田山下洞桥亭联

远客颇相需，露添雀舌；长亭无所赠，月送马蹄。

山下洞桥，位于三井乡，桥尚在亭已毁。雀舌，指嫩茶芽。北宋沈括《梦溪笔谈·杂志一》："茶

① （清）嘉庆《新田县志》，卷之三，清嘉庆十七年刊本民国二十九年翻印本。

芽，古人谓之雀舌、麦颗，言其至嫩也。”

宁远回龙桥联

有醉翁遗风此间即是；等慈航普渡彼岸同登。
得仁水福山钟灵毓秀；假晨钟暮鼓唤醒苍生。

回龙桥，位于中和镇慕投村，明永乐年间（1403—1424）修建。

道县东山桥联

怡坐客幽情静中论古；驻行人倦足忙里偷闲。

东山桥，位于白马渡镇东山村，清光绪十九年（1893）重修。

江华秀峰桥亭联

左岩右塔，三不朽矣；通粤达楚，一以贯之。
饮客何须茶当酒；畅怀全藉水生风。
如斯山水，岂少知音；有此硚亭，可称兼善。

秀峰桥，位于大圩镇兴仁村，潇贺古道上。2008年桥屋毁于村道建设，后重修。

宜章广济桥联

诚心拜佛，何须远朝南海；真意焚香，此处就是西天。

广济桥，位于笆篱镇车田村，清道光七年（1827）建筑，湖南省级文物保护单位（图3-2-17）。

图3-2-17　广济桥（吴卫平 摄）

郴州下关桥亭联

亭榭与村相掩映；山桥随水互回还。
放鹤去寻三岛客；约梅同醉一壶春。
题桥人孰学司马；作记我惭仿醉翁。
关塞亭桥重锁钥；洞天福地小桃源。
曲折盘旋，径似蛟龙腾瑞气；巍峨挺立，塔标丹凤振文风。

——清 萧瑞云

下关桥，位于北湖区安源村，清同治八年（1869）由进士萧瑞云捐建，为湖南省级文物保护单位（图 3-2-18）。

图 3-2-18 下关桥（舜峰 摄）

桂阳福寿桥联

鳞丸参差分燕冀；石亭长短记乌私。
停车通梓里；骑杖话桑田。

福寿桥，位于正和镇阳山村，始建于清嘉庆年间（1796—1820）。

桂阳乐善桥联

乐地任遨游，来来去去皆自得；善人无幸致，劳劳碌碌又何妨。
满座祥云垂世界；一群英气挽乾坤。

——清 曹义胜

乐善桥，位于太和镇潭沙村，1935 年重修。

桂阳车田桥联

款款清风，上下影摇波底月；滔滔白浪，往来人渡镜中桥。

该桥位于清和乡车田村。

桂阳官溪桥联

十二栏杆堪系马；三千巨浪不呼舟。
赖有数楹堪蔽雨；不安四壁怕遮山。
人夸司马乘轩过；我爱东坡放鹤来。

——清 李隆礼

官溪桥，位于正和镇官溪村，清咸丰年间（1851—1861）建造。

嘉禾桐梁桥联

野鸟鸣凤，絮语劝君姑勿急；山花媚日，点头笑容不须忙。
趣言能适意；品茶可清心。

桐梁桥，位于行廊镇桐梁桥村，明嘉靖三十年（1551）建造，“桐梁潜渡”被列为嘉禾八景之一（图 3-2-19）。

图 3-2-19 桐梁桥（王军杰 摄）

嘉禾仙人桥联

天堑可填，一桥架就通南北；地陇不断，两岸连成任往还。

——清 庠生 黄由恭

仙人桥，位于石桥乡罗家村，由 2 条天然石梁横跨钟水而成。

嘉禾车头桥联

五拱桥梁三载绩；一方因果万人圆。

——清 黄云汉

车头桥，又称五拱桥，位于车头镇车头村，建成于清光绪四年（1878）。

桂东四都凉亭桥联

闲坐凉桥餐秀色；静听淇水奏韶音。

双练绕墟前，烟笼柳岸；一桥横水上，彩映银波。

凉亭桥，位于四都乡，建造年代不详。

益阳衡龙桥联

萍水相逢，见面如亲友；停车暂歇，入亭似归家。

衡龙桥，位于衡龙桥镇，清乾隆六十年（1795）建，亭今不存，为益阳市级文物保护单位（图3-2-20）。

图3-2-20 衡龙桥（王仁祥 摄）

益阳小河桥亭联

两腋清风，诗句好寻行路后；一炉活火，茶烟轻漾小桥西。

该桥位于泉交河镇小河桥村，亭联传为胡林翼（1812—1861，号润芝，湘军重要将领）所撰。

安化永锡桥联

情迷古道循茶马；梦伴伊人上鹊桥。

永锡桥，位于江南镇锡潭村，清光绪二年（1876）建造，全国重点文物保护单位。

安化福星桥联

福景呈春落日流霞开境界；星桥跨岸马踪驿道记沧桑。
落日晚霞明，彩焕长虹，好品清茶绥福履；
马蹄芳草软，波浮倒影，浑疑银汉度星槎。

福星桥，位于梅城镇南桥村，清光绪十三年（1887）建造。湖南省级文物保护单位。

安化永镇桥联

永招常有人题柱；镇座应无客望梅。

该桥位于城关镇。

安化乌龟桥亭联

招待未遑寒夜客；过来都是热心人。
一肩汗雨容留憩；两腋清风好送行。

安化乐善桥联

乐已亦乐功全施济；善身兼善世利溥往来。

乐善桥，位于马路镇严庄村，清光绪二十年（1894）修建，湖南省级文物保护单位。

涟源观音桥联

南来北往不求渡；骤雨狂风可避惊。
跋涉维艰宜少憩；沧桑变幻又回春。

观音桥，位于荷塘镇观音村，清咸丰年间（1851—1861）修建。

冷水江履福桥联[1]

履道坦坦，万方利吉；福禄悠悠，一视同仁。

履福桥，位于禾青镇履福桥村。

新化洪岩跳石桥联

跳出苦海无边，从两岸悠游，始觉波澜壮阔；
石蕴他山有玉，经一番琢磨，方能砥柱中流。

邵阳源头桥联

奔前程停停从容步出；息心事想想茅塞顿开。

---

① 冷水江市交通局编志办公室：《冷水江市交通志》，内部发行，1990年，第158页。

源头桥，位于河伯乡源头村，清光绪七年（1881）建造。

洞口大平桥联

清风江上往来人共谈古今；秀水亭中上下客聚会情缘。

大平桥，位于罗溪瑶族乡宝瑶村，清嘉庆十二年（1807）建造，湖南省级文物保护单位。

武冈木瓜桥联

木叶落亭前，际资水秋深，夜雨横飞圃树；
瓜田连岸畔，看平原草绿，朝烟遥接板云。

木瓜桥，位于邓元泰镇木瓜村，清康熙五十年（1711）建造。湖南省级文物保护单位。

新邵石马桥联

目空天下万人敌；身是吾家千里驹。
临水钓鳌，以虹霓为线，明月作钩，世间无义丈夫，只堪充饵；
平原骋马，借芳草衬蹄，清风鼓鬣，吾党多才小子，尽可扶轮。

——石达开

石马桥，跨石马江。石达开（1831—1863），广西贵县人，太平天国名将。

新邵梅石桥联

梅开桥头，让踏雪老人，从容探赏；
石横江畔，笑纳履孺子，仓遽寻来。

梅石桥，位于寸石镇梅市村。

桃源遇仙桥联

开口说神仙，是耶，非耶，其信然耶，难为外人言也；
源头寻古洞，秦欤，汉欤，将近代欤，欲呼樵子问之。
花藏仙溪，落英何许流出；水引渔郎，春风不知从来。

遇仙桥，位于桃花源景区，原为横卧涧上的自然岩桥。明天启年间（1621—1627），桃源县主簿孙廷蕙修成石拱桥。清末，湖广提督俞益谟于桥上修遇仙亭。

澧县涔阳铁桥联

九澧金汤，东横沧海蹲孤柱；一江铁锁，南下黄河第二桥。

——中华民国 周凤楞

原注：“澧西三十大堰垱，屡遭涔患，行人苦之。近仿建黄河大铁桥，拟民国八年十二月蒇其事。”中华民国《澧县县志·商埠》记载，大堰垱离城三十里，最为繁盛。

靖州桂花桥联

四大皆空坐片刻不分你我；两头是路息半时各自西东。

桂花桥，位于寨牙乡芳团村，清嘉庆三年（1798）重修。

永定双溪桥亭联

双溪桥，桥下生荠，风吹荠动桥不动；
七甲坪，坪上长萍，水漫萍流坪不流。

该桥位于谢家垭乡双溪桥村，明天启五年（1625）修建，是西通川渝、东至常澧的要津。

慈利顺水桥联

英雄下马拜秋色；古木归鸦乱夕阳。

——萧少白

三、渡亭联

南县赤松亭联

屈灵均骚泽湮沉，范文正书台莽荡，心香一瓣，我其式之。低头思故乡，落落应悭知己。同学少年皆不贱，终输却板桥步月，石径吟松，美矣哉！宇宙无穷，俯仰任鸢飞鱼跃。旷览沱江东枕，溅水西襟，沅芷南芬，澧兰北秀。泛重湖八百里，绿波如画，龙蛇窟宅，半成鸡犬桑麻。独怜彼瓦砾飘零，榔梅凋谢，蟹舍斜阳迷古渡，庑尘世沧痛气象，愿从羽客浮游，劝慰众劳人，行乐及时聊息影。

陆法和生擒侯景，岳忠武殄灭杨幺，血战几经，今安在也？题糕逢令节，茫茫望断长空。万方多难此登临，只赢得把盏问天，拔剑砍地，嘘兮乎！盈虚有数，悲欢随燕去鸿来。感怀春雨檐敲，夏云席卷，秋风槛拂，冬雪窗衔。距炎汉二千载，丹井犹存，将相勋名，孰若神仙慧业。最喜是墉垣革旧，亭阁鼎新，虹堤碧柳泄玄机，话道家静谧根源，唤醒英雄昨梦，脱离诸浩劫，寻幽遣兴且挥毫。

——秦俶元

赤松亭原名赤沙亭，位于南县东北。据《通典·州郡十三》“（梁）湘东王遣胡僧佑、陆法和等据赤沙亭擒侯景将任约于此”可知，最迟南北朝时即有此亭。

秦俶元，清宣统年间南洲直隶厅劝学所总董。

南县西洲渡亭联

西下夕阳，鸟噪枝头催过客；洲前古渡，人挑行李赶前程。

西洲渡，位于厂窖镇西洲村。

沅江楚贡亭联

洞庭腹地，沅水尾闾，沃土自天成，稻海麻山雄禹域；
楚贡亭高，凌云塔古，景观凭地起，琼湖漉泽胜瑶池。

楚贡亭，位于山巷口社区，已毁。

沅江洞庭救生义渡联①

南渡北，北渡南，渡北渡南，南北几时同一渡；
国忧民，民忧国，忧民忧国，国民何日解重忧。

——清 谢家梓

图 3-2-21 沅江洞庭救生义渡局旧址［摘自《益阳地区交通志》(1992 年版)］

谢家梓，沅江人，清末举人。此联作于中华民国初年南北对峙时期，呼吁停止内战，实现南北统一。

益阳裴公亭联

风物饯流年，资水滔滔，淘尽游人信息；
江山留胜迹，碧峰隐隐，飞扬志士襟怀。

——清 陶澍

陶澍（1779—1839），字子霖，号云汀，安化人。嘉庆七年（1802）进士，官至两江总督加太子少保，谥文毅。

如此好河山，岂容过客常称主；特来问岁月，更有何人解听经。

——清 罗德源

云树何缘？竟赢来唐相停车，明臣驻马；
亭桥新建，好领取山间明月，江上清风。

——中华民国 陈翊荣

资水滔滔，淘尽古今人物，问裴公何去，云树犹存，遗址怅空亭，白鹿不来秋又晚；
江风浩浩，吹开天地尘氛，喜海宇荡平，狼烟都靖，名山寻旧约，黄花应笑我归迟。

——清末民初 海印禅师

海印禅师，姓张名佚，自号憨头陀，益阳人，曾任白鹿寺主持。

裴公亭，位于益阳资水旁，始建于唐，为纪念名相裴休修筑（图 3-2-22）。

---

① 梁石、梁栋：《中国古今巧对妙联大观》，太原：山西人民出版社，2017 年，第 338 页。

图 3-2-22 益阳裴公亭

桃江石人塘义渡亭

设舟在宝安益交通区，万人共济；
筑室于锡板罗汇合处，三水同朝。

石人塘义渡，位于桃江锡溪、板溪、罗溪三水汇合处，嘉庆二十五年（1820）修建，1958 年改渡为桥。

桃江大栗港义渡亭联

人登北岸沙皆佛；客到南阳津问刘。

——清 熊劭泉

熊劭泉（1844—1913），名运源，号啸荃，大栗港人，廪贡生。

桃江桃花港义渡联

一篙撑破江中月；双桨荡开水底天。

——中华民国 胡文

胡文（1898—1972），号子猷，花桥人，历任安化、酃县（今炎陵县）县长、龙洲师范校长等职。

安化黄沙坪官渡亭联

今日至东，明日至西，忙甚么？观不尽佳水名山，愁不尽情田欲海，智虽周瑜，勇虽项羽，赤壁乌江，到头来是梦。请君暂坐片刻，谈数言，思前想后，留些精神养自己。

这条路来，那条路去，叹咋的？止勿住红颜黑发，带不去白壁青蚨，贵如韩信，富如石崇，淮阴金谷，转眼便成空。与我丢下几文，沽半壶，测五猜三，让将辛苦付他人。

——清 罗忠清

名忙利忙，何妨喝几杯茶去；人急己急，趁早驾一叶舟来。

黄沙坪官渡，位于东坪镇，始建于宋代。

安化马辔市对河义渡亭联

野渡横舟，当不随波上下；长亭独立，岂能与世沉浮。

冷水江麻溪义渡会馆联[①]

不怕伍员叫渡；何须子路问津。

伍员，即伍子胥，此处用《吴越春秋》中伍子胥渡江之典故；子路问津，事见《论语·微子》："长沮、桀溺耦而耕，孔子过之，使子路问津焉。"后来用于指代问路。

长沙驿步门义渡亭联

义渡有亭，看湘江两岸风光，洪流滚滚千层浪；
慈航无主，济长沙全城商旅，人海茫茫百搭桥。

驿步门（今大西门）义渡，设于清嘉庆十三年（1808）。

长沙裴公亭联

得仙人之旧馆，感吾生之行休，何伸雅怀，未尝不临文嗟悼；
惟江上之清风，与山间之明月，每有会意，亦足以畅叙幽情。

本联句子分别出自唐王勃《滕王阁序》、晋陶潜《归去来辞》（原句为"感吾生之行休"）、唐李白《春夜宴桃李园序》、晋王羲之《兰亭序》、宋苏轼《前赤壁赋》、晋陶潜《五柳先生传》、晋王羲之《兰亭集序》。

裴公亭，位于橘子洲上，唐代宰相裴休贬官潭州时建。

长沙朱张渡亭联

渡口忆朱张抵掌纵谈千古事；洲头看云水凭栏醉写一江秋。

长沙朱张渡亭，位于橘子洲上，清嘉庆十七年（1812）修建。

望城铜官义渡亭联

黄花港在江边，战绩千秋，时事造成瞻太福；
紫云宫横眼底，长天一览，清风来自大微山。

义渡亭，位于铜官镇，始建于清光绪七年（1881）。

---

① 冷水江市交通局编志办公室：《冷水江市交通志》，内部发行，1990年，第158页。

湘潭寺门前义渡书善亭联

黄金非宝书为宝；万事皆空善不空。

义渡书善亭，位于白石镇潭口村，湖南省级文物保护单位（图 3-2-23）。

图 3-2-23　书善亭（谭君 摄）

祁阳安澜渡亭联

安步当车，暂息行踪怜远道；澜观有术，别开眼界向中流。

安定沉浮无一日；澜回沧海是何年。

安澜亭，位于进宝塘镇河埠塘渡口。

祁阳九洲渡亭联

九洲出潇湘，纵观烟雨晴岚，流水行云堪娱目；

渡亭怀祖国，每值兵革变故，先忧后乐总关心。

——赵汝为

九洲渡亭，位于黄泥塘镇九洲渡口。

祁阳河埠塘渡亭联

四面青山环古寺；一江绿水抱凉亭。

河埠塘是湘江边上小镇，明清之际甚为兴旺。当地流传“金归阳，银白水，财主出在河埠塘”歌谣。渡口亭建于明代。

祁阳乐善亭联

有水有茶，聊为解渴；曰亭曰屋，气可小休。

芹岭江头，人来畏日；竹山路口，坐引薰风。

乐善亭，位于茅竹镇竹山湾渡口。

祁阳琵琶亭联

亭起我重来，犹觉梦中红泪，眼下青山，天涯萍迹同情处；

曲终人不见，独留岸山荻花，江心明月，水面烟波似旧时。

琵琶亭，位于茅竹镇琵琶洲渡口。

祁阳翘首亭联

过客休谈行路远；劝君小坐等船来。

一湾流水环庐寓；四面清风作故人。

翘首亭，位于茅竹镇老山湾渡口。

祁阳下七渡亭联

夜雪走楼船，千年古渡流高咏；春江濡彩笔，百世苍松入壮怀。

下七渡亭，位于下七渡镇。

祁阳烟波亭联

愿向烟波藏姓字；宁辞轩窗钓五湖。

烟波亭，位于潘市镇横塘渡口。

祁阳石坝江风亭联

江阔天空宜放眼；风清日朗好题诗。

江流不息帆樯动；风月长存塔影清。

石坝江风亭，位于潘市镇石坝。

祁阳阅江亭联

淡水清茶聊止渴；狂风骤雨暂停车。

看鸥江上斟山茗；系马岸边唤渡船。

阅江亭，位于县城驿马门对岸，始建于明景泰三年（1452）。

祁阳萍踪亭联

到此留行踪，莫辜负山清水秀；这里寻归宿，但勿忘任重途长。

萍踪亭，位于三江口。

祁阳望涛亭联

白水如棉，不用弓弹花自现；红霞似锦，何须机织天生成。

望涛亭，位于白水镇。

祁阳松林溘浪滩亭

溘水惊天地；浪涛幻古今。

松林溘浪滩亭，位于潘市镇。

祁阳秋月亭联

秋水长天融一色；月华星影映双江。

祁阳双清亭联

万山来天际；一石压江流。

双清亭，位于文富市镇。

江永水云亭联

水清堪濯足；云散好观书。

基踞城南，一湾流水当亭绕；山屏槛外，半郭荒烟拥岸来。

——清 何绍基

水云亭，位于县城东南。何绍基（1799—1873），道县人，晚清诗人、画家、书法家。

江华江渡亭联

君意欲何之，且向江亭静坐；客舟才去也，暂于渡口谈心。

野鸟有声多恋客；幽亭触处自生春。

万里江山分月影；九衢风土带花香。

过客不忙堪止步；骖骈暂息且停车。

江渡亭，位于沱江镇江渡村。

第四章　道途歌谣 劳动号子

古代商贩、驿卒、船工、木客及挑夫等在长期生产生活实践中，留下了内涵丰富、特色浓郁、堪称行路指南的道途歌谣及劳动号子。这些歌谣、号子口耳相传，部分经文人整理，以书面形式流传后世。

由于部落战争及自然环境等因素，苗、瑶、侗、土家等族史上经历了多次迁徙，史诗歌谣亦有反映。如苗族《苗族古歌》《古老话》《鸺巴鸺玛》，土家族《梯玛神歌》《摆手歌》，瑶族《盘王大歌》《瑶人迁徙歌》《千家峒》，侗族《侗族祖先哪里来》《祖公上河》等。

第一节　水　路　歌

湖南省河网纵横，除湖区水道外，长度5千米以上河川共5341条①，水运资源较为丰富。由湘、资、沅、澧等水汇洞庭、入长江，为内河航运提供了优越的自然条件。

现代公路普及以前，水道是主要运输方式。在漫长的岁月里，历代船工留下了沿岸地望、险滩、礁石、河湾、标志性建筑及风物、风俗等信息的歌谣。如《资水滩歌·下滩歌》记有地名122处、山名38处、河滩78处、河湾38处、河塘15处、暗礁16处、庙宇12座、物产44种、税关13所、港埠21处②，堪称宝庆至汉口航运备忘录。

千百年来，船夫在搏激流、闯险滩过程中，逐渐形成一种粗犷雄浑、高亢激昂的劳动调子——船工号子。其中，澧水船工号子、酉水船工号子、洞庭渔歌③、新化山歌④等入选国家级非物质文化遗产名录，沅水放排号子、石马江劳动号子、澧水小调、酉水船歌入选省级非物质文化遗产名录。

一、湘江流域

湘江因“与诸水相合”谓之“湘”⑤。汉东方朔《七谏·哀命》：“测汨罗之湘水兮，知时固而不反”，为首见于文献的湘水名称。

湘水东源潇水出蓝山野狗岭⑥，至零陵苹岛与西源合，西源出广西兴安近峰岭⑦。干流经永州、衡阳、株洲、湘潭、长沙，在湘阴芦林潭入洞庭湖，全长948千米，流域面积94721平方千米，干支河道长10373.5千米，通航水道4791千米⑧。

湖南省内湘水右岸支流有宁远河、石期水、白水、舂陵水、耒水、洣水、渌水、浏阳河、捞刀河等，左岸支流有永明河、紫溪河、芦洪江、祁水、蒸水、涓水、涟水、靳江河、沩水等。

---

① 湖南省国土资源厅：《洞庭湖历史变迁地图集》，长沙：湖南地图出版社，2011年，第12页。

② 刘铁峰：《〈资水滩歌〉的商务内涵解析》，《湖南人文科技学院学报》，2014年第3期。

③ 主要分为号子类、生活类、爱情类、民俗类和祭祀类五大类。其中，号子类以《船工号子》《绞锚号子》等为代表，节奏铿锵，富于动感。

④ 新化山歌分以下六大类：(1) 劳动歌，包括田歌、猎歌、樵歌、渔歌、采茶歌、伐木歌、夯歌、资水滩歌、号子等；(2) 生活歌；(3) 仪式歌；(4) 时政歌；(5) 情歌；(6) 历史传说歌。

⑤ （清）康熙《长沙府志》，疆域志，清康熙二十四年刻本。

⑥ 2013年，水利部、交通运输部、国家能源局共同认定，湘江正源在九嶷山三分石下的野狗岭。

⑦ 旧时传统说法，湘江发源于广西壮族自治区灵川县的海洋山（古称海阳山）。《水经注·卷三十八》：“湘水出零陵始安县阳海山。”清康熙《永州府志·山川志》记：“湘水，源出广西桂林府兴安县海阳山。”

⑧ 蒋响元：《筚路蓝缕 以启山林——湖南古代交通史（史前至清末）》，北京：人民交通出版社股份有限公司，2020年，第4页。

潇水放排歌①

其一

久不唱歌忘记歌，久不放排忘记河。
久不读书忘记字，久不见妹忘记哥。

其二

毛竹篙子四打开，哥哥放排哪里来？
你下了好多滩和坝？你从头一二数出来！

其三

毛竹篙子半边开，哥哥放排沱江来。
我翻过三十六重坝，我下了七十二条滩。

其四

妹仔妹仔你快来，哥哥放排发了财。
缸里帮你担满水，火落帮你砍满柴。

其五

嫁人莫嫁排牯佬，十个排牯九个孬。
潇水河里行一遭，要你钱财打水漂。

其六

妹在河边洗衣裳，棒槌打在石头上。
哥哥知你心地好，娶你回来宠成宝。

图 4-1-1　湘江排运《祁阳县交通志》（1994 年版）

① 摘自（1）李志成：最美林场人丨潇水河上放排人，永州网，http://www.0746news.com/qiche/hangqing/26711.html.；（2）张灵芝：泷泊坝，红网，https://moment.rednet.cn/pc/content/2022/07/20/11540772.html。

双牌至湘潭放排歌①

撑排竹篙九尺长，放排弄吃好做难。
小排扎成大垛子，撑篙扳棹过险滩。
梧江开头潮水滩，上步下步斗篷滩。
大港小港相见湾，回头湾水过巫滩。
麻滩开头摇壳桩②，流滩浪水是泥浆。
单江扯起八字口，慢慢游去黄家潭。
周冲开头泷口滩，望见双牌白粉墙。
双牌有个西滩坝，滩坝底下雷石凼。
还没吃完一斗烟，转弯抹角螺蛳滩。
门槛匈下古老湾，逢石转弯凳板滩。
竹篙点过麻仔岩，一路下到绿豆滩。
慢慢游去袁十万，白米凤凰最难扳。
洋江码头哈巴口，荒冢马庙赤石迴。
樟树脚下吹倒风，一路流水下尖滩。
畚箕干口潭公坝，周家蚌壳羊角滩。
羊角滩来雕花下，一路流水下金滩。
回府苦瓜五鸡蛋，冷饭仙人香炉山。
香炉山来抬头望，望着转角楼在天上。
永州城来永州城，永州城内七条门。
东南西北为四季，潇湘太平小西门。
永州开头望潇湘，回龙宝塔一支枪。
贺家码头石马幽，蔡家木瓜曲河香。
蜡树旮里好流水，冷水滩来闹洋洋。
文昌阁楼有二渡，青龙石像要拜香。
黑狗滩来长流水，望见一片水茫茫。
高脚鳜鱼红牌楼，包暖十个雁山岩。
大花小花平平过，铜锣一响到黄阳。
二十四季刀枪箭，借州枇杷媳妇娘。
牛皮洲来当神仙，大水谨防杨梅岩。
老山弯来八挂水，蒋家滩来水茫茫。
乌漆祁阳为景致，狮子抬头望祁阳。
祁阳开头锭水滩，多买钱纸敬凤凰。
凤凰头上拜三拜，保得划子过横滩。
白水开头漕河潭，箭溪潭里望归阳。
上山九州广待铺，五家河州有二潭。
良全本是三大界，颠簸仍是衡阳乡。

① 1987年2月22日采录于双牌县江村镇江村。演唱者周守灵，男，时年70岁，采录者周仁武、唐昌鸿。《双牌县志》编纂委员会：《双牌县志》，北京：方志出版社，2008年，第772-773页。双牌县民间文学集成办公室：《中国歌谣集成湖南卷·双牌县资料本》，内部发行，1987年，第1-3页。

② 壳桩，栓排的木桩。

洞口鲤鱼八方卖，待人松柏满市场。
朝阳越铺抬头望，望见重州水茫茫。
今日打鼓平日过，弟妹双双望掐关。
毛叶扮作盘茶关，白沙洲来立卡湾。
衡洲弯弯像把弓，石字尖尖对岩缝。
又说衡阳无景致，家家有个麦拐冲。
衡阳开头大河渡，樟木横过七星滩。
二龙相斗雷如市，乌石码头望十湾。
游满盘田弯不弯，三门六口珠厅过。
株洲上湾对下湾，一束河水到湘潭。

沔水（洣水支流）放排歌①

沔渡下来浸龙潭，杨柳九榨三泡滩。
华里看见黄泥井，劝哥小心慢慢扳。

零陵至祁阳行船歌②

永州开船望潇湘，迴龙塔上一支枪（图 4-1-2）。
贺家码头撒大网，广西河口种高梁。
老埠石马夹角口，蔡家木家曲河滩。
宋家洲上好流水，一流流到牙门岩。
冷水湾湾一把弓，观音坐莲挡北风。
青龙白龙高溪市，火烧罐子阴山岩。
敲敲打打沉江口，鹞子翻身大花滩。
左边一个龙塘湾，右边一个鸭婆江。
铜锣一下黄阳司，二十四节摆刀枪。
苋州滴水媳妇凼，牛皮老山蒋暖滩。
浯溪河上风光好，过了定滩到祁阳。
祁阳开船观音滩，多买钱纸少买香。
跪在船上拜观音，保佑弟子过横滩。

祁阳至长沙行船歌③

白水开船到祁阳，祁阳是个好地方。
酒溪河边风光美，宝塔边上立庙堂。
祁阳停船敬水堂，你化钱纸我点香。
凤凰面前拜三拜，一路行船无风浪。
浯溪船下黄泥塘，黄泥岸边好村庄。
十亩大丘种甘蔗，收下甘蔗好榨糖。
一路顺风到归阳，归阳镇上闹洋洋。

---

① 茶陵县地方志编委会：《茶陵县志》，北京：中国文史出版社，1994 年，第 575 页。
② 蒋响元：《湖南古代交通遗存》，长沙：湖南美术出版社，2013 年，第 348-349 页。
③ 蒋响元：《湖南交通文化遗产》，北京：人民交通出版社，2012 年，第 287 页。

敲锣打鼓划龙船，大河小河比赛忙。
河洲船到粮市乡，是街是市细端详。
田庄虽小山冲大，打柴织布养蚕桑。
粮市开船到柏坊，千年岸山有宝藏。
煤多焦多铅锌多，船装车拖运输忙。
柏坊开船到松柏，靠岸抛锚歇一夜。
岸上琴声伴歌声，无意挑逗过路客。
松柏开船到衡阳，衡阳是个大地方。
衡阳街头好热闹，车水马龙生意旺。
衡阳转弯到大浦，大浦是个小街墟。
离墟不远有个矿，矿里珍宝用车装。
一路行船到省城，长沙街头车马腾。
沿江弯船千万只，装货起锚转回程。

图 4-1-2　永州迴龙塔 [（英）威廉姆·班尼斯特（William Banister）摄于 1910 年]

祁阳至武昌行船站头歌①

祁阳开船荔枝塘，手拿钱纸敬凤凰。
观音门前拜三拜，保佑弟子过横塘。
白水开船河埠塘，战九黄泥下归阳。
上三九九管大堡，五家河洲有二塘。
粮市本是三搭界，江河鲤鱼柏坊卖。
大渔松柏满潇湘，腰塘月堡抬头望。
大石塘上水茫茫，石塘打马云集过，又有新塘向车江。

① 衡阳市城北区志编委会：《城北区志》，北京：当代中国出版社，2000 年，第 653 页。

茅叶本是长塘买，磨盘滩上立府场。
衡州开船太极渡，樟木七里向大浦。
渡口萱洲寒林站，斗米雷市到衡山。
衡山开船望石湾，犹林朱亭弯不弯。
黄石弯九朱陵阁，三门渌口驼庆寺，株洲上湾对下湾。
上家潭，下摄司，易俗河口好白米。
湘乡河口好流水，一路流水到湘潭。
湘潭开船文昌阁，鹞子岩鹰交三角。
泥鳅弯弯班蕉滩，转个弯到猴子石（图 4-1-3）。
猴子石上打一望，且问长沙安不安。
长沙冇当弯船埠，一路流水到铜官。
青竹营田磊石山，嘉鱼牌洲金口驿，黄鹤楼中吹玉笛（图 4-1-4）。

为了记住沿途水路码头，排工、船家编排了行船站头歌。这首站头歌，从祁阳到衡阳，每隔 15 里一个站头；从衡阳到湘潭，每隔 30 里一个站头；从长沙到武昌，每隔 90 里一个站头。

图 4-1-3　长沙猴子石（佚名 摄于 1917 年 陈先枢 供图）

桂阳至武昌水路歌①

观音滩、观音阁，上石窠、下石窠；
中庙、塘里鲤鱼多，箭石、脑崖快如梭。
欧公滩、点灯窝，书房脚下打个转；
等下大滩笑呵呵，不要笑，不要呵，门口还有两个乱石窠。
黄牛滩、樟木滩、牛角湾，到了白沙吃平安。

① 出自中华民国时期桂阳春陵江镇黄土村船工张隆汉老人口述的下长江船歌，歌名为编者所加。每句含地名若干，桂阳到长沙一般 15 里一句，长沙到武昌约 60 里一句，用来识记春陵江到长江的水道路线。

白沙开船阳加洲，衡头、烟田到烟洲；
雅江、黄石、独石、流水洲。
河口开船到月堡，新塘站、新塘埠、东阳渡、车江寺。
衡阳开船大石渡，樟树、七里向大浦。
萱洲、霞流站，宝米、雷家望衡山。
衡山开船到石湾，三樟圩、油麻田；
王十、挽洲、朱亭过，株洲、上湾对下湾。
转一个弯，到湘潭。
湘潭开船文昌阁，腰子岩下打酒喝；
吃了酒，问昭山，泥鳅湾湾，巴鸡滩；
转一个弯，猴子石，请问长沙弯不弯？长沙不弯一站到铜官。
磊石、城陵矶下水，好过横河到武昌。

图4-1-4　清同治年间（1862—1875）的黄鹤楼（日本摄影师山根倬三 收藏[1]）

衡阳至长沙水路歌[2]

耒河涨水捺横冲，衡州弯弯像把弓。
莫道衡阳无景致，石鼓船山回雁峰（图4-1-5）。
衡州开船到石潭，樟木七里鸡公潭。
大浦萱洲霞流市，斗米雷溪到衡山。
衡山自古称南岳，七十二峰多奇观。
道观佛寺满圣地，骚人墨客赞名山。
衡州景致多留恋，七层宝塔到石湾。
流水滔滔鳌洲景，三樟油麻王十万。

---

① （日）山根倬三：《长江旧影——1910年代长江流域城市景观图录》，北京：中国建筑工业出版社，2008年，彩插。

② 1987年6月4日采录于南岳。讲述人李友才，男，时年79岁。录自衡阳市南岳区民间文学编委会：《中国歌谣集成湖南卷·南岳资料本》，内部发行，1987年，第184-185页。标题为编者所加。

玩石宛州朱亭过，花石龙盘交连滩。
三门绿口蒋水寺，株洲上湾对下湾。
向家堂前马家河，曾修开到易俗河。
易俗河下双河口，摇头一路到湘潭。
湘潭开船文昌阁，鹞子崖前打酒喝。
湘水滔滔望昭山，泥鳅湾湾芭蕉山。
猴子石上打一望，西湖桥上石栏杆。
一路迢迢酒介花，收篙顺水到长沙。
长沙有个岳麓山，爱晚亭畔好风采。
七十二峰多雄壮，湖南风物不等闲。

图 4-1-5 衡阳石鼓书院旁船埠［（德）恩斯特·柏石曼 摄于 1908 年］

衡阳至武昌水路歌①

衡州开船大石渡，樟树七里向大浦。
渡港沙洲霞流市，斗米雷家到衡山。
衡山开船到石湾，黄石晚州朱亭过。
花石淦田昭陵滩，三门渌口沱溪寺。
株洲上湾对下湾，上家潭来下摄司。
湘乡河口好流水，一路流水到湘潭。
湘潭开船文昌阁，鹞子岩前打酒喝。
转过弯来望昭山，泥鳅湾来芭蕉滩。
猴子石前打一望，请问长沙远不远？
长沙又无湾船埠，一路清水到铜官。
青竹云田垒石山，路过岳州一座山。

---

① 湖南省文化厅：《湖南民间歌曲集成》，长沙：湖南文艺出版社，2008 年，第 398 页，有删节。

路过岳州低下水，压住茅铺十座关。
驾船排舟津口驿，黄鹤楼中吹玉笛。

耒河水路歌（郴州至衡阳）①

郴州开船放郴河，浔江永兴滩又多。
大河滩，小河滩，陶洲下面谭家湾。
上堡街，出白石，黄泥岗，四季庵。
清清白白矮乐坪，踢烂脚佬石嘴上。
洗了衣衫清水铺，石灰闹死蚂蝗塘。
爬山过坳马颈塘，好呷死懒耍湘江。
雷公洲上养仙鹅，四娩出在零洲坪。
菜园里，划子多；耒阳县，淡酒多；
石埠湾，卡古佬多；许家桥，癞子多；
高层滩，钉古佬多；新市街，娘子多；
肥回府，糍粑多。
耒河有个小江口，一双鳌鱼当江走，一对狮子把水口。
陆堡茶市泉溪市，船行河中乐悠悠。
扳一舵，推一舵，顺水滔滔出耒河（图 4-1-6）。

图 4-1-6　永兴观音岩及耒河帆船［（美）柏生士（Parsons）摄于 1899 年］

永丰到九江水路歌②

永丰桥下顺水过，四十八都共条河。
威威武武关圣殿，撞钟打鼓观音阁。
观音阁背有棵松，新打蛇船新开张。

① 录自蒋响元：《湖南交通文化遗产》，北京：人民交通出版社，2012 年，第 286-287 页。
② 口述：周云和；整理供稿：熊智龙。

扁担耙头万家滩，一条黄蛇管十湾。
犁头嘴，光中滩，腾龙走马上水滩。
洋潭湾里水急跳，桃花一转中码头。
王码子，半边滩，宋家大坝如雷哼。
蛇滩水浅走高滩，线吊葫芦照古滩。
测水安船难磕头，远走五里街埠头。
街埠头里水又深，青天白日见黄龙。
二三四人划船难，挂起浆叽闹邦潭。
船头喊，尾头还，双脚跳出鬼门关。
犁头嘴下曾家滩，斧头凿子木皮滩。
会打官司何家埠，密穿猪头邓思渡。
倒了油箩滑石滩，六月口干停茶湾。
潭市买米包起盐，一路水叽到西天。
朱津渡，鹞子岩，人字一路下大滩。
芭蕉苞米换松柴，粟米开来唐家滩。
莫说湘乡无景致，七星山峰铜钱湾。
乌月过去钱家滩，五问杨四闹石潭。
石潭十里南北塘，江东街上好姑娘。
脚又细来面又白，不知爱了好多过身客。
左一湾，又一湾，湾出河口是湘潭。
湘潭县是小南京，码头安船叫喊声。
日里好多人和马，夜里不离万盏灯。
湘潭开船过昭山，长沙一站到铜官。
绿咕浮银鸡下水，丫头毛铺石头关。
偷排洲金口燕，黄鹤楼中看神仙。
汉口开船走青山，请问洋奴湾不湾。
洋奴石湾朝直走，团风不吹双江口。
双江口来双江口，不去杭州湾武昌。
九江关上扯红旗，大小官员要上船。
九江停船漫悠悠，八里江中把税收（图 4-1-7）。

涟水水路歌（涟源到湘潭）①

涟水曲折出龙山，奔腾东过文家滩。
西有蓝田东侧水，船挂风帆自往还。
河长共有七百里，足有三百六十滩。
蓝田开船石马山，八坝乌矶奔长滩。
撞钟打鼓支福寺，墨墨黑黑包围山。
管子坝来出河口，秤石滩上挂浆走。
下了秤石放了心，光中潭内吃点心。

① 录自《喜马拉雅 · 人文国学 · 涟水水路歌 1》，有改动。

娄底高桥黑石边，犹如矮子上楼梯。
过了大边有小边，六月七星早无边。
西阳有个烂排滩，死牛难下老君滩。
金丝鲤鱼向下走，牛婆凼里好藏身。
牛婆凼来菜油滩，请问老板弯不弯。
谷水不是弯船埠，弯船要弯古戍渡。
七里塘来八里坝，七八十五猫公坝。
快快荡来慢慢摇，金同河里有花桥。
羊古市，皂河滩，金秋下河到麻滩。
薛家渡口鸬鹚滩，来到溪口弯不弯。
溪口潭，雪花滩，不觉到了漆树湾。
风发五更响如雷，好比神仙下凡来。
戴起帽，穿起衣，水府庙里还雄鸡。
还了雄鸡放下心，斗盐潭里吃点心。
吃了点心滔滔过，起眼看见杏子铺。
杏子铺来大码头，花家窑内烧石灰。
石灰烧鸡白又白，下面就是观音石。
观音石来水又流，下去就是王沙洲。
王沙洲来水又陡，剃掉胡子往江口。
江口有个鲶鱼滩，斧头凿子木皮滩。
鲤鱼滩边有柴买，称肉打酒到洋谭。
会打官司何家埠，篾织缆子邓氏渡。
油萝倒在滑石滩，六月口干奔茶湾。
石塘口，水细流，火烧砖瓦是瑶台。
潭市有个观音阁，籴米买盐要上坡。
籴起米来包好盐，一板浆来到西天。
关家嘴，马家滩，水牛莫进青草潭。
石狮江，木斗滩，发风落雨到泥湾。
西天脑上打口泥，老板架的抽底船。
新打剪刀叉子口，腊月开花梅子湾。
洙津渡，三门滩，挖烂耙头山枣湾。
大字一横天下滩，载起干柴慢慢担。
朱桥渡来鹞子岩，芭蕉港内出松柴。
载起松柴摇一摇，下面就是杨家桥。
杨家桥内出灯笼，同心合力一条心。
莫说湘乡无景致，有个定石照孤洲。
学门前来唐家湾，七星山峰铜钱湾。
乌月港，金家滩，状元出在东台山。
乌鸦鸟来啄一嘴，太白杨泗下石潭。
石潭下面南北塘，姜畲街上好姑娘。
落笔渡来寻笔港，袁家河上听碓响。

左一湾来右一湾，湾出河口到湘潭。
湘潭有个杨梅洲，斧头凿子不停休。
湘潭有个十八总，一座宝塔像支笋。
湘潭好似小南京，码头弯船有人喊。
日里不离人和马，夜里不离灯万盏。
守船看货人已惫，呷酒攀花难上难（图 4-1-8）。

图 4-1-7　长江九江段行驶的湖广盐船［（美）甘博（Gamble）摄于 1917 年］

图 4-1-8　20 世纪 20 年代湘潭窑湾码头［（英）Swire Warren 摄 英国布里斯托大学 收藏］

涓水水路歌（衡山至湘潭）①

麒麟头上一点蓝，陪同伙计赞江山。
岳山发脉本非凡，山后有个黑山潭。
藏龙之地地势高，一年四季水滔滔。
逆水行船走不快，要到新桥装满载。
新桥货物满了舱，一直开船到板仓。
好个沙皮河不宽，夜多余水好行船。
下流三里到白果，药糖爆竹好红火。
楚南桥上打一望，大旗岭上好雄壮。
过桥开船只顾下，下去五里黄龙坝。
新铺子来大江洲，湘衡分界在中游。
过了晓南朝直走，无事不必湾龙口。
龙口以下钟家潭，要到花石把船弯。
花石弯船港肚里，就请老板下谷米。
马家嘴来观政桥，千年古迹万年牢。
乐家厂伴陈家山，下去两里河头湾。
延化寺过白龙潭，再到盐埠把船弯。
盐埠弯船不就势，就开金塘并锦石。
射埠碧水路茫茫，顺水流去到吟江。
吟江开船望长滩，郭家桥水夹中间。
顺水行船无隔故，把船开到杨家铺。
过埠不歇把浆拖，眨眼到了易俗河。
在此停船再出口，进了湘江到河口。
一十五里杨梅洲，要到县城把浆收。
湘潭弯船沙湾里，花粮行来起谷米。
百里水路到了家，恭喜世代享荣华（图4-1-9）。

图4-1-9 湘潭湘江码头一角［（日）《亚东印画辑》，1930年版］

① 湘潭县民间文学三套集成编委会：《中国歌谣集成湖南卷·湘潭县资料本》，内部发行，1987年，第130-131页。1987年3月采录于留田乡前进村；演唱者：贺多福，男，71岁；搜集者：赵钟灵，男，68岁。

湘潭到武汉水路歌①

湘潭开头望昭山，兴马莪洲巴矶滩。
枯石猴子南湖港，西湖桥上石栏杆。
长沙开头到铜官，青竹营田磊石山。
鹿角城陵矶下水，压缆茅埠石头滩。
嘉鱼排洲荆口驿，黄鹤楼中吹玉笛。
顺风吹过黄鹤楼，长江滚滚向东流。

二、资水流域

资水有赧水、夫夷水两源。赧水源出城步青界山，夫夷水源出广西资源猫儿山，两水在邵阳双江口汇合后始称资水，经邵阳、新邵、冷水江、新化、安化、桃江，在益阳甘溪港入洞庭湖，干流长653千米。左岸支流有蓼水、平溪河、辰水、大洋江、渠江等，右岸支流有邵水、油溪、洢水、沂溪、志溪河等，干支河道长2582千米，通舟航道1017千米。

资水中上游弯曲狭窄，险滩密布，素有滩河之称。如安化大汴滩立《奉宪永定》碑云：

资水一带，上通宝庆，下抵益阳，千余里，统计恶滩五十有三。安邑之尤险者，惟沂滩、洛滩、瓦滩、猪屎滩、大柳杨滩、曲尺滩、宾王滩、黄固滩、杉树滩、小汴滩、大汴滩。

舟筏过滩时，“上水以绳牵挽，下水以招竿拨之，旋转石间”②。船工和纤夫创作传唱的《资水滩歌》，包括《序歌》《下滩歌》《上滩歌》三部分，堪称资水流域非物质文化瑰宝。

资水滩歌（一）③

序歌

天下山河不平凡，千里资江几多滩。
水过滩头声声急，船到江心步步难。
谁知船工苦与乐，资水滩歌唱不完。

下滩歌

宝庆开船下汉口，象鼻头来头一滩。
竹子山塘把排放，艄公想起上河滩。
长滩只见长纤扯，景公塘里弯一弯。
婆婆岩上把鹰打，小溪就把姜来担。
小庙滩来出红枣，抬头望见枞树滩。④
青溪滩上打一望，瞎神庙下小连湾。
石灰洞里歇一会，大连湾下大河滩。
兄弟同把花园进，出门又是小河滩。
栗滩走船如跑马，看见前面小南山。

---

① 湘潭市民间文学集成编委会：《中国民间歌谣集成湖南卷·湘潭市分卷》，内部发行，1988年，第30-31页。歌名为编者所加。

② （清）嘉庆《大清一统志》，卷三百六十宝庆府一，四部丛刊续编景旧钞本。

③ 《资水滩歌》1986年5月采录于新化县荣华乡及琅塘镇。演唱者苏养吾，男，时年40岁，荣华乡鹊桥村村民；杨锡山，男，时年82岁，琅塘镇谭家村村民。参见（1）邵阳市交通局：《邵阳市交通志》，郑州中州古籍出版社，1991年，第501-512页；（2）马少侨：《邵阳历史钩沉》，内部发行，1999年，第204-209页。

④ 枞树滩，即铜柱滩，位于新邵境内。

七里塘下团子石，猪楼门①内心胆寒。
干水要把短纤扯，大水稳舵莫乱扳。
柴码头上多柴卖，筱溪没立卖柴关。
晾晒滩下是球溪，柘滩下来连里湾。
麻溪哪见担麻卖，沙罐出在沙塘湾。
干水象牯滩头放，马屎口里马披鞍。
鸳鸯滩上排云雾，忽然雷公打鸡蛋。
猫儿扑地老鼠石，炉埠果然好煤炭。
西风塘里西风起，皮萝岩下皮萝滩。
沙罗滩上纤难扯，一扯三碰难上难。
陡山岩里乌金好，岩下就是旋塘湾。
连皮加二乡里货，下河炭要秤加三。
开船有个三篙半，老鼠江②里锡矿山。
学堂岩上来观看，十里茶亭口也干。
化溪姑娘三仙会，鲸鱼滩下竹林湾。
辕门柱子有一对，青滩航道在中间。
马蹄塘下杨家嘴，一州二州三州滩。
青峰塘里清风起，顺风一落谢家滩。
上渡港里歇一会，独石塘下风照滩。
新化县城来观看，四门扎起营盘关。
西门抬头打一看，衙门坐个知县官。
为人莫作亏心事，到了官场也为难。
一连几下大板子，问你心甘不心甘。
东门抬头看下水，过河想起上渡观。

新化开船磨盘滩，宝塔对着塔山湾。
袁家山里出萝卜，车盘溪对天子山。
老师吹得牛角叫，晾晒滩下游家湾。
王爷滩下长风走，白沙洲下尿壶滩。
犁溪河边好过渡，丹滩转弯是卡滩。
神滩小洋鳜鱼地，车石下来心窝滩。
贵州赶来黄牯坳，白沙洲下高桥滩。
油溪有个迭石凼，中家庄抵红岩山。
鹅洋滩上抬头望，抬头望见东门山。
白溪无有江西客，曲蟮滩下石子湾。
石子湾来弯又弯，雷公响在思本滩。
祖师座下莲花庙，五马破曹观音山。

① 猪楼门又称茱楼门，即今岣嵝门，位于新邵境内。（清）道光《宝庆府志·卷第七十八》载“自铜柱至茱萸门，舟行最险，常有戒心。自此以下，水道始平”（清道光二十七年修民国二十三年重印本）可与此互相印证。参看马少侨：《宝庆路图歌概述》，收于马少侨：《邵阳历史钩沉》，内部发行，1999年，第199-212页。

② 老鼠江，即冷水江。

望花街上株木溪，杨家坊下铜锣滩。
铜锣滩下无锣响，汪家塘下豺狗滩。
石莲壶里莲花观，千篙滩下十竹山。
太湖崖来随湾走，下面有只鳊鱼山。
礼溪有个成进士，潘溪有个御史官。
牌头滩上抬头望，望见对门岩塘湾。
烟田滩下槽船地，龙溪脚下清水滩。
琅塘有个厘金局，人人到此把船弯。
靠船来把厘金过，船开橹响不为难。
千兵洲上多沙子，杨木州下白沙湾。
鸡婆嘴送枞树滩，且看苏溪弯不弯。
问我装的什么货，装的烧纸和煤炭。
喊起号子摇起橹，调转舵来放瓦滩。
大水放船要提竿，干水要往槽里攀。
瓦滩只听滩水响，大水弯在渡头湾。
鸡公鸭婆数润溪，紧桨飞落猪婆滩。
桥墩石上把谷晒，黄金堆在猪屎滩。
好似横岩坐水口，讲起洋桥不简单。
观音岩下桥墩石，化作肥猪挤下滩。
不是洞宾来点破，修起洋桥不为难。
只为洋桥修不起，抛打绣球是泥滩。
坪口本是花花地，叫声客官把船弯。
上街玩到下街止，家家铺店门不关。
婆婆就把鹰来打，一把打落担柴滩。
社溪本是平河地，猴子忙把树藤攀。
排子山里出美女，鸡婆塘内船难弯。
猫儿听见泥鳅叫，老鼠怕了岩鹰叼。
白鹤赶落童子拜，干水放船水滴湾。
磨家池里打一看，渠江对门斗笠湾。
铁匠打把钥匙口，白水溪下是初滩。
湖泊塘里齐摇橹，两岸竹笼把鸡关。
火烧滩下纤难扯，盛产桐油是神湾。
毛篙滩上千篙石，探溪有只狮子山。
雪落鹅毛来下水，扁担石在鲇鱼山。
洗米煮粥南坪地，只见鲤鱼跳上山。
黄牛怕了勾刀子，皮塘有个观音山。
方石门前捆艄走，尧家庄内排难扳。
婊子竹山挨羊脑，杉木青龙丘尺滩。
狗屎屙在猖狂洞，黄连洞里鬼门关。
碧溪有座观音阁，两口相对无名滩。
大牛滩下漏灌子，鹅嘴叼过杨泗湾。

杨泗庙里把神祝，卦打三巡三门滩。
鲤鱼穿腮现手段，花花绿绿是榨滩。
米窖湾里卖沙竹，陈口乌龙一条滩。
纸钱落地排八卦，乔溪黄沙一担担。
酉州对门生金竹，大鱼矶下小鱼滩。
鱼公滩下把禾晒，孟公脚下君王滩。
阳雀坪对塘古坳，朱溪江下水鸡滩。
先生送我寺门前，玛瑙出在砸脑滩。
曹操点兵江南地，出口又是磨子滩。
好似边绚对磨溪，百花开在老屋湾。
黄瓜滩下白沙上，平地铺毡挂树冠。
桎木为箍把柴捆，小淹有只虾公山。
一舵闪过老鼠石，雄鸡山下蜈蚣山。
河至溪里出杉树，梅子塘下是庙湾。
一芦二芦花园里，斗米矶下中边滩。
星子雕在抱肚上，螃蟹只上丁家湾。
将军怕了阎王石，铁板拦洪大边滩。
豹子园里出锅厂，夫溪叫做干肠滩。
七星滩下塘湾地，沙衣洪下天鹅湾。
棕子滩下汪家渡，鳜鱼走在泥波湾。
一朵莲花也结籽，金银财宝用箩担。
头顶原来九官渡，脚踏洪门莲花滩。
有人葬得莲花地，至今纱帽在朝关。
马家塘里好绸缎，过河铺下是王滩。
龙官望见栏杆地，鲊铺下前猪婆滩。
栗山塘里枝柴港，锦被王婆桐子山。
桐树林上吊钟摆，木鱼洲上相公滩。
筲箕又把米来打，三塘街上弯一弯。
新开淹下黄丝渡，倒挂金钩茄子湾。
九峰塘下干磨石，点起十个昼夜滩。
花花轿子轮流转，美女晒日是须山。
书塘街上养鸽子，月门山下筲箕湾。
金挂洞中下一庙，晒谷石在横阳滩。
泥鳅洪里抬头望，桃花巷里船难弯。
宝塔又把水口坐，五婆山下把牛关。
极嘴坝上抬头望，新桥河里弯一弯。
鹅公港下鹅公叫，抬头望见毛告山。
龙尾滩下现高手，青龙滩下把门关。
一路顺风把流放，新码头来船难弯。
千架要走洪路水，毛板要弯鳊鱼山。
到岸老爷打一敬，大家兄弟把心宽。

姑娘叫做三仙会，玉石碟子摆中间。

益阳开船往汉口，抬头望见鳊鱼山。
魏公庙里把神敬，玉马对门犀牛湾。
厘金关上把关过，宝塔坐在清水滩。
八母滩上子望母，黄茅洲下何家湾。
沙头街上把米买，开船又走金阳滩。
羊角抬起头来看，只见鞭把口又宽。
吩咐艄公紧把舵，来到毛角把口参。
三人河里松水过，开船又走邹塘湾。
桔子庙里算八字，姑嫂二人把花攀。
关公坛下白马寺，色子庙下是大湾。
轻轻出了临资口，牛屎仓里无人弯。
元潭坛上观天色，羊雀港里把船弯。
仔细心中来思想，米关立在芦林滩。
鱼骨庙里香一柱，娘娘港下云头滩。
羊节港里来思想，土星土林两港滩。
若是风暴不好走，不敢过湖赊刀湾。
白鱼便把鳍来现，崇山港里船难弯。
陈口坛上抬头望，抬头望见磊石山。
张家套里把逢落，扎矶嘴里买鸡蛋。
万寿湖里大龙坛，干水铜盆湖也干。
鹿角落在高山上，龙虎嘴对龙虎山。
金泊港里抬头望，雷公湖里一鞭山。
南京港里癫子石，岳州有个厘金关。
北门港里来思想，想起当初七里山。
城陵矶下金河港，擂鼓三通过五关。
善湖港里躲风暴，港内又立检查关。
开边有个巨凳石，白罗套笼心胆寒。
就在鸭潭分南北，鱼矶地界是湖南。
王家宝贝来珍宝，新堤立起过排关。
毛铺对门太平口，骨花洲上把心安。
六金口里出广粉，对门就是孤溪湾。
皇王便把厘金立，船弯宝塔洲过关。
龙口哪见龙开口，抬头一望石璃关。
家溪有个上甲口，鱼码头来把鱼担。
燕子窝里出燕子，上林花口把花观。
排洲对门青潭口，顺田一路空江湾。
东阁老走滋江口，金口对门大金山。
涓口又把老关过，风暴船弯荞麦湾。
鹦鹉洲前抬头看，望见武昌确非凡。
洞宾神仙把楼坐，黄鹤楼下有蛇山。

河北锁里打一看，望见汉口是龟山。
汉口穿心八十里，不知街面几多宽。
有钱汉口真好耍，无钱汉子样样难。
问君走到何方好，花花世界一样看（图 4-1-10）。

图 4-1-10　汉口码头［法国摄影师保罗·尚皮翁（Paul Champion）摄于 1865 年］

上滩歌

唱了下滩唱上滩，回心转意把心安。
汉口开船走上水，南岸过河对票关。
载船就把双票用，空船车票好悠闲。
汉阳城边漂漂过，望见洋街殿四关。
武昌辞了都督府，涓口有个照票关。
二十四股回弯水，往返要到大金山。
金口人来慈丘山，东阁老来定江湾。
吩咐牌洲般莫急，上林燕子一担担。
鱼码头上孤溪湾，上水嘉鱼石璃关。
龙口宝塔大金口，大风毛铺也难弯。
新市锣洲听鼓响，擂鼓台前心胆寒。
城陵矶前把船看，芦苇洲前把船弯。
兵洲街上南津港，扯起风帆过鞭山。
忽然一阵雷公响，金泊龙虎旺高山。
铜盆湖里火龙舞，磊石港口脱衣衫。
白鱼便把云鳍现，只见娘娘又下凡。
红薯出在土星港，白米出在芦林潭。
阳雀元潭牛屎港，铃子一响上大湾。
色子庙里只一色，骑着白马战江山。
关公坛上抬头望，只见姑嫂树又干。
南湖洲上西林港，八字哨上邹塘湾。

磨房滩里愁云锁，出了毛角心又安。
河塘街上打一看，只见甘溪港水干。
益阳关上船帮密，抬头又见鳊鱼山。
转身来到益阳县，直流三堡扯风帆。
我在汉口几年整，身无半文转湖南。
从头仔细来思想，何必当初赊帐玩。
益阳开船望家乡，青龙滩上脱衣裳。
龙尾滩上现高手，毛稿塘里定阴阳。
鹅公港里淘白米，瓦桥河里拨米汤。
勺嘴坝上打中伙，桃花港里借歇场。
江内有个和尚石，叮叮当当到天亮。
横石滩有晒谷石，金凤鸡子到书塘。
书塘有个读书子，须山美女晒衣裳。
花花绿绿轮流转，十洞滩上樟树塘。
竹叶洪里一班纤，抬头望见九风塘。
倒挂金勾结茄子，三塘街上好灰行。
童子王婆盖锦被，天地枯柴栗山塘。
猪婆滩上是鲊铺，鲊铺滩上皮箩江。
凭栏望见龙公地，五滩上来马迹塘。
莲花滩上鳜鱼地，棕子滩上何散场。
蓑衣洪上塘湾里，善滩上来福鸡塘。
大鸡滩上一斗米，庙湾上来梅子塘。
安化小淹青山好，陶澍果然好屋场。
财主买田满了贯，至今不许买田庄。
唱只骂歌叹口气，何草矶上白沙塘。
坪里铺毡葬陶澍，黄瓜滩上老屋场。
白花树上麻溪地，边江上来磨子塘。
曹操点兵江南地，一轮明月正相当。
先生送我寿门前，塘古贯里好槽坊。
糯米扎出粽子角，大鱼矶上金竹塘。
山西来了买茶客，乔溪开起卖茶行。
八卦滩上占一卦，只闻坪茶又喷香。
沙洲滩上把柴买，果然到了鳌子塘。
柘滩上来一班纤，鲤鱼穿腮三名塘。
杨泗湾里纤难扯，漏罐子上大溶塘。
飞云把月碧溪口，黄连洞内好歇场。
大柳杨来小柳杨，十个艄公九个亡。
龙须滩上有龙爪，马必市里马恋王。
丘尺当是鲁班用，青龙滩上杉木塘。
羊老滩上十八节，竹山一日到皮塘。
只见黄牛来下水，鲤鱼上山是南盘。

烟溪有个对马石，鲇鱼洲上横溪塘。
毛花滩上神滩地，高龙矾上湖北塘。
初滩只见白水溪，虎骨上山是渠江。
磨家溪上童子拜，排子对门鸡婆塘。
石灰洞内屙屎岩，乐滩社溪何散场。
猴子关门担柴卖，坪口少个卖柴行。
泥滩哪见泥落水，只见横岩拦断江。
四脚落地牛拉纤，褡背勒肩痛断肠。
寒暑裸体水中泡，助船上滩身代桩。
撑船号子滩头响，十曲纤歌九曲酸。
洋桥猪屎出讲义，润溪有个公管行。
瓦滩只听滩水响，抬头望见苏溪江。
苏溪有个水麻庙，来往客人烧保香。
千兵洲上使把劲，送婆鸡子到琅塘。
槽船有个苏氏渡，潘洋有个御史官。
礼溪有个成进士，药店开个资生堂。
太湖湾里随湾走，千篙滩上石牛塘。
石莲壶里莲花观，摇橹划桨宋家塘。
铜锣滩无铜锣响，青荆对门杨家坊。
株木溪上思本溪，雷打狮子次起塘。
蛐鳝滩无县官坐，抬头望见枣子塘。
白溪有个江西店，弯头①迎来好姑娘。
鹅洋滩无鹅公叫，石灰出在申家庄。
蓝靛湾里无靛卖，石笋出在尖石塘。
油溪哪见担油卖，黄牯坳对赵家庄。
邓家街上歇一会，车石鳜鱼在小洋。
剩滩有个团鱼石，转弯又是丹坪塘。
丹滩哪能担到底，卡滩也有船过江。
辇溪望见白沙上，油麻滩上长风塘。
王爷滩上来观看，游家湾有钉子行。
晾罾滩上抬头望，抬头望见太洋江。
弯船扎草寨背后，猪头还愿牛角塘。
灶门岩里出木炭，只见木炭上下装。
塔山湾里抬头望，新化城墙几多长。
宝塔底下歇一会，青石街上借歇场。
西门岭上天开门，不觉来到二堂上。
鱼船来往争上渡，一网打进皮石塘。
谢家滩上风相送，青峰塘内有鱼藏。
连上三洲滩头水，杨家嘴上马蹄塘。

① 弯头，湘乡土话，即“里面”的意思。

马蹄日夜叮当响，响在春潭牛耳旁。
一对柱子辕门竖，竹林湾上鲤鱼长。
三仙姑娘会化溪，路走十里有茶香。
学堂岩上鸡鸭落，起桨直划冷水江。
石头藏宝是锡矿，五湖四海把名扬。
旋塘湾水水旋转，码头上面好市场。
崖叫陡山山也陡，沙罗滩上纤路长。
皮箩滩边好篾箩，竹子出在西凤塘。
炉埠紧挨老鼠石，上头有滩飞鸳鸯。
银鞍披马祥光照，照见象鼻三丈长。
沙塘湾里沙罐好，宝庆汉口把名扬。
柘滩两岸白杨密，球溪晾罾晒鱼忙。
捡担干柴筱溪卖，卖给纤夫烤衣裳。
猪楼门里肥猪大，屠桌摆在七里塘。
小南山前栗滩急，小河大河浪溪宽。
石灰洞边吉人庙，青荆滩里淹和尚。
山山枞树映水绿，红枣树下乐姑娘。
黄土栽姜是小溪，岩鹰展翅景公塘。
长滩滩水明月照，满肚相思望情郎。
上河滩岸楠竹茂，象鼻长长把竹装。
石灰浸竹造土纸，上水装货进邵阳。
解下褡背算完账，卷起铺盖回家乡。
碎银买点小礼物，一家大小喜洋洋。

一路时新枕边讲，梦里滩歌长又长（图 4-1-11）。

图 4-1-11　资水桃花江放排（美国传教士 摄于 1919 年）

资水滩歌（二）（新化至益阳）[①]

新化开船磨盘滩，宝塔对着塔山湾。
袁家山里出萝卜，对河就是天子山。
老师吹得牛角叫，良增滩下游家湾。
黄牛滩下齐风转，白沙洲下便湖滩。
冷溪街上好过渡，单滩转弯是汴滩。
神滩小洋贵鱼池，车畲下面心河滩。
贵州淹里黄雀坳，游溪有个实行山。
三个石匠争石骨，钟家庄下红岩山。
鹅公滩上鹅公叫，白溪脚下曲尺滩。
西边有个杉木溪，香港有个铜锣湾。
石连没有连花坝，千篙滩下石竹山。
天府岩前齐弯转，对河就是鳊鱼山。
浬溪有个成进士，潘洋有个御史官。
浬滩本是槽船地，龙溪有个青树滩。
瑯塘有个厘金局，婆鸡嘴送枞树滩。
千边洲上抬头看，苏溪从前要过关。
吹起号子摇起槽，提转舵来放瓦滩。
金鸭银鸭是润溪，将义赶落猪屎滩。
洋桥本是神山置，黄金堆在猪婆滩。
指倒横岩是玛瑙，抛打绣球是沂滩。
坪口本是花花地，来往客官把船弯。
上街弯到下街转，只见枣树生得弯。
婆婆就把鹅来赶，一竿落在担柴滩。
洛滩有个杨公庙，鸡婆塘里排难扳。
阿石岩前紧扳舵，野猪赶落排子山。
排子山前出美女，童子脚下泉水湾。
莫家溪上买柴火，孟公山下斗笠湾。
粗滩有个钥匙口，高龙古子有神湾。
探溪牵牛来下水，鲇鱼装在过水湾。
哑牛拴在螺丝上，对马磨槽是烟滩。
碗米煮粥南坪卖，只见鲤鱼跳上山。
黄牛怕了勾刀子，花园脚下伍家湾。
毗塘无有牛皮卖，观音岩下白杆滩。
方石面前紧扳舵，姚家庄下排难扳。
指到竹山庄羊垴，杉木塘下青龙滩。
陀子基下马辔市，龙栖滩下柳杨滩。
狗屎落在菖蒲上，黄泥洞里第一关。
潺口有个观音阁，大水弯船是沙湾。

---

① 益阳地区交通局：《益阳地区交通志》，长沙：湖南出版社，1992年，第314-317页。

飞牛蚂蚁请走路，奇官对马婚姻滩。
猴子撞破漏罐子，大溶塘下杨沙湾。
一门二门中间走，鲤鱼穿腮是柘滩。
指到横岩丢坛子，神仙下界一担担。
大婆溪下柴缚滩，枳木架下双洲滩。
纸钱下地争八卦，松木矶下大酉滩。
太子柳洲对金竹，大鱼小鱼不是滩。
蜈公晒羞唐家观，庙子脚下宾王滩。
摸脑便是剪刀口，江南江北磨子滩。
好个边江对麻溪，百花滩下老屋湾。
螃蟹翻水好眼色，狮子口内把抬班。
黄缎晒在白沙上，只见螃蟹把水翻。
禾草矶上抬头望，望见陶澍好坟山。
陶澍当时满了贯，小淹立起红茶关。
石门潭中争老鼠，下面有个猫儿山。
杉树滩下金豹口，梅子塘下是庙湾。
一路二路三路走，讨米养鸡大汴滩。
袍补放在方石上，螃蟹打下丁家湾。
当路猫儿生贵子，昼夜啼哭没有完。
哭得爹娘无主意，带下敷溪干娘滩。
三个营盘并善溪，扫尾马脚是塘湾。
蓑衣不怕天河雨，白鹤飞下巩迹滩。
汪家庙店出萝卜，鲑鱼装在泥补湾。
好朵莲花不结子，马迹塘下是句滩。
碑楼下面手巾卷，鲊埠下去五羊滩。
猪婆关在栗山地，捉猪容易放猪难。
梅子出在大栗港，棉被盖下王婆滩。
王婆脚下一龙子，百花树下把花攀。
蓑衣放在方石上，吊脚塘下相公滩。
十里河来九里长，新开泓下茄子湾。
九峰竹叶是澹溪，梅子塘下十洞滩。
茶亭底下出美女，荷塘舒塘鸥子滩。
初三初四娥眉月，芒芒插在蜜蜂湾。
横口有个泉峰洞，中岳庙里把香还。
泥鳅怕了良尖坝，横口担过七星滩。
打马游街桃花港，邹家河下五步滩。
牛栏马坑少子坝，新桥河下把灰担。
小子莫愁前路远，遥遥已见龙尾滩。

窑湾本是益阳地，一路福星把船弯（图 4-1-12）。

图 4-1-12　益阳排运码头（挪威传教士倪尔生 摄于中华民国初年 张洋 辑注）

资水舟子谣①

五十三滩，一滩一湾。
一滩高十丈，十滩高百丈，宝庆在天上。
放船出了茱楼门，艄公放了胆，客人定了魂。

资水行船埠头歌（益阳至武汉）②

益阳开船望刘公，清水潭下走顺风。
沙头羊角抬头看，茅角先生八字灵。
姑嫂二人拜关公，白马头上捉虱子（塞子）。
铃子（临资）一响到芦林。
船到芦林在前看，芦林底下百花滩。
百花滩上走不远，青竹营田磊石山。
鹿角城酸矾下水，上头毛伍石头关。
嘉鱼桃林荆口湖，黄鹤楼玉笛吹得乐呵呵。

洛滩泥滩歌（安化）③

泥滩短，洛滩长，雷霆奔霹谁敢当。
洛滩直，泥滩曲，刀箭弯环不可触。
资滩三十六此居中，其余视此犹儿童。
两滩相距无数里，后滩首接前滩尾。
舟人努力过后滩，遥望前滩心胆寒。
一鼓作气复努力，比过前滩尽休息。
急水滩头上水船，笑同姚泊差安便。
闻道邵河滩更险，好语舟人加黾勉。

---

① 新化县地方志编委会：《新化县志》，长沙：湖南出版社，1996 年，第 909 页。
② 湖南省地方志编纂委员会：《湖南省志 · 交通志 · 水运》，长沙：湖南人民出版社，2001 年，第 928-929 页。
③ 益阳地区交通局：《益阳地区交通志》，长沙：湖南出版社，1992 年，第 317 页。

益阳至南京水路歌[1]

益阳开路下刘公（滩），沙头、羊角、青草坪。
毛角（口）子先生算八字（哨），姑嫂（树）二人问关公（庙）。
白马（寺）头上生虱子（塞子庙），铃子（临资口）一响到芦陵。
芦陵潭上把船湾，青竹、云亭（营田）、磊石山。
磊石上山铜钟响，逍遥快活南津港。
城陵矶、道陵矶，罗山下去是新堤。
新堤有个五条街，十个妹子九个乖。
又爱耍，又爱玩，鸭塘、茅埠、石头关。
嘉鱼、牌州、金口驿，黄鹤楼中吹玉笛。
黄鹤楼中鹤不存，一路顺水下南京。

益阳至上海行船歌[2]

益阳开航遇刘公，沙头羊角青草坪。
毛角先生算八字，姑嫂二人问关公。
白马头上寻虱子，铃子一响到芦林。
芦林头上几个湾，青洲营田垒石山。
垒石山上铜锣响，岳阳有个南津港。
城陵矶，道陵矶，螺山一去到新堤。
嘉鱼之下过牌洲，就是金口黄鹤楼。
汉口三十望青山，请问阳罗弯不弯？
阳罗不弯调直走，团风保住双江口。
双江口过黄冈到，一路顺风武昌套。
巴河一去到水沙，兰溪堰下望无涯。
道士袱下是韦源，坝口析春堰相连。
马口盘塘富池进，武穴龙坪陈子镇。
阳潭二口九江到，八里江中就收票。
横坝头前金光亮，彭潭小姑高声唱。
跳过马当飞金鸡，华阳吉阳黄石矶。
安庆对岸铁锑藏，李阳真人过枞阳。
池洲水下大通矶，板子矶头扬红旗。
樊城一下旧县到，举眼望见风景套。
芦席夹里望三江，芜湖热闹非寻常。
马鞍山上望南京，草鞋夹里奔途程。
燕子矶，修筑牢，泗源沟里浪滔滔。
七里河，八里河，远望焦山笑哈哈。
千里行船上海到，益阳水手把岸靠。

---

① 陈先枢：《长沙传统风俗大观》，长沙：湖南人民出版社，2017年，第152-153页。
② 益阳地区交通局：《益阳地区交通志》，长沙：湖南出版社，1992年，第317-318页。

毛板船歌①

驾船要驾毛板船，骑风破浪走云天。
一声号子山河动，四把神桡是神鞭。
船打滩心人不悔，艄公葬水不怨天。
舍下血肉喂鱼肚，折断骨头再撑船。
船到汉口把钱洗，花花银子落褡裢。
今生许下空心愿，来生转世再撑船（图 4-1-13）。

图 4-1-13　朱佛郎绘《上梅绘制》中的新化毛板船②

三、沅水流域

沅水南源龙头江出贵州都匀，北源重安江出贵州麻江，两源在贵州凯里汇合后称清水江，至托口合渠水后始称沅水，经中方、溆浦、辰溪、泸溪、沅陵、桃源、武陵、鼎城，在汉寿注入洞庭湖。干流长 1033 千米，水系河道长 4858.5 千米，可通舟筏 2155.5 千米。

清康熙九年（1670），许缵曾赴任云南，在《滇行纪程》中写道：

由常德水路至镇远者，于西门觅舟，大者曰辰船，容二十余人，舟至辰沅而上；小者曰鳅船，容三、四人，可沂五溪直达。沅水逆流，牵挽层累而上，计程仅一千二百余里，然滩多石险，一月方达。且辰沅一路不设递运，故乘传之便，从陆路者多焉。③

① 毛板船是资水特有船舶。系由八分厚不过刨子、不涂桐油的毛糙木板（多为松木）用马钉拼钉而成。最大者长五丈多，宽一丈二尺，载重 120 吨；最小的长三丈多，宽八尺，可载 60 吨。船到益阳、汉口以后，除了煤，船也拆了卖掉，以便加速资金周转。

② 李典辉：《毛板船：世界船运史上的创举》，《娄底日报》，2017 年 3 月 15 日。

③ 蒋响元：《筚路蓝缕 以启山林——湖南古代交通史（史前至清末）》，北京：人民交通出版社股份有限公司，2020 年，第 466 页。

武陵船歌①

常德溯舟沅水，至沅陵转溯酉水抵保靖。

常德府来武陵源，四方古景保安全。
上有犀牛来把口，下有老龙来镇潭。
前有锦鸡来报喜，后有靠背是凉山。
犀牛把口犀牛湾，老龙镇潭到德山。
锦鸡报晓金鸡坪，背靠凉山远望清。
甲格寺外一声吼，娘滩脱水大溪口。
大溪口外水激流，纤夫上滩神鬼愁。
自古美女出桃源，桃花源内可耕田。
世外桃源秦人村，秦人住在画中间。
撑架岩在锅不见，凌津滩上夸父山。
柳林汊对明阳围，明月山下明月潭。
明月山上有座庙，儿为母立顺母桥。
母在儿孝顺母意，母死儿把父仇报。
麻伊伏里府无官，清浪高坪陈家滩。
私溶溪又朱红溪，北溶上到深溪口。
大河涨水向东流，一对鸳鸯顺水游。
一对鸳鸯苦又苦，一只飞到辰州府，
辰州府叫沅陵县，黔中古城景色秀。
沅陵三塔成一线，绿溪凤凰河涨洲。
河涨洲涨河涨洲，四面流水洲不流。
沅陵人爱想家园，只怪生坏奶子山。
城外八景内八景，九头二尾三鸟音。
三桥无水在哪里，三府无官何处寻。
若不知道这些事，不算真正沅陵人。
二酉藏书洞有名，石桥牌楼排中心。
白田映雪深溪潭，酉水拖蓝河中间。
美女梳头梳头岩，鲢鱼吐涎鲢鱼滩。
黄草发芽城中外，凉水变酒也卖钱。
铜壶滴漏龙头井，金盆养鱼鹤鸣山。
昔日龙泉庙兴旺，燕子扑进浅水滩。
龙兴讲寺越千年，虎溪书院把经传。
九头名字说来由，洲头窑头驿码头。
老码头修新码头，陡码头前团码头。
官码头又菜码头，岩砌头来排最后。
城东门外鸭子尾，萝卜白菜黄草尾。
三鸟音指凤凰山，燕子滩对老鸦溪。
府堂高来县堂低，对门就是犁头嘴。

① 蒋响元：《湖南古代交通遗存》，长沙：湖南美术出版社，2013 年，第 356-359 页。

县堂低来府堂高，生意买卖通河桥。
船儿靠拢北关上，称肉打酒铁炉巷。
东关豆腐西关酒，叫花子住溪子口。
买炭卖柴下南门，中南门上来去走。
上南门上好靠船，听戏喝茶自悠闲。
沅水酉水两河分，大路朝天各走边。
落仙铺落仙得名，做砖烧瓦传后人。
有情有义赵氏女，无情无义蔡白介。
大石门前小石门，一对鲤鱼跳龙门。
跳得过洋洋得意，跳不过缓缓而归。
象鼻山象鼻子长，鼻子吸水河中央。
蛤蟆岩前乌宿滩，堂门前对二酉山。
乌宿滩上乌宿潭，乌宿滩浅潭转弯。
乌宿街上好热闹，逢一四七把场赶。
一碗水呀水一碗，千年万年水不干。
洪水坪上胡葱滩，白泡围前出大仙。
白泡周公恶又恶，一纤牵到斗其角。
四方坪转一字湾，庙前看见是碣滩。
跌马骝走一边水，船儿上滩爬半天。
落鹤坪上落鹤潭，道士尽出老师湾。
鲢鱼溪前岩砌头，画眉飞到活龙口。
王家坪上小高滩，四十八浪高砌头。
高砌头座一坪乡，尤滩脱水凤溪口。
印字岩都不算岩，明溪有个錾字岩。
錾字岩上錾有字，文武百官认不来。
若有哪个认明白，金船银船浮出来。
野猪岩上小明滩，张家滩上麻子潭。
牛角岩边吹牛角，吹响牛角能应山。
黄秧坪下那岔滩，三枪岩门把船湾。
那岔有把神福秤，许家提酒酒又香。
唐家称肉秤又旺，麻子豆腐卖揣糖。
鲁王试炮打三枪，观音正坐河中央。
竹林淇上七丈湾，最最危险是凤滩。
镇溪靠船吃中饭，十里顺潭歇歇肩。
小次滩来大次滩，鲁王正坐石马潭。
红岩淇又樟木溪，船儿到了石明滩。
公洋坪上顺巷滩，观音坐阵普陀山。
施溶驿前施溶洞，莫送虾子不好弄。
虾子头上一点红，双溶有个绕淇龙。
绕淇龙是最出名，麻溪脱水惠溪坪。
铜柱溪边舂鱼潭，前面就是罗依滩。

罗依滩上一声吼，花滩脱水建潭口。
王村潭儿长又长，酒船爱停河中央。
王村码头高又高，老板称肉光称脬。
吃一半还留一半，响水洞才吃中饭。
吃了中饭套草鞋，求儿求女老司岩。
老司岩上吹牛角，烈穴脱水牛渡河。
牛渡河上拉一纤，泥朝上去排溪关。
排溪关上打一仗，兵马难过铁城墙。
觅水孔又三转弯，生坏三门一根滩。
柳树湾又高竹汉，十个老板九个怕。
教场坪前教场滩，对门有座狮子庵。
接驾嘴前螺蛳滩，保靖码头靠了船。
老板只给两斤米，打发船工回家转。
别人形容船工苦，脸朝黄土背朝天。
撑篙如同猴爬树，拉纤就像牛耕田。
上岸喝上两斤酒，下河攒劲来行船（图 4-1-14）。

图 4-1-14　沅陵老码头［（美）高德华摄于 1938—1939 年 陈先枢 供图］

水程歌（常德至沅陵）①

常德开船有三弯，脚踏草鞋娘娘滩。
娘娘滩上三支箭，箭箭射到河洑山。
河洑山，河洑山，陬溪打火歇桃源。
只有桃源生的好，身怀一个跑马滩。
跑马滩，跑马滩，盐船靠在米合潭。

① 1987 年 4 月 8 日采录于麻阳县岩角坪村。演唱者滕树友，男，时年 50 岁，搜集者滕晓文。麻阳县民间文学集成办公室：《中国歌谣集成湖南卷 · 麻阳县资料本》，内部发行，1987 年，第 2-3 页。题目为编者所加。

白马过河白马渡，糊里隔扯张家湾。
神仙打坐桃源洞，刘海砍樵天平山。
刀打豆腐蒯家溪，陈潭拉纤莫松肩。
要呷鲜鱼茅棚刺，鱼梁修在河中间。
孔明摆祭云盘洲，蛤蟆跳在河中间。
郭老靠排在川石，前面就是林崽滩。
将军把剑挂宝山，前面就是癞子滩。
一根竹子破两片，前面就是姊妹山。
姊妹山，姊妹山，姊妹修行各一边。
只有大姐来真心，一片竹子长满山。
只有二姐冒真心，竹子冒长石满山。
姊妹修行脚踏岩，生意买卖兴隆街。
玉鹅生蛋玉皇溪，黄色拉纤莫松肩。
箱子放在桃源地，前面就是毛里湾。
妙玉庵堂击钟鼓，前面就是麻衣湖。
画只老虎来跳栏，轻轻跳过准仄滩。
芦苇飘流一声风，清浪滩上斩鸡公。
铜鼎片刻放一纤，拉出潭口[①]莫松肩。
拉过潭口歇一憩，大家伙计呷筒烟。

沅水行船歌（沅陵段）[②]

船进百曳滩[③]，如进鬼门关。
船出瓮子洞，出了刺蓬笼。
过了三洲莫称雄，下面还有黑岩溶。
艄公眼不强，一命见阎王。
只见寡妇泪汪汪，不知船工坟墓在何方。

沅水埠头歌（常德至贵州镇远）[④]

常德河洑桃源县，剪市界首清浪滩。
北溶沅陵泸溪县，浦市江口到铜湾。
安江洪江黔阳县，独寨公坪芷江边。
再走三程方到岸，清溪交溪到镇远。

---

① 潭口，指沅陵沅水险滩清浪滩滩头。

② 蒋响元：《湖南古代交通遗存》，长沙：湖南美术出版社，2013 年，第 359 页。

③ 百曳滩，位今沅陵县东。相传，东汉刘尚征五溪蛮至此，“江流峻急，以百夫曳之不能进”（《读史方舆纪要·湖广七》）。

④ 蒋响元：《湖南古代交通遗存》，长沙：湖南美术出版社，2013 年，第 359-360 页。

沅水滩头歌（黔阳至常德）①

黔阳狮子岩把头关，辰溪对河是风流山。
油坊分的上下寨，再行五里泸溪县。
好个泸溪县，男闲女不闲，男子家中坐，女子去耕田。
慢慢摇来慢慢扳，泸溪有个秤砣山。
过个小小椿木溜，就到沅陵柯槽湾。
平岩有个瓮子洞，也是沅水一大关。
木马口，妹公滩，两边又有姊妹山。
张家小姐赖婚约，逼死癞子成了滩。
挂边山，陵井滩，穿石奇迹筷子庵。
孔明观灯也在此，夜退曹兵保江南。
毛瓮祠，到成滩，剪家溪出的好笼罐。
水溪口，到甘滩，对面有个桃花源。
昔日王子去求仙，丹成上九天。
洞中方七日，世上几千年。
至今有个烂船洲，自古流传到今天。
摇河边，水连天，牛角弯弯是桃源县。
桃源它有三只阁，并排屹立在江边。
铜方垴，盐井店，陬市河府娘娘滩。
船工们，加把劲，来到常德把船弯。

沅水十八滩歌（沅陵至常德）②

呦嗬嗬，排古佬过滩咧，嘿哟！
沙金滩来燕子滩，百曳滩来九矶滩。
横石滩来会石滩，嚷滩下面是储滩。
碣滩过去清浪滩，施于滩接次各滩。
天沙滩来孟公滩，癞子滩来凌津滩。
桃常之间是圣滩，圣滩下面娘娘滩。
沅水十八滩，滩滩有惊险（图4-1-15）。

从沅陵沙金滩至常德娘娘滩，沿途滩险浪恶，排工流传此歌。

沅水摇橹歌（泸溪）③

泸溪对河秤砣山，沅陵上首三道湾，
高崖辛女念盘瓠，三嵩撑过汀流滩。

① 1987年4月采录于黔阳（今洪江市）县城，演唱者曹兴德、唐敬才；采录者赵祖英、潘万彩、李惠人。录自中国民间文学集成湖南卷编辑委员会：《中国歌谣集成·湖南卷》，北京：中国ISBN中心，1999年，第107页。湖南省地方志编纂委员会：《湖南省志·民俗志》，北京：五洲传播出版社，2005年，第598-599页。

② 尹忠：《远逝的沅水排歌》，《民族论坛》，2011年第23期。

③ 泸溪县志编纂委员会：《泸溪县志》，北京：社会科学文献出版社，1993年，第549页。

图 4-1-15　沅陵木帆船上滩情形《湖南省志·水运》(2001 年版)

沅水排歌（洪江）①

喊起号子扳起棹，一声低来一声高。
撑篙好像猴上树，拉纤如同虾弓腰。
杉木橹铁箍紧腰，任你扳来任你撬。
纤索拉断接匹篾，草鞋磨破藤来绕。
飙滩如同龙显圣，上水也唱下水谣。
大浪打来摆摆头，摔个跟头碾个抛。
喊一声号子过一道险，打个尿颤山也摇。

放排歌（湘西）②

大河涨水好放排，放排人儿喜心怀。
不怕滩险浪又高，木排放下洞庭来（图 4-1-16）。

酉水百滩歌（沅陵至来凤卯洞）③

千里酉水百道滩，武陵山下碧浪翻。
辰州沅陵张飞庙，白河洪江并流宽。

---

① 尹忠：《远逝的沅水排歌》，《民族论坛》，2011 年第 23 期。
② 湖南省地方志编纂委员会：《湖南省志·民俗志》，北京：五洲传播出版社，2005 年，第 599 页。
③ 黄庭谦采录。黄庭谦，1962 年生，古丈县人，文史工作者，曾任古丈县党史办副主任等职。

图 4-1-16 中华民国时期沅水上游放排（陈国均 辑录）

唐太宗旨龙兴寺，虎溪山麓佛开端。
桐油药材下洞庭，木排万张铺江汉。
驳船客船小渔舟，大河上下任梭穿。
日用百货沿河上，码头物流黔鄂川。
乌宿滩过把船弯，南岸二酉藏书山。
屈原涉此禹锡拜，诗书碑刻黄庭坚。
三凤滩险云水怒，二凤滩卷浪摩天。
头凤滩岸路陡窄，飙船放排眨眼间。
镇溪沙湾好弯船，大茨滩接小茨滩。
莫怪滩险船劈浪，杉木长滩白云边。
杉木溪中放长缆，颗颗汗滴摔八瓣。
石门滩头打一望，鲁王正坐石马潭。
癞子滩头纤号起，一河潇潇两岸叹。
茹滩鲨鱼显性子，产后公洋坪潭钻。
观音巍顶青山月，顺港碰壁滩转弯。
施溶滩下见小滩，摆渡荡舟雪浪欢。
渡往口上斜过渡，船公舵指码头岸。
溪河交叉神仙桥，修架成谜至高端。
石英洞摸石英鱼，虾子晓得麽送滩。
河虾头上一点红，双溶滩号鬼门关。

溪州铜柱会溪坪，鬼滩拉纤岩槽栓。
罗依溪滩落印潭，民间传说渡大官。
伞溪罗依水面宽，花溪脱水箭潭占。
铁壁铜墙金钉子，坐龙峡谷在南岸。
河西河南白鹤湾，剑戟史考湖东汉。
王村往上狮子滩，驾船过早饭难咽。
吃一半来留一半，阳朝滩过搞中饭。
歹了中饭草鞋穿，老司洞会列夕面。
三百洞滩扎溪溜，破刺笼里船靠边。
摘个青瓜圆又圆，蚁槽脱水白溪鼾。
米水孔哦三转弯，拉坏三门几根纤。
泗溪陡滩来得快，三角滩上莫打单。
踏沙湖滩纤夫喊，泗溪口滩要转弯。
小长滩接大长滩，鷂子飞过盔甲山。
石笋洞哟校场滩，敲经念佛狮子庵。
保靖码头自久远，天开文运摩崖刊。
扁岩滩边石头尖，沙漠滩晒汗难干。
陡滩难过猫儿滩，磨沟滩哭拔茅滩。
暮鹰滩飞水八洞，黄泥滩翻稚鱼滩。
青冈树滩起号子，上下龙岩滩依恋。
五家滩哦牛粪滩，水坝滩过抽袋烟。
四角岩滩鸡笼滩，洞角滩扯漩涡转。
滑石滩险快飚船，狗娘滩吠捣脚尖。
沙达沟滩挨半天，杨家河滩柳条鞭。
麻羊颈滩羊角滩，下溪口滩缆索牵。
牯牛岩滩芭茅滩，新溶滩上腿骨酸。
王家扭滩艄公叹，新滩两头鲤鱼绽。
下普司滩老虎恶，上普司滩阎王变。
花摊子滩桑木滩，葛排溪滩夜啼鹃。
鱼娘性子旧腰滩，拉纤越滩不一般。
红木树滩白岩滩，田丘子滩三转弯。
嗦螺洞滩麻雀滩，丑牛滩头好景观。
沙打沟滩蟹抖壳，木经滩过笑开颜。
大溪沿河滩无数，酉酬北上滩成片。
龙凤来仪百福司，卯洞戳岭伏流穿。
艄公纤夫放排汉，飙滩生死眨眼间。
为孝父母养儿女，磨骨养肠赌命钱。
人责天成自担当，血性男儿古皆然。
湘黔渝鄂水经注，酉水百滩一路穿。
土家苗汉人勤美，感恩日月天地宽。
酉水千里酒万里，醉卧武陵尽称仙。

酉水又称白河，发源于湖北宣恩酉源山，流经湖北、湖南、重庆，为湘鄂渝重要通道，全长 477 千米，有大小险滩 140 余处，其中沅陵至龙山清水坪 69 处、清水坪至湖北来风卯洞 39 处。

酉水划桨歌（龙山）①

酉水长，酉水宽，酉水的船工是好汉，开船啰！
头桨的样子，二桨力，三桨四桨一样齐。
里耶的码头高又高，船儿顺水往下漂。

酉水行船歌②

自古洞河百二滩，滩滩都能把船翻。
洞底有个牛轭翘，三个浪头要“茅包”（迷失方向）。
柳树湾，高头岔，十个船民九个怕。
三门滩，转六转，人落虎口船落滩。
过了铁城墙，才见爹和娘（指航行酉水滩险）。

酉水船歌之一（沅陵至龙山里耶）③

辰州上来十八滩，二面二幅桂竹山。
人说桂竹无用处，小小桂竹撑大船。
船儿弯到北关山，打酒称肉铁炉巷。
东关豆腐西关酒，流氓痞子溪子口。
大茨滩来小茨滩，鲁王正坐石马潭。
一摇头来二摇梢，船儿走的象飞跑。
头凤脱水不好弯，白头岩潭水又穿。
猴子岩来是新滩，杉木溪口一长滩。
苦瓜开花黄瓜有，沙鱼散子在滩头。
公羊坪来顺巷滩，观音正在普陀山。
施溶驿来施溶洞，莫送虾子绕鸡笼。
会溪坪来铜柱溪，鬼滩要转岩槽里。
麻潭脱水是麻溪，伞溪罗溪吼一吼。
花滩脱水见潭口，青鱼长角哪里有？
王村滩来长又长，酒船挂在船尾上。
有钱哥哥把酒喝，无钱哥哥把手搓。
王村铺子开得高，老板称肉肯称饱。
吃一半来留一半，响水洞儿吃中饭。
吃了中饭套草鞋，求儿求女老司岩。
老司岩上吹牛角，港口过去牛路河。
船儿弯到三百洞，买个青瓜合皮弄。
一个青瓜园又园，义朝脱水到白观。

---

① 龙山县志编纂委员会：《龙山县志》，内部发行，1985 年，第 494 页。

② 《湘西土家族苗族自治州交通志》编委会：《湘西土家族苗族自治州交通志》，长沙：湖南人民出版社，1993 年，第 421 页。

③ 1962 年 10 月采录于永顺县王村镇，演唱者刘兴孔，男，土家族；搜集者顾陶然。永顺县民间文学集成办公室：《中国歌谣集成湖南卷·永顺县资料本》，内部发行，1987 年，第 11-15 页。本书有删节。

白观滩上打一望，兵马池过铁城墙。
汆水洞来三转弯，生坏三门一条滩。
那维洲来小地名，马过脱水是兴坪。
大鸥子来小鸥子，鸥子过得三角滩。
四溪陡水来得快，三个滩儿撑放赖。
鸥子过了盔甲滩，上面就是柳树弯。
高长坪来螺蛳滩，敲鼓撞钟狮子滩。
龙也治来虎也治，保靖腰杆定要弯。
保靖过去五连潭，皮上生的好陡滩。
令牌岩来满天星，驼背老虎胆惊惊。
驼背脱水铁毛洞，石遮帘口不好弄。
梔子插在水把台，比耳岩边不好排。
上面蜂子和尚岩，婆婆古树两边排。
沙刀不砍婆婆树，无事不到里耶来……

酉水船歌之二（沅陵到保靖陡滩）①
辰州坐到九龙头，两河江水往东流。
白菜出在王雀尾，萝卜出到和尚洲。
沅陵上来十八矶，七十二岩到石堤。
又有好多走得路，又有好多飞得起。
卖菜大姐你莫爱，前面有对鸳鸯岩。
一对鸳鸯鸳又鸳，一鸳鸳到沅陵县。
县堂低，府台高，生意买卖通河桥。
船儿湾在东馆上，称肉打酒铁卢巷。
酉水拖蓝②河中间，鲶鱼吐涎白河边。
东馆豆腐西馆酒，生意买卖溪子口。
坡高不过龙桥山，水浅不过燕子滩。
燕子岩，不算岩，油坊对面梳头岩。
大石门，小石门，蛤蟆开口吞水经。
乌宿③滩，塘门前，塔河脱水是泥湾。
四方溪，河也宽，铁马流来落河潭。
高砌头来到油滩，烧火岩前逮中饭。
钻字岩④来自生成，文武百官认不清。
若是有人能认清，一船金来一船银。

---

① 1981年6月录于古文县罗依溪，于1982年5月4日在《团结报》上发表。演唱者栗丁全，男，时年68岁，退休老船工，搜集者伍秉纯。录自古文县民间文学集成办公室：《中国歌谣集成湖南卷·古文县资料本》，内部发行，1988年，第23-26页。

② 酉水拖蓝，沅水与酉水交汇处，有股碧蓝色的细流，拖挂河水之中，尤以洪水时最显，连绵数里，蔚为奇观。相传为一鲶鱼精所吐涎水之故。

③ 乌宿，相传土家勇士向老倌人追杀朝廷军队至此，正值暮鸦归巢之际，故名。

④ 钻字岩，北宋嘉祐二年（1057），溪州刺史彭秀曦与宋军议和，书《明溪新寨题名记》于崖，曰钻字岩。

拉汉滩，三桅岩，七丈湾，来得快。
三凤脱水是二凤，船儿拱进破刺笼。
头风脱水不好弯，白头岩潭水又穿。
老板客人你莫忙，三斤猪肉摆中央。
小茨滩，大茨滩，鲁王镇坐石马潭。
红岩矶，是新滩，杉木溪口放长缆。
田丘子，三转弯，生坏癞子一根滩。
癞子头上过招呼，石门滩底放过河。
土蔷开花黄花流，鲨鱼性子瞿滩头。
人头矶，人头象，活神当年鲁大王①。
公羊坪，顺巷滩，观音坐在普陀山。
施溶溢，施溶洞，莫送②虾子不好弄。
虾子头上一点红，双溶有个绕鸡笼。
黑连岩，白炮滩，右边就是铜柱溪。
千年铜柱世上稀，铜帽变洲③埋江底。
会溪坪，太平溪，鬼滩要越岩槽里。
麻滩脱水是麻溪，青鱼长角见得稀④。
门坎岩，长又长，敲经念佛狮子庵。
青鱼潭，设税关，光洋要丢几箩筐。
老板客人心莫慌，船重移到船篷上。
闪溪滩，打一望，脱水就是罗依滩。
罗溪码头吼一吼，花滩脱水剑潭口。
王村潭，长又长，酒船弯在河中央⑤。
二字岩，划过河，酒船老板笑呵呵。
有钱哥儿打酒喝，无钱哥儿两手搓。
王村码头高又高，老板称肉光称泡。
每人四两没嫌少，照人半斤不嫌多。
吃一半，留一半，响水洞前逮中饭。
吃了中饭套草鞋，求儿求女老司岩。
老司岩上吹牛角，一吹吹到牛路河。
船儿拢了三百洞，买个金瓜搞皮弄。
一个金瓜团又团，利槽脱水白溪关。
白溪关，打一望，兵马难过铁城墙⑥。
迷水孔，之转弯，生坏三门一根滩。

---

① 鲁大王，土家传说中抗清英雄，家住石马潭（古渡口），在瞿滩头上殉难前，用指甲在石壁上掐了个自己的头像，至今犹存，故此地曰人头矶。

② 莫送，即莫送滩，相传彭、马溪州之战时，一妻送夫至此，丈夫叫妻子再莫送了，故而得名。

③ 变洲，相传铜柱之帽被盗后落入江中，变成了后来的双溶洲。

④ 青鱼长角，指青鱼潭中有条青鱼精，而青鱼潭又是清印潭演变而成。

⑤ 酒船，旧时王村潭中停泊的船上设有酒店，故名酒船。

⑥ 铁城墙：酉水河最险的纤道之一，令人望而生畏。

香笼滩，哈达矶，头纤拿尾要受力。
南吾州，小地名，马角脱水是杏坪。
泗溪陡滩杀得快，三个滩儿撑放赖。
大幺子，小幺子，鹞子飞过凯甲矶。
船儿拢了柳树湾，大家哥们吃中饭。
船儿拢了篙竹汉，十个老板九个怕。
头绞脚里斗篷岩，船儿要越望乡台。
石楼洞，教场滩，敲经念佛狮子庵。
保靖码头平又平，天开文运在对门。
肉四两，酒半斤，大家吃得醉昏昏。
王连潭，把桨漾，大家哥们闹嚷嚷。
王狗练窝是岗口，陡滩脱水落古洞。

这首号子是在访问了40多个老船工基础上汇编而成，生动再现了酉水沿岸风物及行舟过滩技巧。

渠水上滩歌（会同）①

托口进江小板滩，鸡笼洋床过关难。
牛埠乱石三根缆，沙堆门口剪刀滩。
捡得铜钱穿现眼，木冲溪口上梁滩。
小顶大顶进条冲，滑板三棹像舞龙。
两个土雷挡猛虎，朗江汊里考英雄。
朗江上去覆船洲，枫木塘里慢悠悠。
落马洞头打一望，看到青朗和木舟。
木舟上去客寨梁，要吃细鱼下巴梁。
芷本场上买小菜，饱吃茶饭酿口塘。
下子神来上子神，都是几个出门人。
三百篙头问一信，利匹河里要小心。
旋水门口坛子颈，老鼠过梁恶浪凶。
王家洞呀陡隘隘，几篙几篙撑上来。
妹仄滩头唱支歌，岩头妹妹笑呵呵。
岩头场上买小菜，高涌洞脚等伴来。
高涌洞头猫沙滩，要连情妹大畲垮。
过路上下要进屋，粗茶淡饭吃一餐。
绣花汊头洗个澡，连山妹妹出来瞧。
撑架岩脚放把火，含洲洞头出青烟。
坛子装米是江口，青石莫挡白岩滩。
波士游海当江上，懒龙吃水太阳塘。
金滩银滩滩沓滩，马蝗过河摇李塘。
鸡公吃水贯宝度，桐木撬排是板滩。
仙人骑马马安洞，神仙下凡是网塘。

① 杨顺禄、杨中秧：《会同侗苗情歌》，香港：诗联文化出版社，2012年，第153-154页。

漓漓杳杳牛闷角，黑黑洞洞桐油林。
花花丽落观音阁，取脱桅杆进洞门。
几篙几桡扒拢岸，老板就去街上行。
酬谢船工先称肉，每人到岸称一斤。
腰嵩就把火烧起，同贺平安把酒斟。
今晚同饮到岸酒，明天船工转回程。
日后老板有生意，捎信我们再来撑。

四、澧水流域

澧水又名兰江，南源出自永顺龙家寨，中源出自桑植八大公山东麓，北源位于桑植杉木界[①]。三源在桑植会合后，经永定、慈利、石门、临澧、澧县，至津市注入西洞庭七里湖，全长388公里[②]。

澧水有溇水、渫水、道水、澹水、涔水等八大支流，合称九澧。干支河道长1833.5千米，通舟航道827千米。其中，桑植至津市段有险滩237处，清同治《桑植县志》称澧水“十里逢九滩，船石日击撞”，足见行船之难。

澧水放排歌[③]

澧水河长多险滩，步步走向阎王殿。
胆大心细看准线，记住地名巧周旋。
寨子岩礁在左边，猴跳溪，在右面。
过长坪后走内湾，放心大胆松松弦。
李家渡口涨洪水，提心吊胆在眼前。
鬼见愁岩如刀削，人要灵活闯过关。
三面堤畔不平坦，万望小心眼莫闪。
柳树滩过关潭湾，排到那里做神仙。
黄龙滩上百般险，毛角礁边千重难。
白马溪上把舵搬，桑木溪旁顺弯转。
猪牯不上莫撞船，炸刺滩边眼要尖。
望夫石下多留意，摆正舵位速争先。
鸡叫岩前过长潭，唤狗渡口易出乱。
黄沙滩上过长峡，当心撞礁求安然。
燕三洞水急滩浅，绕过险处防麻烦。
木子溪边急转弯，川沙滩边勇向前。
水急风大人要稳，沉着应战奏凯旋。
澧水虽险有经验，临危不惧齐心干。
失败都是因大意，小心谨慎保平安。
前人传下放排歌，我等把它作经典。

---

① 澧水旧以北源（五道水）为主干，《汉书·地理志》称“历山，澧水所出”，杉木界即在栗（历）山坡。

② 澧水中源又名绿水河，源出桑植县八大公山东麓，源头在龙山县大安乡翻身村，2013年被认定为澧水主源。以中源为干流起始点，至津市小渡口入洞庭湖，全长407千米。

③ 毛先金记录。毛先金，澧县中武人，文化学者，著有《涔澧月》《荆楚风》《善德鉴》等文集。

铭记在心常叨念，排古佬儿美名传（图 4-1-17）。

图 4-1-17　石门澧水排运码头（石门县档案馆 供图）

澧水摇橹歌①

拉起铁锚扯起帆，顺风顺水好行船。
婆娘娃儿放宽心，今天行船到新安。

澧水拉纤歌②

稳住船舵把艄扳，帆篷扯起好行船。
莫道平水得悠闲，过了新安有险滩。
上滩老子就拉纤。

上水要比下水难③

拉起铁锚扯起帆，顺风顺水好行船。
昨夜歇在慈利县，今日满载到新安。
（白）搁起哒！搁起哒！下水抄船喽！把衣儿裤子穿起，开船喽！
撑起船头背起纤，稳住船舵把艄扳。
一滩更比一滩险，上水更比下水难（图 4-1-18）。

图 4-1-18　澧水渡口——慈利岩泊渡（芬兰牧师 摄于 20 世纪 20 年代）

---

① 易继强记录。易继强，慈利九溪人，曾任张家界市人大常委会副主任等职。
② 易继强记录。
③ 演唱者：向多才；采录者：马泽之。1986 年录于石门。

溇水行船歌[1]（慈利江垭至县城）

溇澧河哟不安全，湾又多来滩又险。
江垭开船东门滩，扁担岩横河中间。
吊起胆子忍口气，左边撑篙船过滩。
滕家湾哟岩壳多，岩壳下面是漩涡。
板桡不碰岩尖上，大船就从右边过。
船行象市樟树湾，一湾走过连三湾。
湾水下面是深潭，还有岩崮伸两边。
进到湾里要小心，放下篙子把桡扳。
平心静气看水下，莫让暗石碰到船。
顺湾行船莫笑谈，前面就是牛屎滩。
牛屎滩啦常打船，眼尖手快可避险。
篙子点在牛屎上，船头朝左就安全。
平水摇橹好快活，不远就是市场河。
市场河的包子香，河边女人乖巧多。
见到女人别看痴，当心水下回旋涡。
回旋涡往下扯哟，往内扳桡就摆脱。
船过饭甑山啦，看到慈利县（城）。
绕过笔架是茶林河，茶林河下油榨滩。
水急滩浅要小心，艄公快站船头边。
左边拨开尖岩头，右边避开横江岩。
船头对齐正航道，波浪难挡平安船。

渫水行船歌（石门磨市到县城）[2]

渫水[3]河，不安全，弯有千千，滩有万万。
磨市开船三角滩，步步走的阎王殿。
包家渡，连三滩，洗马滩，下转弯，
倒脱靴，乱岩多，芦土洞，
猪槽溶，看明白，口在南边。
破儿河，是沙滩，口在北面。
过洛坪，走邓坪，放心大胆。
放大岔，过寨岩，一心一意。
王家渡，涨洪水，提心吊胆。
唱歌岩，一面艄[4]，人要灵泛。
铜车坝，溜溜口，千万千万。
柳树滩儿王家湾，湾里有弯。

---

① 易继强记录。

② 1986年5月采录于石门县渫南村。演唱者李登科，男，时年80岁；搜集者晏友渺，男，时年39岁，皂角市镇文化站辅导员。录自石门县民间文学集成办公室：《中国歌谣集成湖南卷·石门县资料本》，内部发行，1987年，第21-23页。

③ 渫水，澧水支流。

④ 用大力扳舵，与逆水旋涡拼搏。

放蛟滩，遇大浪，危险危险。
汾水湾，绞车划，克服困难。
毛儿角，下转弯，防岩撞船。
皂角流，急角湾，早把舵搬。
桑儿架，发海事，家常便饭。
羊牯墩，南北湾，顺弯就弯。
石刀坝，桌儿滩，北边撞船。
观音岩，夜响庙，休息笑谈。
放霸口，心要明，手快眼尖。
炸刺滩，放下水，心细大胆。
私儿滩，羊角岩，松气危险。
谢湖滩，朝北走，永久不变。
杨子桥，庙儿潭，加速争先。
米鸡滩，下出口，北有悬岩。
袁公渡，十忘滩，易出麻烦。
鱼儿溪，向家滩，小心放船。
放土塔，樟树阁，防止危险。
蚕子洞，下坝长，时常打船。
肚角纠，行上水，只过一船。
岩板桥，下汇窝，南边撞船。
陈家缺，放长滩，安然安然。
菁鱼脑，下转弯，注意安全。
油榨滩，有暗岩，伸在两面。
泥巴滩，杨柳滩，招护南边。
放沙滩，下出口，就到阳泉。
燕儿洞，要仔细，水急滩浅。
皂角市，起鼓墩，又有险滩。
车子口，连三湾，要有经验。
下沙滩，张汇窝，谨防麻烦。
李家滩，放出口，南边搁船。
枧子溪，傍堤走，下有急弯。
水渣滩，是凶滩，好比分娩。
银朱滩，放下水，下有急弯。
川水滩，出口处，暗岩顶船。
新关镇，过高桥，抬手两边。
熊家枧，傍堤走，没有急湾。
丫角岩，放恰水（大水），拿龙捉虎。
树根滩，猪元嘴，要靠南边。
夏家滩，逢中走，渫水出口。
出口后，放澧水，石门弯船。

澧水物产谣（流传于中华民国时期）[①]

岸边的姐儿慢些行，我船上的货物爱死个人。
津市有个纺织厂，织出的洋布销湖广。
还有斑马好蚊香，熏死蚊子就皮不痒。
湘澧细盐白如霜，合口镇里产纸张。
炒菜放盐别放重，纸写的情书我细端详。
青山峰茶叶实在香，石门城边产磷肥矿。
临澧的鞭炮啪啪响，口含澧县牛皮糖。
木材来自桑植县，莲子最好的是安乡。
瑞塔铺的沙岩板，磨得弯刀光又亮。
广福桥山里有煤炭，刘家坪地下出铁矿。
新安的粽子分量足，甜不过大庸的甘蔗糖。
桑植竹器好精巧，桐油药材好质量。
新安合口麦草帽，江垭的柑橘甜又香。

五、洞庭湖及长江

洞庭湖区水系纵横，先秦两汉称为“九江”[②]。楚人利用这些河道水系，浮舟沅湘，进占洞庭、苍梧、黔中等地，向南扩展疆域。

以洞庭湖为枢纽、辐射长江及湘资沅澧的湖湘航运网络，形成于两晋南朝，与洞庭湖演变及杨夏水道开凿密切相关。故宋人称：“开杨口，通零桂之漕，公私赖之。”[③]

洞庭防风歌[④]

正月里来倒春寒，闪电雷鸣不等闲。
玉皇风暴从天降，航行路上要提防。
二月里来是花朝，土地生日有风暴。
十九发的观音暴，前三后四要记牢。
三月里来是清明，初三十五有大风。
逆龙探母掀恶浪，廿九狂风不留情。
四月里来四月八，注意洞庭把怒发。
行船靠埠要细心，防止前后鱼苗风。
五月里来是端阳，龙舟水发恶浪狂。
关公要降磨刀水，随风逐浪行船难。
六月里来六月六，杨泗节日风雨骤。
十九狂风来的凶，谨防出事莫放松。
七月里来是中元，牛郎相会织女仙。

---

① 易继强记录。标题为编者所加。

② 《山海经·中山经》：“洞庭之山，帝之二女居之，是常游于江渊。澧沅之风，交潇湘之渊，是在九江之间，出入必以飘风暴雨。”

③ 《资治通鉴·武帝中》。

④ 湖南省地方志编纂委员会：《湖南省志·交通志·水运》，长沙：湖南人民出版社，2001年，第932-933页。

热风卷起冰雹雨，江河出现浪滔天。
八月里来是中秋，朝拜南岳上路途。
秋风飒飒细细雨，风浪一般较温柔。
九月里来是重阳，观音风暴即将来。
三月三来九月九，无事莫到江边走。
十月里来小阳春，风向无定来的凶。
行船自有三分险，翻船死人最担心。
十一月里来是寒冬，时时注意顶头风。
滩干水浅易出事，江湖航行要小心。
腊月里来飞雪花，鱼奔深潭客奔家。
过好年来停好船，扫江风暴祭终年（图 4-1-19）。

图 4-1-19　洞庭湖帆船［（德）恩斯特·柏石曼（Ernst Boerschmann）摄于 1908 年］

洞庭风暴歌①

正月初九玉皇暴。
二月初二土地暴，二月十五花朝暴，二月十九观音暴。
三月初三玉帝娘娘暴，三月十五财神暴，三月二十九白龙暴。
四月八龙王暴，四月十八西藏王爷暴。
九月初九重阳暴，九月十九观音暴，九月二十洞庭暴。
十月初一钉靴皮匠暴；十月初五马和尚过江，无风三个浪；十月十六寒婆婆生，十月二十六寒婆婆死。
十二月二十扫江暴。

南县开船往下流（南县到茅草街）②

南县开船往下流，船行三里石矶头。
石矶头，水又走，下而连着新到口。
新到口，水悠悠，不觉来到鱼尾洲。

① 湘阴县志编纂委员会：《湘阴县志》，北京：生活·读书·新知三联书店，1995 年，第 904 页。
② 益阳地区民间文学集成编委会：《中国歌谣集成湖南卷·益阳地区分卷》，内部发行，1994 年，第 54-55 页。

鱼尾洲，满洲沙，隔河相望九斤麻。
九斤麻，毛雨稀，下面有个白马溪。
白马溪，把路改，调梢转向神童港。
神童港，往下瞟，大北洲又到小北洲。
大小北洲不掉头，顺水行舟白鹤堂。
白鹤堂，鹤飞走，下面又到中鱼口。
中鱼口，捉青鱼，沙港市又对三仙湖。
三仙湖，出寿星，往下不远八百弓。
八百弓，往下开，顺风顺水茅草街。
茅草街，好地方，湖水悠悠通三江。
一船客人送到堂，南县名声天下扬。

湘阴滩头歌①

浩河出口刘家坝，十个艄公九个怕；
湘阴下首黄猫滩，枯水行船船易翻；
波浪汹涌琴棋望，稍有疏忽船人亡；
大弯水急阎王滩，胆颤心惊难过关。

岳阳新市至南津港行船歌②

新市开船问古亭，
窑洲归义五不城（码头曾叫五不城）。
金鸡报喜河家当（河市街），
船到非滩龙现身（船到了非滩河就看见龙窝，即磊石山）。
洞庭湖里波浪响（波浪响表示起大南风），
有风船靠南津港（岳阳南津港是避风港，见图4-1-20）。

图4-1-20 岳阳南津港码头一角［（美）加里·汉克斯 摄于1937年］

① 湘阴县志编纂委员会：《湘阴县志》，北京：生活·读书·新知三联书店，1995年，第904页。
② 蒋响元：《湖南古代交通遗存》，长沙：湖南美术出版社，2013年，第362页。

益阳至湘阴芦林潭行船歌[1]

益阳开船清水潭，沙头镇上把兵搬，
毛角先生算八字（指毛角口和八字哨两地名），
姑嫂二人问关公（有两颗古树称姑嫂树，关公潭），
包公老爷骑白马（包公庙以下白马寺），
阳雀一叫到芦林（阳雀潭下去到芦林潭）。

驾排歌（湖南—鹦鹉洲）[2]

湘资沅澧四条河，两岸青山树木多。
家乡山河抚育我，从小学会驾排活。
行江鼓响催开头，排歌号子收家伙。
妹子堤上送阿哥，托福平安去汉口。
满河淌水了好滩，横牵矶头扭牵湾。
提锚下账过好江，枯水行排走抱湾。
洞庭无风三尺浪，王爷脾气不好摸。
当用铜板花几个，只图顺风回家啰。
青山绿水不想看，桃花江边没人窝。
姑娘不找驾排汉，险滩恶浪忧烦多。
新河桥边水急流，猫子山下有暗礁。
提心吊胆排过去，汗水湿衣往回瞄。
青龙摆尾望刘公，沙头羊角青草坪。
犀牛湾里把排靠，宝塔山有读书声。
毛角矶头摆八字，白马台上排莫停。
行江前面蛤蟆嘴，千家洲下有险情。
晚上行排关梢灯，大水小水要留神。
人到老来学到老，送排越多心越灵。
青水潭前甘溪港，十八垸过杨家洲。
姑嫂树上八字哨，关公潭里白马渡。
临资一响到芦林，青竹营田磊石头。
抓钩底下老米台，高山望上瞧鹿角。
下新河里烂泥阻，太平矶前王爷庙。
眼望君山风光好，纯阳醉卧岳阳楼。
城陵矶下花旗港，擂鼓台上飞白鹤。
道人矶前南鸭洲，罗山新堤谷泡河。
鸭子关上茅草埠，石头矶过三条河。
排到赤壁古战场，火烧曹军八十三万多。
大溪口走锅底湾，江水波涛宝塔河。
龙口前面嘉鱼峡，芦苇林里篙子窝。

---

① 蒋响元：《湖南古代交通遗存》，长沙：湖南美术出版社，2013 年，第 362 页。
② 湖南省地方志编纂委员会：《湖南省志 · 交通志 · 水运》，长沙：湖南人民出版社，2001 年，第 930-932 页。

千里行江小花口，和风驶过大排洲。
新滩口下牌洲镇，前站就到姚头沟。
大嘴矶下赤家嘴，纱帽山前水东流。
武昌有名金口镇，扬子江出好鲤鱼。
大小军山擂战鼓，石嘴沌口头对头。
黄鹤矶上孔明灯，木排靠稳鹦鹉洲。
鹦鹉洲上木头多，日晒黄金夜不收。

益阳至汉口行船歌①

益阳开船望刘公，清水潭下走顺风。
沙头羊角抬头看，茅角先生八字灵。
姑嫂二人拜关公，白马头上抿虱子。
铃子（临资）一响到芦林。
船到芦林往前看，芦林底下百花滩。
百花滩上走不远。青竹营田磊石山。
鹿角城陵矶下水，上头毛伍石头关。
嘉鱼桃林荆口湖，黄鹤楼中玉笛吹得乐呵呵。

道州至汉口埠头歌②

道州发水慢悠悠，七日七夜到潭州，
长沙霞凝至铜官，青竹营田磊石山，
鹿角城陵矶下水，亚蓝茅坪石头滩，
嘉鱼排洲津口驿，到汉停泊鹦鹉洲，
黄鹤楼中吹玉笛，同乡会上话千秋。

湘潭至汉口行船歌③

湘潭开船往昭山，泥鳅下河芭蕉滩，
枯石靳江猴子石，船到长沙弯不弯？
冇得弯船埠，一站到铜官。
青竹、营田、磊石山，鹿角城陵矶下水。
鸭栏、茅埠、石头矶，
嘉鱼牌洲金口邑，黄鹤楼中吹玉笛。

湘潭至金山水路歌④

湘潭开船往昭山，新马鹅洲柏树湾。
长沙一站到铜官，青竹营田磊石山。
鹿角城陵矶下水，夜过麻埠黄石滩。

---

① 湖南省地方志编纂委员会：《湖南省志·交通志·水运》，长沙：湖南人民出版社，2001年，第928-929页。
② 湖南省地方志编纂委员会：《湖南省志·交通志·水运》，长沙：湖南人民出版社，2001年，第928页。
③ 蒋响元：《湖南古代交通遗存》，长沙：湖南美术出版社，2013年，第362-363页。
④ 搜集时间：1987年10月；搜集地址：岳阳；口述人：程佑初；采录人：李金安、曾爱梅。

家住牌州荆口驿，黄鹤楼中吹玉笛。
汉口开船到金山，借问水佬弯不弯？

湘潭至江西水路埠头歌①

一出湘潭望竹山，遥看长江水湾湾。
顺流船儿快似剑，穿过鸡垴茅埠石头湾。
急过江流蓬转向，又到银泉立狮山。
嘉鱼簰洲金口驿，汉口开头望青山。
一出夏口行逆流，下水阳逻顺顺弯。
白浒镇上金鸡叫，叶家洲头好停船。
团风过后三江口，正望黄州对武昌。
巴河兰溪黄石港，獐子埠脚下水茫茫。
毛山挂口带蕲州，马口彭泽对富池。

湘潭至长江运盐歌（节录）②

浏阳万载不归家，湘潭一站到长沙。
长沙一站到铜官，青竹营田磊石山。
鹿角城陵矶上看，鸭栏茅埠石头矶。
嘉鱼簰洲金口驿，黄鹤楼中吹玉笛。
蛇山对着龟山尾，盐船打在长江中。
汉口开头望青山，请问阳逻弯不弯。
葛店本是下风岸，叶家洲头好弯船。
团风把住三江口，下是黄州对鄂城。
水把巴河回风矶，鸡蛋碰破黄石港……

桃江至上海行船歌③

桃江起航过牛潭，白马耸立索子滩。
新桥河南花果山，鹅公夹下李昌港。
青龙洲北是瑶湾，李家洲口益阳城。
益阳开船遇刘公，沙头晨过青草坪。
毛角先生算八字，姑嫂二人问关公。
白马头上寻虱子，铃子一响到芦林。
芦林潭上几个湾，青竹营田磊石山。
磊石山上铜锣响，岳阳有个南津港。
城陵矶、道林矶，罗山一下到新堤。
嘉鱼牌洲金口驿，黄鹤楼中吹玉笛。
汉口三十望青山，借问阳罗弯不弯。
阳罗不弯调直走，团风保住双江口。

---

① 张靖鸣：《略论水文化境域下的鄂州民歌民谣》，《艺术评鉴》，2020年第17期。
② 张靖鸣：《略论水文化境域下的鄂州民歌民谣》，《艺术评鉴》，2020年第17期。
③ 桃江县志编纂委员会：《桃江县志》，北京：方志出版社，2010年，第760页。

双江口、口双江，路过黄洲过武昌（武昌套）。
巴河水沙兰溪堰，道士伏来水茫茫。
韦源坝口祈春堰，马口盘塘对富池。
武穴龙坪陈子镇，阳湾二口望九江。
九江开船慢慢游，八里江中把票收。
横坝头来金光亮，跑过彭泽对小姑。
马挡跳过金鸡嘴，华阳镇在水中流。
吉阳湖、黄石矶，安庆叉子对铁锑（铁板洲）。
李阳保住重阳口，池洲水甩大通矶。
板子矶、下凡城，旧县出在风景套。
芦席夹里望三江，芜湖有个粗塔塔。
马鞍山上望南京，草鞋夹里出盐包。
燕子矶里回流水，四源沟里浪滔滔。
七里河、八里河，过了焦山拣海螺（指上海，见图 4-1-21）。

图 4-1-21　中华民国时期上海码头一角［（美）哈里森·福尔曼 摄］

沅江至上海行船歌①

沅江开船新挖口，挖口子对面江渚岛。
宪成拐弯把舵收，草尾遥望紫红洲。
三码头下四码头，下首就是黄茅洲。
新河口去幸福港，前面就是鲇鱼坎。
下塞湖有五花滩，鲇鱼对面鹿角山。

① 湖南省地方志编纂委员会：《湖南省志·交通志·水运》，长沙：湖南人民出版社，2001 年，第 929-930 页。

六门闸下流水响，对面岳阳南津港。
域陵矶，道林矶，螺山一去到新堤。
嘉鱼之下过排洲，前面金口黄鹤楼。
汉口三十望青山，请问阳罗弯不弯。
阳罗不湾调直走，团风保住双江口。
双江口过黄岗到，一路顺风武昌套。
巴河一去到水沙，兰溪堰下望无涯。
道上洑下是韦原，坝口祈春堰相连。
马口盘塘富池进，武穴龙坪陈子镇。
阳潭二口九江到，八里江中浪飘渺。
横坝头前金光亮，彭潭小姑高声唱。
跳过马当飞金鸡，华阳吉阳黄石矶。
安庆对岸铁锑藏，李阳真人过重阳。
池洲水下大通矶，板子矶头扬红旗。
樊城一下阳县到，举眼望见风景套。
芦席夹里看三江，芜湖热闹非寻常。
马鞍山上望南京，草鞋夹里奔前程。
燕子矶上修筑巢，泗源沟里浪滔滔。
七里河，八里河，远望蕉山笑可可。
千里行船上海到，行船安全把船靠。

郴州至上海行船歌①

广东下来一条河，铜盆打水入嘉禾。
嘉禾不呷铜盆水，打烂铜盆不入禾。
一路滔滔出耒河，耒河下来一个洲。
一个洲，到衡阳，樟木大浦是萱洲。
霞流洣水到衡山，十五里路是石湾。
黄梅田，黄石望，借问朱亭弯不弯？
到了朱亭把船弯，三个铜钱钩手扳。
水少难过灌田洲，昭陵滩上打横流。
走三门，游渌口，渌口开船大胜围。
上水潦洲画眉滩，雀石又对曹鸡港。
借问株洲弯不弯？来到株洲把船弯。
百水一淹行下湾，古三洲头下了滩。
易俗河，湘河口，杨梅洲头行湘潭。
湘潭开船文昌阁，鳐子岩边打酒喝。
一十五里到昭山，新马鹅洲芭蕉滩。
基石湖石兰花港，两湖桥头石栏杆。
长沙开船到母山，霞凝靖港丁字湾。

① 岳阳市君山区地方志编委会：《岳阳市君山区志》，北京：中央文献出版社，2009年，第761页。

借问铜官弯不弯？青竹云田磊石山。
鹿角城陵矶下水，鸭栏芽铺石头滩。
嘉鱼牌洲金口驿，黄鹤楼中吹玉笛。
汉口开船往青山，借问阳罗弯不弯？
阳罗不弯朝直走，团风把住双江口。
双江口，口双江，好似杭州对武昌。
水沙巴河兰溪堰，道士湖中水茫茫。
顺江直下黄石矶，薪洲城直对铁藜。
抬头就是富江口，往下便是广济洲。
码头龙坪莫停桨，卢洲往下是九江。
九江头上扯黄旗，左湖口，右江师。
江师开船折几折，好似马口对彭泽。
乌江池洲江面宽，铜陵土桥往跳沟。
新港对面泥巴洲，鲁港芜湖裕溪口。
一矶二矶三四矶，东梁西梁采石山。
丘山打马江酒镇，大胜关前是南京。
南京码头风光好，驾船老大难起早。
燕子矶下回流汊，栖霞山前把船拴。
扬州正在天县尾，瓜洲正在大江边。
镇江大港到江营，油坊港前莫久停。
电港八圩往江阴，长江从此开大门。
行船休道路途苦，南通浦浒莫慢行。
海门过了到浮桥，宝山山宝宝无山。
手搭凉篷往前看，前面已是吴淞关。
一不弯，二不拐，过了崇明就是海。

涟源至上海行船歌（一）[①]

蓝田开船石马山，八坝乌鸡奔长滩。
撞钟打鼓壶天寺，墨墨八黑奔源山。
杆子坝来出河口，秤石滩上挂浆走。
下了秤石放了心，缸中潭内吃点心。
娄底高车黑石边，好比矮子爬楼梯。
西阳有个难爬湾，死牛难下老君滩。
过了大边又小边，六月吃新早禾边[②]。
牛婆凼来菜油滩，请问老板湾不湾。
谷水不是湾船埠，湾船要湾古戍渡。
清晨起船慢慢摇，江车七里到沙桥。
七里塘来八里坝，七八十五猫公坝。

---

① 供稿：双峰文体局熊智龙；口述：曹平初、曹炳南、曹炳迪、谢竹云；整理：周德言、杨伟、杨建平。

② 吃新，指农民当年收割新稻谷的第一餐新米饭。

羊古寺来皂角滩，起眼看见观音山。
薛家渡口鸬鹚滩，请问溪口湾不湾。
风付湖广响如雷，好似神仙下凡来。
戴好帽子穿好衣，水府庙内还神鸡。
还了神鸡放了心，斗盐潭中吃点心。
吃了点心迢迢过，起眼看见杏子铺。
杏子铺来大码头，花家窑内烧石灰。
装起石灰把身弯，下面就是白耳滩。
观音石来下潭弯，开船到了棕树滩。
莫说棕树不为难，进了回水不非凡。
熊家滩来水又流，起眼看见王沙洲。
私家冲来水又回，放放心心走江口。
江口本是两条河，两艘渡船不停留。
江口有个鲶鱼滩，斧头凿子木皮滩。
鲤鱼滩边有柴买，称肉打酒到洋谭。
会打官司何家埠，篾织缆子邓司渡。
油萝倒在滑石滩，六月口于奔茶湾。
阳家滩来水又回，下去五里是窑头。
窑头渡子不递河，起眼看见观音阁。
潭市有个观音阁，买米买盐要上坡。
买好米来包好盐，一板浆来到西田。
老板架的烂边船，西田堪上去擦泥。
乾家嘴来马家滩，水牛摸丝青草潭。
石蛳港来木底滩，发风落雨奔泥湾。
新打剪刀椏子口，腊月开花梅子湾。
挖烂耙头是山枣，划船打鼓樟树港。
板窑河下把头抬，人字一横下大滩。
狗头坝来到穿鞋，十个艄公九个难。
朱津渡来鷂子岩，芭蕉港内出松柴。
载起松柴摇几摇，一下就到阳金桥。
阳金桥内出灯笼，同心合力一条心。
莫说湘乡无景致，有个洞石照孤洲。
张公渡来学门前，担柴运草不断连。
湘乡有个唐家滩，七里三分铜钱湾。
乌月港来钱家滩，回头望见东头山。
皂角埠来一块撑，叽叽晏晏是简车。
庆昌荣来把船弯，开船就到文家滩。
人字坝来把船弯，太白杨四闹石潭。
石潭下面南北塘，姜畲街上好姑娘。
三寸金莲五寸鞋，爱煞好多少年郎。
落笔渡来寻笔港，袁家河上听碓响。

左一弯来右一弯，弯出河口是湘潭。
湘潭有个杨梅洲，斧头凿子不停休。
湘潭有个十八总，一座宝塔像支笋。
湘潭有个石嘴老，土地公公讨个亲。
湘潭有个文昌阁，宝塔畔河打基脚。
竹埠港来出白藕，滴水埠来出石膏。
张家石来鷂子崖，下去五里是昭山。
湘潭三十望昭山，新灵木鱼白水滩。
秤石猴石南湖港，西湖桥上石栏关。
长沙一站到铜官，青竹营田磊石山。
鹿角城陵矶下水，鸭栏毛埠石头关。
嘉禾牌洲金口驿，黄鹤楼中吹玉笛。
左边担平龟山台，右边修建黄鹤楼。
龟山头来蛇山尾，大船弯在长各里。
汉口三十望青山，借问阳罗湾不湾。
阳罗不湾调直走，团风把往生江口。
生江口来口生江，好过房洲对武昌。
巴湖水沙关汉驿，道士菜来水茫茫。
微湖贡口箅洲驿，乌江彭堂对富池。
武家露头陈子阁，阳唐二口问九江。
九江本是江西管，路通二京十三省。
九江关上插红旗，大小官员要弯船。
九江开船慢悠悠，断下湖边把票收。
横头坝来金钩微，好过彭泽对小姑。
齐阳头来黄石碓，安庆城里对铁堤。
礼阳把住从阳口，池洲水洒大通叽。
城隍老鼠跳秋港，梅子洲来是凡昌。
旧县出口套鸡套，据席夹来望三山。
远望三山三个尖，三山正在大江边。
马帐跳过鸡公嘴，华阳镇下抵东流。
江里螃蟹跳上坡，消金娘娘浪里梭。
庵湖有个抽丹口，大小船户上钱粮。
庵湖弯船要小心，西风一起吓坏人。
一矶二矶四华山，东梁西梁彩石山。
花兰套来马皇山，和尚港内出神仙。
鼠山打马江陵镇，大胜关下是南京。
南京宝塔高又高，草鞋夹里烧盐包。
燕子矶来回流水，黄皮帐内浪滔滔。
盐镇宝塔尖又尖，高邮邵伯水连天。
扬州好似天津府，瓜洲正在大江边。
镇江有个金山寺，江流和尚转唐僧。

二湖口来八湖口，过了焦山吴淞口（图4-1-22）。

图4-1-22　年近90岁的双峰县杏子铺镇老船工周云和接受采访（王健摄于2022年熊智龙供图）

涟源至上海行船歌（二）①

蓝田开船石马山，八坝乌鸡并塘滩。
撞钟打鼓胡田寺，鸡鸡鸭鸭棒鹭滩。
乌乌黑黑包元山，喷喷香香韭菜滩。
杆子坝来出河口，秤石滩来架浆走。
娄底市来高车滩，黑石边来把船弯。
死牛滩来百路湾，请问谷水弯不弯。
七里塘来八里磬，一十五里猫公坝。
猴孙过路是腊滩，羊角列列皂壳滩。
腊月落雪雪加度，篙子一响鸬鹚滩。
风伏胡讲响如雷，好比神仙下凡来。
戴好帽子穿好衣，水府庙内还神鸡。
还了愿信不要急，斗盐潭里好修息。

① 2017年8月12日湘乡市潭市镇白沙洲村陈新开演唱并提供文字。录自陈瑶：《江河行地：近代长江中游的船民与木帆船航运业》，北京：商务印书馆，2023年，第282-284页。本书编者有修订。

许了愿信不要怕，下面有个观音石。
杏子铺来三洲滩，五子石来棕树滩。
新打斧头是光口，春秋取味鲢鱼滩。
左一湾啊右一湾，甘贤有个木皮滩。
六月好过鲤鱼滩，鲤鱼滩来出柴卖。
小小生意下洋滩，洋滩石玉水又深。
长桥滩上打背工，乌风斗暗河加步。
矮子煮饭熟潭湾，撞钟打鼓支福寺。
篾织灯笼邓氏渡，油罗倒了滑石滩。
六月口干并茶湾，石零口来水又回。
火烧砖瓦是窑头，窑头渡子不渡河。
潭市有个观音阁，跳米包盐不上坡。
跑起米来包起盐，一板浆来摇西田。
西田老上恋老泥，老板架的抽底船。
官家嘴来马家滩，水牛磨丝青草滩。
石狮江来木斗滩，发风落雨并泥湾。
新打剪刀牙嘴口，腊月开花梅子湾。
新打耙头是山枣，人字一湾下大滩。
大滩有个狗头坝，十个梢工九个怕。
下了大滩放了心，洙津渡口吃点心。
宝庆有个徐公明，洙津渡口来过身。
可惜渡子狠死人，空人过河五十文。
担子过河一百九，公明过渡打一赌。
我要修起洙津渡，要你讨米又无路。
我要修起这座桥，要你讨米卖瓜瓢。
公明有一来打赌，惊动上帝下凡城。
雍正元年桥下墩，雍正四年桥完工。
吃起饭来九十九，做起事来一百人。
千年古迹万年牢，两边修起杨泗庙。
中间又安青铜镜，照破业龙不现身。
洙津渡来鸽子鸭，巴蕉巷来出松柴。
载起松柴摇几摇，下面就是杨家桥。
杨家桥灯笼卖四方，起眼望见是湘乡。
莫说湘乡无景致，请看洞石到孤洲。
东水又望西方流，只见青官不久留。
湘乡市来大正街，学门前来长夹滩。
七里三分铜钱湾，八角亭来把船湾。
乌鸦巷来乌鸦嘴，横洲介来出谷米。
左一湾来又一湾，下面有个东台山。
皂壳步来挂宝山，一眼望见文家滩。
碳扒河来乱石滩，下去五里是石滩。

石滩十里南北塘，姜畲街上好姑娘。
落笔渡来寻笔巷，沿街河来听对响。
左一湾来又一湾，湾出河上是湘潭。
湘潭市来小南京，码头弯船要小心。
石嘴垴来杨梅洲，窑湾嫂子爱风流。
湘潭三十望昭山，新码木洲白鹭湾。
秤石猴石南湖巷，西湖桥上石栏关。
长沙一站望铜关，青竹营田磊石山。
鹿角城陵矶下水，鸭栏毛埠石头滩。
嘉禾牌洲金口驿，黄鹤楼上吹玉笛。
有人吹得玉笛叫，八个神仙一齐到。
左边修起龟山台，右边修起黄鹤楼。
龟山头来蛇山尾，盐船弯在塘角里。
汉口三十望青山，请问阳罗弯不弯。
阳罗不弯调直走，团风把往生江口。
生江口来口生姜，好过房州对武昌。
巴湖洒水兰溪燕，道士湖内水茫茫。
微湖贡口簰洲驿，乌江彭堂对富池。
武家龙坪新国镇，阳唐二口望九江。
九江关上扯红旗，大小官员要弯船。
九江本是江西管，路通两京十三省。
九江开船慢悠悠，八里江东把票收。
横头坝来金钩微，好过彭泽对小姑。
马当跳过鸡公嘴，华阳镇内水东流。
齐阳头来黄石矶，安庆城里对铁堤。
棉阳把住棕阳口，池洲水洒大通矶。
成林老鼠逃仓皇，板子矶来下凡昌。
寿县出口风机套，户牵夹来望三笑。
江里虾子上了坡，昭君娘娘浪里梭。
庵湖有个抽丹口，大小船户上钱粮。
一矶二矶四华山，东梁西梁彩石山。
列山跑马江来镇，大胜关前是南京。
南京宝塔高又高，草鞋夹里烧盐包。
燕子矶来回流水，黄皮帐内浪滔滔。
两面尖尖是青山，盐镇河内把船弯。
盐镇宝塔尖又尖，高邮邵伯水连天。
扬州好似天津卫，瓜洲正在大江边。
镇江有个金山寺，江流和尚转唐僧。
七河口来八河口，过了焦山是上海。

多不多来少不少，水路歌来唱完了（图4-1-23）。

图 4-1-23 湘乡市潭市镇白沙洲村年近 80 岁的老船工陈新开等（陈瑶 摄于 2017 年）

湘潭至上海行船歌①

湘潭开船望昭山，泥鳅弯弯芭蕉滩。
枯石靳江猴子石，问客长沙弯不弯？
长沙一站到铜官，青竹营田磊石山。
鹿角城陵矶下水，鸭栏茅埠石头关。
嘉鱼排洲金口驿，黄鹤楼中吹玉笛。
汉口开船青山望，请问赤壁弯不弯。
赤壁不湾调直走，轻舟不日上海关。

上海至湘潭花石水路歌②

海水发啸望不清，船到海边打转身。
海里开船头一关，三十三里到巴山。
巴山上来二十四，江边有个青山寺。
寺内和尚把道修，天京浮水下扬州。
沙湖连天天连水，白艮有个青石嘴。
走到镇江把船弯，望见高岭是年山。
黄屯港、白石嘴，燕子岩前回头水。
草鞋湖内搭浮桥，浙艮宝塔高又高。
浙艮原来是大圣，刘通打马将军镇。
东京西京采石山，一邑两邑两相关。
渔围有个周杨港，逢船过身还粮饷。
昭君街上烧盐包，好个彭宅美女姣。
鸡公将军本也巧，一口泉水啸得好。

---

① 蒋响元：《湖南古代交通遗存》，长沙：湖南美术出版社，2013 年，第 363 页。

② 湘潭县民间文学集成编委会：《中国歌谣集成湖南卷·湘潭县资料本》，内部发行，1987 年，第 131-133 页。

铁江水坝大通流，铁江对着西扬州。
黄石矶来骑羊阁，安庆城来下铁脚。
华容县来水通流，船到湖口把篷收。
左走东来右走西，望见九江扯红旗。
好个船河一石山，请问杨洲弯不弯。
杨洲不湾对直走，青山上来是汉口。
玉笛声声黄鹤楼，嘉鱼荆口是排洲。
鸭栏毛铺一枝花，铜官六十到长沙。
好个长沙多景致，拦湖港来狮子石。
乌石上来巴其滩，兴马莪洲到昭山。
昭山岭上一个庙，望见湘潭多热闹。
左三街，右三街，湘潭河正后三街。
湘潭上来十五里，易俗河来好谷米。
易俗河来湾一湾，上来又是麻蛔滩。
打石矶来吟江坝，射埠锦石慢慢驾。
金塘盐埠回龙桥，船在河内慢慢摇。
白龙潭来柳树湾，延化寺来河头湾。
老板站在船头笑，望见花石多热闹。
观政桥下水滔滔，千年古迹万年牢。
行人车马闹纷纷，花石赛过小南京。

第二节　路程歌 民族迁徙歌

路程歌，内容包括沿途山水、物产、风土、人情，以及何处可住宿、何处可停船、何处可进货、何处可娱乐等，堪称古代行旅指南，如一幅地图，故又名“道图歌”。

湖南为东亚大陆古人类重要发源地和栖息地。自石器时代“潕水文化类群”“澧水文化类群”及潇湘“福岩洞人”“玉蟾岩人”①，传说时期三苗、九黎、蚩尤、驩兜，商周荆蛮、扬越、虎方、濮人、巴人、庸人，到汉至宋时长沙蛮、零陵蛮、武陵蛮、五溪蛮、南北江诸蛮、莫徭、峒僚，其中辰、沅、靖州蛮“有仡伶、有仡僚、有仡榄、有仡偻、有山徭”②，五溪蛮“有五：曰苗、曰徭、曰僚、曰僮、曰仡佬”③。明清以来，逐渐演变成苗族、侗族、瑶族、土家族等少数民族。

由于战争、自然灾害、人口压力等因素，苗、侗、瑶、土家等族历史上经历了多次大规模迁徙（图4-2-1），民族迁徙歌就是讲述其曲折历程的史诗歌谣。

---

① 参见蒋响元：《筚路蓝缕 以启山林——湖南古代交通史（史前至清末）》，人民交通出版社股份有限公司，2020年，第5-7页。

② （宋）陆游：《老学庵笔记》，卷四，学津讨原本。

③ （宋）朱辅：《溪蛮丛笑》，不分卷，古今说海本。

图 4-2-1 湘桂古官道 [（德）恩斯特·柏石曼 摄于1908年]

一、路程歌

明洪武十四年（1381）秋，以傅友德为将军，蓝玉、沐英（均今城步人）为左右副将军，入滇征讨元朝残余。事定后，留镇当地的沐英命戍守将士家属随军，又在宝庆、武冈等府州，以“三丁抽一、五丁抽二”方式，大规模移民、屯垦滇黔。

根据歌里的地名，移民从宝庆府出发，经平溪、蓼溪隘至黔阳，再经沅州、晃州入贵州镇远府（图 4-2-2），继由偏桥卫、兴隆卫、清平卫、平越卫、龙里卫达贵阳府，经威清卫、平坝卫、普定卫、安庄卫，逾关索岭，渡盘江河，抵安南卫（今贵州晴隆），途程共计四十九天。

三丁抽一上云南（宝庆至贵州晴隆）①

祖籍原是湖广省，原是湖广宝庆人。
洪武十四登龙位，三丁抽一上云南。
抽走十万人和马，征剿夷蛮造反人。
选定良辰并吉日，盔甲龙枪紧随身。
初一收拾初二走，初三初四别六亲。
诸亲齐送含珠泪，翻身上马似飞腾。
平溪一会高沙田，蓼溪巡检要官钱。
大湾不住瓦屋堂，西坡滚马上天堂。
天边日出江边见，六十里路到黔阳。
黔阳过来双江口，七十五里到沅州。
沅州过来到晃州，晃州巡检好愁人。
百里来官镇远府，横板架桥偏桥人。
大河涨水兴隆卫，瓜瓢舀水清平人。
八人抬轿平原地，风吹灯蒿清浪人。

① 马少侨：《邵阳历史钩沉》，内部发行，1999 年，第 199-204 页。

上坡下岭平越地，独山龙里贵阳城。
威清平坝无柴草，普定安庄好寄身。
西进平阳是安顺，行步弯曲过镇宁。
鸡公背上关索岭，石头磊磊路难行。
抬头一见马跑过，关帝坐在天上边。
山口对着安隆箐，一层山水一层人。
顶站过来江西坡，转弯抹角杨家河。
盘江河中有瘴气，金殿铺里瘴气多。
沙尘缠在半天上，半天下雨半天晴。
半坡岭下四棵松，盘江河内两艄公。
顶站下来是盘江，沙家夷蛮在龙场。
行行七七四十九①，行军总督到安南。
果然廿四城垛口，酉时初刻到西门。
驻扎安南西门外，凉水营里暂栖身。
辞别安南就行走，部兵部马过长牛。
马场城中开酒店，酒醉门前槿菁边。
大田本是鸡各地②，走到戛猛得安身。
麻布装水莲花现③，寸步难行马鞍山。
走到大峒小晌午，点起灯笼过黑山。
祖公如今由这里，子孙代代记前程。
到达长牛④从此始，分支各处莫忘恩。

图 4-2-2　湘黔要隘——贵州镇远潕水（舞阳河）码头一角（法国传教士 摄于清末）

① 从宝庆行军至安南四十九天。
② 新化、隆回、洞口一带称鸡蛋为“鸡各”。在此形容屯垦地瘠薄似蛋壳。
③ “麻布装水莲花现”，为宝庆方言歇后语，意即假话讲得活灵活现。
④ 长牛即今贵州晴隆县长流乡，其苗族先民来自邵阳城步一带。

宝庆至湘乡路途歌[1]

宝庆城墙四四方，两脚忙忙走湘乡。
鸡叫三遍呷早饭，走出东门没天光。
青龙桥上打一望，十井栏杆到山塘。
洪桥田凼打中伙，两脚忙忙走秋塘。
行到黑田天将黑，刘家老店饭菜香。
金钱银钱起眼见，路够长来人够行。
界岭听见油榨响，双脚跳到蟆蝈塘。
青树坪里打中伙，行到永丰见灯光。
永丰辣酱好口味，九里开坛十里香。
永丰下去四十里，抬头一望到虞塘。
虞塘好个桃花杏，家家都有好姑娘。
可惜身边钱财少，家中妻子饿肚肠。
虞塘过去是山枣，�津渡口在前方。
渡口有座万福桥，提起此桥有名堂（图 4-2-3）。
当年过渡徐公明，驴子下粪污船舱。
艄公怒骂徐公明，赔礼道歉难了当。
横下心来打一算，修座长桥[2]利四方。
吃饭石匠九十九，做工石匠五十双。
中间一个是鲁班，鲁班下凡修桥梁。
走过桥梁过个坳，一路平明到湘乡。
人到家乡水也甜，一家大小喜安康。
三十吃了年关饭，明年依旧走邵阳。

图 4-2-3　宝庆郊外廊桥（佚名 摄于 1921 年）

① 蒋响元：《湖南古代交通遗存》，长沙：湖南美术出版社，2013 年，第 346-347 页。原载马少侨：《邵阳历史钩沉》，内部发行，1999 年版，第 210 页，朱有道收集、整理。

② 长桥，即湘乡万福桥，始建于清雍正元年（1723），九孔石拱，桥长 166.8 米，宽 6.7 米。

桂东至兴宁彭公庙途程歌①

其一

一十高龙成佛仙（高垅），二十牛屎出青烟（牛屎坪）。
三十槽里钻山过（槽里），四十青草不见天（青广坪）。
五十龙渣水森森（龙渣村），六十猫公上到天（新开村）。
七十恩龙爬山过（龙凤村），八十牌坊在路边（狗牌坊）。
九十枫树歇一歇（汤市），百里轻轻到庙前（彭市）。

其二

一十高龙仙，二十牛屎出窑烟。
三十槽里穿山过，四十青广一线天。
五十龙渣水森森，六十猫公上到天。
七十恩龙树下歇，八十牌坊在路边。
九十枫树逗一逗，松松爽爽到庙前。

炎陵龙渣有桂东城关、沙田、四都、酃县下村、水口以及兴宁汤市、彭市、周门市等市镇。旧时匪盗横行，赵盘二姓瑶人在龙渣设立镖局，为各路客商导路护镖。这是从桂东城关至兴宁彭市线路歌，其一括弧内为地名。

湘乡至永丰路铺歌②

县前十里到洙津，柳绿花红总是新。
石子城江容易走，踏泥瓦石最难行。
牌头虎豹山山吼，测水鸳鸯处处鸣。
青石铜铃多景致，永丰茅栗乐升平。

涟源蓝田至桥头河路途歌③

蓝田出口太平桥，七里长冲踏马头。
牛角弯弯道士石，弯弯曲曲蛤蟆桥。
柘溪大路好跑马，龙建田凼路相邀。
十里茅谷鹰嘴石，堪堪五里到桥头。

郴州至兴宁地名歌④

其一

十里郴州到石泉，二十菱角一浪田。
三十石灰高万丈，四十野鸡不见天。
五十雷溪水渺渺，六十东江闹沉沉。
七十鱼岭背上过，八十水井在路遥。
九十界碑打一望，康庄百里到县城。

---

① 湖南省地方志编纂委员会：《湖南省志·方言志》，长沙：湖南人民出版社，2001年。
② 双峰县志编纂委员会：《双峰县志》，北京：中国文史出版社，1993年，第686页。
③ 涟源市志编纂委员会：《涟源市志》，长沙：湖南人民出版社，1998年，第634页。
④ 蒋响元：《湖南交通文化遗产》，北京：人民交通出版社，2012年，第284页。

注：石泉，在郴县与兴宁交界处；菱角，在桥口乡排塘村；浪田，梯田；石灰，石灰岭；野鸡，野鸡岭；雷溪，雷溪坝。

其二①

一十里仙桥到石泉，二十里菱角一览田。
三十里石虎高万丈，四十里野鸡不见天。
五十里雷溪水森森，六十里东江闹喧喧。
七十里鱼鳞背上过，八十里水井在河边。
九十里界碑打一望，一百里进城乐颠颠（图4-2-4）。

图4-2-4　行进中的挑夫［（德）恩斯特·柏石曼 摄于1908年］

宜章至郴州九十里大道歌②

其一

十里宜章到瑶坡，二十里路起风波。
三十折岭高万丈，四十两路叉平窝。
五十良田屋还响，六十万岁封八角。
七十韩公走马岭，八十叶桥乱石窝。
九十南关回头望，折回南关三个坡。

注：瑶坡，宜章遥田；风波，风波亭；折岭，湘粤交界的京广线隧道处；两路，在邓家塘；平窝，宜章平窝乡；良田，郴州良田镇；还响，村民在屋里摆弄炊具的响声；万岁，郴州坳上的万岁桥；八角，八角亭在万岁桥对面；韩公，韩愈；走马岭，黄泥坳前面；叶桥，在槐树下；乱石窝，此地石头很多；南关，裕后街南关上；三个坡，文化路、东街、南关上的山坡。

其二

十里十哟是尧坡，二十里在酿水窝。
三十折岭高万丈，四十里路岔平和。
五十良田不还饷，六十过后逢八角。
七十里后走马岭，八十里来八十八。

① 刘专可收集整理。
② 蒋响元：《湖南交通文化遗产》，北京：人民交通出版社，2012年，第284-285页。

九十南街路难过，城里跑回百里多。

其三

一十里漫步悠悠到尧钵，二十里分水河边看风波。
三十里折岭陡壁高万丈，四十里两路司口岔平和。
五十里良田关卡还官饷，六十里万岁桥念阿弥陀。
七十里登临韩公走马岭，八十里升桥屋角对庙角（图4-2-5）。
九十里南关脑上抬头望，郴州城房屋堆起像蜂窝。

图4-2-5　路旁古祭坛［（德）恩斯特·柏石曼 摄于1908年］

郴州到广东坪石道途歌（图4-2-6）

泷船头上慢摆舵，沿河码头快下货。
裕后街中妇娘喊，南关上头崽跟脚。
短打招呼长吆喝，人挑米来骡驮货。
两里三里一拱桥，五里十里一亭阁。
龙门池上歇脚少，磨心塘边伙计多。
香花井旁凉亭坐，来往骡子老数错。
好奇石头打补丁，细看屋角对庙角。
苏峰来朝走马岭，万岁桥念阿弥陀。
良田关卡完官饷，青阳坪里捡田螺。
糍粑填口黄泥坳，蛤蟆两路岔平和。
麻起胆子过折岭，汗水从头洗到脚。
界牌脚下风吹爽，青石板上排排坐。
海烦天愁打白念，汗帕丢起把别个。
樟桥老庙变新庙，分水后波冲前波。
沙坪老街尝火酒，长山古树挂藤萝。
潘帅题字野石铺，圣贤留迹在尧钵。
宜章城外东长街，找个饭馆打平伙。
丹霞迷眼五里冲，一路辛苦浑不觉。
人货齐聚水牛湾，各找东家早交割。

赚得铜钱两三吊，扯段花布哄老婆。

图 4-2-6　广东坪石 迎接粤汉铁路勘察组的广东士兵［（美）柏生士 摄于 1899 年］

二、民族迁徙歌

（一）湘西苗族迁徙歌

涿鹿之战后，栖息黄河流域的三苗族群开始了漫漫南迁之路，其中一支浮汉水、渡长江、过洞庭、溯沅水，迁居湘西，苗族古歌再现了悲壮曲折的迁徙故事。根据古歌传说，苗族先民经过七次迁徙，最终定居武陵山区（图 4-2-7）。

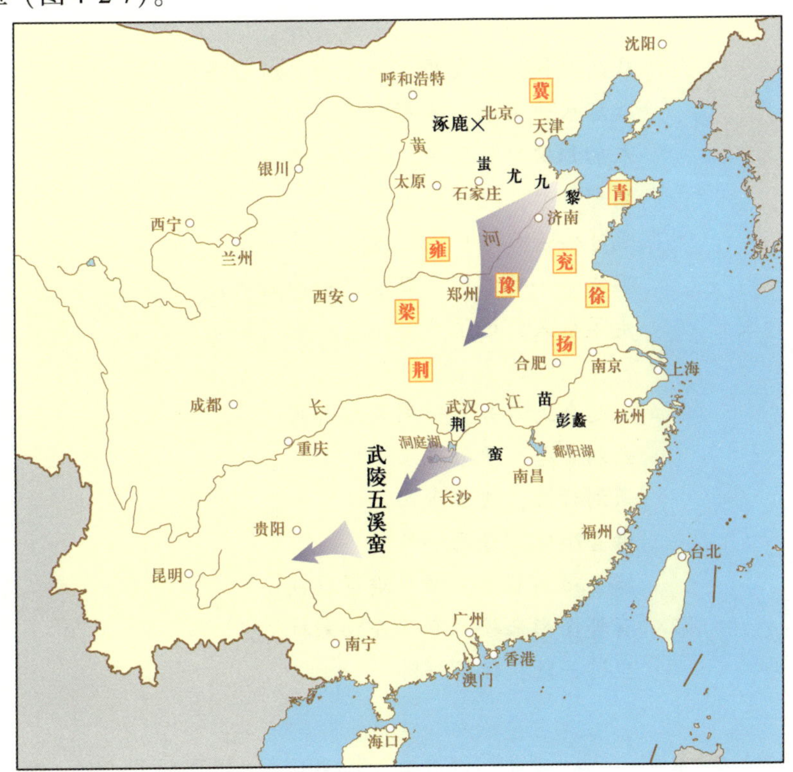

图 4-2-7　三苗部族迁徙路线示意图[①]

① 参考伍新福《中国苗族通史》（贵阳：贵州人民出版社，1999 年）插图，蒋响元、黄爱改绘。

1. 苗族古老歌话·迁徙歌①

(1) 迁离水乡（从水边出）

水边也坐不住，河边也坐不成。
一十二宗苗胞，一十二祖苗民。
商量便要出走，商议便要出逃。
他们这才引哥带弟，大家这才引父带子。
引男引女，引老引少。
抬那粮种，背那背篓。
抬那耕作的农具，牵那犁耙的牛畜。
提那肥鸡壮鸭，赶那大狗大猪。
从此便永离乡，此后永失故园。
从那烂岩烂滩上来，从那乱石乱堆上来。
从那系船码头上来，从那桃筏岸口上来。
从那大罐大缸上来，从那小罐小缸上来。
从那黄水浑水上来，从那绿水浊水上来。
从那八十二湾上来，从那七十一滩上来。

(2) 迁居“者吾、者西”(半水半陆)②

一十二宗二祖，一十二族二宗。
文黎、够尤，九黎、九尤。
佗熊、佗容、佗猫、佗狗。
大芈、大蛮，九熊、九夷。
八十二湾的子，七十一滩的孙。
从此要找地方安居，今后要寻地盘居住。
从那水边上来，往那河边上来。
木船都被得扎拿走，竹筏也被得嘎拿完。
划那钢船，拖那铁船。
呜呼——呜呼！九天没过一湾的水。
呕候——呕候！十日没过一湾的河。
走了很久，过了多时。
……
一起来到者吾，一同来到者西。
来到者吾，便驻者吾。
来到者西，便住者西。
者吾小地，者西小处。
捕鱼难满篓子，撵肉难得满锅。
有那怪影来骚，有那怪物来扰③。
坐过一段，住了一阵。

---

① 张子伟:《湘西苗族古老歌话》，长沙：湖南师范大学出版社，2012年，第66-82页。标题为编者所加，括弧内为原标题。编者有删节。

② “者吾”“者西”，均为地名，有观点认为在黄河中下游地区。

③ “怪影”“怪物”，指部落间小规模的争斗。

者吾也居不安，者西也坐不实。
白天被骚被扰，晚上受惊受怕。
怪影白天来骚，怪物夜晚来扰。
者吾也坐不成，者西也坐不住。
者吾扰乱者吾，者西恐怖者西。
女人也惊得很，男人也怕得很。
从此又要出离，今后又要出迁。

（3）再迁“得从腊哈、得闹腊兄”（高坡陡岭）①

我们从者吾来，我们从者西来。
这次不同以前，这趟不比以往。
水域不通舟船路，旱路不通驴马路。
顺那水溪而上，沿那河流而上。
女人接那破布烂片，男人连那野藤竹条。
一同来到得从腊哈，一起来临得闹腊兄。
到了这里无道可去，到了此间无路可过。
大岭挡道，雄鹰有翅都飞不过。
大崖挡路，大鹏有翅都腾不去。
到了尽处，走到尽头。
若退有那恶魔拦路，若回有那恶鬼挡道。
只有暂住一阵，只有暂居一时。
……
女人无奈，男人无法。
仙人才报要借阿力的凿。
尊者才告要借阿吾的钻。
阿力的锤，阿吾的钎。
打岩船船，岩粉只脱一点。
打崖锤锤，岩粉只脱几粒②。
打了九年，凿了九载。
打岩不出路走，凿崖不成道行。
金猫这才托梦，银猫这才报信。
要到都夯去借神铲，要到都共去找神锄。
一十二宗二祖这才去取，
一十二族二宗这才去借。
从那都夯取得神铲，从那都共借得神锄。
这样才——
一铲铲去一座大山，一锄锄开一座大岭。
一铲铲出一条大河，一锄锄倒一座大崖。
大哥牵弟过去，老父引子过关。
……

① “得从腊哈”“得闹腊兄”，地名，有观点认为在大别山—桐柏山—伏牛山系北侧。
② “船船”“锤锤”，象声词，为打岩凿石的声音。

(4) 三迁"占楚、占朴"(大坪大地)①

黎子尤孙又走,苗人苗胞又行。
一起来到占楚,一同来临占朴。
往前看去好山好水,往后看去好坪好地。
旱地宽冲宽坝,水域宽河宽塘。
地上也好地域环境,天上也好看星日月。
符合我们安居,适宜我们安住。
来到占楚,便立占楚。
来临占朴,便住占朴。
起屋盖那茅草,起房捆那竹木。
整理地方,建设家园。
安居养儿,安住育女。
竹筒拿去担水,土仓拿来装粮。
坐成许久,居得很长。
发如群虾,多似群鱼。
……
占楚是那龙堂,占朴是那凤殿。
人多满坪,坐得满地。
开门之声震惊冬奶,开户之音震惊王记②。
冬奶他也红眼,王记他也红面。
放那恶魔来咬苗民,差那恶鬼来赶苗胞。
天昏地暗,日月无光……
占楚也居不安,占朴也坐不住。
苗民这又引哥带弟,苗民这才连父带子。
背那大鼓,带那小孩。
背背肩担,挑箩抬筐。
大家一同出窜,大众一路出逃。
水域要找地捕鱼,旱地要寻地猎兽。
走峡行谷,走溪行河。
……

(5) 四迁"梅最、梅见"(花坪草场)③

一帮苗民苗胞,一群苗族苗宗。
从那占楚上来,从那占朴上来。
从那吾滚吾嚷上来,从那吾篓吾袍上来。
从那峒吾峒当上来,从那峒蕉峒湾上来。
过溪过河上来,过川过谷上来。
大家一同来到梅最,大众一同来到梅见。

① "占楚""占朴",地名,有观点认为在江汉地区。
② "冬奶""王记",敌对部落称谓。
③ "梅最""梅见",地名,有观点认为在洞庭湖周边地区。

来到梅最，梅最也美。
来到梅见，梅见也乖。
才住梅最，才居梅见。
这才又来起屋起宅，这才又来建房建舍。
开垦耕作，开土开田。
地方也很好坐，地盘也很好居。
坐了好久，居了多年。
发人满坡满地，发众满地满坪。
女人缺少晒布浣纱的地方，
男人缺少开垦种地的地盘。
有水但少鱼虾，有山缺少野物。
才留一半来居，分出一半来住。
一些留在梅最，一半留在梅见。
守家守户，守地守园。
一些又要出走，一半又要出门。

(6) 五迁“冬绒、吧潮”(龙堂凤地)①

分开分在梅最，离别离在梅见。
分开过了樱花园，分别过了樱花岭。
从那常德长沙上来，从那澧州澧阳上来。
从那花溪花滩上来，从那花坡花岭上来。
从龙头抢宝的地方上来。
从龙凤戏珠的地方上来。
沿那长长的河流上来，从那高高的大岭上来。
过了大片林山树海，过了大河沙滩沙坪。
来自一路，走成一线。
一帮苗民苗众，一群苗父苗子。
一同来到冬绒，一起来到吧潮。
前边也都宽广，后面也都宽阔。
前边好地，后面好园。
前面有如龙头，后边更有宝地。
真是龙盘之地，真是凤栖之所。
左手可以摘日，右手可以摘月。
白天和日头一起，夜晚和月亮一路。
来到冬绒，便立冬绒。
来到吧潮，便住吧潮。
……
鼓会结在冬绒，鼓社建在吧潮。
地上出鬼，天上出怪。
千人也抵不过，万人也敌不住。

① “冬绒”“吧潮”，地名，有观点认为在沅水下游流域。

冬绒也坐不住，吧潮也居不成。
又要离乡别井，又要丢家弃园。
又要丢田弃地，又要丢田弃家。
这样成了六次迁居，如此已过六次迁徙。

(7) 六迁“泸溪峒、泸溪岘”(泸溪河坝)①

商议又要离乡，商量又要背井。
成群结伙，成帮结队。
天还未明下山，天还未亮下岭。
女人没有梳头，男人没有洗面。
骑驴跨马下山，飘风飘雾下岭。
从那大路大道而来，从那羊肠小道而来。
坐那木船上来，撑那竹筏上来。
骑那白脚驴上来，跨那白蹄马上来。
五百黄马上来，六百红马上来。
卷那画龙锦缎上来，包那绣凤花绸上来。
背那竹折铜铃上来，抬那神布神筶上来。
……
一路急急而来，一道忙忙而来。
来到泸溪峒马不肯举蹄，
走到泸溪岘驴不肯迈步。
船也划不动，筏也撑不走。
苗民苗胞也都累了，苗父苗子也都疲劳。
这才歇脚泸溪峒，这才停步泸溪岘。
女人下河捕鱼也得满篓，
男人上山撵肉也得满背。
好山好岭，好溪好河。
真是好的地方，硬是好的地盘。
又才起屋建房，又才建宅定舍。
女人纺纱织布，男人耕地种田。
……
鼓社又被捣乱，鼓会又被破坏。
牵儿也走，引孙也行。
连夜走出泸溪峒，黄昏走出泸溪岘。

(8) 七迁“转求、转怕”(吕洞大山)②

苗父苗子，苗兄苗弟。
从那小溪上来，沿那大河上来。
从那川谷上来，沿那川冲上来。
从那小湾小滩上来，沿那大湾大滩上来。

---

① “泸溪峒”“泸溪岘”，地名，有观点认为在沅水中游河谷盆地，今沅陵、泸溪一带。
② “转求”“转怕”，地名，有观点认为在凤凰腊尔山、花垣蚩尤山、保靖吕洞山(即吕洞大山)等地。

从那洋交洋背上来，从那洋冲洋干上来。
沿着峒溪，顺着峒河。
出自泸溪，起从辰溪。
上来河溪，来到潭溪。
沿河上到乾州，沿江上到吉首。
来到寨阳，走到坪郎。
走过坪滩，来到矮寨。
来到瑞闪，结了一次鼓社在那瑞闪。
走到达者，建了一次鼓会在那达者。
结了鼓社便分两股，建了鼓会便分两路。
一股上沿德夯小河，一路上走大河大兴。
上坡也到，下冲也过。
来到转求，走到转怕。
来到转求好那大坡大岭，
走到转怕好那大山大坡。
大山好坐，大岭安全。
来到转求就住转求，来到转怕便居转怕（图4-2-8）。

图4-2-8　凤凰苗疆跨乌巢河峡谷木桥（湘西苗族调查组勇士衡 摄于1933年6月）

2. 苗族古歌·迁徙歌[①]

听我把这苗歌云，你们听我唱起来。
歌中唱我苗族人，要唱苗族的祖先。

---

① 石寿贵、高英伦收集整理。石寿贵（1951—2022），男，苗族，花垣人，祖传苗师“巴代雄”第32代掌坛师，客师“巴代扎”第11代掌坛师，湘西苗族古歌传习所非遗传承人；高英伦（1964—），男，汉族，花垣人，民俗学者。标题为编者所加。

苗族祖宗的原根，七迁八徙到此间。

从前我们好地方，古代居住家园宽。
种地是我们先做，冶炼是我们起先。
先立刑法来维护，苗族智慧真不浅。

苗族先人要搬迁，迁徙走出老家园。
从那大河两岸来，下游有七十一滩。
还有八十二个湾，都是一家人亲眷①。

呜呼呜呼呼……九天没过一滩涂。
木筏不比木船浮，木筏真的难划出。
哦吼哦吼吼……九天没过一湾河。
木筏重了难划过，船重真的划不活。

大家划船到了岸，陆地没有路可走。
理那溪沟上大山，阿约阿哈齐声吼。
接起布匹上山涧，树藤扯人上山沟。
上到山头把气叹，要找地盘来养口。

从那烂岩滩上走，往那烂砂滩上来。
白水黑水涨潮流，黄水浑水浪头宽。
系船系在大岩石，系筏系在大岩块。
经过烧坛烧歪口，烧罐烧得嘴偏偏②。

者吾者西迁一次，二次腊哈和腊兄。
占楚占朴山水秀，梅最梅见窄又空。
便潮冬绒云中走，泸溪泸岘水坝中。
窝绒打者山背后，金龙黄土十字冲。
迁徙迁了七八次，八次迁徙到吕洞③。

上登瀑布大流砂，上面就是半空中。
来到龙孔和吉卦，让烈上过到金龙。
苟尼莽高山祖大，连接又到黄土坪。
建会结社就在那，发满各地坐满人。

吕洞山区才议话，把话讲开了一层。
九缸酒水甜酒花，甜酒舀送遍六亲。
九十九腿长凳大，坐上男子和女人。
苟木苟处肉官霸，报窝保命又保魂。
甲架报客到四下，建鼓结社在高岭。
跳完鼓歌才分家，一些走去一边行。

---

① 传说，苗族先祖由九夷、九尤、九雄、九蛮、仡熊、仡夷、仡猫、仡勾、大芈等71个大部落、82个小部落组成，也就是俗话中的“七十一兄、八十二弟”，居住地平坦广阔，水草丰美。

② 苗族是从黄河流域迁徙而来，沙滩、黄水等是黄河流域景象。

③ 所述地名，与前记迁徙歌大致相同。

分支分姓分爹妈，分宗分族在此分（图 4-2-9）。

图 4-2-9 湘西苗疆古营道（湘西苗族调查组勇士衡 摄于 1933 年 6 月）

（二）湘西土家摆手歌 · 迁徙歌①

土家族源远流长，从先秦“巴人”“廪君蛮”、唐宋“澧州蛮”“澧州蛮”，逐渐演变为今天的土家族。

《摆手歌》是土家族巫师和摆手掌坛师在舍巴节活动中所唱古歌的总称，由四大部分——人类起源歌、民族迁徙歌、农事劳动歌及英雄故事歌组成。其中，民族迁徙歌叙述土家族先人由乌江两岸跋山涉水，迁居酉、澧流域的历史事件②。

1. 翻山越岭

火龙亮堂堂，歌手都进场。
跳起来，唱起来，人高兴，神欢乐。
大家鼓着眼睛看我，张起耳朵听我唱歌。
大家盛情难却，我顾不得口舌笨拙。
唱毕兹卡③的祖宗，怎样在这里生根落脚。
祖辈代代流传下的话，不是我信口开河。

燕子飞过九重天，九重天外好地方。
麂子翻过万重山，万重山外有廊场。
毕兹卡的祖宗来路远，经过千险和万难。
从十迷洞上来的，从十排楼走来的，
从十八坪上来的，从那黑那巴走来的，
翻过千山万岭，渡过千潭万水。

① 录自彭勃、彭继宽：《摆手歌》，北京：外语教学与研究出版社，2018 年，第 210-225 页。编者有删节。

② 参见蒋响元：《筚路蓝缕 以启山林——湖南古代交通史（史前至清末）》，北京：人民交通出版社，2020 年，第 118-119 页。

③ 毕兹卡（土家语 Bifzivkar 音译），土家族自称，意为本地人。

走过麂子走过的路，攀过猴子攀过的山。
跨过螃蟹爬过的沟，踩过鲤鱼漂过的滩。
拐棍拄断了九十九根，草鞋穿烂了九十九双。
太阳出来动身走，太阳落山才歇脚。
记不清走了多远，说不清走了多久。
寻找安身之地，一直没有停歇。

2. 乘舟迁徙

山路走到尽头，绿水挡住去路。
看着，看着，
漂来一条小船，浮在水面飘荡，
鸡蛋壳壳做成的哩，这条船不能上。
看着，看着，
漂来一条小船，浮在水面漂荡，
芭茅杆杆做成的哩，这条船不能上。
看着，看着，
漂来一条小船，半截沉在水里，
青枫木做成的哩，这条船不能上。
看哩，看哩，
漂来一条小船，轻轻浮在水面，
是杉木板子做成的哩，就上这条船吧。

社巴公公上船来，社巴婆婆上船来，
各家公公上船来，各家婆婆上船来。
田家，向家，王家，彭家，
张家，李家，鲁家，覃家……
各家姑娘、妹妹，各家哥哥、各家姐姐，
骑马的下马，骑骡的下骡。

鼎罐锅子搬上船，路上要煮饭吃哩。
柴刀斧头莫忘了，路上用它砍柴烧。
打猎的套子，捉鱼的钩、网，
打虎的虎叉，捉猴子的麻套，
样样东西装上船，样样路上有用场。
竹卦要带来，路上还要问神灵。

王龙也尺要带上，路上还要玩社巴。
一样一样都装齐，样样装在背笼里。
上了船，开了船。
人多了，船满了，驾起小船开走了。

3. 迁居王村、龙马咀、芭茅坪

大风呼呼吹，水上掀起浪。
心莫跳，脚莫软，
船在水面行，顶着风浪穿。
前看蓝蓝一线，后看绿绿一片。
清早太阳水上出，晚上太阳水中落，
船行几天几夜，谁也记不清楚。

远处横着一条绿绳，绿绳越看越粗。
近看不是绿绳，
迎面山岭，一线河岸。
见到河岸芭蕉叶，见到河岸翠竹林，
鸟儿天上飞，斑鸠、野鸡跑。

天上一看天窄了，地上一看地窄了。
水窄浪急，船行不息。
船过四方溪，滩陡、河窄、浪激。
到了坎滩、风滩，船行像射箭，
浪花打进船舱，崖礁要咬船底。
齐心合力，牙关咬紧。
背纤的，嘴巴舐着石壁；
撑船的，屁股贴在船底。
哎嗬，哎嗬，汗流完，力使尽！
闯过坎滩、风滩，船到莫托溪。
望天不见天，两岸大树遮住，
看水不见水，满河落叶盖满。

船过石马潭，又过双溶州，
望见雪花洞，雪花飞满天，
望见九龙斤，地势好凶险。
船过罗依溪，又过占潭口，
看天天开阔，看地地开展。
古木参天，白鹤飞翔，
竹子青青，王村到了。
这里是安身之处，这里是落脚之所。
要留下的这里留下，要前行的继续开船。
飞籽成林，各奔前程。

船过重重险滩，绕过重重石山。
天一下开朗，到了老司岩。
猴子岩坎上打秋千，老鸦树枝上报音讯。
一到老司岩，见到老司公公。
老司公公岩上贴，神志奕奕好气魄，
头发披起吹牛角，怒火冲天斗妖龙。

妖龙厉害未斗胜，从此贴壁留真身。
“老司公公吔，借你关口过一过，
保佑平安无风波。”

眼看大河分了岔。
河从两处来，人分两路行。
那条河水绿油油，这条河水黄澄澄。
各上各的山，各走各的路。
两只木船分河行，各找地方好归根。
两只木船分了手，河道朝天不同路。

浪第翁洛过了，莫色巴列过了，
他沙苦列过了，西车也车过了，
木船到了龙马咀，天宽地阔好廊场。
青青的山林，翠绿的竹林。
麂子见人不跑，白鹤见人不惊。
野果熟透，无人采摘。
岸边绹起船，手软脚也软。
草上软绵绵，一睡大天明。
林中画眉叫，天上燕子飞。

留的留下吧，走的再上船。
牙替泽过了，甫也排过了，
列必洞过了，到了芭茅坪。
前面一看，芭茅遮天，
后面一看，芭茅盖地。
野猪这里做窝，狐狸这里安家。
宽广芭茅坪，正好留些人。

留的留下，走的再走，
杀日恰兆过了，细棒那条过了。
到了洗洗口，河中岩头挡住路。
公公，婆婆，男的，女的，
大的，小的，老的，少的，
站在船上，看到岸上。

岸上是些什么人哩？
嘴巴像水瓢，鼻孔像灶孔，
脚杆柱头粗，眼睛像灯笼。
满脸都是毛，叽叽卡卡笑。
舞脚舞手，喊喊叫叫，
怪模怪样的人过来了。

社巴公公走上前，笑眯眯，开言道：
“天长路远这里来，翻山过水这里来，

今天宝山借路过，借条大路请让开。”
公公言语实在好，他们叽叽咕咕笑，
哩哩喇喇吹起来，叮叮咚咚响起来，
缩脚缩手让开，闪出一条大路。

4. 再迁勺哈、黑咱苦列、风洞

走水路的上船，走旱路的上岸。
上岸的，爬在岩坎走，攀着葛藤行。
上船的，背着纤绳走，撑着木船行。
水旱路不同，流的汗一样。
船上人歇息，船泡在水里，让船吃水吧。
岸上人歇息，马放草坪里，让马吃草吧。
歇人不歇咀，大伙来猜谜：
“那是什么人？‘黑则黑则’挑担来，桑木扁担会闪断！”
“那是送饭的，‘黑则黑则’挑饭来，桑木扁担快闪断。”
“那是什么人？一根竹篙拿在手，一撑一撑撑不停。”
“那是撑船人，一根竹篙拿在手，一撑一撑撑不停。”
“那是什么人？一根绳索背着的，猴子一样爬坎行。”
“那是拉纤人，一根绳索背在身，猴子一样爬坎行。”

莫歇了，莫猜了，看到太阳要落山。
坐船的下河，走路的赶路。
走了多少水程？行了多少水程？
谁也讲不清。

翻山过坳看一看，又到一个新廊场。
勺哈到了，地方真好，
天也阔来地也宽，对对白鹤飞天边，

中间流过绿水，四周环绕高山。
绿竹丛中画眉叫，白岩山上猴子跳。
好山好水好落脚，好山好水好生根。
勺哈廊场天生成，社巴公公说分明：
“走的走，留的留，走些人，留些人，
走的留的要分手。”

一同走了好几年，经过千艰和万难，
日子久了难分手，大家吃餐离别酒。
杀了三十六头水牯，蒸了几担几斗米酒，
虽有肉和酒，人多吃不够，
肉只分得一坨，酒只喝得一口，
到底多少人？谁也不清楚。
人多要分家，树大要分丫，
飞籽能成林，各自奔前程。

儿子孙子多了，社巴公公给分家。
……分的分了，拿的拿了。
留的留下，走的动身。
拄着拐棍，穿着草鞋。
猴子在前引路，麂子在前探信。
走哩，走哩，翻了九重山，过了九重坳，
腿走肿了，脚走泡了，到了黑咱苦咧。

黑咱苦列是什么光景？
树木苍翠上云霄，油油绿绿不见天。
流水看不见，绿叶盖满了。
山上开满野花，树上挂满山果。
这是福天福地，就在这里落脚。
茅草割三捆，大树砍三根，
搭成茅棚，这里定根。
桃花开了三次，阳雀叫了三回，
这里过了三年六个月，这里苦了三年六个月。

这地方太荒凉，这地方太冷清。
只听麂子闹，没听狗子叫。
只听画眉吵，没听公鸡叫。
只听猿猴啼，没听人声笑。
没有讲话处会变哑巴，没有人做伴会变单身，
墨咱苦列不住了，好的地方再寻找。

天上月亮刚落，穿起草鞋动脚。
翻过高山峻岭，跨过溪涧深沟。
渴喝山泉，饿食山果；树荫下歇，岩脚下睡。
走哩，走哩，到了风洞地方。
风吹水流，猴子喊伴。
花果满山，鸡叫虫鸣。
大树砍九根，茅草割九捆。
这是好地方，盖起茅屋来安身。
风洞地方落了脚，风洞地方定了根。

5. 继迁弄泽、龙山

风洞地方好，儿多孙多了，
屋小挤不下，路窄走不了。
风洞住几年，又找好廊场。
月亮刚落动身，穿起草鞋起程。
山路走不尽，水流无尽头。
要找好的地方，一路很辛苦。

走过首泽那洞，到了弄泽弄里。
大家歇歇脚，看看弄泽坡。
那边坡上有群羊？
不是羊，是群麂子在吃草。
那边坪里一群鸡？
不是家养鸡，是群锦鸡在捉虫。
那边树上挂灯笼？
不是红灯笼，柑子熟了吊着哩。
树藤上头挂宝珠？
不是珠，吊着串串山葡萄。
弄泽地方好安家，就在这里起屋住下。

大家辛辛苦苦，开垦这块荒地。
太阳没出就上山，太阳落土未归屋。
过了几年几月，做尽艰难功夫，
手板磨破，脚板换皮，肩膀磨肿，脸上长角。
大田开了九十九丘，大坪开了九十九块。
陈谷装满三仓，黄豆也有三仓。
布衣缝了九十九件，腊肉三年吃不完。
子子孙孙发得多，像是遍山竹笋。
一个水潭难藏几条龙，一座山头难住这多虎，
一个地方住不下那多人，只好另找安身立业之处。

天上月亮未落，穿起草鞋动身。
软不得腿，松不得劲，
像老鹰飞，像麂子跑。
草鞋穿烂一双双，拐杖拄断一根根。
背晒成壳，脚板变厚，
脸上长牛角，胡子成鼠窝。
经过千难万险，找到地方没有？
公公山头打望，手摸胡子在笑，
龙山是长住之所，龙山是生根地方（图4-2-10）。①
处处青山绿水，处处鸟语花香。
野鸡飞，锦鸡啼，斑鸠唱，走兽跳。
白云罩山头，清泉流进洞。
毕兹卡奔波迁徙，暂时唱到这里。

（三）瑶族迁徙歌

瑶族属于迁徙性山地民族，名称最早见于《梁书·张缵传》：“零陵、衡阳等郡有莫徭蛮者，依山险而居，历政不宾服。”唐代诗人刘禹锡《蛮子歌》：“蛮语钩舟音，蛮衣斑斓布。熏狸掘沙鼠，时节

① 原文是“这里”，编者根据第六章（本书略）内容，推测为“龙山”。

祠盘瓠。”是瑶族“还盘王愿”祭祀活动的早期记录。

图 4-2-10 1957 年的龙山洗车河镇（陈庭茂 收集）

1. 千家峒歌[1]

瑶族史上，长期流传着千家峒传说。清代开始，演绎了多次寻找失落家园的千家峒运动。

千家峒（今江永县千家峒瑶族乡）土地肥美，是瑶族重要聚居地（图 4-2-11）。元大德九年（1305），官府派兵围剿。瑶王将一只牛角锯成 12 节，分发 12 姓瑶民，约定 500 年后返回千家峒，凭牛角相认。古本《千家峒》记载了十二姓瑶民逃离家园情景：“大德九年三月十九日，众瑶人起脚出千家门楼，上桑木源。过了枫木凹下云盖，来到道州浮桥，过了三日三夜不断丝。”官府发现后，截断浮桥。瑶民“有一半转回九疑山，有一半过了永明地界……”

图 4-2-11 江永县千家峒瑶族跳庙节（欧晓泉 摄）

---

① 综合广西瑶学会《瑶学研究》第一辑（桂林：广西民族出版社，1993 年）、瑶族文化网等资料，有删节。

祖先住在千家峒，四面高山团团围。
千家峒口雾腾腾，十二姓瑶人立寨村。
峒中良田几万亩，山林茂密土地肥。
瑶人住有千把家，生活过得好富华。

京差进峒要官粮，蒋大官人发大兵。
老少商量应变计，退出千家山外行。
人逢乱世难躲开，朝廷兵勇进峒来。
蒋大官人发兵到，二十七营围上来。

层层官兵人马众，峒中老少难阻拦。
众人商量离峒走，千家大峒又抛荒。
日也行来夜也行，走过千山万重岭。
来到广东乐昌府，珠玑巷地又落根。

2. 十二姓瑶人游天下①

据瑶族史诗《盘王大歌》（图4-2-12）②，瑶人迁徙时段约在宋代至明代。其中，“《十二姓瑶人游天下》是瑶族古往今来迁徙史的全面记述”③。

图4-2-12 传唱《盘王大歌》（永州非遗馆 供图）

盘古开天又立地，又造江河又造田。
刘三歌曲慢些唱，先唱瑶人出世源。
瑶人出世武昌府，满目青山到处游。
龙头山上耕种好，老少乐业世无忧。

请问妹，细问瑶人古根源。
龙头山上住几年，请妹传唱告我知。

① 潘雁飞：《瑶族史诗中所表现之瑶人迁徙的文化意识》，《湖南科技学院学报》，2008年第11期。
② 郑德宏、李本高：《盘王大歌》，长沙：岳麓书社，1988年。
③ 潘雁飞：《瑶族史诗中所表现之瑶人迁徙的文化意识》，《湖南科技学院学报》，2008年第11期。

寅卯八月开山种，耕种五谷好收成。
龙头山上住七载，世不太平心暗忧。

请问妹，问妹为何心暗忧？
龙头山上阳春好，日子好过怎忧愁？
龙头山上本是好，马鹿骚扰透心忧①。
阳春受灾无法保，姊妹商量出山游。

请问妹，丢了青山哪里走？
哪年哪月出山外？请妹详细唱缘由。
景定元年四月八，姊妹一齐到海边②。
众人商量渡海去，人齐心齐找山源。

请问妹，天宽海阔到哪边？
几时上船过大海？海上行船多少天？
辰时开船过大海，四十九天海中间，
困在船中无可奈，海阔天宽哪是边？
船困海中难靠岸，日起日落四九天。
众人船头许大愿，请保众人船拢边。
船头许下盘王愿，许下良愿保人丁。
盘王圣帝开恩典，定下辰时船拢边。
盘王圣帝遂人愿，准保辰时船靠边。

老幼上岸何方去？哪山哪岭立家园？
离船上岸到广东，乐昌宝地且安身。
天林山上立村寨，青山开好种阳春。
老少落住天林山，祖王管下好多年？
哪年哪月开山地，又逢何事跑家园？
恭德王祖丙寅年，正月十二离家园。
二十四年为下种，又逢乱世丢山源。
天林山上日子欢，天逢反乱度日难。
天林山上遭何祸？老幼惊慌躲过山。

二十四年长毛反③，长毛反乱不平安。
十二姓瑶人心忧急，拖儿带女又过山。
瑶人老少遭大殃，丢了天林去外山。
青山万重何处去？何处青山把身安？
老少忧愁心无计，手拍胸前无路走。
过山落户千家峒，砍山种地再开头。

---

① 指自然灾害和兵乱。郑德宏、李本高整理译释《盘王大歌》中另一首《过山根》说迁徙原因是："寅卯二年天大旱，江河枯竭十里摊，青山竹木自燃火，江河无水鱼死完。"

② 江华和蓝山的瑶语中，"湖"和"海"是同义词汇。瑶族先民原居洞庭湖北部，后不断向南迁徙，所谓飘洋过海，是指瑶人渡过洞庭湖。参见姚舜安：《瑶族迁徙之路的调查》，《民族研究》，1988年第2期。

③ 指地方叛乱，非太平天国运动。

青山脚下千家峒，山宽地肥好安身。
落在峒中多少年？哪样大祸落峒村？
落住峒中六十年，开山种地好年成。
官府公差把峒进，逼交皇粮送京城。

人逢乱世难躲开，朝廷兵勇进峒来。
蒋大官人发兵到，廿七营马围上来。
层层官兵人马众，峒中老少难阻挡。
众人商量离峒走，千家大峒又抛荒。

瑶人退出千家峒，爬山涉水开路行。
瑶人世上无出路，何处安身才太平？
跨山越岭到桃源，桃源峒里好过年。
落住桃源多少岁？郎请娇娥唱金言。

小妹少知古根源，桃源峒里住七年。
山猪马鹿坏阳春，有种落土无收成。
聪明小妹唱根源，离了桃源到哪边？
哪王坐朝哪一岁？何年何日出桃源？

郎哥莫笑妹歌言，明朝洪武丙寅年。
正月初四齐移步，黄塘龙炸又落根。
娇妹唱传古根源，黄塘龙炸落下根。
黄塘龙炸住多久？开山种地几多春？

黄塘龙炸立寨村，开山耕种百余春。
十二姓瑶人各立寨，安居乐业敬祖人。
后人要记当初事，供奉盘王代代传。
始祖根源莫抛落，添香换水万万年。

3. 其他迁徙歌

其一①

寅卯二年天大旱，深山竹木尽焦枯。
到处官仓无粒米，到处学堂无卷书。
到处深坑无水踏，到处深塘无细鱼。
瑶人无水又无米，只得携儿把家迁。

其二②

山过山，一山更比一山难；
铜条拐杖也柱断，铁线草鞋也磨穿。
血泪落在草叶上，大旱三年晒不干；
过山瑶呵过山瑶，山路几时走得完？

① 姚舜安：《瑶族迁徙之路的调查》，《民族研究》，1988 年第 2 期。
② 苏胜兴：《千家峒及瑶族迁徙生涯》，《文史春秋》，1995 年第 6 期。

（四）侗族迁徙歌

侗族来源有江西吉安、广西梧州、当地土著等观点。《靖州乡土志》记，靖州姚氏于南宋末自江西吉安迁来①。《三江侗族自治县志》称，汉人先由吉安迁会同，与土著峒民融合，演变成今天的侗族②。吉安说应是族群融合的结果。

《侗族祖先哪里来》③ 收录20首侗族古歌（图4-2-13）中，11首提及从梧州迁出，6首叙述从吉安外迁。根据梧州说，侗族先民系溯浔江、融江抵三江，或逆都柳江入黔，或溯林溪水迁通道、靖州等地④。

流传湘桂黔边境的侗族迁徙史诗，主要包括三方面内容：一由梧州溯浔江、融江迁徙；二自江西吉安迁来；三是各宗姓搬迁、定居。第一部分称《祖公上河》，第二、三部分称《祖公落寨》⑤。

图4-2-13　大歌（杨华民 摄于通道屯堡镇）

1. 祖公上河（节选）⑥

我们侗家的祖先，落在什么地方？
就在梧州那里，就在浔江河旁，
从那胆村⑦一带走出，来自名叫胆的村庄。
沿着大河逆水上，为寻生路离家乡。
……
侗家祖先沿着河，在前行走把路探，

---

① （清）光绪《靖州乡土志》，卷二，清光绪三十四年刻本。
② 三江侗族自治县志编纂委员会：《三江侗族自治县志》，北京：中央民族学院出版社，1992年，第126页。
③ 杨国仁：《侗族祖先哪里来》，贵阳：贵州人民出版社，1981年。
④ 张民：《从〈祭祖歌〉探讨侗族的迁徙》，《贵州民族研究》，1980年第2期。
⑤ 邓敏文：《〈祖公上河〉的成因与侗族族源》，《贵州民族研究》，1987年第4期。
⑥ 杨国仁：《侗族祖先哪里来》，贵阳：贵州人民出版社，1981年，第31-40页。
⑦ 胆村，位于梧州一带。

过了融河过涌尾①，又过河口名高安②，
急急前行不停留，沿着大河不拐弯。
……
戊戌年，落在平瑞、丙梅；
己亥年，落在解脚、岑抱；
甲午年，落在高增、平求、银良；
丁卯年，落在小黄、岜扒③。

2. 侗族款词——我们祖宗勒石合款（节选）④

款词，侗族特有的一种传统文学样式，主要依靠口耳相传，明清以后才出现汉字记侗音的款词手抄本。

到了乾隆十八年，咱们的祖宗竖碑合款。
沿榕江开辟了十塘，一直从老堡口到达石碑地方。
沿岸开辟了十塘，两边山上也开了十塘。
开辟了千户林溪；开辟了千户武洛江⑤；
开辟了千户苗江；开辟了千户高步⑥；
开辟了千户南江⑦；开辟了十塘沿河地带。

3. 祖公落寨（节选）⑧

《侗族起源之歌·祖公落寨》罗列100余处侗寨，其中通道境内有双江、黄柏、杆子、吉利、黄土、坪坦、高步、高团、阳烂、上粟（今团头）、下粟（今文坡村属）、播阳二黄、独坡八寨、梓坛、中步、路塘、蒲头、都垒、芙蓉、金殿等28个侗寨，沿袭至今。

（1）建立独坡八寨⑨

金基二月进到八寨，金曲、纤才进到高崖寨，
匠盖三年进到河头寨，都罗、满万进到庙竹寨，
龙颂导进金坑寨，迁互进到治大寨，
满互进到地坪寨，杨三将进到独坡寨。
座落在下游的是独坡寨，座落在源头的是高崖寨，
座落在中游的是瓜村罗寨。
上上下下，人来人往。
这一带地方，祖辈十五人，父辈十五人。

---

① 融河：即融江；涌尾：即广西三江侗族自治县洋溪乡勇伟村。
② 高安：即广西三江侗族自治县富禄苗族乡高安村。
③ 丙梅、解脚、岑抱、高增、平求、银良、小黄、岜扒均位于贵州从江境内。
④ 广西壮族自治区少数民族古籍整理出版规划领导小组办公室：《侗族款词·汉文侗文对照》，南宁：广西民族出版社，2008年，第537-538页。
⑤ 武洛江：位于今广西三江侗族自治县八江乡。
⑥ 高步：位于今通道侗族自治县坪坦乡高步村。
⑦ 南江：位于今贵州黎平县龙额乡。
⑧ 摘自杨权、郑国乔：《侗族史诗：起源之歌（第3卷）》，沈阳：辽宁人民出版社，1988年。
⑨ 杨权、郑国乔：《侗族史诗：起源之歌（第3卷）》，沈阳：辽宁人民出版社，1988年，第70页。

（2）建立二黄八寨

其一①

讲到金鸡、二黄、八寨一带地方的村寨，
金郭、看田进高崖寨，里太进高亚寨，
溪五进地坪寨，满富进治大寨，
天尚公进独坡寨，都华、树万进水田寨，
林导进金坑寨。
六寨立有六个寨老，山林田地立有八人专管。
这一带地方，
有两个款首掌管事，有两个公鸡报时辰，
掌管地方严，声名远扬地方治得好，
你道这带地方归哪里管辖？这带地方款属松树坪。

其二②

金鸡、二黄、八寨，金国、干财两人进高崖寨，
李太、沈田两人进高河寨，都华、水干两人进水团，
罗富、丁万两人进庙竹寨，林边、龙富两人进金坑寨，
满富进治大寨，天富进地坪寨，
金边进八坳，杨三将进独坡寨。
高崖寨在源头，独坡寨在下游，
木瓜寨在中游，骆团在周围，
合为一款，款坪立在金瓜坪头。

（3）建立瓜寨一带侗寨③

未讲到哪一带地方，先讲讲瓜寨一带。
金国地方好进，“也头”石万才进庙竹④。
满太巡检进高崖⑤，古户进治大。
满户进瓜寨，龙刀进金坑，杨王南将进独坡⑥。
八个氏族怎样，八个家族如何。
下游的村子是独坡，上游的村子是岩老、落寨，
中间的村子是瓜寨。
这里我们以动脚为勤俭，用胸膛为挡箭牌⑦。
修建村寨安居，开辟田园度日。

① 杨权、郑国乔：《侗族史诗：起源之歌（第3卷）》，沈阳：辽宁人民出版社，1988年，第63页。
② 杨权、郑国乔：《侗族史诗：起源之歌（第3卷）》，沈阳：辽宁人民出版社，1988年，第56-57页。
③ 杨权、郑国乔：《侗族史诗：起源之歌（第3卷）》，沈阳：辽宁人民出版社，1988年，第66-67页。
④ “也头”指侗族寨与寨之间集体做客队伍的带头人。
⑤ 满太，人名。巡检，官名，主要设在关隘要地，属州县指挥。
⑥ 杨王，人名。南将可能是他的官职。史载，明代封赏“有功人员”进侗族地区当长官、土司者不乏其人。
⑦ 以动脚为勤俭喻不怕苦，用胸膛为挡箭牌喻不怕死。

(4) 建立贵银、金满一带侗寨①

下游的村寨是下堞,
贵银、金满好进入,还有无平、治大。
善通、银条好进入,还有沽洞、寨存。
保花、水用好进入,还有中步、治大。
顺龙、顺烂好进入②,六甲五方③。
双生还在④,双宝是掌管时辰人。
十二祖公,十五房族。
有坟地葬,有被窝睡。
社会要严密,逼紧也不好。

(5) 建立梓坛、中步一带侗寨⑤

其一⑥

庚辰那年,开辟了梓坛、中步一带村寨。
在下游的是厦泽寨,在源头的是路塘寨,
在中游的是梓坛、中步寨。
都气、国龙、曹洞、金满、乌平、治大、暴禾、寨洞,
和梓坛、坪寨合为一款。

其二⑦

庚申年间,建立了梓坛、中步一带村寨。
坐落在下游的是厦泽寨,坐落在源头的是路塘寨,
坐落在中游的是梓坛、中步和龙井寨。
曹洞、金满,乌坪、治大,暴禾、石颂,
塘寨、本寨,馨才、馨坐,
源头的路塘寨犹如蛟龙在那个地方⑧。
这一带许许多多村寨,是最好的人住的地方。

第三节 船工号子

"饥者歌其食,劳者歌其事。"⑨ 船工在行舟过程中,为协调动作、鼓舞干劲,创作了形式独特、实用性强的民间艺术——船工号子。

船工号子主要由呼喊性虚词构成,由一人领唱、众人同声相和,起句高亢激昂,和声低沉有力,

---

① 杨权、郑国乔:《侗族史诗:起源之歌(第3卷)》,沈阳:辽宁人民出版社,1988年,第73页。

② 贵银、金满、下堞、无平、治大、善通、银条、沽洞、寨存、保花、水用、中步、顺龙、顺烂均为地名。其中的中步、治大原属绥宁县,今属通道陇城乡。其余待考。

③ 六甲指六甲人,相传他们在很早以前从广东沿江而上,到现在的广西三江、贵州榕江一带落户。

④ 双生指人和畜。

⑤ 梓坛、中步一带原属绥宁县,现属通道陇城乡,有数十个村寨分布在梓坛河沿岸。

⑥ 杨权、郑国乔:《侗族史诗:起源之歌(第3卷)》,沈阳:辽宁人民出版社,1988年,第75-76页。

⑦ 杨权、郑国乔:《侗族史诗:起源之歌(第3卷)》,沈阳:辽宁人民出版社,1988年,第77-78页。

⑧ 本首所列寨子名和其一并不完全相同。其中厦泽、路塘、梓坛、中步、曹洞、金满、乌平、治大、暴禾等寨是一致的。龙井和石颂两寨前者作国龙寨洞,而都气、塘寨、本寨、馨才、馨坐五寨,前者没有提及。

⑨《公羊传·宣公十五年》。

演唱时与劳动节奏配合，旋律粗放，节奏明快，气势磅礴。为调剂船工情绪，领唱者常即兴编入一些含义明确、生动风趣的唱词，穿插在劳动呼声中表述。

1956年，中央民间音乐收集小组来澧县收集船工号子，后由国家歌舞团到匈牙利演唱《澧水船工号子》，获得国际民乐大奖。

1959年，洪江贮木场职工米仁早在北京民间音乐会上演唱排筏号子，表现了沅水船工在险滩风浪中斩波劈浪、激流勇进的情景。著名音乐家贺绿汀曾专程来洪江采录沅水号子，并为其谱曲①。

一、湘水流域

拖船号子（潇水）②

（领）我打号子……你要（欧）力呀！（众）啊欧嗬，呀呦！
（领）众位伙计……帮个（欧）忙啊！（众）啊欧嗬，呀呦！
（领）船下无水……船难（欧）拖啊！（众）啊欧嗬，呀呦！
（领）这是一个……木板（欧）船呀！（众）啊欧嗬，呀呦！

该曲常在过浅滩、船工们拖船时歌唱。

上滩号子（潇水）③

（领）哟火……哟火！（众）火火火……哟火哦！
（领）呀呀呀呀呀……哟！（众）喳喳喳喳喳……喳！

收索号子（湘江中下游）④

（领）湘潭（里）开（也）头哎！（众）喂哟！火呵喂哟！火呵！
（领）兴马（里）俄（也）州哎！（众）喂哟！火呵喂哟！火呵！
（领）枯马（里）猴（也）石哎！（众）喂哟！火呵喂哟！火呵！
（领）西湖（里）桥（也）上哎！（众）喂哟！火呵喂哟！火呵！
（领）长沙（里）开（也）头哎！（众）喂哟！火呵喂哟！火呵！
（领）望昭（的）山哎！（众）哎也哦！哎嗨哎呀！咧嗨！
（领）巴鸡（的）滩哎！（众）哎也哦！哎嗨哎呀！咧嗨！
（领）南湖（的）港哎！（众）哎也哦！哎嗨哎呀！咧嗨！
（领）石栏（的）杆哎！（众）哎也哦！哎嗨哎呀！咧嗨！
（领）到铜（的）官哎！（众）哎也哦！哎嗨哎呀！咧嗨！
（领）达目地哟哎！（众）哎也哦！哎嗨哎呀！咧嗨！

搁浅号子（衡南）⑤

号子不打力不齐，我打号子你着力，
加力加力再加力，帮忙全靠众兄弟。

---

① 洪江市志编纂委员会：《洪江市志》，北京：生活·读书·新知三联书店，1994年，第555页。
② 吴远华：《非遗保护与澧水船工号子研究》，苏州：苏州大学出版社，2014年，第72页。编者有改动。
③ 吴远华：《非遗保护与澧水船工号子研究》，苏州：苏州大学出版社，2014年，第73页。
④ 吴远华：《非遗保护与澧水船工号子研究》，苏州：苏州大学出版社，2014年，第73-74页。
⑤ 衡南县民间文学集成编委会：《中国歌谣集成湖南卷·衡南县资料本》，内部发行，1987年，第9页。

纤夫号子（长沙）[①]

啊嘞，用劲拉嘞！
脚爪子钩泥腿莫弯嘞，纤绳拉得笔笔直嘞！
拉得乌江子过急滩，到得长沙港把船弯。
啊嘞，齐用力嘞！
桅杆拉得弯弯扭嘞，篾绳子拉得滑滑溜！
受苦受磨几时休，家中有米又有油。

涟水艄公号子（娄底）[②]

嘿哟！嘿哟！
驾船愁呀驾船愁，解愁还须妹点头。
不怕急流和浅滩，就怕单身寂寞游。
嘿哟！嘿哟！

二、资水流域

木板号子（益阳）

木板子几嘞船几吖，划来划依哟嘞！
划来划依哟嘞，划来划依哟嘞！
娇莲嘞生得吖，白呀漂的亮吖！
划来划依哟嘞，划来划依哟嘞……

过滩号子（安化）[③]

哦嘿喂……
资江河上一百零八滩哪，纤狗子过滩像过鬼门关！
过得滩去算你狠，死在滩上是好汉！

毛板号子（新化）[④]

呜……啰啰啰，嗨……嗬！
毛山毛树锯毛板，毛钉毛货毛板船，
河水一发人上劲，四板橹桡闯江天，
酒酹恶浪吞山岳，纸烧烟雨逗龙缠，
篙点悬崖提命走，舵板急滩祭神鞭，
舵工血肉喂鱼肚，折落骨头再撑船！
呜啰啰……嗨啰啰，嗨……嗬……嗨！

---

① 中国民间文学集成编辑委员会编：《中国歌谣集成·湖南卷》，北京：中国ISBN中心，1999年，第104页。

② 中国民间文学集成编辑委员会编：《中国歌谣集成·湖南卷》，北京：中国ISBN中心，1999年，第105页。

③ 1986年2月2日采录于安化县梅城镇，演唱者吴老官。录自益阳地区民间文学集成编委会：《中国歌谣集成湖南卷·益阳地区分卷》，内部发行，1994年，第45页。

④ 新化县志编纂委员会：《新化县志》，长沙：湖南出版社，1996年，第991页。

毛板船系一次性承运煤炭、生铁的舟船，兴于清嘉庆年间（1796—1820），唯资江水系独有，因采用不刨光的松木板制成，故名毛板船。

摇橹号子（新化，见图4-3-1）①

（领）噢噢……噢噢……噢噢！

（合）嘿左……嘿左嘿！

（领）噢噢……噢噢……噢噢！

（合）嘿左嘿……嘿左嘿……嘿左嘿！

（领）噢噢……噢噢……起翅了！

（合）嘿左嘿……嘿左嘿……嘿左嘿！

（领）噢噢……靠橹手……噢噢！

（合）嘿左嘿……嘿左嘿……嘿左嘿！

（领）噢噢……噢噢……噢噢！

（合）嘿左嘿……嘿左嘿……嘿左嘿……嘿左！

（领）噢噢……噢噢……噢噢……噢噢！

（合）嘿……嘿左嘿……嘿左嘿……嘿左嘿！

（领）噢噢……噢噢……噢噢……噢噢！

（合）嘿左嘿……嘿左嘿……嘿左嘿……嘿左嘿！

（领）噢噢……噢噢……噢……噢嗬！

（合）嘿左嘿……嘿左嘿……嘿左嘿……嘿左嘿！

图4-3-1　摇橹工［（美）甘博（Gamble）摄于1917—1919年间］

边橹号子（邵阳）②

（领）呵火……呵火！呵罗罗罗……呵火！

（合）嗨呀嗨！嗨……嗨呀！

（领）喂嗨，喂哩喂呀！呵嗨……呵嗨……呵……呵呵！

（合）嗨呀嗨！嗨……嗨……呵呵嗨！

（领）呵罗罗罗，嗨呵！好橹……紧摇……紧摆！

① 吴远华：《非遗保护与澧水船工号子研究》，苏州：苏州大学出版社，2014年，第76-78页。

② 吴远华：《非遗保护与澧水船工号子研究》，苏州：苏州大学出版社，2014年，第81-82页。

（合）嗨嗨！嗨……嗨……嗨！
（领）呵嗨……呵罗罗罗喂！呵火……呵嗨！
（合）嗨嗨……嗨嗨！
（领）摇得好啊……喂嗨！呵火……呵火！
（合）哎嗨……嗨呀……嗨呀！
（领）喂哩喂呀……喂嗨！喂嗨……摇得好啊！
（合）嗨呀……嗨呀……嗨！
（领）呵火……喂嗨！哎哩喂呀！呵火……好橹！
（合）嗨呀……嗨呀……哎……嗨呀……嗨！
（领）紧摇……紧摆……摇得好啊！嗨嗨……呵罗罗罗喂！
（合）嗨嗨……嗨……嗨……嗨！
（领）呵火……哎嗨……哎嗨！
（合）嗨呀……嗨呀……嗨呀！

三、沅水流域

沅水号子（沅陵，见图 4-3-2）①

阎王岩，本凶险，老板魂魄没挨边。
船儿上了清浪滩，老板才把心放宽。
上水船儿吼又吼，庙角脱水全溇洲。
偏口铜钉垫子上，自生桥儿实无双。
河家滩，是潭口，扯起风篷往上游。
小宴溪，乌鸦口，船儿快得如梭走。

图 4-3-2 演唱《沅水号子》[（沅陵）刘红梅 摄]

放排号子②

（领）排靠号子！（众）哟嗬嘿！
（领）马靠鞭啰！（众）哟嗬嘿！

① 沅陵县地方志编纂委员会：《沅陵县志》，北京：中国社会出版社，1993 年，第 603 页。
② 解黎晴：《陬市，沅水下游的一处水码头》，《潇湘晨报》，2022 年 5 月 11 日。

（领）不怕风浪！（众）哟嗬嘿！
（领）高过天啊！（众）哟嗬嘿！
（领）过了一滩！（众）哟嗬嘿！
（领）又一滩啰！（众）哟嗬嘿！
（领）滩水好比！（众）哟嗬嘿！
（领）蛟龙翻啰！（众）哟嗬嘿！
（领）大家齐心！（众）哟嗬嘿！
（领）用劲搬啰！（众）哟嗬嘿！
（领）飚了一滩！（众）哟嗬嘿！
（领）又一滩啰！（众）哟嗬嘿！

拉纤号子（图 4-3-3）①

（领）呃，扯倒的过！（众）嗨！
（领）拉倒的来呀！（众）嗨！
（领）加把的劲啰！（众）哎嗨哟！
（领）自由地干啦！（众）哎嗨哟！
（领）呀那嗨哟！（众）呀那嗨！
（领）呀那嗨哎！（众）呀那嗨！
（领）呃，扯倒的过！（众）嗨！
（领）加油的拉呀！（众）嗨！
（领）拉倒的过来哟！（众）哎嗨哟！
（领）加把的油啰！（众）哎嗨哟！
（领）呀那嗨哟！（众）呀那嗨！
（领）呀那嗨哎！（众）呀那嗨！

图 4-3-3　旧时拉纤情景

① 尹忠：《远逝的沅水排歌》，《民族论坛》，2011 年第 23 期。

摇橹号子[①]

哎呜，哟罗嗨呜！看准方向啰嘿，对着来呀哈！
梁山伯与祝英台呜，好夫妻呜！外哟啰嗨，哎呜呀哈！
我爱妻子哎呜，妻想郎哎呜！黔城下去哎呜，是险滩哈！
哎呜，哟啰嗨呜！朋友弟兄哎呜，各自量哎呜！
冲出险滩哎呜，齐作力呀呜！
哎呜，哟啰嗨呜！燕子归窝哎呜，要上梁呀呜！
喜鹊紧飞哎呜，老鸦快跟哈！
哎呜，哟啰嗨呜！各显神通哎呜，抖力量呀呜！
各位朋友呀呜，一齐上呀哈！两脚颤抖哎呜，赛上梁呀呜！

长河摇橹号子（麻阳）[②]

伙计们哪，嘿！加油摇哪，哈！
长河号子哪，嘿！喊起来哪，哈！

船行江中哪，嘿！往下看哪，哈！
前面有个哪，嘿！大码头哪，哈！
一群姑娘哪，嘿！洗衣裳哪，噫！
叫声姑娘哪，嘿！你仔细听哪，哈！
问你今年哪，嘿！多少岁哪，哈！
问你订亲，嘿！没订亲哪，哈！
姑娘那个，嘿！要你问哪，啊！
订不订亲呀，嘿！轮不到你哪，哈！
小心我的棒槌哪，嘿！打扁你的嘴哪，噫！
打是亲来哪，嘿！骂是爱哪，哈！
妹要打哥哪，嘿！你上船来哪，嘿！
只怕你那棒槌哪，嘿！像棉花棍哪，哈！

伙计们哪，嘿！加把劲哪，哈！
莫让水鬼哪，嘿！把船翻哪，哈！
闯过险滩哪，嘿！抽袋烟哪，哈！

八百里洞庭哪，嘿！酒一盅哪，哈！
怎比我长河哪，嘿！浪醉人哪，哈！
打起号子哪，嘿！摇起橹哪，哈！
吕家坪上哪，嘿！唱花灯哪，耶！
花灯唱的哪，噫！天仙配哪，嗨！
哟嗬嗬嗬嗬！哈咯咯咯咯！

号子取名源于沈从文以麻阳为背景创作的小说《长河》。2019年，长河摇橹号子入选怀化市级非物质文化遗产（图4-3-4）。

---

① 湖南省地方志编纂委员会：《湖南省志·民俗志》，北京：五洲传播出版社，2005年，第599页。
② 长河，即沅水支流辰水。录自张家和：《长河号子声》，《湖南作家网》，2018年8月8日。

图 4-3-4 演唱《长河摇橹号子》（滕树明等 摄于麻阳吕家坪）

四、酉水流域

酉水号子（沅陵到重庆秀山县石堤镇）[①]

三垴九峒十八艄，七十二岩拢石堤[②]。
多少在岸上，多少在水里？
爱玩爱耍，哎呵……篙上浪哪，哎呵……
堂板开在嘛，哎呵……西湖墙哪，哎呵……
丝瓜井里，哎呵……不像样哪，哎呵……
哪个有钱嘛，哎呵……调出堂哪，哎呵……
新隆街梳子，哎呵……亮光光哪，哎呵……
吃酒吃饭嘛，哎呵……鸡窝巷哪，哎呵……
伙计们吃烟，哎呵……矮城墙哪，哎呵……
哎呵……哎呵……哎呵哎呵……
哎呵……哎呵哎呵呵……呵……（以下句中衬词同上）
左脚踏在桃源洞，右脚踏在烂船洲。
鸡公打架莫翁子，张果老放排是穿石。
姊妹修行姊妹山，敲经念佛明月庵。
兄弟相争麻叶湖，船儿拢了清浪滩。
遍地落雪是白溶，文司九艄有一凶。
妹妹紧来嫂嫂松，老弟要绁坛子溶。
莲子滩，不好弄，船儿拢了高鱼洞。

① 1986年6月采录于保靖。口述人张家才，时年86岁，土家族船工，隆头乡兴隆村人；姚茂先，时年61岁，土家族船工，比耳乡比耳村人。龙顺虎、刘黎光搜集整理。录自保靖县民间文学集成办公室：《中国歌谣集成湖南卷·保靖县资料本》，内部发行，1987年，第17-22页。

② 石堤古镇位于重庆市秀山县，酉水南源北源交汇处，是旧时辐射川（渝）鄂湘黔的重要商埠。

弟兄多了好喜欢，船儿拢了白月滩。
大河涨水往东流，沅陵坐了九龙头。
小菜出在王草尾，萝卜出在和尚洲。
卖菜大姐你莫捱，对门有对鸳鸯岩。
沅陵府，沅陵城，四门景致本有名。
一千三百垛子墙，七十二个土地堂。
四十八脚到城隍，七十二脚到府隍。
县城隍，府城隍，铜壶滴漏府堂上。
东馆老爷坐得高，生意买卖通河桥。
东馆豆腐西馆酒，叫化子坐在西子口。
白河（酉水别称）船，生灾难，进口就是燕子滩。
白箭头，是小街，美女正坐梳头岩。
万国九州岛共条天，瓦厂烧火透青烟。
蛤蟆岩，不算岩，乌宿庙佬打草鞋。
乌宿有个踏骨滩，二边浠水（回旋漂洒的水）往上穿。
踏骨滩，红水坪，下姓孙，上姓陈，中间坐的杂姓人。
四方溪，下茄滩，铁麻溜，打腰站（船工小息）。
金花宝殿吼一吼，画眉飞过雀笼口。
高起头，下茄滩，油滩脚下吃中饭。
风流岩，不算岩，上头有个烧火岩。
钻字岩，本有名，文武百官认不真。
若是哪个认真了，一船金来一船银。
板栗蛴，张家滩，那岔脚下把船弯。
踩脚岩，三枪岩，上面有个靠船岩。
雷打岩，高又高，两边浠水往上漂。
竹林蛴，不好搞，一腰头来二腰梢。
洞溶开头是华溶，观音（岩）镇坐河当中。
脱了三凤是二凤，船儿正到刺巴弄。
镇溪沙湾要弯船，兄弟伙计吃杆烟。
小刺滩，大刺滩，鲁王正坐石马潭。
杉木溪口一长缆，颗颗汗水摔八瓣。
腰弓背驼把岩攀，爬到石门吃中饭。
苦瓜开花黄花溜，鲨鱼孕子茄滩头。
公羊坪，顺江滩，观音正坐普陀山。
观音正坐普陀岩，顺岗波浪涌起来。
司溶溢，司溶洞，莫松虾子不好弄。
虾子（岩）背上一点红，双溶有个绕鸡笼。
会溪坪，铜柱溪，麻滩要绁岩槽里。
麻滩脱水①石马溪，青鱼（岩）生角见得稀。

---

① 脱水，出水，皆指船舶越过了滩头急流。

闪溪罗依吼一吼，花滩出水箭潭口。
王村潭儿长又长，酒船弯在河中央。
二字岩，丢过河，王村饮酒笑呵呵。
有钱大哥吃四两，无钱大哥把手搓。
王村码头高又高，老板称肉一坨泡。
吃一半，留一半，响水洞脚吃中饭。
吃了中饭排草鞋，求儿求女老司岩。
老司岩上吹牛角，列夕脱水牛渡河。
渣洞溜，三百洞，船儿绁进刺巴弄。
一个青瓜圆又圆，义槽脱水白溪关。
白溪关上打一望，兵马难过铁城墙。
汆水孔，三转弯，生坏三门一根滩。
香炉洲，傻那艄，头纤牙吾[①]要受得。
南渭洲，小地名，马角（岩）脱水是信坪。
四季陡滩来得快，三篙滩儿撑放赖[②]。
要坝长滩一长缆，塘湾脚下吃中饭。
大鹞子，小鹞子，鹞子飞过盔甲滩。
柳树湾，高得岔，十个老板九个怕。
第一打得张二瞟，第二打得米元大。
第三第四无法数，第六打得曹太如。
石楼洞，雀儿岩，船儿要继望乡台。
教场坪，教场滩，敲念经佛狮子庵。
保靖码头很有名，“天开文运”[③] 在对门（图 4-3-5）。
龙也叫，虎也叫，保靖邀杠（打牙祭）一定要。
酒四两，肉半斤，豆腐两块不要称。
末船哥哥你莫捱，船儿拢了鸬鹚岩。
黄狗恋窝吼一吼，八部大王坐江口。
陡滩脱水不好弄，脱水才拢锣鼓洞。
锣鼓洞前吼一吼，船儿沙沙往上走。
棋盘滩，棋盘岩，八峒神仙下棋来。
砂磨岩，界牌岩，两个岩头河里排。
界牌岩，满天星，驼碑老虎战兢兢。
铁炉磨勾来得快，牯牛（岩）爬上芭茅寨。
石维窄口不好弄，桡子插在水坝洞。
水坝洞，观音岩，顺江波浪波起来。
田丘子，哑鱼滩，哑鱼滩上一长缆。
龙头坐有两样官，文官坐在坡头上，武官坐在猪鼻湾。

---

① 头纤牙吾，指人拉的纤绳与总纤绳相连的栓子。

② 撑放赖，指撑船撑得精疲力竭。

③ “天开文运”是湘西土家族苗族自治州最大的摩崖石刻，位于保靖县城西水老码头（俗称中码头）酉水北岸崖壁间。“天开文运”四字从右至左横排，颜体，阴文，浑厚遒劲；左有光绪十七年（1891）孟夏月刊九字。

末船哥哥你莫捱，头船拢了送亲岩。
送亲岩，黄牛滩，虎王正坐猫儿山。
一个鸡蛋两个黄，小凤滩脱水是岩梁。
比耳潭里宽又宽，莫急脱水天平滩。
天平滩，天平岩，新寨潭里一纤抬。
蜂子（岩）飞到高崖处，沙刀砍断婆婆树。
八面山高一只船，船儿拢了橹皮滩。
橹皮滩，来得快，龙岩上头撑放赖。
末船哥哥你快来，杨家滩，一纤抬。
船儿拢了上龙岩，伙计慢慢把船摆。
康家大门宽又宽，船儿又拢牛屎滩。
牛屎滩，你快来，船儿弯在草包岩。
草包岩，把船弯，到了石堤好喜欢。

图 4-3-5　保靖“天开文运”摩崖石刻（汪石凌 摄）

号子唱到了酉水沅陵到重庆石堤水路沿途地名及险滩航行技巧（图 4-3-6）。

上滩号子

（领）洞庭溪！（众）咳哈！
（领）壶头山！（众）咳哈！
（领）伏波难过清浪滩！（众）咳咳哈！①
（领）艨艟溪！（众）咳哈！
（领）拜一拜！（众）咳哈！
（领）抗倭子弟包去来！（众）咳咳哈！②

---

① 该段号子透露了东汉伏波将军马援征五溪蛮、困死于壶头山的旧事。
② 艨艟溪为酉水支流，位于保靖县境。明嘉靖年间（1522—1566），土司王彭荩臣奉调江浙抗倭，在此造艨艟战船得名。

图 4-3-6 演唱《酉水号子》(唐世兴 摄)

摇橹号子

雀儿孔来雀儿岩（哟嗬），船儿要移望乡台（哟嗬）。
教场滩来教场坪（哟嗬），跑马射箭比输赢（哟嗬）。
螺蛳滩来进了潭（哟嗬），酉水号子喊一番（哟嗬）。
到了保靖看一看（哟嗬），对门就是狮子庵（哟嗬）。
狮子庵来丢过河（哟嗬），拢了码头观音阁（哟嗬）。
保靖码头生得平（哟嗬），天开文运在对门（哟嗬）。

划桨号子

船儿到了王村河（哟嗬），王村酒船笑嗬嗬（哟嗬）。
有钱哥们喝四两（哟嗬），无钱哥哥把手搓（哟嗬）。
大鷂滩来小鷂滩（哟嗬），鷂子难飞盔甲滩（哟嗬）。
柳树湾来高头岔（哟嗬），十个老板九个怕（哟嗬）。
凤滩茨滩不算凶（哟嗬），就数双溶绕鸡笼（哟嗬）。
绕鸡笼来想脱险（哟嗬），各位大使齐声喊（哟嗬）。

拉纤号子

洗车河（哟嗬），河口宽（哟嗬），踩水背纤卵不干（哟嗬）。
上陡滩（哟嗬），实在难（哟嗬），庙溪烧香进龙潭（哟嗬）。
凉风洞（哟嗬），拉家比（哟嗬），黄连洲过上黄泥（哟嗬）。
龙洞湾（哟嗬），猫脑壳（哟嗬），曳纤杀牛考手脚（哟嗬）。
猫儿滩（哟嗬），大坝坪（哟嗬），西兰卡普盖有名（哟嗬）。

木排号子（保靖）①

（一）拉缆

吔哟嗬，哎 呀！吔外约嗬，哎 呀！吔哟 哟，哎 呀！
吔哟嗬，哎 呀！吔外哟嗬，哎 呀！啊 啊 啊……

（二）放排

大河涨水啊好放排，放排人儿啊喜心怀。
不怕滩险浪又高啊，水排放下洞庭来。
哎 哎啰哎啰吔，嗨嗨呀吔哟，嗨啰！
嗨哟 嗨呀喂喂哟，嗨呀喂喂哟，嗨呀喂哟，嗨呀！
哎啰哟嗬吔，哎哟吔，河下这个玩艺哇，不好玩哎呀！
哎嗬，呀嗬哎啰，呀啰嗨，嗨哟，嗨呀喂喂哟嗨呀！
喂喂哟，嗨呀！喂喂哟，嗨！喂喂哟，嗨！

五、澧水流域

澧水号子②

之一 上水更比下水难（三么台）③

拉起铁锚扯起帆，顺风顺水好行船。
昨夜歇在慈利县，今日满载到新安。
白：搁起哒（指船搁了浅）！搁起哒！下水抄船喽！
把衣儿裤子穿起，开船喽！
撑转船头背起纤，稳住船舵把招扳。
一滩更比一滩险，上水更比下水难。

之二 一路号子满河滩（数板）④

一人掌舵众划船，过了一滩又一滩。
过了樟木到三江，转眼又到大龙潭。
顺水过了杨岭岗，一眼望见宝塔尖⑤。
唱了一台又一台，一路号子满河滩。

之三 澧水河上常行船（平板）⑥

澧水河上常行船，洗衣姐儿认得全。
棒锤催我把路赶，"转来记得带绸缎"。
洞庭湖麻雀吓大了胆，恶水险滩不怕难。
闯过擂鼓⑦到新安，到了合口歹（吃）中饭。

---

① 湖南省文化厅：《湖南民间歌曲集成》，长沙：湖南文艺出版社，2008 年，第 1238-1239 页，有删节。

② 1986 年 12 月采录于石门县二都乡宝塔村。演唱者向多才，男，时年 50 岁；搜集者马泽之，男，时年 44 岁，石门县文化馆副馆长。录自石门县民间文学集成办公室：《中国歌谣集成湖南卷·石门县资料本》，内部发行，1987 年，第 19-21 页。

③ 三么台，澧水号子调名，多用为起板。

④ 数板，号子调名，又称低腔，主要用于深水行船、船工用力摇橹或是在深水行船、两船比赛时所唱，曲调多为上、下两句，先领后和。

⑤ 石门县城对河二都乡宝塔村有明代七层古塔，行船望见此塔尖，即说明快到石门县城。

⑥ 平板，澧水号子调名，节奏徐缓，常用于平水行船。

⑦ 擂鼓，即石门县与新安镇之间的擂鼓滩。

一橹一橹推向前，今晚津市好弯船。

慈利澧水号子①

杉木橹来楠竹篙，哎嗨嗳呀嗨！
一橹一橹扯伸腰，呀儿呀儿何咳嗨！
铺头底下起白泡，哎嗨依呀嗨！
尾巴后头拖条橹，水涨船高过天桥。
世人不知水上好，神仙也难通奥妙。
游山游水游天地，无忧无愁乐逍遥。
莫看我是船古佬，八百里洞庭任我飘。
一涨一退山溪水，一反一复小人心。
路遥才能知马力，日久自然见人心。
画虎画皮难画骨，知人知面不知心。
山中长有千年树，世上难逢百岁人。
长江后浪推前浪，一代旧人换新人。
人情似纸张张薄，世事如棋局局新。
不信但看筵中酒，杯杯先劝有钱人。
你我走水在一起，同船五百年修成。
都是几个做工佬，为儿为女卖性命。
又是钱粮又是款，又要捉你当壮丁。
屋里赶得住不得，躲到船上当力人。
有个昏君秦始皇，想保江山万年长。
他怕胡人犯疆邦，修筑一座万里墙。
可怜百姓遭了殃，好多儿郎无处藏。
好个书生范杞良，捉去北国修城墙。
慈利杰女孟姜女，想念丈夫望断肠。
一心要把丈夫见，走遍万水和千山。
千辛万苦到长城，哪里找到杞良君。
漫山遍野好凄惨，孟姜女，放声哭。
天昏地黑突然变，哭倒长城八万里。
杞良尸骨在石内，包好骨头把路寻。
节孝感动天地灵，神仙出来暗保佑。
平平安安回家门，安葬丈夫守节贞。
这是一段真情话，千古万代久留名。
可恨那个秦始皇，焚书坑儒害贤良。
只到胡亥第二世，两年就把江山亡。
善恶到头终有报，秦国亡了归汉朝。
船儿得意向前进，驾船人儿也爽心。
八百洞庭好歇船，万里长江歇船人。
天一大亮执篙桨，准备开船赶路程。

① 2023年10月26日，慈利县非遗保护中心杨慧供稿。

尽管昨日睡得迟，今朝还是赶早奔。
不喊号子心里慌，喊个号子帮个忙。
别的话，我不讲，讲个宋朝英雄将。
自古忠臣无好死，奸臣也没好下场。
一郎死，二郎亡，三郎马踏如泥浆。
四郎改名招驸马，五郎削发做和尚。
六郎把守三关上，七郎箭射把命丧。
八郎失踪在番邦，令公丧命在两狼。
八姐巧把幽州闯，金沙滩上多死亡。
可惜杨家遭大难，只剩一个杨文广。
河里走水闯波浪，好比武将上战场。
放滩走险心不急，全靠艄公把舵掌。
看花避浪慢慢摇，免得撞到岩头上。
人家的货自己命，安安静静过条江。
交货上岸结了账，好在街上把酒尝。

澧水船夫曲①

哦，哦哦，哦，嗨哦嗨！哦哦嗨！
哦嗨！哦哦哦哩喃，嘿嘿！嘿嘿！
伙计们啊！嘿嘿！加把劲哪！嘿嘿！
用力摇哇！嘿嘿！往前赶哪！哦，嗨哦嗨！
嘿嘿！嘿嘿！摇起那个橹来，鼓起那个劲哪！哦嗨！哦嗨！
嘿嘿！嘿嘿！伙计们哪！嘿黑！要用劲哪！嘿嘿！
板劲抬哇！嘿嘿！向前冲呵！哦嗨！哦嗨！
不怕那个水急，哦喃哦喃！滩又哎陡哇，哦喃哦喃！
嗨嗨嗨嗨嗨！嗨嗨嗨嗨嗨！嗨嗨嗨嗨嗨！嗨嗨嗨嗨嗨！
哦，嘿嘿！嘿嘿！嗨哦，嘿！嘿！嘿！嘿！嘿！

高山有雨四处飘（慢板）②

（领）高山呀，有雨呀！（齐）嗨呀！我的嗨呀！
（领）四处呀，飘喂！（齐）嗨呀，我的嗨呀！
（领）船工呃，好比呀！（齐）嗨呀，我的嗨呀！
（领）坐天牢喂！（齐）嗨呀，我的嗨呀！嗨呀，我的嗨呀！
（领）撑不动，篙喂！（齐）嗨呀，我的嗨呀！
（领）搬不动，桨来啊！（齐）嗨呀！我的嗨呀！
（领）罐罐儿呀，煨饭嘞。（齐）嗨呀，我的嗨呀！
（领）吃不喂，饱喂。（齐）嗨呀，我的嗨呀！嗨呀，我的嗨呀！

---

① 朱铁蓉回忆，韩罕明整理。韩罕明，广西合浦人，曾任湖南音乐专科学校、湖南大学教授，湖南省文联作协秘书长等职。

② 慢板俗称“三幺台”，多用于深水缓行摇橹时所唱，速度较慢，歌词即兴编唱，曲调深沉、稳重。

大河涨水好放排（平板）

（领）大河哇，涨水哟！（齐）哦呀嗬哦呀！
（领）哎呀嗬哦嗬！（齐）幺妹子儿嗬咳！
（领）好放排呀嗬！（齐）哦嗬哦嗬！
（领）头帮啊，去哒哟！（齐）哦哦嗬！
（领）哎呀嗬哦嗬！（齐）幺哇妹子儿嗬咳！
（领）二帮呀，来呀嗬嗬！（齐）哦嗬哦嗬！

不知水浅是水深（快板）[①]

（领）哎哦！哦罗罗罗哦哟嗬！哦罗罗罗！
（齐）嗨！嗨！嗨！
（领）嗨 哦里嗬 得 啊！路边潭潭 得 啊！
（齐）嗨！嗨呀！嗨呀！
（领）绿茵茵哪 得 啊！
（齐）嗨呀！嗨呀！嗨呀！
（领）不知水浅 得 是水深哪 啊！
（齐）嗨呀！嗨呀！嗨呀！
（领）啊 啊哟罗嗬 哦里嗬！
（齐）嗨！嗨！嗨！嗨！

有钱难买女艄公（快板）[②]

（领）哎喔！（齐）咳！（领）哦嗬！（齐）咳！
（领）哦的嗬！（齐）咳呀！（领）哦！（齐）咳呀！
（领）哦！（齐）咳呀！
（领）杉木尾子！（齐）咳呀！（领）得！（齐）咳呀！
（领）五色棚！（齐）咳呀！（领）得！（齐）咳呀！
（领）有钱难买！（齐）咳呀！（领）得！（齐）咳呀！
（领）女艄公啊！（齐）咳呀！（图 4-3-7）

船靠号子马靠鞭（数板）[③]

（领）船靠号子，（齐）哟嗬嘿！
（领）马靠鞭哇。（齐）哟嗬嘿！
（领）不怕风浪，（齐）哟嗬嘿！
（领）高过天哟。（齐）哟嗬嘿！
（领）过了一滩，（齐）又一滩哇！
（领）滩水好比，（齐）蛟龙翻哟！
（领）大伙齐心，（齐）合力搬哇！

---

① 快板又名“高腔”，主要在船只路过险滩，船工们与急流搏斗时所唱，曲调简短，接近口语，高亢激越，节奏明快急促，大部分没有歌词，近乎呼喊。

② 演唱者：张国炎；采录者：福生。1986 年采录。

③ 演唱者：张得银；采录者：覃柏林。1986 年 10 月录于临澧县合口镇。

（领）个把滩儿，（齐）不为难哟！

图 4-3-7 女艄公［（美）甘博（Gamble）摄于 1917—1919 年间］

撬船号子①

（领）搁起哒呀！（齐）嗨哟！（领）下水撬呀！（齐）嗨哟！
（领）使把劲啦！（齐）嗨哟！（领）水齐腰呀！（齐）嗨哟！
（领）卵冻硬呀！（齐）嗨哟！（领）不要紧呀！（齐）嗨哟！
（领）硬到底呀！（齐）嗨哟！（领）婆娘喜呀！（齐）嗨哟！
（领）船在动呀！（齐）嗨哟！（领）板一舵呀！（齐）嗨哟！

摇橹号子②

（领）飙过险滩！（齐）嗨呀！（领）心欢畅哟！（齐）嗨呀！
（领）这段河面！（齐）嗨呀！（领）水不黄哟！（齐）嗨呀！
（领）尽是高山！（齐）嗨呀！（领）没娇娘哟！（齐）嗨呀！
（领）伙计们啦！（齐）嗨呀！（领）莫胡想哟！（齐）嗨呀！
（领）家里婆娘！（齐）嗨呀！（领）在张望哟！（齐）嗨呀！

六、洞庭湖区

绞锚号子（岳阳）③

（领）哦火也哩外哟……哩外哟……呀罗哦火哦嗯！
（合）哦……哦火哦火也……嗨罗嗨！
（领）嗨呀……嗨罗拉哩火嗯……呀那嗨罗哦火嗯！
（合）嗨呀哦哩嗨……嗨呀哦哩嗨！
（领）下前锚哦……嗨呀哦哩嗨嗯！

① 易继强记录。
② 易继强记录。
③ 吴远华：《非遗保护与澧水船工号子研究》，苏州：苏州大学出版社，2014 年，第 92-94 页。

（合）嗨呀哦哩嗨……嗨呀哦哩嗨……嗨呀哦哩嗨！
（领）哦火哦火哦嗯……嗨罗哦哩嗨嗯！
（合）嗨罗哦哩嗨……嗨罗哦哩嗨！
（领）火罗火哩嗨罗嗯……嗨哟！嗨绞起来哟！
（合）嗨罗哦哩嗨……嗨罗哦哩嗨！
（领）嗨呀我的嗨也嗯……哦罗哩嗨哟嗯！
（合）嗨罗哦哩嗨……嗨罗哦哩嗨！
（领）嗨罗哦哩嗨嗯……哦火嗨哩哦嗯！
（合）哦罗哩嗨哟嗨……嗯嗨罗哦哩嗨！
（领）嗨罗哦哩罗嗯……哦火嗨罗火嗯！
（合）嗨罗哦哩嗨……嗨罗哦哩嗨！
（领）嗨罗哦哩火嗯！
（合）嗨罗哦哩嗨！
（领）哦火嗨哦嗬嗯……嗨罗哦哩嗨呀！
（合）哎罗哦火嗨……嗨罗哦哩嗨！
（领）哎火火火，绞前锚嗯……嗨罗哦哩火！
（合）嗨罗哦哩嗨……嗨罗哦哩嗨！
（领）哦火火也哩外哟……哦！火哎哩哎也……火火咿呀嗨搬罗！
（合）火哎哩哎也……嗨罗哩嗨哦！

绞篷号子（岳阳）[1]

（领）嘿罗，吆哩罗嗬……嗯嘿，罗哩嘿罗！
（合）嗯……嗨哟嘿……嗯……咳外罗喂！
（领）嗯嘿罗，绞起来……嗯……见哩么哩，罗嗬嗬！
（合）嘿嘿罗，喂嗬嗨……嗯嘿罗，嗬嗨！
（领）嗯……嗨罗罗罗罗，嘿左！嘿左那！快把大棚绞起来！
（合）嗯……嘿罗，嗬嘿……嘿！
（领）嘿罗哦……得儿罗，哦嗬……嘿！
（合）嘿罗哦，嗬嘿……哪嗨罗哩嗨！
（领）罗哩罗嘿罗……嗯嘿那！顺风绞起来！
（合）唉嘿呀嗬嘿……嘿！
（领）嘿罗么哩罗嗬嗬……哪……嘿哩么哩罗嘿哟！
（合）嗨罗哦，嗬嘿……哪嗨罗，哩嗨！
（领）嗯……嘿那啥达嘿……嘿罗哦哩罗嘿罗！
（合）哪……嘿罗，嗬嘿……嗯……嘿哪哦，嗬嘿！
（领）嗯……哦哩罗，嘿哟……哩罗舍得儿喂！
（合）嗯嘿哦哩嗨……哪哦嗨，罗喂……嗯！
（领）哦嗬嘿哩外哟……哩外哟！
（合）嘿罗哦嗬嘿……哦嗬嘿哩外哟……哦罗哦罗嘿哟！

---

① 吴远华：《非遗保护与澧水船工号子研究》，苏州：苏州大学出版社，2014年，第94-96页。

（领）哦罗哦嗬……哦罗哦罗嗬……嘿罗吆哩嗨！
（合）哦罗哦罗嘿哟……嘿罗嘿罗嗨……嘿罗吆哩嗨！

摇橹号子（岳阳，见图 4-3-8）①

（领）摇橹哦嗬……摇橹哦嗬……摇橹哦……嗬哦嗬嗬！
（合）嗨呀……嗨……嗨……嗨！
（领）摇橹哦，嗬嗬呀嗬嗬……摇橹唉，嗬哦唉哦！
（合）嗨……哈……嗨……嗨！
（领）摇橹罗嗨……摇哦罗嗨……嗯哩罗嗨！
（合）哈……哈……嗨哈！
（领）摇橹唉哦哦唉哦……那快搬那唉，哦呀嗬嗬！
（合）嗨……嗨……嗨……嗨！
（领）作起劲来哦，唉哦……呀哩嗨哩哦，嗬哟嗬嘿！
（合）嗨……嗨……嗨……哈！
（领）呀哩嗨啦，哦唉哦……呀哩嗨啦哦，哦嗬哟嗬嘿！
（合）嗨……嗨……嗨……哈！
（领）哦嗬嗬……呀哦嗬……摇哩嗨哟，嗯哩嗨！
（合）嗨……哈……嗨……嗨！
（领）摇哦唉哦，摇哦哦嗬……摇哦唉哦，哦唉哦！
（合）嗨……嗨……嗨……哈！
（领）摇哦，哦嗬……摇起橹来，哦嗬！
（合）嗨……哈……哈……哈！
（领）作起劲来，哦唉哦……摇哦唉哦，哟哦哦！
（合）嗨……嗨……嗨……哈！
（领）摇哦唉哦，哦唉哦……摇哦唉哦，哦唉哦！
（合）嗨……嗨……嗨……哈！
（领）摇哦唉哦，摇哦哦……摇哦唉哦，哦唉哦！
（合）嗨……嗨……嗨……哈！
（领）哦嗬嗬，呀哦嗬……呀嗨哦嗬！
（合）嗨……哈……哦哦！

排挡号子（岳阳）②

（领）哦哩嗨……哦哩嗨……哦哟嗬！
（合）哦哩嗨……哦哩嗨……哦哟嗬！
（领）哦嗬嗬哦，排进来哟……喂哦哦嗬，哦嗬嗨！
（合）哦哦……也……哦嗬……嗨！
（领）吆喂喂喂嗨外哟……嗨外哟嗬，喂罗嗨！

---

① 吴远华：《非遗保护与澧水船工号子研究》，苏州：苏州大学出版社，2014 年，第 97-99 页。

② 吴远华：《非遗保护与澧水船工号子研究》，苏州：苏州大学出版社，2014 年，第 99-101 页。大船靠岸时，要把岸边停泊的船只用篙撑开，称为排挡。

（合）外哟外外哟……嗨哩哟外外哟！
（领）哩那，嗨哩吆得儿嗨……嘿呀！
（合）哦哩哟升哟嗬……哦哩哟哦嗬嗨！
（领）哎呀舍得儿哦……嘿呀呀嘿罗哦，得儿嗨！
（合）哩呀唉呀哦哩嗨！
（领）外外舍得儿……外哟哦……呃外哟嗬，呃罗喂！
（合）哦嗬和哦嗬和……哦嗬哟，外外哟！
（领）嗨哪外哟嗬……哩呀外呀，舍得儿罗！
（合）哦哟喂外哟嗬……嘿罗嘿嘿，罗嗬嗨！
（领）外外舍得儿……外哟哦！
（合）哩呀外呀呀，么哩嗨……外外哟，外外哟！
（领）外外哟嗬，喂罗哦……嘿哩么，舍得儿嗨！
（合）哦哟嗬，外哟嗬……哦嗬嘿哦，嗬嗬嘿！
（领）外外舍得儿，外哟嗨……嘿外哟，哟嗬嘿！
（合）哦哟嗬，外哟嗬……嗬哟嗬，外哟嗬！
（领）哩么舍得儿嗨……哦，外外哈哈哦！
（合）嘿哩哦，哦嗬哩……哦嗬哩，哈哦！

图 4-3-8 摇橹工［（美）甘博（Gamble）摄于1917—1919年间］

作缆号子（岳阳）①

（领）哦哟嗨……外外那也，啥哩哦……嗨哩哦火哦外！
（合）哦哟火……嗨哟，哦嗨哦！
（领）嗨哩吆……嘿哩外外哦，哦火嗨！
（合）嗨外外也哦火嗨……外外哟，外外哟！
（领）外外外外嗨外哟……外外哟火，外外耶！

① 吴远华：《非遗保护与澧水船工号子研究》，苏州：苏州大学出版社，2014年，第102-105页。大船沿岸扯篾缆拖行，称作缆。

（合）嘿外哟……外外哟！
（领）嘿哩外哩罗嗨……嘿，外哟嗨火哩罗！
（合）火嘿火外外嘿……火哩哦外外罗嗨！
（领）外哟火……外外哟哦，嗨罗哦……嘿！
（合）哦哟哦，外外哟……嗨罗哟外哟嗨！
（领）嗨哩外哩罗嘿……外外舍得儿，外哟火！
（合）嘿哟外哩嗨……火哩哟外外哟！
（领）哦火哎哦……哟嗬哦……外外哩嗬哦！
（合）哦火耶，哦火耶……嗨呀哦……嗬哩嗨！
（领）用力往外拉……外外嗨罗哩嗬耶！
（合）外外外哩嗨……嘿呀罗哩嗨！
（领）嘿左那，拖起来哟！嘿左哪，拖起来哟！
（合）嗨也啰哩嗨……嗯嘿哪，嗬喂哦！
（领）嘿哩耶哩嗬……哪嗨呀哩，嘿呀嗨哟！
（合）嘿罗哦，嗬嗨……哪嗨哟哩嗨！
（领）嘿哪紧紧拉！哪嘿哟哩那嗬嗬！
（合）那嗨呀嗬嗨……哦哩哪哟嗬嗨！
（领）哪嘿哟，嘿哩嗨左……嗨呀，拉起来！
（合）哪嗨哟哩嗨……嗯嘿呀嗬喂……哦！
（领）嗯，嗨吆哩嗨哩嗨……嗯，嗨哟哩嗨哟！
（合）嗨哪哦嗨嗨……嗯嗨哟哩嗨！
（领）嘿过哪山罗……嗨外哩嘿嘿嗬！
（合）嗯嗨呀嗬嗨……嗯嘿哪哟嗬嗨！
（领）哦嗬……嘿嗬！
（合）嗯嘿，哦哩嗨……哦哟哩嗬！

第四节 其他谣谚

除行船歌、放排歌、道途歌外，尚有反映船夫、纤夫、挑夫等生活状况的谣谚，以及祭路歌、踩桥歌、忏桥歌、拉木号子等。

一、地方民谣

常德民谣①

哈珊开便河，恩多怨亦多。百年千载后，恩在怨消磨。

元延祐六年（1319），常德路监哈珊令凿武陵县北到潜水驿便河，平时通舟，旱时灌溉。

慈利民谣②

说起佬来道起佬，手摇双桨是划船佬。

① 常德市地方志编纂委员会：《常德市志》，长沙：湖南人民出版社，2002年，第1549页。
② 慈利非遗保护中心杨慧供稿。

肩背挺杆是杀猪佬，捆蹄放血是杀牛佬。
打岩挑灰是灰古佬，满山跑的是看山佬。
水里飙滩是排古佬，提着木棍是打狗佬。
手持打杵背古佬，口中含铁阉猪佬。

桂东民谣

八面山，离天三尺三，人过要低头，马过要去鞍。

耒阳民谣①

莫道耒阳无好景，杜陵桥上一枝梅。

湘乡民谣

走尽天下路，难过�津渡。

清雍正元年（1723）湘乡万福桥修建之前流行。

湘东民谣②

真行善，修桥补路；假行善，吃斋念佛。

洞庭谣谚③

坐得船头稳，不怕浪来冲。
三桨当不得一篙，三篙当不得一橹，三橹当不得扯起风帆流。
行船走上风，一日得安宁；行船走倒风，寸步都难行。
行船要靠头桨硬，风浪要靠舵手稳。
帆高一尺，风高一丈。
船过得，舵也过得。
船到桥头自然直。
船到弯处必转舵。
船装千担，掌舵一人。
见风使舵，就水弯（停）船。

二、船夫谣

其一④

行船走马三分忧，逆水行舟更添愁。
撒手篙子一旁摞，一赶脚猪二守庙。

---

① （清）光绪《耒阳县志》，转引自耒阳市交通局：《耒阳市交通志》，内部发行，1991 年，第 358 页。
② 酃县交通局：《酃县交通志》，长沙：湖南出版社，1992 年，第 242 页。
③ 李跃龙：《洞庭湖志・下册》，长沙：湖南人民出版社，2013 年，第 839-840 页。
④ 其一、其二摘自株洲县交通志编纂委员会：《株洲县交通志》，长沙：湖南出版社，1994 年，第 138 页。

其二

城背岭对乌鸦山，山下便是昭陵滩[1]。

滩险水急怪石多，劝夫小心合伙过。

其三[2]

篙子水滴滴，弯船没饭吃。篙子一边撂，船烂干着急。

其四

有风宰相无风猴，险滩恶水添忧愁，

撑篙摇橹虽说苦，还有“绳运”[3] 在后头。

其五

深潭起鱼引浪来，山伯引来祝英台。

哥是大船漂四海，妹是小船紧紧挨。

其六

油菜开花一片金，桐子开花一片银。

金子银子妹不爱，单爱情哥驾船人。

其七[4]

船上人，水上行，有女莫嫁驶船人。

有朝一日船开了，只见码头不见人。

其八[5]

面朝黄土背朝天，褡布纤缆身上缠。

竹篙用来做伙伴，橹桨不高共枕眠。

船工歌（湘潭）[6]

其一

楠木钉船两头高，郎坐船头姐坐腰。

郎在前面看水路，姐在后面撑竹篙，不怕风浪万丈高。

其二

新钉大船把货装，半船鱼子半船姜。

养鱼还要新鲜水，栽姜还要老姜娘，船娘还要驾船郎。

其三

河里一位叔，手拿一杆竹，今日天不早，何不弯船宿？

河边柳发芽，树下一枝花，既然天不早，弯船傍你家。

其四

砍柴莫砍杉苏机，有女莫嫁驾船的。

太阳晒得船板烫脚板，撑船不管雪和霜，河风吹老少年郎。

---

① 昭陵滩位于株洲渌口，号称湘江第一滩。《读史方舆纪要·湖广六》：“昭陵滩，怪石屹立，水势汹涌，舟行每惮其险，即渌水合湘江处也。”清嘉庆十七年刻本。

② 其三、其四、其五、其六摘自朱三明：《湖南水路交通史60年》，长沙：湖南教育出版社，2015年，第373页。

③ 绳运，即拉纤。

④ 《湘西土家族苗族自治州交通志》编委会：《湘西土家族苗族自治州交通志》，长沙：湖南人民出版社，1993年，第421页。

⑤ 零陵地区交通局：《零陵地区交通志》，长沙：湖南出版社，1993年，第356页。

⑥ 湘潭市民间文学集成编委会：《中国民间歌谣集成湖南卷·湘潭市分卷》，内部发行，1988年，第28-30页。

其五

日头黄来快落山，郎要行船姐要弯。

郎要行船奔水路，姐要弯船把花探，人无两世在凡间。

其六

手撑篙子把船开，问声驾船哥哥几时来？

初三初四你莫望，十五十六定会回，带些绫罗绸缎把姐陪。

其七

新钉大船扯白篷，扯篷的是个女艄公。

十指尖尖随舵转，手牵力索口呵风①，好像莲台上坐的观世音。

艄公歌（衡东）②

轩辕帝，制船舟，从此水上得自由。
掌舵的，名艄公，自古相传到如今。
倒划子，小驳船，篙桨橹锚要备全。
长桅杆，冲上天，根根棕绳蓬上牵。
一只锚，三弯叉，炉筒仙人赐船家。
能装货，能载人，横渡直水都能行。
走下水，最轻松，顺水推舟笑盈盈。
走上水，要靠风，扯起半蓬或满蓬。
冒得风，要拉纤，只有拉纤累死人。
无风猴，有风相，咯句俗话真正像。
遇大风，舵把紧，劈风破浪才安稳。
驾船佬，虽自由，河风吹老少年头。

可怜我郎驾小船（安化）③

可怜可怜真可怜，可怜的我郎驾小船，
撑一篙来是肚向天，上起滩来真可怜。
可怜可怜真可怜，可怜的我郎驾小船，
急水滩头船难撑，慢些的上得好湾船。
宝庆船来是溜溜尖，不弯船来我走四川，
扯起那衣裳我划两划，划了益阳我划长沙。

摆渡歌（衡南）④

南风吹过哎北风来，我在河中呀把渡摆。
一年四季都不歇呀，浪打船头哟也要来（图4-4-1）。

---

① 篷索，船民称“力索”，船民在行船中常常口里发出“络络络络”的声音，据说可以唤得风来，俗称“呵风”或“逼风”。

② 衡东县民间文学集成编委会：《中国歌谣集成湖南卷·衡东县资料本》，内部发行，1987年，第26-27页。

③ 益阳地区民间文学集成编委会：《中国民间歌谣集成湖南卷·益阳地区分卷》，内部发行，1994年，第46页。

④ 湖南省文化厅：《湖南民间歌曲集成》，长沙：湖南文艺出版社，2008年，第401页，有删节。

图 4-4-1 渡河的轿舆 [(美) 甘博 (Gamble) 摄于 1917—1919 年间]

坐船歌（常宁）①

(男) 小驳子船跷连连，河里走水里眠。
男子坐船就三五吊，女子坐船不要钱。
(女) 船老板你莫乱言，吃你咯饭给饭钱，
喝你咯酒给酒钱，坐你咯呷船有船钱。

船民叹②

正月下河起，二月吃借米，
三月餐搭餐，四月难过关。
五月饿得哭，六月吃包谷，
七月谷正黄，八月吃新粮。
九月勉强过，十月吃红薯，
葭月不赚钱，腊月难过年。

排夫谣（祁阳）③

放排人，放排人，风里雨里过一生。
河风刮起人易老，有钱难买少年人。

纤夫谣④

其一

高山乌云即刻到，拉纤好比过天桥。
泥烂路滑难行走，汗水雨水流成槽。

---

① 湖南省文化厅：《湖南民间歌曲集成》，长沙：湖南文艺出版社，2008 年，第 408 页，有删节。

② 朱三明：《湖南水路交通史 60 年》，长沙：湖南教育出版社，2015 年，第 372 页。

③ 祁阳县志编纂委员会：《祁阳县志》，北京：社会科学文献出版社，1993 年，第 461 页。

④ 其一录自《国家级非物质文化遗产大观》编写组：《国家级非物质文化遗产大观》，北京：北京工业大学出版社，2006 年，第 55 页；其二、其三录自朱三明：《湖南水路交通史 60 年》，长沙：湖南教育出版社，2015 年，第 373 页。

其二

面朝河沙背朝天，手攀脚登爬向前。

急流险滩逆水上，饿断肝肠不离纤。

其三

脸对黄土背对天，搭布纤绳不离肩，

竹篙日日作伙伴，槽桨夜夜共枕眠。

三、挑夫谣

箩夫，即官府或商贾转运货物所雇挑夫（图4-4-2），又称“脚夫”“脚役”或“漕佣”“码头工”。

图4-4-2 挑夫［（美）甘博（Gamble）摄于1917—1919年间］

箩夫谣

其一（株洲）①

一根扁担两只箩，天天码头去担货。

若遇码头没有货，抱着扁担蹲墙脚。

官府差役难应酬，客死他乡尸难收。

吃两头卖中间，年老无人管，乞讨在檐前。

其二（株洲）②

一根扁担两只箩，肩胛压塌背压驼。

七折八扣九五兑，常年难得米下锅。

其三

世人皆说黄连苦，脚夫命苦胜黄连。

少壮挑箩遭盘剥，缺衣少食屋半间。

老来病残无依靠，沿门乞讨蹲屋檐。

熬到伸腿断气日，破席卷尸黄土掩。

① 株洲县交通志编纂委员会：《株洲县交通志》，长沙：湖南出版社，1994年，第138页。

② 其二、其三摘自株洲市交通志编纂委员会：《株洲市交通志》，长沙：湖南出版社，1993年，第454-455页。

其四（常德）[①]

肩夫苦，肩夫苦，一条扁担两只篓。
白天走的羊肠道，晚上睡的硬板铺。
腰也酸，腿也疼，当牛做马活受磨。
换来烂衣苦菜饭，单身一世无老婆。
港口码头工头占，工钱无几生活难。
脚行轿行卖苦力，肩挑背负受熬煎。

其五（衡阳）[②]

脚夫身处三条“蛇”，饥饿寒冷和皮鞭；
工头手中三件“宝”，拳头绳子和钢刀。

其六

养女莫嫁脚夫郎，天天挑担饿断肠。
身无一件遮体衣，一生睡的冇脚床。

其七（长沙）[③]

正月两脚不歇气，二月落雨冒生意，
三月四月钻被窝，五月生意有转机。
六月伏天驮盐包，七月干货压弯腰，
八月换季扛棉花，九月秋风望天涯。
十月靠借阎王债，十一二月雪中背豆麦。
可怜爷娘给我两条腿，保不住一人一张嘴。

其八[④]

盖的是金丝被（麻袋），睡的是冒边床（扁担），
干的牛马活，喝的对时汤。

码头工（衡阳）[⑤]

其一

码头工人上了岸，不卖河水便讨饭。
筒子打米纸包盐，又冻又饿过日难。

其二

码头工，码头工，早晨像虾公，
中午像雷公，晚上窝里拱。
一年到头空空空。

---

① 常德地区交通局：《常德地区交通志》，长沙：湖南出版社，1992年，第335页。
② 其五、其六摘自衡阳市江东区地方志编委会：《江东区志》，合肥：黄山书社，1999年，第542页。
③ 长沙市志编纂委员会：《长沙市志·第十五卷》，长沙：湖南人民出版社，2000年，第207页。
④ 湖南省地方志编委会：《湖南省志·民俗志》，北京：五洲传播出版社，2005年，第263页。
⑤ 衡阳市江东区地方志编委会：《江东区志》，合肥：黄山书社，1999年，第541-542页。

挑盐歌

其一（桂阳）①

一根扁担翘尖尖，手拿扁担去挑盐。
走了多少泥浆路，过了多少石头山；
喊了多少老板娘，睡了多少硬地板；
受了多少寒和热，吃了多少急火饭；
肩膀磨破脚走烂，老婆孩子饿肚肠。

其二（嘉禾）②

一根扁担两头梭，两个箩筐八根索。
天光挑起忙忙走啊，月挂中天冒歇脚。
睡了好多无脚床啊，喊了好多老板哥。
吃了好多急火饭啊，塘水河里当酒喝。
穿烂了好多禾草鞋呀，扁担磨起肩膀破。
流了好多包谷汗，一年四季打赤膊。
走了好多泥浆路呀，爬过一坡又一坡。
发了好多泥鳅痧呀，躺在路边喊哎哟。

其三（祁阳）③

桐树担杆软绵绵，打发丈夫去挑盐。
早回三天不要紧，迟回三天当半年。
床上眼泪洗得澡，地上眼泪划得船。

其四（衡阳）④

一根扁担翘连连，五更起程挑南盐；
日里汗水洗得澡，夜里眼泪划得船。

其五（衡阳）⑤

一根扁担五尺长，挑起箩筐去南洋；
肩担白盐快点走，黑汗淋淋透衣裳。

其六（常宁）⑥

挑起扁担跷连连，拿起扁担去挑盐。
出去三天当一期，出去一期当半年。
挑起盐来难上难，压在肩头像座山。
一世单身冇衣穿，流的眼泪撑得船。

其七（酃县）⑦

爬山涉水挑盐汉，一分脚力钱，十分血和汗。

---

① 桂阳县志编纂委员会：《桂阳县志》，北京：中国文史出版社，1994 年，第 836 页。
② 湖南省地方志编委会：《湖南省志·民俗志》，北京：五洲传播出版社，2005 年，第 263 页。
③ 祁阳县志编纂委员会：《祁阳县志》，北京：社会科学文献出版社，1993 年，第 461 页。
④ 衡阳县志编委会：《衡阳县志》，合肥：黄山书社，1994 年，第 516 页。
⑤ 城南区志编纂委员会：《城南区志》，北京：团结出版社，2012 年，第 612 页。
⑥ 湖南省文化厅：《湖南民间歌曲集成》，长沙：湖南文艺出版社，2008 年，第 406-407 页，有删节。
⑦ 酃县交通局：《酃县交通志》，长沙：湖南出版社，1992 年，第 242 页。

其八（武冈）①

一根扁担两头尖，我送情哥去挑盐。
去时一担黄豆子，回来挑担白沙盐。
情哥才去三五日，当得去了三五年。
哥吔，我床上眼泪洗得澡，我地上眼泪撑得船。

四、仪式歌

踩桥歌（绥宁）②

日吉时良，天地开场。
选择良辰吉日，众信操心新造桥梁。
天上星君甲戌庚，地下星君乙丙丁。
吾乃本是三级贵，寅时起马卯时登。
又不早，又不迟，正是善众操心忏桥时。
停了车，下了马，细将新桥看一下。
桥亭桥亭，本是鲁班仙人来造成。
桥柱漆得明又亮，桥内装修色色新。
前头山水好，后龙来得真。
前通△△△（地名，下同），后达△△△，
左抵△△△，右连△△△。
前面朱雀山势好，后面玄武来得真。
青龙白虎都相顾，堪为要道一桥亭。
塔亭高耸像芙蓉，八角亭内凤毛生。
排排亭柱如盘石，桥头桥尾土地神。
关圣大帝当中坐，手提大刀显威灵。
坐镇桥梁保清泰，扫荡一切邪和精。
今日操心把桥忏，四围上下得安宁。
要我愚人把桥踩，在场各位放宽心。
我是愚人才学浅，诸位原谅我愚人。
桥头修起五礅阶，步步高升出英才。
五色祥云共结彩，五星高照新桥台。
上步一举成名，一品当朝。
上两步双凤朝阳，双福双寿。
上三步三阳开泰，三多吉庆。
上四步四门挂榜，四海扬名。
上五步五谷丰登，五子登科。
上六步六畜兴旺，六通四辟。
上七步七步成诗，七姐下凡。

① 湖南省地方志编委会：《湖南省志·民俗志》，北京：五洲传播出版社，2005年，第619-620页。
② 杨焕礼录自丁再荣、杨昌盛：《竹舟江苗族乡志》，内部发行，2015年。

上八步八仙过海，八面威风。
上九步，久久长寿，久久升发。
上十步十全十美，十风五雨。
踩桥头，文登诸葛武登侯。
踩桥中，善众儿孙坐朝中。
踩桥尾，善众代代出富贵。
吾在桥中打转身，善众儿孙坐北京。
桥头土地保清泰，桥尾婆婆保安宁。
关圣大帝保康乐，四方神灵保太平。
从此地方人才辈出，地境安宁。
老者坐千岁，少者发万春。
青壮得富贵，钱财万万捆。
家家金满斗，户户乐升平。
万事如意，心想事成。
千秋伟业，万古留名。

新桥竣工举行启用仪式，俗称踩桥。启用日备办“三牲”、香烛、酒醴，掌墨师以木桩钉于桥头四角，上扎红布；宰鸡，将鸡血游于桥的两头。踩桥人（多为主墨师傅）一边在桥上行走，一边颂唱《踩桥歌》，四邻乡亲列队跟进。踩桥仪式结束后，新桥即可正式启用。

忏桥佛歌（绥宁）①

正月修桥修得高，贵地操心修大桥。
人人要把桥上过，道遥快乐过花桥。
二月修桥修得宽，四面八方来参观。
桥头修起关公殿，桥尾修起土地院。
三月修桥修得妙，万古桥上好道遥。
站在桥上打一望，河水流来浪滔滔。
四月修桥修得长，万古桥上闹洋洋
众人出钱又出米，功德长存刻碑上。
五月修桥修得好，贵地修桥有功劳。
修起桥梁千秋在，千年古迹万年牢。
六月修桥修登仙，修路架桥万人缘。
千年桥梁万年在，修得功果在眼前。
七月修桥修得奇，修起龙凤不差厘。
两边修起龙现爪，龙凤百鸟笑眯眯。
八月修桥修得忙，又打谷子架桥梁。
贵地修桥诚心大，保佑众生福寿长。
九月修桥修得多，敬神忏桥念弥陀。
拜佛就把弥陀念，几多道遥又快乐。
十月修桥是下元，天也圆来地也圆。

① 杨焕礼辑录、整理。杨焕礼，绥宁民俗文化学者。

人善神佑世间美，家善人和百样全。
十一月修桥修得乖，文官走了武官来。
文武百官桥上过，文登金榜武秀才。
十二月修桥修到头，桥头修起万古楼。
桥中修起关公殿，保佑凡人永无忧。
冇有好言来相赞，两句粗言表我心。
无文之人赞不到，多多原谅我愚人。

绥宁苗乡，拜桥忏祈福平安流传唱佛歌，歌词类似山歌，内容主要劝人讲求忠、孝、礼、义、和等。

盘瓠歌（麻阳）①

且艄行来慢艄行，慢慢艄行将歌吟。
别人划船祭端午，漫水划船有根本。
盘瓠原住辰州府，辰州府上有家门。
庙堂设在木关上，赫赫威灵来显圣。
辰州已住数百年，神心一动往上行。
腾云驾雾往上走，路边新营歇凉亭。
众苗即设盘瓠庙，龚王两姓是子孙。
大王休息已过后，麻邑安居一时辰。
九姓子弟忙迎接，盘瓠大王做祖神。

盘瓠歌，又名龙歌，属仪式歌类。每年端午节划龙舟时，苗族人民必唱，唱词因地而异，主要内容为述说麻阳苗民先祖迁徙。

祭地歌（湘西）②

祭地歌包括祭山、祭洞、祭溪河、祭井泉、祭湖潭、祭土地、祭岩石、祭道路、祭桥梁等内容，祈求免除灾难，获得福赐。

祭道路③

一人修路众人走，开道铺路阴德高。
道路修得平整整，任凭众人来奔跑。
让他子孙好后报，他的子孙后辈好。
修路的人良心好，良心最好修路人。
他的一生坐得老，快活长寿作寿星。
他家发旺得富裕，常常富足坐得稳。
道路直直上勾从，弯弯曲曲上勾格。
坡头树下人爱坐，坐在路边闲扯白。
修路的人男儿好，他家出官居高位。

---

① 麻阳县志编纂委员会：《麻阳县志》，北京：生活·读书·新知三联书店，1994年，第674页。
② 张子伟：《湘西苗族古老歌话》，长沙：湖南师范大学出版社，2012年，第395-413页。
③ 介绍人：龙启鑫，苗族，花垣县董马库乡鸡坡岭村村民。

祭桥梁[1]

这座桥梁架得好，架得实在好得很。
架桥接得娃儿到，让儿投胎我家门。
今年架桥明年得，明年得子就生养。
银儿到来把家进，兴旺我家得久长。
小树小竹架天桥，天桥架在小山沟。
是人是众都来走，走在桥上可甩手。
桥好步稳人不慌，老少欢喜在心头。
修桥的人好后代，子辈孙辈好到头。
这座桥梁行人多，人人都爱从此过。
两帮前行一帮随，过桥众人一拨拨。
走到桥上歇一歇，背篼后面摆谷箩。
修桥赢得后世报，好到子孙幸福多。

五、木客号子

拉木号子（会同）[2]

（领）虎（呀）到平原（呐）打（呀）个滚（啰）！
（众）嘿着力！嘿着力！
（领）木（呀）到平原（呐）翻（呀）个身（啰）！
（众）嘿着力！嘿着力！
（领）拉（呀）木如同（呐）来（呀）绣花（啰）！
（众）嘿着力！嘿着力！
（领）窄（呀）路高坎（呐）要（呀）细心（啰）！
（众）嘿着力！嘿着力！
（领）上（呀）坡后面（呐）要（呀）攒劲（啰）！
（众）嘿着力！嘿着力！
（领）下（呀）坡前头（呐）要（呀）把稳（啰）！
（众）嘿着力！嘿着力！
（领）手（呀）把手来（呐）腰（呀）要硬（啰）！
（众）嘿着力！嘿着力！
（领）拉（呀）木全靠（呐）众（呀）齐心（啰）！
（众）嘿着力！嘿着力！

拉木号子节奏明快，平稳有力。上坡、下坡、走厢、跨涧时，领者唱出高音，众人和在着力点上，以此统一节奏，齐心协力。1956年，会同县拉木号子参加湖南省民间艺术会演，获优秀节目奖。

---

① 介绍人：石寿山，花垣县董马库乡洞冲村村民。
② 会同县志编纂委员会：《会同县志》，北京：生活·读书·新知三联书店，1994年，第804页。

拖木号子（保靖）①

伙计们哟！开杠了！
吆咿吆，嗬嗨！吆，嗬咪！
吆咿，嗬咪呀吆！嗬咪吆，咿个嗬咪呀！吆咿，吆嗬！
吆嗬咪，吆嗬咪，吆嗬！吆嗬！吆嗬吆嗬！吆嗬！
吆嗬咪，吆嗬咪，吆嗬！吆嗬！吆嗒嗨！
三尺的木，往前走哪，我们送你下辰州呀，
老板跟你有钱赚哎，我们跟你好喝酒哎。
吆嗬，吆嗬吆嗬咪！吆嗬咪吆嗬！吆嗬吆嗬，吆嗬！
拖得起，冲得起！拖得起，冲得起！
拖得起，冲得起！拖得起，冲得起！
吆 嗬！吆 嗬！吆 嗬！吆 嗬！吆 嗬！！
嗨 嗨 嗨 嗨 嗨！活啰喂！活啰喂！
喂喂喂，标得好哇！
活啰喂！活啰喂！喂！喂！喂！

拖木号子（永顺）②

各位弟兄呃，嗨唆嗬！要齐心呃！嗨唆嗬！
要把梓木呃，嗨唆嗬！拖到坪呃！嗨唆嗬！
噢 沙嗬！哎哟噢 唆嗬！噢 沙嗬！哎哟噢 唆嗬！
哎 哎！嗨唆嗬！哎 哎 哎 哎！

撬木号子（永顺）③

各位弟兄啊，哎嗬哇！你请听吔，哎嗬哇！
喊声号子啊，哎嗬哇！你请劲吔，哎嗬哇！
攒劲撬来呀，哎嗬啊！你请力吔，哎嗬哇！
撬到坪地呃，哎嗬啊！你请息吔，哎嗬哇！

两声未动呃，哎嗨 唆呀！喊四声吔，哎唆哇！
前头皮条呃，哎嗨 唆呀！要用劲吔，哎唆哇！
后头皮条呃，哎嗨 唆呀！松一松吔，哎唆哇！
伙计们，加油干哪！嗨左！嗨左！嗨左！嗨左哟嗬！

木客号子见图 4-4-3。

六、其他

修路歌（新化）④

深山看宝深山埋，打开山门把路开。

---

① 湖南省文化厅：《湖南民间歌曲集成》，长沙：湖南文艺出版社，2008 年，第 1239-1241 页，有删节。
② 湖南省文化厅：《湖南民间歌曲集成》，长沙：湖南文艺出版社，2008 年，第 1247-1249 页，有删节。
③ 湖南省文化厅：《湖南民间歌曲集成》，长沙：湖南文艺出版社，2008 年，第 1247-1249 页，有删节。
④ 新化县志编纂委员会：《新化县志》，长沙：湖南出版社，1996 年，第 909 页。

铁锤打石硬对硬，锄头挖土排对排。
一层肉茧一栈路，自古前途修出来。

图 4-4-3 盘木号子（唐世兴 摄于沅陵）

架浮桥（东安）[①]

一根杉树同九根苗，砍根杉树架浮桥。
是我亲人浮桥过，不是我亲人水里漂。

资水造船歌（新化）[②]

楠木造船对下装，上装胡椒下装姜，
生姜冒得胡椒辣，胡椒冒得生姜香，家花冒得野花香。

楠木造船对下装，装船白米下益阳，
十八姣莲来买米，手攀船棚脚踩舱，罗裙装米眼瞟郎。

酉水造船歌（古丈）[③]

杉木造船梓木舷，郎要开头姐要连，
郎要开头赶时间，姐要连郎赶少年。

楠木造船漂洞庭，借你大船快快行，
借你大船快快走，船开不等岸头人。

楠木造船梓木桅，桅杆高头插旗子，
一心漂下东洋海，打烂招牌看这回。

我郎一心要撑船，口口劝姣要耐烦，
年轻莫把儿女打，老来才有靠背山。

---

① 湖南省文化厅：《湖南民间歌曲集成》，长沙：湖南文艺出版社，2008 年，第 465 页，有删节。
② 新化县民间文学集成编委会：《中国歌谣集成湖南卷·新化县资料本》，内部发行，1987 年，第 6 页。
③ 古丈县民间文学集成办公室：《中国歌谣集成湖南卷·古丈县资料本》，内部发行，1988 年，第 29 页。

第五章　规章告示 禁忌与船俗

旧时，为维护秩序，明确责任，或诏谕，或由官府及行业公会出面，订立相关法规、章程、公约与告示，碑刻于交通要道、港埠桥亭。如望城桥头驿《仪制令》碑刻“贱避贵，少避长，轻避重，去避来”，安化大汴滩《树之风声》碑刻“有误驾救生船捡货者，凭公议处。除水力充公外，罚钱二千四百，罚碑一座，罚酒一席”①。

古人信奉神灵，言行颇多禁忌，相沿成俗。如行旅“未晚先投宿，鸡鸣早看天”“口渴不饮田中水，去到人家讨茶汤”②，船民视“龙、虎、鬼、梦、翻、滚、倒、沉”为“八大忌语”，故“翻边”改称“斢边”③，城陵矶改称“浮陵矶”④。

第一节　规章告示

一、交通法规

立法维护交通秩序，肇始于殷商。《韩非子·内储说》：“殷之法，弃灰（垃圾）于公道者断其手。”延至周代，朝廷设夏官掌车马军政，秋官管道桥，舟车乘用遵循等级规制，形成早期道路管理制度。如：

《尔雅·释水》：“天子造舟，诸侯维舟，大夫方舟，士特舟，庶人乘泭。”

《周礼·春官》：“孤乘夏篆，卿乘夏缦，大夫乘墨车，士乘栈车，庶人乘役车。”

《周礼·秋官》：“凡道路之舟、车毂互者，叙而行之。凡有节者及有爵者至，则为之辟。”

《国语·周语》：“雨毕而除道，水涸而成梁。”

《礼记·王记》：“道路，男子由右，妇人由左，车从中央。”

唐初始行“右侧通行”的行道规则。《新唐书·马周传》：“城门入由左，出由右，飞驿以达警急。”

贞观十一年（637），唐太宗颁《仪制令》，其中规定“凡行路巷街，贱避贵，少避老，轻避重，去避来”⑤，并榜刻于城乡交通要道等处。《唐律疏议》明确了违令处罚措施：“令有禁制，谓《仪制令》‘行路贱避贵、去避来’之类，此是‘令有禁制，律无罪名’，违者得笞五十。”⑥

《仪制令》因符合儒家经典，被后世广为推行。长沙县雾阳乡（今望城桥驿镇）大阳桥立有“大阳堠”石碑，镌刻《仪制令》。清代金石学家瞿中溶在《古泉山馆金石文编》记：

长沙县雾阳乡田间有一碑，上题仪制令大阳堠……考《宋史·孔承恭传》云：“尝疏请令州县长吏，询访耆老，求知民间疾苦、吏治得失。及举令文‘贱避贵、少避长、轻避重、去避来’请昭京邑，并诸州于要害处设木牌刻其字，违者论如律。上皆为行之。”则“贱避贵”云云四句，本系宋初

---

① 益阳地区交通局：《益阳地区交通志》，长沙：湖南出版社，1992年，第110页。
② 长沙市地方志编委会：《长沙市志·第十五卷》，长沙：湖南人民出版社，2000年，第227页。
③ 湘潭县地方志编委会：《湘潭县志》，长沙：湖南出版社，1995年，第807页。
④ 岳阳市南区地方志编委会：《岳阳市南区志》，北京：中国文史出版社，1993年，第544页。
⑤ （唐）萧嵩：《大唐开元礼》，卷三序例下，清光绪刻本。
⑥ （唐）长孙无忌：《唐律疏议》，卷二十七杂律下，岱南阁丛书本。

令文碑所题仪制令是也。①

《仪制令》石刻在中国多个地方发现，现存最早《仪制令》镌于南宋淳熙八年（1181），为陕西略阳灵崖寺收藏。石碑上部刻《仪制令》（图 5-1-1），下部刻“贱避贵，少避长，轻避重，去避来”。

图 5-1-1 陕西略阳县灵岩寺南宋刻《仪制令》拓片

为确保“军国大议，驰驿而闻”②，唐律《厩牧令》规定：“诸公使须乘驿及传送马，若不足者，既以私马充。”

《唐律疏议》对水上行船也有明确规定：“或沿泝相逢，或在洲屿险处，不相回避，覆溺者多，须准行船之法，各相回避，若湍碛之处，即泝上者避沿流之类，违者，各笞五十。”③“泝上者避沿流”，即上行回避下行的行船之法，沿用至今。

明代规定，军职“出入抬小轿者，先将服役之人问罪，指挥以下参问，京卫调外卫，外卫调边卫。”④

清承明制，武官出行“概不许乘舆……如有仍行乘坐者，照违制例治罪。”⑤咸丰八年（1858），湖南巡抚骆秉章《参劾永州镇樊燮违例乘舆、私役兵弁折》，朝廷将樊燮革职。樊燮为报复，讦控骆秉章心腹助手左宗棠。大理寺少卿潘祖荫《奏保举人左宗棠人材可用疏》称：“国家不可一日无湖南，湖南不可一日无左宗棠”，为其辩护。

二、滩河救助章程

资水中上游滩险流急，舟筏倾覆事故时有发生。清同治《安化县志·杂说》：“小淹市，相传宋理宗潜邸邵陵，宋宁宗（1194—1224）末年征诣京师时，石门潭洪涨，淹留竟日，故名。”随着黑茶贸

① （清）瞿中溶：《古泉山馆金石文编》，卷三，适园丛书本。

② （清）董诰：《全唐文》，卷一百六十一，清嘉庆十九年刻本。

③ （唐）长孙无忌：《唐律疏议》，卷二十七杂律下，岱南阁丛书本。

④ 《礼部志稿》卷六十六《臣礼备考·勋胄乘轿禁例》，（清）纪昀等：《文渊阁四库全书》第 598 册，台北：台湾商务印书馆，1986 年影印本，第 111 页。

⑤ 《清高宗实录》卷五百三十三，乾隆二十二年二月庚寅，第 15 册，北京：中华书局，1986 年影印本，第 728 页。

易兴盛，资水货运大增，清乾隆年间（1736—1795）安化设探溪、马辔市、东坪、江南、敷溪等处塘汛，并在大汴滩碑刻救货成规。清同治六年（1867）、光绪十四年（1888）先后订立救助章程。中华民国初年，在敷溪设救生局。

（一）安化大汴滩救助成规①

该章程议定于清乾隆四十三年（1778）。

斯碑之建有甚不得已为者，盖我地大汴滩其势甚为陡险，闻者莫不禁心，见者悉为除目。又况来往客商，其每年损坏舡只及竹排、木排指不胜屈，是则大汴之为害诚巨矣哉。

因念受斯害者，大则命死须臾，次则货为水吞，置斯时所赖以救济者，唯有两岸船只而已。顾人心多有不古，驳货者或不以客货为重，企图利己肥私，将货物遗失者有之。而受浅者亦或以恶滩推诿，驳后水脚不给于子，彼此争论，渐以酿成祸端者从此起矣。

本年来，福建有陈君锡者在此被浅，有驳近小舡不采，客货多有失遗，以致激投鸣申邻。我等从场斥赔，令出银两，订立成规。嗣后恐滩有被浅者，先则救人，后则救货。救货之后又必同伴驳舡总归一处，如浅在上则必同归上处，□或中或下亦必□□，如再有驳近□本排，无论沿河两岸必一一如数交客，不得擅行抽撤，令客重出赎钱。凡此皆济人利己之事，所当奉行。不违者也倘或不然。□祝客货昧已瞒心私行隐匿者，若同伴人报知，公同鸣乡，送官理处。若或通同作弊，徇行不报，后经察觉，一并严惩。

兹□□□□□，永乘鉴戒道人，奉行不替，则我地获至美之名，而人迹得以有救全矣。

乾隆四十三年戊戌岁季冬月

地邻地主罗为恒、生员丁如贵书撰公立 石匠罗克云刊

（二）安化资水沿河（救生救货）章程②

该章程议定于清同治六年（1867）。

资水航道多为乡绅捐资治滩。清同治六年，安化贡生丁义溥邀集同仁，雇匠开凿沂滩等处险滩，设救生船于大汴滩，并“勒石晓谕。”

钦力汉宣刁□衔署湖南长沙府安化县事既补县正堂加五级记录钦五次舒为出示晓谕

事案据安化县贡生丁义溥，职员陶崧，监生谌秩齐、曾毓文、杨鼎禹、杨定厚，生员黄政、谌耀、丁如翼；邵阳县生员禹锡奎；新化县举人陈能璋，千总谢县泽，监生欧静山、李芳馨、刘开堂；益阳县生员罗洪春、丁普忠；湘乡县监生戴富涟、朱□，职员凌昌期；江西生员郑懋初，监生聂表莘等以公恳出示勒石永全事禀称：

资江一带，上通宝庆，下抵益阳，其中一千余里，恶滩统计五十有三，安邑之尤险者唯灵（沂）滩、恶（洛）滩、瓦滩、猪屎滩、大柳洋、曲尺滩、滨王滩、黄固滩、沙巨（杉树）滩、小汴滩、大汴滩等处。生等每见往来官商船只多被覆溺，因□集同人将滩内巨石雇匠凿平，于大汴滩设立救生小舟，雇夫守望。凡遇船只遭伤，立即捞救。并妥议沿河两岸小划救货章程。经禀请长沙府宪孙、宝庆府宪邵暨益阳县宪陆各于地方出示晓谕外，又奉长沙府宪批示，令生等禀请宪天出示晓谕，定规勒石，以垂久远，庶往来官商倘逢水滩，以便照示遵行，两无异议。兹生等仅将议定章程及各府宪、益阳县宪等批示，缕录呈明，乞恳鸿恩核察施行等情，到县据此除禀批示外，合行出示晓谕。为此示仰该处

① 安化县交通局：《安化县交通志》，内部发行，1992年，第354页。

② 安化县交通局：《安化县交通志》，内部发行，1992年，第355-357页。

救生船、水手及沿河两岸小划暨客商居民人等知悉。

嗣后如遇客船有难，先由救生船赶紧救人，次则代捞行李，不得延缓、索谢。其未经设立救生船之外，倘遇商船击破，既着沿河小划公同捞救，不许拥挤跳闪，乘机轮抢。既救之后应即共泊一处，听候客商船户随时认领查照后，开章程给发水力，不得争滋索，私自隐匿。至沿河梁带跳船□坝，久禁革毋论，复设致不碍船排。自示之后，务须一体遵照章程办理，倘敢故违，一经访闻或被告发，定即拿照例究办，决不稍宽，其各懔遵毋违。特示。计开议定救生救货章程八条：

一议 救生船□务时时插标防危救溺，不准别用，非救生公事，即局首豪贵无得擅驾渡河，违者重罚。

一议 凡担任救生船夫者，必请保举来局亲书甘结存案，务宜日夜静守，毋得擅动。如遇客船有难，赶紧拯人，次则代捞行李，不得延缓索谢。如有违犯，向保举究问。

一议 救货小舟无论本地外地，务须踊跃同心，毋得拥挤闪跳，乘机抢掠。既救之后，共泊一处，请凭船户、客商跟同地邻，验看货物有无多寡，方准归埠口，以免私匿。违者核商禀究。

一议 商船击破、货物浮沉之际，两岸小划救货水力：红茶每箱湿者给钱一百二十文、干者给钱一百四十文，黑茶、棕卷每卷湿者给钱八十文、干者给钱九十文，套箱照例；小花卷每卷湿者给钱六文、干者给钱八文；大皮包，每包湿者给钱二百六十文、干者给钱二百八十文；小皮包，每包湿者给钱一百八十文、干者给钱二百文；茶梗每包湿者给钱八十文、干者给钱一百文；如有船遭伤，驳取者每担给水力钱二十文。

一议 纸扎顶，大块湿者每块给钱二百八十文、干者给钱三百文，中小块每块湿者给钱一百四十文、干者给钱一百六十文，炮纸每担湿者给钱一百文、干者给钱一百二十文，夹块纸每块湿者给钱六文、干者给钱八文，其余各色纸张概照以上所给水力轻重加减，无得异议。

一议 谷每担湿者给钱八十文，干者给钱一百文，米每担湿者给钱一百六十文、干者给钱一百八十文，豆麦杂粮概照米例，其余炭、铁凭公拟处。

一议 以上各色水力章程，概为击破船只，货物漂流捞捡者照例给取。倘船搁石上，小划驳递各色水力概照例减半，其船已抵岸，小划驳取者照例三分减二取值，两无异议。

一议 梁带船□坝，迭奉□大宪禁革在案，近因地民刁狡，时毁时设，殊属大害，官商特此再行禁革，如敢故违，准该商等砍伐烧毁勿论。

告示 右仰通知

同治六年七月二十三日示 九年秋月吉日勒石晓谕

（三）资水安化段滩河救货章程（图5-1-2）[①]

该章程议定于清光绪十四年（1888）。

钦加同知衔、赏戴花翔、特授湖南长沙府安化县正堂加三级记录五次李，为出示严禁事：照得县属滩河，上接新化，下达益阳，行舟往往多被搁浅，两岸划船因乘危肆掠，并有陷匿货物、勒索赎资，明为捞救、暗图抢劫，殊属有害商旅，深堪痛恨。叠经本县出示严禁在案，诚恐日久玩生，该划船等仍蹈前辙，正差查问，适据茶商天福永、顺生福、和记、美记、生记、祥记、泰兴福、宝聚公、宝苹、复生达、裕庆成、兴隆茂、两宜正、集发泰、美发泰、怡成昌、怡太昌、春生福、正美祥、两宜孚、谦泰乾、谦慎祥、正兴福、春生祥、大□玉、祥发永、独慎玉、天顺长、聚兴顺、九州贡、天泰昌、兴泰隆、大德玉、德全福、天福栈、天福安等粘呈条规，禀请示禁前来，除批示外，合亟开列条规示禁。为此示仰沿河两岸划船人等知悉：尔等遇有行船搁浅，各宜激发天良，驰往援拯，并遵照后开条

① 安化县交通局：《安化县交通志》，内部发行，1992年，第357-358页。本碑刻系删节摘录。

规共同捞救，听候分别给资酬谢。毋得擅行登舟，乘危抢掠勒索，以及隐匿货物，致干查究。如敢故违，一经访闻或被害商船指告，定即严拿究追惩办，绝不姑宽。其各懔遵毋违，特计开示条规如左：

一、行舡搁浅，经呼救起拨，两岸划舡立即驶往，其起拨货物多寡，仍由本船酌量，划船人不得擅行登舟强搬，甚至踏沉货船，乘危抢掠，有害行商，如违即以拦河抢劫论罪。

二、在马家（迹）塘、莲花滩、龙公滩左近被险捞救干货送至小淹酬资：口庄大箱每口钱九十文，洋庄二五箱每口八十文，花香每包九十文，引茶九十文，茶梗六十五文，千两条包四十文、小条包五文。如系湿货，定议四个时辰送到，照干货给资，逾时按干货六折算给；

送至江南干货：口庄大箱每口一百一十文，洋庄二五箱一百文，花香每包一百文，引茶一百文，茶梗八十文，千两条包八十文、小条包六文。如系湿货，定议五个时辰送到，照干货给资，逾时按干货六折算给；

送至鸦雀坪干货：口庄大箱每口一百三十文，洋庄二五箱一百廿文，花香每包一百二十文，引茶一百廿文，茶梗一百文，千两条包八十文、小条包七文。如系湿货，定议六个时辰送到，照干货给资，逾时按干货六折算给；

送至酉州黄沙坪干货：口庄大箱每口二百十文，洋庄二五箱一百八十文，花香每包一百八十文，引茶一百八十文，茶梗一百五十文，千两条包一百五十文、小条包八文。如系湿货，定议七个时辰送到，照干货给资，逾时按干货六折算给；

送至东坪干货：口庄大箱每口钱二百廿文，洋庄二五箱每口二百文，花香每包二百文，引茶二百文，茶梗一百六十文，千两条包一百六十文、小条包十文。如系湿货，定议七个半时辰送到，照干货给资，逾时按干货六折算给。

三、在太平滩、杉树滩、小淹左近被险捞救干货送至小淹酬资：口庄大箱每口七十文，洋庄二五箱六十文，花香每包六十文，引茶六十文，茶梗六十文，千两条包六十文、小条包五文。如系湿货，定议两个时辰送到，照干货给资，逾时按干货六折算给；

送至江南干货：口庄大箱每口一百（文），洋庄二五箱九十文，花香每包一百文，引茶一百文，茶梗七十文，千两条包七十文、小条包七文。如系湿货，定议三个时辰送到，照干货给资，逾时按干货六折算给；

送至鸦雀坪干货：口庄大箱每口一百六十文，洋庄二五箱一百四十文，花香每包一百廿文，引茶每包一百廿文，茶梗一百文，千两条包一百文、小条包八文。如系湿货，定议四个时辰送到，照干货给资，逾时按干货六折算给；

送至酉州、黄沙坪干货：口庄大箱每口二百文，洋庄二五箱一百八十文，花香每包一百八十文，引茶一百八十文，茶梗一百四十文，千两条包一百四十文、小条包十文。如系湿货，定议五个时辰送到，照干货给资，逾时按干货六折算给；

送至东坪干货：口庄大箱每口钱二百文，洋庄二五箱二百文，花香每包二百文，引茶二百文，茶梗一百六十文，千两条包一百六十文、小条包十文。如系湿货，定议六个半时辰送到，照干货给资，逾时按干货六折算给。

四、在江南左近渣溜滩、寺门前、宾王滩被险捞救干货送至鸦雀坪酬资：口庄大箱每口一百卅文，洋庄二五箱一百廿文，花香每包一百廿文，引茶一百廿文，茶梗每包九十文，千两条包九十文、小条包六文。如系湿货，定议三个时辰送到，照干货给资，逾时按干货六折算给；

送至酉州、黄沙坪干货：口庄大箱每口一百八十文，洋庄二五箱一百六十文，花香一百六十文，引茶一百六十文，茶梗一百卅文，千两条包一百卅文、小条包八文。如系湿货，定议四个时辰送到，照干货给资，逾时按干货六折算给；

送至东坪干货：口庄大箱每口二百，洋庄二五箱一百八十文，花香一百八十文，引茶一百八十文，茶梗一百四十文，千两条包一百四十文、小条包十文。如系湿货，定议五个时辰送到，照干货给资，逾时按干货六折算给。

五、上自东坪，下至小淹，所有捞救各货酬资数目已定章程，如被险在定章之外，各号各酌酬资。

六、货舟浅搁，划舡起泊船所后，挨次拨运，不得恃强争先。

七、划舡□货，次第泊岸，俟本舟收拾，仍将货运回本船。其可送号即赶送至。如有乘危逃走者，既以一舡浅搁，除茶号分别定议酬资外，其余百货往来船只被险捞救，酌量酬谢，该划舡不得争强勒索滋事。

光绪十四年戊子岁七月二十六日 实贴 右仰通知

图 5-1-2 资水沿河（救生救货）章程和滩河救货章程碑刻 安化中国黑茶博物馆 藏

三、常德龙湾上公义渡公约①

该公约议定于清咸丰二年（1852）。

龙湾上公义渡（图 5-1-3），村面义船，公议十规：

一、义渡两船，村里、村面各认一只。原以便行人，尽可横渡。如装运货物，捡拾木柴，无论上下远近，一驾直水，即以误公论。且来渡者，如不遇船，隔岸呼之，即应，且南岸人自城黑夜赶回，而腊底尤甚，既归心之孔亟，亦寒气之莫胜，更宜应之速，而接之亦宜速也！

总之，无论严寒酷暑，渡夫务在船寝食，每逢黑夜，南北两岸各泊一船，如北来者多，两船都到南岸，南无人渡，渡夫一力难以过江，亦须张耳闻风，北岸一呼，随即高声响应，两夫邀同速驾一船去接。倘置若罔闻，两船一岸稳宿，甚至与渔划私地商通，受其小贿，念其微情，停义船不渡，任彼勒索钱文，尤敢上坡擅宿人家，不顾船只风打水飘，种种弊端在所不免，殊失济急之心，若经查觉，

① 常德地区交通局：《常德地区交通志》，长沙：湖南出版社，1992 年，第 332-334 页。

或被报鸣，一并屏除更换。

二、义船原取快便，有人荡桨即开头，头开便不转后，有赶船不及者，不得妄行怒叱。船用篙一桨三，若涨水时，头添一篙，腰添一篙，踏板面平，头桨安好，钉桩搭条均须齐备，渣泥随时扫洗，如有缺失，俱惟渡夫是问。

三、每逢度岁过节，暨猪牛骡马等物，渡夫概不取钱。公局每年给钱二串：除夕五百，元宵五百，端午五百，中秋五百。外又篙头、桨绾，包钱四百文，亦四次交，均不得趸给。此规一立，如再兴钱，除罚渡夫外，与者亦并罚处。

四、渡夫不得用近渡人，恐有过犯，碍其情面，难以驱逐。换渡夫亦不得由近渡人荐引，因向有阔船之子，结纳鄙贿之徒，甚至出其酒食、钱文，而鄙贿者不问其人之可否，专主入船，一至有失，若不护庇，遂宜其弊，后来不无把持、包揽，故立此规。且渡夫一名，每月按定望日，不先不后，饲以石谷，如徇情早发，或利己迟延，均非办公之意，许该村坊人等责惩。

五、首事恋久弊生，务须三年一换，每届换首不准阘充。举殷实之家端正者四人，正首一，副首三，编立两簿账，载两笔，一存正首，一存副首，一人秉笔，一人盖押，以杜私弊。

六、钱谷存总，正首不得一人擅发，每发钱谷，务派一人写票，一人盖押，总首见信票，方可如数发支。且钱谷有余，囤贱卖贵，每年夏至后粜，白露前籴，如夏至后不能售去，陈谷出场，副首过斗、车晒，仍量入仓。公项可余三年用费，辄日苟完，更有赀余，即使另行善举过多，恐有人觊觎耳！

七、义田文契、油票、捐簿、零单，一并存总。责有攸归，不得散放，各处派一副首完粮当差。每油票纸背，随批"上义渡公完"五字，随归总首，以免盗券重征之累。又派一副首照管田亩，催收租项。总上出值，雇工限日催齐，不得任其玩延，亦不得有所推诿。

八、义田不准擅变，或弃远就近，或归零成趸，总要合理。更不准擅置、擅当、擅佃、擅兴筑，钱谷亦不准擅借，恐生营私之弊。且捐户之田，不准本家佃插，如□佃，立即退捐，毋稍徇纵。

九、公项每年新正望日一清算，迟亦不过二月、三月，不惜酒食、小费，帖请地境正人，将零账、总账逐一彻底细查，用去若干，存剩若干，另派一人落笔，笔下注名。

十、义船多则七年一更，少则五年一换。每秋收后，或练、或油，村里、村面两船依次上岸，着速派一副首督理，务求朴实、浑坚，不准耽延时日，如稍失误，惟所派副首一面认责。

以上十条，愚等不揣固陋，公同议立，无非为义渡图久远，间有虑不周密者，还祈高明调酌。时咸丰二年壬子岁二月十五日，陈有耀主稿，会同药王溪西南路，暨本境东北路绅耆同订。

图 5-1-3　古渡口［（美）甘博（Gamble）摄于 1917—1919 年间］

图 5-1-4 朱佛郎绘《上梅绘制》中的毛板船创始人杨海龙及毛板船[3]

四、毛板帮条规

毛板船是世界上唯一时段（1799—1959）[1]、唯一航段（宝庆至益阳、经洞庭湖至汉口）存在、运煤为主的一次性船只。清嘉庆四年（1799），新化船户杨海龙在运煤船"三叉子"基础上，使用毛糙松木板制作了史上第一艘毛板船（图 5-1-4）。这种船加工简易，载重一般为 50—90 吨，最重可达 200 吨。船主将货物运到目的地后，或连船带货一起卖，或把船拆成木板单卖，每次可获利 1500～2000 银圆[2]。

毛板船兴起后，宝庆、新化组建了毛板船帮，并针对毛板船商和毛板船舵工，分别议订毛板帮条规，勒石立碑于邵阳、新化、安化、益阳各埠河岸，以昭公鉴。

1911 年湖南调查局编印的《湖南商事习惯报告书》中，收录了两篇资江行船条规——《峋嵝门船帮条规》和《毛板船舵工条规》（详后）。

（一）《峋嵝门船帮条规》[4]

清光绪十八年（1892）宝庆船帮首事、峋嵝门[5]团绅与峋嵝门船帮共同议定。

一、毛板船经过峋嵝门，倘水势泛滥，船遇带伤，在傍划子，不得藉势拥集上船，致令水手心乱，小则失散什物，大则殒人性命，贻误非浅。如违鸣究。

二、船经伊处，倘有稍行带伤，势可拢岸者，仍随本船舵工如何设法顾全客货，在傍划子不得恃众抢掳及藉端滋扰。如违鸣究。

三、船经失浅，或因舵坏，或开船伤，概由本船舵工请叫划子出绳救船拢岸。如船索既稳，公议赏给酒钱八千文。即时交付，决不失言。

四、被伤船只既经拢岸，所有搬炭挑运及呼船过载，仍随客主。舵工自择妥人使用。在他人等不得藉滋阻扰。如违鸣究。

五、船被破散，在傍划子必以救人为急，捞货次之。救活一人，公议重赏。

（二）毛板船商章程[6]

清光绪二十一年（1895）宝庆毛板帮议定。

我毛板帮先年间经董事议定章程，洵为美举。兹因年久日远，规条废弛，致令帮中工人等幻生弊窦，若不乘时整顿，将见窥觊成风。是以公同商议，复整前规，所议各项事宜，于宝郡、新安二化、

---

① 章罗生：《〈毛板船〉：浓郁乡土、文化特色的"新"史传报告》，《湖南日报》，2020 年 8 月 2 日。

② 邵阳县志编纂委员会：《邵阳县志（1978—2002）》，长沙：湖南人民出版社，2008 年，第 348 页。

③ 李典辉：《毛板船：世界船运史上的创举》，《娄底日报》，2017 年 3 月 15 日。

④ 湖南调查局编：《湖南商事习惯报告书》，长沙：湖南教育出版社，2010 年，第 509-510 页。

⑤ 峋嵝门，又名茱萸门，位于新邵县大新镇磨林村。资水由石门滩进峡谷，穿行 30 余里，峋嵝门为出口。（清）道光《宝庆府志·卷七十八》"资水"条云："自铜柱（又名石门滩）至茱萸门，舟行最险，常有戒心。"清道光二十七年修民国二十三年重印本。

⑥ 邵阳市交通局：《邵阳市交通志》，郑州：中州古籍出版社，1991 年，第 492-493 页。

益阳等埠刊石立碑，以资久远，以戒将来。所议各条，开列于左：

一议 船拢益阳，舵工、水手不许需索盐米等项。如违，公同议罚、议革。

一议 外河舵工、水手等，务以船本为重，毋得擅行夜放，偷漏走关。违者禀究。

一议 船经岳阳，完纳厘金，钱必预备，以免水急船奔，延误走关，贻患船主。违者公同禀究。

一议 船拢益阳，开给水手身价，即在益交给，钱以通用为度，毋得斟换争闹。如违，大则禀究，小则议罚。

一议 炭库向经校准，公库以火印为凭；近有私人制库，假盖火印，哄骗客商。如再擅用者，公同禀究。

一议 船工人等，毋得呼朋引类，在船开场聚赌，致干法究。包月水手，务须管束。

一议 船工人等，倘有船失事，有命被滋毙者，或有抱病身亡者，赏给收敛费，照依旧章。此系关乎天定，毋得借端生枝。违者公同禀究。

一议 舵司领放客船，资本为重，务须送至边鱼山靠稳交接，方可起坡；倘有妄行之徒，不惜客船，在桃花港起坡，将船嘱交水手送益，只图赶快。嗣后有蹈前辙者，查出除无舵司钱外，另行重罚。

一议 毛板船原定运炭，毋得夹带杂货。近有贪利之徒，每多夹带，嗣后如有此弊，议究。

以上各条，船工舵司人等，务须遵依。如违，公同禀究，决不徇情。

光绪二十一年二月　宝庆府毛板阖帮刊石特白

（三）毛板船舵工条规①

盖闻章程不严，则弃弛难张；客商资本为重，兼我等性命攸关，岂可玩忽。近来人心不一，诈虞成风，去岁因何晚秀、周吉祥抢放互争，经控劝息，旋我郡五属郑绍仰等会议曾以悬赏示禁，计粘原定条规核准在案，卷稽不顼，合行出示我郡船户舵工知悉，嗣后各宜遵照定章，毋得抢夺，整顿划一，以免窥觊。如有违规抢夺争闹起衅者，许该船户人等，指名具禀，惩究不徇。谨遵。特此规列于后，计开：

一议 放船即以捆舵为定，又撑架上船为定，如有恃强讵放者，议罚钱八千严惩不贷。

一议 船至益阳如有失误发漏，此系包月（即长守）怠忽之咎，不与舵工相涉。

一议 桨手（即水手）在府，凭客面定身价若干，到益阳如数交给，不得争多论少。

一议 号客请舵工放船者，不论长短水，面议为定，如违罚钱六千严惩不贷。

一议 在府开头，倘遇风失、浅船，船工均要尽力救整，俟毕，恐日久难候，需请老成船工护送至妥靠地，救整需费均归号客承用无违。

一议 大小船只恐在沿河带浅失漏，有上雇舵工乘逃者，罚更加倍。

一议 舵工在号，须支定多少钱文，倘遇水发，号客另请他人舵者，其兑领之钱无退。

光绪二十一年二月 宝庆五属舵工立

五、水运契约

（一）船行契约

晚清民国时期商业兴盛，贩运贸易空前发展，船户偷扒抢劫时有发生。“揽载客货之时，无不甜言蜜语，皆可信为诚实，及至货载伊船，即起盗心，擅将客盐米货，任意偷卖；倘被本客窥破向论，竟敢肆行殴打；甚有机乘僻地旷野之处，将客捆绑，撩入河干，亦无顾忌。”②

① 邵阳市交通局：《邵阳市交通志》，郑州：中州古籍出版社，1991年，第493-494页。

② 《湖南省例成案》之《刑律贼盗》卷一《严禁奸恶船户偷窃客货》。

为维护各方利益，确保运输安全，货主一般通过牙行（官方背景）或船行与船户签订三方契约，包括责任主体、货物名称、运输费用、注意事项、船损赔偿方式等内容（图 5-1-5、图 5-1-6）。

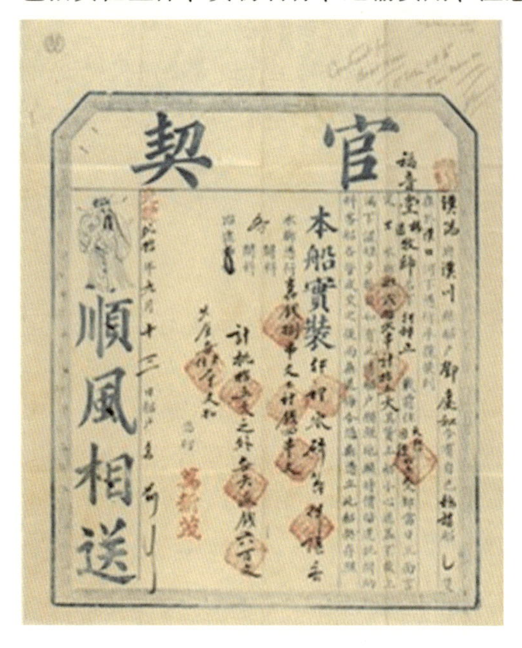

图 5-1-5　清光绪二十年（1894）汉口船行官契（牛津大学图书馆 藏　厦门大学陶仁义 搜集）

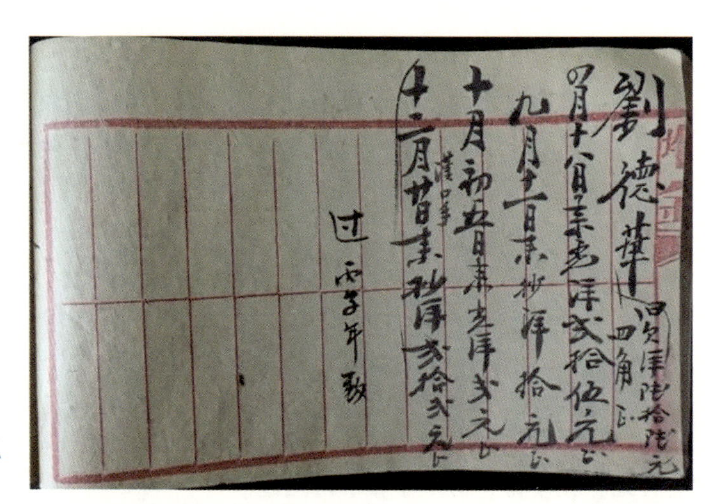

图 5-1-6　中华民国时期船户账簿（湘潭县档案馆 藏　厦门大学陈瑶 搜集）

厦门大学陈瑶博士搜集到清同治九年（1870）湘潭县官牙云祥老行船契（图 5-1-7），抄录如下①：

官牙云祥老行

立船契人高云春，系衡州府清泉县人氏，今有自己小驳船壹只，在于湖南湘潭县河下，凭行揽到山西客李爷、王爷衣箱行李，载前往郴州交船。当日三面议定水脚实钱伍吊文。其货物上船，驾长务要点清数目，小心仔细遮盖看管。倘有上漏下湿，船户照依地头货价赔客。湖广、九江、芜湖等处各关税银，船料在船，货料在客。凡大河搬滩、提湖进里河、驳载装粮食，装衣箱、行李、加头工添□起驳，一并在船。各色货物艄载，均照大例。成交之后，二家均无退悔。如有退悔者，罚银 两办【公】。【今】将有凭，立册契付 客为据。

同治九年三月初八日　立船契人（花押）

---

① 录自陈瑶：《江河行地：近代长江中游的船民与木帆船航运业》，北京：商务印书馆，2023 年，第 72-73 页。

本船囊装协泰永宝号衣箱行李等物不计随客。

凭行水脚、沿途神福，一并付讫。在湘除付下挂包封钱壹千文正，至郴州交卸，给船户收用。此批。

凭官牙船行高万长（花押）住十一总河街河岸

顺风相送，一本万利

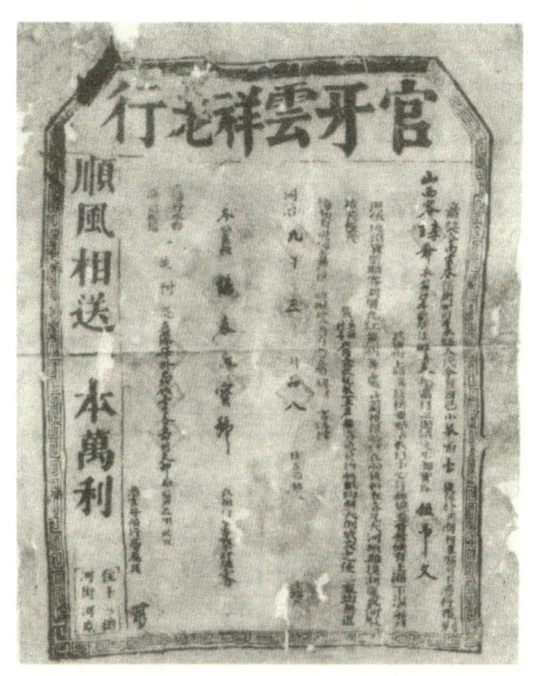
官牙雲祥花行

順風相送

本萬利

图 5-1-7 清同治九年湘潭船行官契（山西大学杨建庭 搜集）[①]

（二）船工契约[②]

船工与船主以契约形式确立雇佣关系、雇用时段和工价，雇用契约的凭证人多为当地船民，彼此之间有合作或信任关系。

之一：今落定，姑乙支光洋十六元，刘福清长年壹载，自五月初六日起至本年底日正，凭证人李安邦、王春生、周洪盛、王炳高等四人当面议定工资光洋贰佰捌拾肆元捌角正。当支光洋贰拾元正，其余陆续交兑。恐口无凭，立此为据。民国三十五年五月廿四日。

之二：今落定，二月廿八日，贺蕊梅长年壹载，到三月初一日起至本年年底止，当日凭证人王德明、罗应祥等三面议定工资光洋叁佰元正，期八月中兑式佰元正，又九月底兑壹佰元正，三月十一日支光洋拾陆元正。罗洪昌代笔。

之三：今落定，刘国华常年壹载，五月廿四日起至本年年底止，当日凭证人刘云发、罗洪昌等三面议定工资光洋壹佰玖拾元正。

之四：今落定，刘国华长年壹载，本年三面议定光洋叁佰贰十四元零八角。凭证人罗运祥、贺雨梅、刘福清、赵德云。

根据以上契约，船工刘福清按日计算工价为光洋 1.23 元（284.8 元/231 天），贺蕊梅按日计算工价为光洋 1.02 元（300 元/295 天），刘国华按日计算工价为光洋 0.89 元（190 元/213 天）。

---

① 录自陈瑶：《江河行地：近代长江中游的船民与木帆船航运业》，北京：商务印书馆，2023 年，第 73 页。

② 《（湘潭）已逸名船户 1946 年记工簿》，转引自陈瑶：《江河行地：近代长江中游的船民与木帆船航运业》，北京：商务印书馆，2023 年，第 239-241 页。

六、箩行规章

旧时，搬运物资非挑即抬，箩筐是唯一工具，故称搬运业为“箩业”，码头为“箩行”，搬运工为“脚夫”“箩夫”或“挑夫”（图5-1-8）。

各地箩业皆有条规，所谓“规划一而杜争竞”①。以长沙较为完备，所定条规皆勒石立碑于各商埠码头。清同治十二年（1873），长（沙）善（化）两县正堂联合告示：“各埠码头凡遇客商，无论何样货物泊岸或发行、起栈，概归码头箩夫搬运，毋得自雇私挑。”

图5-1-8　挑夫［（美）甘博（Gamble）摄于1917年］

（一）长沙箩行规章

清光绪三十年（1904）八月，经长沙各埠箩行公议，订立《省城箩行条规》②：

盖省垣有行，各有规章。我等码头，承各宪差遣，日夜虽云浩繁，往来无分昼夜，各有长短大小差务，均系站贴，亦复不必为累；虽费不敷而不敢违误。近因人心不古，日久玩生，每岁沿袭，重整规章，永垂不朽，所有条规，开列如左。

一议 各宪大小长短差遣，仍由值年派拨，无分昼夜，不敢推诿。

一议 凡起下谷米、杂粮、煤炭、各色货物等项，无论双等、无等，一概不要；所有糖食果饼，不准拈吃，违者重罚。

一议 铺户行栈起下货物，无论远近，不准争挑，不准辱骂客商。倘有不遵，报名牌上，提箩重罚。

一议 箩位不准重行典当，私押箩契，倘有重典私押钱文，众人查实，革示重罚。

一议 箩位每人额挑三石，不准多挑，所有箩担，至期自务完纳。近年生意微末，箩东凭众让减租钱八百六十文。嗣后租钱，节清节款，年归年楚，不准拖欠，违者重罚。

一议 夥计在外，不准滋事闯祸，在埠不准打闹，违者提箩重罚。

一议 重整煤箩规章。众者均在公屋校量定准盖印，宜大不宜小，无许煤箩腾摺。倘置小箩下河挑运，经众查实，任值年焚毁。

一议 具箕不准私吊客货，累害商贾，违者重罚。

一议 凡洋人洋货到埠，必须加意小心保护。至于散夫挑运货物，路途不得有抽掣、遗失、损坏等弊。违者立即照赔、革退，重则禀究。

---

① （清）光绪：《津市箩业章程》。

② 湖南省地方志编纂委员会：《湖南省志·交通志·公路》，长沙：湖南出版社，1996年，第538-539页。

大清光绪三十年八月吉日

长沙箩业公所每岁重整规章，报官府核准后实行。光绪三十二年（1906）八月，各箩行经公议官批，修订规章如下①：

一、各码头箩行确定额箩，不准随意增开箩位。

二、箩位不准重行典当、私押箩契；倘有重典、私押钱文，众人查实，革出重罚。

三、箩位每担每年额纳箩租三千一百文，按“三节”送交，先年腊月送交钱一千一百文；端节、秋节各送钱一千文，由租挑人送交箩主；倘逾期未交，管牌人如数垫交，再着挑夫归款，并罚钱四百文。

四、租挑箩如系闰月，加纳租金一百六十文。

五、箩头由箩夫选择，挑夫由箩头招募；每招一名，必报箩主，以便认识，收取箩租。

六、箩担归箩主立契，流买流卖；如有买卖，只准照契书价，不得私添价值，动辄败坏码头。

七、凡迎接上谕、火牌摺差、京饷京贡、军粮月饷、各处善仓出进谷石，以及春秋二案囚笼、各项设厂发赈、各项差遣，预先分派夫役，临时夫头督率散夫，听候差遣，不准彼此推诿，途中亦不准争前落后，倘有违误损失等情，许夫头指名禀究，如有隐瞒，一律治罪。

八、凡公文、告示等件，各宪到任卸任，邻县客官过境，各宪下乡查团、催征、勘察，以及衙署修理所需小工，并每日应用小工、晚工，亦宜预先派夫役，听候吩咐差遣，倘敢玩延及中途走失、损坏等情，许箩头指名禀究。

九、凡洋人、洋货到埠，必须加意小心保护；至散夫挑运货物，路途不得有抽掣、遗失、损坏等弊，如有违者，立即照赔革退，重则禀究。

十一、城厢内外出进货物，长归长埠，善归善埠。不准闲杂人等从中混挑；如违，小则议罚，大则禀究。

十二、城厢内外各行店铺户居民，凡上坡货物雇箩夫挑运者，每年除年例每担加力资二文外，于正、五、八三月每担加力资二文，余月均照旧章，永不加增；倘箩夫有意留难阻滞、格外卡索等情弊，听各行户另雇随箩挑运，箩夫不得把持阻挠，如违，公同禀究。

十三、挑运谷米粮食，由大街小巷转弯抹角，须防撞泼；凡粮食务须扫干搬净，倘有不扫，提箩重罚。

十四、运货至某处，按程限立有章程，货到听受货之家照章开给，不得争多道寡。

十五、煤箩容量，均在公屋校量定准，盖印挑运，宜大不宜小；倘有小箩下河挑运，经众查实，任值年焚毁。

十六、散夫在外，不得行凶斗狠；如违，小则公同议罚，大则革退。

大清光绪三十二年八月吉日

（二）长沙小西门（图5-1-9）箩埠章程②

力役有征，由来已古；熙攘无兢，防范斯真。

我省城小西门码头箩埠，创自国朝康熙，上供文武衙门奔走差徭，下为出入客商挑运货物，凡制度规模之悉臻妥善与箩额二百之相沿不改，固已历雍、乾、嘉、道而无变更矣。乃自咸丰兵燹以还，箩埠多故，讼衅肇开，箩数愈增乃至六百另一担，每年额纳箩租三千九百六十文，每年遇节送交，历年无异。

近因生意愈落，散夫租挑，工食难敷，只得爰请于街邻团保，向箩主再三商斟，每年每担减租钱八百六十文，按三节送交，定以先年腊月送交钱一千一百文，当年端节、秋节各送钱一千文，由租挑

① 湖南省地方志编纂委员会：《湖南省志·交通志·公路》，长沙：湖南出版社，1996年，第540-541页。

② 湖南省地方志编纂委员会：《湖南省志·交通志·公路》，长沙：湖南出版社，1996年，第538页。

之人送交箩主。将箩变卖，受主持契到埠，备给茶钱四百，声明更牌，头人、散夫毋许阻拦卡索。至于额箩数目，日后只许设法减少，毋增。以上各项，经此次凭众商酌议定，箩埠永不得再向箩主减额租，亦不得再有拖搁，谨勒贞珉，以资信守。

本埠额箩之外，头人不得再蹈凭空典卖故辙，败坏码头。

租金逾期，箩主到埠，头人如数垫交，不得任意展缓。

分挑差货，头人秉公轮派，箩夫不得临时推诿。

箩夫在外，毋得行凶斗狠。如违，小则公同议罚，大则革退。

大清光绪三十年元月吉日

图 5-1-9　清末长沙小西门[①]码头一角（陈先枢 供图）

（三）津市箩业章程[②]

清光绪年间，津市箩行脚夫与商民曾为力资发生纷争，后经官府协调，于光绪三十一年（1905）达成协议。此所录碑记，即记此事经过及章程条文。

钦加二品顶戴、三品衔赏戴花翎在任候补道大计卓异调署澧州直隶州事永顺府正堂连为出示晓谕

事案据津市商民程明勤、贺同春、童文光、顺兴生、长禄生、天升永、同发生、德升元、兴发恒、贾复兴，与码头脚夫余太福、荣时发、朱学武、吴士才、胡必寿、欧世长、何耀章、李凡本控争脚价一案，业经本府集讯并调查，前州邹、郑先后断谳，均属平允。饬令两造仍遵旧章，准由本府出示晓谕，取结立谳。正在抄谳出示间，复据商民程明勤、脚夫吴士才等互禀前来，本府复加查核，除榨坊一业历年既系查照李竣轩等排解碑据，相安已久，应准仍旧办理无庸议外，该两造所禀情形自非秉公妥议，不足以杜争执而弭讼端。晓谕五帮绅首议复去后，兹据五帮职生宋本荣、刘秉渊、陈建吾、向荣秋、许子京以遵谕禀复等事。案称：

"窃市镇铺户起挑货物，事所常有。若不议定章程，何以规划一而杜争竞。如津市码头起上挑下脚价，已经前宪邹，议有定规，阖市遵照，历数十年无异。不意今岁六月，脚夫余太福等勒索帮钱，致与程明勤等互讼辕下，沐恩谕饬职生等查明复夺。职等前已申明在案。后蒙讯明断，令遵照旧章，出示晓谕，取结在卷。乃余太福等悖控不休。恩宪恐滋讼蔓，复饬职生等秉公酌议，禀复定案。职生等以商务所关，不敢稍避嫌怨。查津市贩卖谷米、杂粮客商，概系船只装运。直街虽七里之遥，按照里

---

① 清人刘献廷的《广阳杂记·卷二》："长沙小西门外，望两岸居人，虽竹篱茅屋，皆清雅淡远，绝无烟火气。远近舟楫，上者下者、饱张帆者、泊者、理楫者、大者小者，无不入画，天下绝佳处也。"功顺堂丛书本。

② 常德地区交通局：《常德地区交通志》，长沙：湖南出版社，1992 年，第 324-326 页。

数设立码头有九。横街三条：河街、正街、后街，三分福等之。所以悖控者无非索取帮钱地步。职生等接奉宪谕，再三图维，与其令脚夫等勒取帮钱开后来之争端，不如每石加钱，须恩定案，永远遵行之为愈也。所以职生等不辞冒昧，约集同善堂内，秉公酌议。再以恩宪息讼至德，开导两造商议各街码头起上挑下石。照前宪郐旧章，每石职生等同议加钱二文。以杜日后籍勒。"

而斩呈章程七条至州，据此除批。既据酌议禀复，出自公论，自属可行，惟查百色货物每担重一百四五十斤，势必□需两夫始能运动者，议给脚钱十一文。恐又因分钱不均滋争竞。着再加钱一文，合成十二文，以便分布而示体恤。余均如禀立案，仰即遵照，并候出示勒石著为章程以垂久远可也。榜示。并饬照示勒石永远遵守外，合行出示晓谕。为此，示仰阖市各行店及脚夫人等一体知悉。嗣后起运上下各项货物，务各遵照此项后列章程，均不得再有措勒等事，致启争竞。该脚夫人等自此示谕之后，倘有违抗不遵，许各商民随时指明禀究，立予拘惩，决不宽贷。所有章程开列如后，其各凛遵毋违。特示。

计开章程七条

一、各行店铺户铺盖行李概归各家雇人自挑，不与码头脚夫相干；

二、谷米无论上下每石给脚钱八文；

三、油、盐、煤、靛、药材、磁、漆以一百一二十斤为一石，给脚钱八文；

四、杂粮每挑三庠，给脚钱八文；

五、棉花、丝、纱、估衣、锅铁、百色货物及洋货等件，以一百一二十斤为一石，给脚钱八文；

六、砖、瓦、木柴、白炭以一百斤为一石，每石给脚钱八文；

七、粮食外，百色货物等件，若重至一百四五十斤为一石，原议给脚钱十一文，再加一文，共钱十二文。

右仰通知

光绪三十一年十二月十九日

七、长沙通商口岸租界章程[1]

根据1901年《辛丑条约》第十一款"自开长沙等埠为通商口岸"的规定，清光绪三十年（1904）七月长沙关正式开关，光绪三十三年（1907）三月税务司、帮办迁入水陆洲公馆（图5-1-10 ~ 图5-1-12）。

图5-1-10 1906年建成的西门外[2]长沙税关（英国国家档案馆 收藏）

① 资料来源《湖南官报》，1904年第701号。现行简化字由编者修改，标点符号有所改动，文中"□"为字迹不清留白处。

② 清光绪三十二年九月二十八日（1906年11月12日）《长沙日报》报道："西门外新关建筑之码头，自回龙巷起至新关北路止，一律填筑。剥岸中开码头两座，均约三十余级、高二丈许。其规模之宏阔、工程之坚实，为湘省从来所未有，现已将次落成。"

图 5-1-11 1910 年抢米风潮焚毁后重建于橘子洲的长沙税关（南京国家第二档案馆 收藏）

图 5-1-12 长沙关铜号灯船（长沙关税务司公馆历史博物馆 收藏）

一、长沙通商租界定于省城北门外所有应需地区，南以城为界，东以定修之铁路至新码头为界，北以浏阳河为界，西以湘江为界。

二、通商界内地基分开等第定价给租，一等地每亩每年租银二十五元整，二等地十五元整，三等地十元整，并每年每亩应完钱粮二元，不分等第。凡租此地者不另完另项租。所有各商应缴之租银钱粮，由长沙关税务司每逢西历正月初一日起向租户照取代收，送交监督，即发官收之印单粮串转给租户。惟本年内之租银并次年之钱粮必须西历正月内一律完清。再租界内各住户非完地租者亦均享租界章程之利益，每年应完工部局捐赠，按其所缴房租银取每百捐四分，季由税务司代收封解。

三、通商界内各国商等工艺皆可照租界及工部局等各项章程租地建造屋宇栈房。凡所租各地必须先由地方官收买后转租，不准业户与该商私相授受，但洋商租地应禀明领事官，华商租地应禀明税务司，先备租地准价，一等每亩准价银二十五元，二等十五元，三等十元，并备自禀明之日起至西历年底止应完之钱粮，交由工部局核发准单，华洋商领单呈请税务司、领事官照发，监督查照开单印发租契。洋商之租契发三本，照请领事官登册划押，一给租户，一存领事署，一存监督衙门。华商亦印发租契二本，一请税务司转给租户，一存监督署。至于租地每各不得逾十亩，每亩定规七千二百六十方英尺，倘还须土地，应照章禀明而行。

四、租地以三十年为限，期满换契仍定三十年为限。当换契时，租银不加，钱粮可与各国领事官酌加，如到限满仍可由地方官设法转租，如期满未换契，或过一年租银钱粮未缴清，除收该号租契注销外，产业并归中国。

五、买地挪房迁移坟墓，皆由监督作主，外人不得干涉。

六、通商界内凡起造房屋，必先请工部局批准方可兴工。惟各种制造熔炼等厂不准在本租界西南段内设立，不准搭盖草屋并下等板屋，恐易引火致害别人。类如火药炸药一切有害人身家财物之物，概不准收藏夹带运送。又火油一物，必照特准章程方准囤积。又工商局可随时酌定规条晓谕，如屋要坚固，街要洁净，及各户内有何污秽妨碍应即摒除等情，以□保护平安。再各户有何修造动土关系公众之事，必先在工部局请领准单，以免遗误。

七、各国商民在通商界侨寓，中国地方官自应按约保护，所有工程巡捕各事宜及各项章程，由本省大宪请税务司与监督会商办理。倘敢有违，一经查出，各照本国律例惩办。惟约束商民章程，由监督照会领事官酌定。

八、通商界内工程由监督会同税务司办理，惟应修各官路码头等处，随时载明长沙通商图说，凡有碍官路等各房产，地方官自当照定章估价收买，该业户等务必推让迁移，以便公用。至于各商在本通商口岸码头报关上下，并□载转运等货物，应照已完税银百两者扣二两，以为建造码头、修理官路之用。

九、通商界内若有特动之工程，当按各项租户派捐，一切事宜归三处会商办理：一、监督与税务司；二、各国领事官内自举一位；三、地租房租户公举一人，惟房租户每年捐银在二十元以上者，始可应举。

十、租界以外沿河地段原不准租用，兹因长沙通商租界沿河一带目前于轮商贸易尚未便利，特议于类章所定起下货物处之敞地段，即自永州码头起，下至西门鱼码头止，准各轮商指明租用。惟此处既非租界，现有各民船码头概不准租用，并不准稍有妨碍民船湾泊上下等情。凡毗连民船码头之处，一有华洋商来租购或改造时，则该码头左右应各让大不过一丈宽之地，由官收买，以便放宽码头走道等用，而利众商。

十一、凡租此沿河地段，办法准各商径向业户租用，每各所租不得过二百五十英尺。惟所租之地，每亩每年应完银十五元，以抵官定左近华民各项税项，此款照第二条内开由税务司代收转送。至租完时，洋商必须禀明领事官，华商必须禀明税务司，以便转知监督备案。

十二、此等沿河地段窄狭，兹所以准租者专为便利轮商之用。若各商之住宅及制造熔炼等厂则应设于通商租界内。又此沿河地段以城墙为正，但沿河上原有之公共縴路走道，租户不得侵占，至窄须留十五尺宽，庶几彼此有益。

十三、凡沿河一带租户各项工程如修码头驳岸工程，必须先禀明新关理船厅，转请地方官核准，方可动工。

十四、凡租契当转租之时，即由承租之华洋商将契呈请税务司、领事官照送监督盖印施行。

十五、各国官民所需之养性园一处、义山一处，由中国政府选定合适之地，至□理该二处之经费，则应由本租界内各洋商自筹办理。

十六、凡有益地方、畅兴商务等各善法，中国政府甚愿照办，惟此等各善法或由领事官或由各商会请于监督及税务司，皆可随时酌夺转口施行。

再各国商民有于本章程未出之先先行租定设立产业者，仍应遵守现定各章程。如有应改之处，由地方官照会领事官酌夺，务期一律，以昭公允。

八、告示

（一）长江水师告示[①]

清同治七年（1868），曾国藩奏准将湘军水师改编为长江水师，管辖范围西至岳州，东至崇明，经过湖南、湖北、江西、安徽、江苏五省沿江区域，由驻岳州、汉阳、湖口、瓜州、狼山五镇总兵分辖，共计24营，官兵12000余人。次年将长江水师一部调入洞庭湖和湘江，成为湖南巡防水师，担任

① 湖南省地方志编纂委员会：《湖南省志·交通志·水运》，长沙：湖南人民出版社，2001年，第903-905页。

捕盗、缉私、守卡、御侮等职责（图 5-1-13）。

图 5-1-13　英国明信片上的湘军水师战船

奏明剔除长江水师利弊示谕百条，业经通饬遵照在案。查阅条例，固为水师立法，然其中关涉地方商民事宜亦复不少。章程新定，各色人等，势难周知，非疑水师越职干预，不服稽查，即谓汛官坐视无闻，致生怨言，互相猜忌，转至酿成事端。

爱民信法，未便不戒视成，合行抄录示谕十条，先行晓喻，使咸知水师汛官于地方事宜应理与否，皆有权衡，不容紊乱。为此示仰商民人等一体知悉。自示之后，其各凛遵新例，兵民相安。倘有不法之徒，胆敢藐抗，定即照例从严究办，决不姑宽，其各凛旃无违！特示。奏定条议，开列于左：

一、江水涨落不时，汛船驻扎不可拘守一处，自当随时移扎民船集泊之处，夜间再驾舢板出巡上下，务使贼划不能乘间而出，自然无失事处分。

二、沿江有洋烟流娼小划，大为商民之害，自应严饬汛官禁革。各禁各汛，不准沿江逗留，致生事故。

三、江面过渡小划，应责成汛官随时稽查，如风平浪静时，大划准载几人，小划准载几人，并议明船钱若干。必须先行出示，在江边晓谕，如船户违示多索，即行严办。倘风狂浪涌，即禁止不准渡人，不独江舟少覆溺之患，亦且积有阴德。

四、江面民船如有滋事案件，喊禀来汛，该汛官自当设法弹压，勿得擅用刑讯，致酿事端，如案情重大，可由领哨就近送州县官处断，随即禀知营官。如无关紧要，尽可妥为调处办理，以息争讼而免送县，致干拖累，此亦爱民息讼之一道也。如不干江面案件，毋得擅收民词，违者参办不贷。

五、江面如有各项船只遭风遇浅，该地汛官即当开船往救，不准民划渔划抢夺货物，一面将该船遭风遇浅情形递报到营备查，以免该船客民另生事故。至炮船往救之时，救人不救货，以别嫌疑。如风浪过大，宜自保炮船，勿得冒险往救。倘此项船只离炮船泊处过远，则不必往救，亦不必报查。

六、渔船所领营官执照，限每年正月缴换一次。如改图歇业、失去未缴者，逾期概不为凭，以免贼船蒙混。倘此汛渔船入他汛为业而未归者，次年即在他汛请领执照，亦可为凭。总以充当渔长者为问。

七、河下私盐、私钱、私磺、私硝及一切犯禁之物，均系水师应拿案件。如果该汛官拿获，应即随时将人船赃证一并解送上司，听候核办。不但将汛官记功，可以抵消公罪。其所获之物，分别应归公者归分，应变价者变价充赏，以示鼓励。倘汛官兵丁私自卖放肥囊，或毁词砌案，一经查出，照例加等治罪不贷。

八、客船行江，必须出示严切晓谕，令其辰开酉泊，立法甚严。我水师各汛自当于每日酉刻驾驶舢板，拦阻客船湾泊本汛码头，不准贪风夜行，次日辰刻方准开船，免致疏防失事，有干参处。

九、江面近有劫杀案件，船户以石灰布袋闭塞客民之口，死后缚石沉尸水底。此项贼船行劫在昼而不在夜；在行江之会而不在泊岸之时，此乃私行谋杀，炮船最难稽查，年来破案缉拿正法者甚多。查行此劫案，均系二三人所驾行船，并非大船，亦非会匪之流。各该镇饬各营将官责成各口岸船行，带同此项船户出具甘保各件存案，给发执票，以辨匪类。如有雇船客民，仍应凭行说明水脚给与，交单存留底薄，以便稽查。倘通过各汛湾泊，亦宜验明放行，庶几死灰不复燃矣。

十、夜晚巡江，必须汛官督同兵丁驾驶舢板，前往所辖上下江面巡查一二次，虽孤洲野岸，亦宜巡到。恐有奸船挟制客船立意湾泊彼处，以便行劫。应即登船验明，毋得徒差兵丁奉行故事。如遇黑夜，须开放大炮，以惊盗划。否则风雨昏暗，恐盗划乘间出劫。

同治十三年 月 日示

（二）岳州镇告示[①]

岳州镇是长江水师提督节制的五镇（岳州、汉阳、湖口、瓜州、狼山）之一[②]，驻防岳州沿江一带，由总兵统辖镇标四营：镇标中营、荆州营、沅江营、陆溪营。

之一

夏令水势泛涨，江湖港汊纷歧；
偏僻防偶不及，奸宄即易乘机；
汛官加意巡缉，兵丁更鼓勤支；
商船趁早湾泊，务与炮艇相依；
彼此守望兼顾，宵小无隙可窥；
高兴贪风夜驶，能得几许便宜；
倘遇孤洲失事，尔时后悔难追；
本镇谆谆告诫，其各凛慎毋违。

之二

照得时交冬令，饥寒宵小易生；
汛官加意巡缉，兵丁勤谨支更；
往来贸迁人等，不准贪赶路程；
宜靠炮船下碇，一律酉泊辰行；
彼此互相守望，奸宄无隙可乘；
倘宿孤洲失事，尔时后悔徒增；
本镇谆谆告诫，军民其各凛遵；
胆敢故违法纪，定即照例严惩。

（三）宁乡县船户分埠告示[③]

该告示发布于清同治四年（1865）。

为出示晓谕事：照得宁邑船只向分七埠，责成小甲稽查。上年据浪丝埠小甲李顺廷抄粘嘉庆、道光年间各前县告示，请埠内货物照旧各装各埠、各当各差，毋许越界紊乱。本县因有旧案，准予出示。

原杜争竞而便稽查，通货财以济商旅。嗣据生员谈柳汀等词称：李顺廷藉各装各埠为由，卡勒商民，价则加重，装则减轻。小河水少，谷米货物，必趁水涨装运，而水涨易消，一埠之船有限，每致有水无船，或有船无水，不便商民。并据刷呈碑摹内开：乾隆二十三年，奉粮宪赫批府详船户胡正南

---

① 湖南省地方志编纂委员会：《湖南省志·交通志·水运》，长沙：湖南人民出版社，2001 年，第 905-906 页。
② 邱涛：《晚清长江水师之制度论析——兼与绿营、湘军水师制度比较》，《军事历史研究》，2019 年第 3 期。
③ 宁乡县交通志编纂委员会：《宁乡县交通志》，长沙：湖南出版社，1993 年，第 249 页。

等控案："议请采买积谷，俱著上三埠装运，漕米著下三埠运送，倘遇重务，六埠公装……"等语。是府详断案尚在各前宪各装各埠之先，祇以上下为分，并未逐埠分界，现经集讯众供，访诸舆论，咸谓各装各埠不免卡索之弊。此系阖邑公事，总期商民船户彼此相安，应将前示撤销。断令：嗣后谷米货韧，上三埠归娄山（即鸾埠）、浪丝、袁佐三埠通运，下三埠归赵市、双市、道林（应为丹溪）三埠通运，惟附城一埠通运六埠……

宁乡知县 郭庆飏

同治四年十一月

（四）平江大洲滩铁链索告示①

汨罗江古有"四十八滩"。位于平江河东乡的大洲滩，两岸峭壁悬岩，纤夫沿岩而上，须手插石缝，步步踏稳，稍有不慎则翻身堕岩。清光绪十年（1884），知县潘尹清乘船来平江上任，途经该滩，一船工不慎失足，堕岩丧生。潘见此情景，到任后即捐款，沿岩设置铁链六十余丈，作为拉纤扶手，以防万一，并刊立石碑一块，上书：

捐修铁链，以利舟行，如有损毁，带案究惩。

皇清光绪十年，正堂潘示

（五）新化龙潭桥碑刻告示

宝安益道上的新化龙潭桥，碑刻：

奉宪禁溺子女，又禁包足。

光绪二十四年吉月公示

此碑为清末戊戌变法期间所立，反映该次运动波及湘中腹地，体现了"敢为天下先"的湖湘精神，尤为珍贵（图5-1-14）。

图5-1-14　龙潭桥"奉宪禁溺子女，又禁包足"碑

① 平江县交通局：《平江县交通志》，内部发行，1989年，第257页。

（六）湘潭县知事拨运轮船货物价目告示[1]

1913年，湘潭县知事登出告示，通告该县十三总黄龙庙码头板划、小划拨运轮船货物的相关规定和价目表，全文如下：

案据城董事会总董陆君鸿翔、易俗镇董事会总董郭君人觐呈称：

窃邑十三总黄龙庙码头系本邑各埠之中心地点，自小轮停泊，行旅尤为辐辏，每日往来过客何止千人，有直接由该码头起埠者，有唤渡头双划燕送至他处起岸者，目的既异，途径斯分。

乃有本埠拨运货物之板划，当前清时，假当差名色，于小划所接载之行李客商，必征收其所得之半，小划不敢与较，乃倍价取诸客商。譬如，平时由该码头送至某码头起岸，给料五十文已足，由小轮所接载者，则需百文，以平分之，仍只五十文也。该板划等，近复组织一航业公所，擅欲将小划归其管辖。其气焰之凶横，较前尤甚。每日征收小划所得，平均计算，约在十千内外。

夫征收税额，惟国家乃有此权，以少数无赖之私人，竟敢窃国权以自恣，当此革新时代，似不宜有此不法之行为也。潭邑为湘省上游之要冲，该埠又为潭邑最繁之地点，若一听该板划等之所为，不加取缔，于国家交通要政之谓何？是以敝董等公同商议，日后凡小轮拢岸，有唤小划运送者，任客商直接交涉，不准板划从中卡索分肥，并定一价目表，悬诸趸船，俾各客商一目了然，按地给价。小划亦不得昂价勒索，如违，准该商人扭送究办，以警凶顽。

但本埠小划仍应赴水警察商船会注册，由该局会给予牌照，订之船尾，庶过客便于认识，一有失误，亦易稽查。又板划船身长大，其上无蓬，向所拨运，多系各商号大批货物，其些许行李或货担，对于小划，此等拨运，则听人雇用，小划以价既轻微，船复便利故也。乃迩日该公所亦必抽收鳌头，稍不应命，拖桨扣船，无恶不作。夫大批之货物，非小划所能容纳者，当然雇用板划，无虑小划钻夺也。至若些许之行李货担，欲强人舍短少之费用，雇笨重之板划，人亦孰能甘心？是妨害小划之营业犹微，制限商旅之自由甚巨矣。

再者，该埠小轮拢岸，时有无数杂人拥挤上船，强拨行李，蛮索搬费，过客一与争行，即恃众横行，群起詈骂，彼众我寡，莫敢谁何。防范稍疏，则窃物以遁，其妨碍商旅，与板划如出一辙，应请一并出示严禁，并恳咨明警务公所，饬知水警于每日小轮停泊时，派人切实查察。如遇此等情形，即行惩办，以安商旅而便交通。为此呈请照验施行，此呈等情。

据此，除批答并照会警务公所饬知所属水警每日派人梭巡，切实查察，外合亟出示，晓谕该码头划业人等一体知悉。客船泊岸，所有行李货担，只能任听客商雇用船只，该埠板划不得卡勒，并不准抽取小划所得之运费，该小划等亦不得昂价勒索，致干查究。自示之后，倘敢仍蹈前辙，一经查实，本知事常即饬派卫兵会同营警严拿惩办，决不姑宽。其各懔遵毋违。切切此示。

计开各埠运送客商行李价目表：

上至蒋家码头三十文，下至各埠关圣殿三十文。仓门前四十文。万寿宫四十文。大码头五十文。朱家码头五十文。唐兴桥六十文。通济门六十文。水来寺八十文。观湘门八十文。杨梅洲渡口一百二十文。小东门一百文。水涨至本埠码头其鼓，各埠照价加钱十文；水涨至本埠码头中，各埠照价加钱二十文；水涨至本埠码头上，照价加钱三十文。拨货多少远近，价值与客面议，不得卡索。

中华民国二年四月 日

---

① 《（湘潭）县政府、县总工会、县划业职业公会关于除以划业陋习的指令、布告、呈、传票和县知事余示》（1940年），湘潭县档案馆藏，湘潭县地方法院档案，档号16-1-1518，第13页。转引自陈瑶：《江河行地：近代长江中游的船民与木帆船航运业》，北京：商务印书馆，2023年，第163-165页。题目为编者所加。

（七）湘潭县政府禁止杂夫混挑告示①

该告示发布于中华民国二十九年（1940）。

照得株洲箩业，工会早已组成。
呈经本府备案，挑运定有章程。
兹值交通恢复，水陆货物堆存。
严禁杂夫争夺，以免纠葛丛生。
倘敢故意违反，惩办决不徇情。
特此恺切布告，其各一体凛遵。

湘潭县政府14305号令
县长 廖佩芝
民国二十九年十月十三日

第二节　船上禁忌与船俗

一、船上禁忌

（一）湘东地区②

忌讲“龙、虎、鬼、梦”，船民认为龙掀浪，虎生风，鬼为灾祸，梦多不祥，故龙以“绞舌子”、虎以“猫”、鬼以“漫老倌”、梦以“南柯子”代替。此外还忌“翻、沉、滚、倒、停”等字，“沉下水去”改称“落下水去”，“倒水”叫“匡水”。

资水民船中“停”“顿”“烂”“眼”等字音也属于忌讳，如砧板，因砧、仃同音，改称“切菜板”；舱顶板因顶、顿同音，改称“盖板”；纤缆因缆、烂同音，改称“纤索”；登桅穿索的金明眼、桅杆顶上穿绳索的风明眼、穿舵把绳子的舵把眼，分别称“金风”“明风”“舵风”。

行船时看到江心大鱼或漂流大物忌高声呼叫或乱指，因怕水妖兴风作浪。有河豚（俗称“江猪子”）尾随船后，要焚香作揖致敬，船民（图5-2-1）认为河豚是河神派出观察人间善恶的使者。

（二）湘西地区③

忌说“翻、打、倒、扑、沉、龙、虎、鬼、怪”。如翻晒货物，本是翻舱，改称“盘舱”；打酒叫“提酒”；船只到港叫“拢港”；事做成了叫“元（完）了”；虎要讲成猫，龙要讲成蛇等，麻阳船民多姓“藤”，因藤与“筋”近义，故改称“全”。

吃饭不准敲碗，筷子不能架在碗上面；第一碗饭必须先由舵手或头工开装，下水船要从饭锅南边装起，上水船从北边先装，因下水的南风和上水的北风对于沅水干流的行船人是顺风（图5-2-2）。

---

① 朱三明：《湖南水路交通史60年》，长沙：湖南教育出版社，2015年，第357页。

② （1）长沙市地方志编委会：《长沙市志·第十五卷》，长沙：湖南人民出版社，2000年，第206页；（2）平江县交通局：《平江县交通志》，内部发行，1989年，第258-259页。

③ 《湘西土家族苗族自治州交通志》编委会：《湘西土家族苗族自治州交通志》，长沙：湖南人民出版社，1993年，第416页。

图 5-2-1 甲板上的船夫［（美）甘博（Gamble）摄于 1917—1919 年间］

图 5-2-2 运木材的帆船［（美）甘博（Gamble）摄于 1917—1919 年间］

（三）洞庭湖区①

禁说“猫、虎、龙、鬼、梦”及“翻、沉、破、住、离、散、倒、火”等字，容易引起“翻沉”等联想的语言行为都在禁忌之列。如，煎鱼不许翻边，水手不得翻卷裤脚，“盛（方言与‘沉’同音）饭”改称“添饭”；船工有姓陈、程者，一律改叫“浮”。

---

① （1）岳阳市南区地方志编委会：《岳阳市南区志》，北京：中国文史出版社，1993 年，第 544 页；（2）岳阳市君山区地方志编委会：《岳阳市君山区志》，北京：中央文献出版社，2009 年，第 671 页。

驾排工不能吃鸡头，要用于敬神，然后熬汤大家喝。

行船时（图5-2-3），船工可以自由地唱水路歌、防风歌乃至渔歌、情歌，不能唱《牧羊调》，否则会使洞庭王爷发怒（《柳毅传书》中洞庭龙王之女曾受辱于牧羊人）[①]。

图5-2-3 行进中的车船［（美）甘博（Gamble）摄于1917—1919年间］

二、船俗[②]

祀神 旧时，船民供奉“洞庭龙王”和“杨泗将军”。通航港埠皆建龙王庙和将军庙，长沙港曾有洞庭宫、平浪宫、江神庙、将军庙；载重200担以上的大型帆船，皆在舵舱内设神龛，供香火。

洞庭龙王亦称“洞庭王爷”，源出于“柳毅传书”的故事。杨泗将军相传为以“定海神珠”和宝剑镇住兴风作浪的孽龙的人。前者为神的人化，后者为人的神化。

沅水船民敬奉伏波将军马援，清浪滩岸坡曾建有“伏波将军”庙，源出马援平“五溪蛮”史事。资水船民信奉“魏公菩萨”——传为资水护船过滩之神，益阳港曾建有魏公庙。

集体的祀神活动首推“庙会”。长沙洞庭宫定于每年农历二月初八为“龙王出行日”，庙会从当月初七至初九举行三天，初八“出行日”最隆重；出行时数十面三角大红旗前导，中为30名精壮船民抬的红漆大轿，大轿上端坐着长髯飘拂的龙王，其前后还有“护驾神龙”16条，数十名铳手布于队伍的前后左右；船民敲锣打鼓，浩浩荡荡沿江而行，泊碇河边的船民都燃放鞭炮。“出行”完成后，有关行业（如商会、箩行、船行等）为船帮送戏，谓之“行当戏”，俗称“唱大戏”。“杨泗将军”的庙会在平浪宫举行，时间在每年农历二月十二日，规模不及“洞庭王爷”庙会。农历二月，正值水运淡季，两个庙会相继举行，船民踊跃参加。

次于庙会的祀神活动为“生日酒”。船民相传农历九月十二日为“洞庭王爷”生日，九月二十八日为“杨泗将军”生日，是日各船帮皆办酒宴，称为“还神愿”，俗称“生日酒”。

造船 造船用料很讲究，凡寺庙、道观前后的树，无论材质多好，都不能砍伐造船，否则就可能造成舟覆人亡。

造船动工需择吉日吉时。动工开始，主墨师（也称掌墨师，为造船的主设计师，对各种用料打上墨线，确定其长、宽、厚、高及接合度等）手捧《鲁班书》一本，置鲁班神像座下的香案桌上，焚香点烛，三作揖，然后手拿“五尺”（量木工具）往香案桌上一摆，大声念“开山子（斧）一响天门开，请得先师鲁班下凡来。”仪式结束，船主做东宴请工匠，主墨师上座，以第一杯酒敬之。

船壳完成后，如碰上陆上有人建房，须行“关头”仪式——在船头披红，掌墨师一面唱赞词，一面

---

① 岳阳市君山区地方志编委会：《岳阳市君山区志》，北京：中央文献出版社，2009年，第671页。

② （1）湖南省地方志编纂委员会：《湖南省志·交通志·水运》，长沙：湖南人民出版社，2001年，第934-939页；（2）岳阳市南区地方志编委会：《岳阳市南区志》，北京：中国文史出版社，1993年，第541-542页。

给船两边各钉四颗钉子。赞词曰："钉头颗，添人添口；钉二颗，荣华富贵；钉三口，清吉平安；钉四颗，四季发财。"随后刀宰雄鸡，淋血于船头，并将雄鸡掷于船舱内，口唱："雄鸡进船舱，快卸快装。"

建造工序全部完成后，即择吉日下水。下水前，船舱贴上"九曲三弯随舵转，五湖四海任船行"联，封头板不锲钉，舵不扦梢，再次拜祭鲁班及"水母娘娘"（相传为鲁班之妹，系舵的发明者）。祭拜完毕，掌墨师以快刀杀大雄鸡一只，将鸡血洒在封头板上并逐渐流入船舱。等鸡血流尽，主墨师入舱抹扫，边抹边唱："舱干净，放光明，前装金，后装银，五湖四海任我行……"抹舱毕，即钉好封头板，固定好舵。至此，即告结束。船主又宴请主墨师与工匠，称为"封头神福"。

开船 "开船"在水上为忌讳语，因为它含有"破船"的意思，故船舶发航不说开船而说"开头"。

船只开航，必祀神祇。内河敬"杨泗将军"，入湖下江奉"洞庭王爷"。大船上摆有铜锣，专门有船工司锣。一开船，船主燃纸船钱，点香烛，敬开船酒，鸣鞭炮，杀雄鸡；司锣工开始打铜锣，敬洞庭王爷。首先敲一长声，船主叩一响头，连敲四长声，船主应声跪拜，然后连续敲响，船主默默祷告；祷告完毕，船主或舵师即将一只大红冠公鸡杀于船头，提着鸡从船头到船尾走一圈，让鸡血洒遍船首、船尾和两侧干舷，并大声念："有请洞庭王爷，开船不遇风暴，不撞险滩，一路平安……"等语，此称"雄鸡血食"。锣声停下，祈祷结束。小船不打锣，同样要燃纸钱、点香烛，祭拜魏公菩萨或洞庭王爷。

开船第一餐要打"牙祭"，称"开头神福"。肉用豆瓣酱烧成，每片约三分厚、长宽约二寸，俗称"船拐子肉"。船工（图5-2-4）喝酒吃肉时不能说话，第一筷不能戳鱼，只能夹肉或鸡，夹到任何菜品都必须吃下。吃鸡也有定俗：鸡菌子是船主吃的，象征财喜；鸡腿是少东家吃的，表示尊敬小主人；鸡头是撑头篙师吃的，象征抬头太平；鸡屁股称"跷子"，是舵师吃的，表示舵掌得好；鸡翅膀是橹工、帆工吃的，表示帆橹相配，如翼舒张；鸡脚则归于纤工，表示站稳脚跟前进。

图5-2-4 正在用餐的船工［（美）甘博（Gamble）摄于1917—1919年间］

船只启航后，如因某种特殊原因需转回，则视为不吉，需另择吉日开船。

航行途中，乘客都不能问"船几时到"，因"到"与"倒"同音，视为不吉。如果乘客不知此忌讳，船民应回答"行船跑马三莫算"，不具体回复可能到达的时间。

泊港 船只到港，所泊码头都有定规，特别是长沙、湘潭、常德、衡阳、益阳、津市、洪江等港，对各类民船与排筏所泊码头均有界定，不容错乱。如因某种原因（如定泊码头满艚、商货需就近装卸等），船主须向该码头人送礼，取得其同意，此谓"拜码头"。

重载船靠码头，已卸载的空船须让艚，是船帮约定俗成的规矩。

重载货船进港泊碇后，船主先下船照会受货商家，在商家未上船验货前不能掀盖，受货商家开舱验货后，一般都要付清水脚，另送"花红"，并宴请船主一次，表示谢意。

参考文献

古籍

《尚书》，清乾隆武英殿刻本
《左传》，清嘉庆二十年刻本
《公羊传》，宋刻元修本
《国语》，士礼居丛书景宋天圣明道刻本
《管子》，四部丛刊景宋刻本
《庄子》，四部丛刊景明世德堂刻本
《孟子》，清嘉庆二十年刻本
《韩非子》，清嘉庆二十三年景宋刻本
《吕氏春秋》，经训堂丛书本
《竹书纪年》，明嘉靖刻本
《战国策》，士礼居丛书景宋剡川姚氏本
《越绝书》，小万卷楼丛书本
《史记》，清乾隆四年刻本
《汉书》，清乾隆四年刻本
《后汉书》，清乾隆四年刻本
《三国志》，清乾隆四年刻本
《晋书》，清乾隆四年刻本
《陶渊明集》，宋刻递修本
《宋书》，清乾隆四年刻本
《陈书》，清乾隆四年刻本
《旧唐书》，清乾隆四年刻本
《新唐书》，清乾隆四年刻本
《旧五代史》，清乾隆四年刻本
《太平御览》，四部丛刊三编景宋刻配补日本聚珍本
《资治通鉴》，四部丛刊景宋刻本
《宋史》，清乾隆四年刻本
《元史》，清乾隆四年刻本
《永乐大典》，钞本
《明史》，清乾隆四年刻本
《清史稿》，中华民国十七年排印本
《清世宗实录》，大红绫本
《清高宗实录》，大红绫本
《新元史》，民国九年刻本

（汉）刘钦：《西京杂记》，抱经堂丛书本
（北魏）郦道元：《水经注》，明嘉靖十三年刻本

（南朝梁）宗懔：《荆楚岁时记》，宝颜堂秘籍本
（唐）萧嵩：《大唐开元礼》，清光绪刻本
（唐）长孙无忌：《唐律疏议》，岱南阁丛书本
（唐）李吉甫：《元和郡县图志》，岱南阁丛书本
（唐）杜佑：《通典》，清乾隆十二年刻本
（唐）陆羽：《茶经》，百川学海本
（唐）杨晔：《膳夫经》，闾丘辩囿本
（唐）封演：《封氏闻见记》，清文渊阁四库全书本
（宋）罗泌：《路史》，明万历三十九年刻本
（宋）王溥：《唐会要》，武英殿聚珍版书本
（宋）乐史：《太平寰宇记》，赵氏藏书本
（宋）李焘：《续资治通鉴长编》，清光绪七年刻本
（宋）陆游：《老学庵笔记》，学津讨原本
（宋）沈括：《梦溪笔谈》，学津讨原本
（宋）朱辅：《溪蛮丛笑》，古今说海本
（宋）岳珂：《金佗稡编》，明嘉靖二十一年刻本
（宋）曾敏行：《独醒杂志》，知不足斋寄丛书本
（明）万历《慈利县志》，卷之四，明万历刻本
（明）李贤：《大明一统志》，明弘治十八年刻本
（明）董斯张：《广博物志》，明万历四十三年刻本
（明）周祈：《名义考》，卷五人部，湖北先正遗书本
（明）顾炎武：《日知录》，卷七，清康熙三十四年刻本
（明）徐弘祖：《徐霞客游记》，清嘉庆十三年增校本
（明）嘉靖《新化县志》，明嘉靖二十八年刻本
（明）嘉靖《常德府志》，明嘉靖刻本
（清）隆庆《岳州府志》，明隆庆刻本
（清）康熙《永州府志》，清康熙九年刻本
（清）康熙《长沙府志》，清康熙二十四年刻本
（清）康熙《桂阳州志》，清乾隆三十年刻本
（清）雍正《四川通志》，清文渊阁四库全书本
（清）雍正《广西通志》，卷十三，清文渊阁四库全书本
（清）乾隆《湖南通志》，清乾隆二十二年刻本
（清）乾隆《华容县志》，清乾隆二十五年刻本
（清）乾隆《桂阳直隶州志》，清乾隆三十年刻本
（清）嘉庆《大清一统志》，四部丛刊续编景旧钞本
（清）嘉庆《新田县志》，清嘉庆十七年刊本民国二十九年翻印本
（清）嘉庆《常德府志》，清嘉庆十八年刻本
（清）嘉庆《零陵县志》，清嘉庆二十二年刻本
（清）道光《广东通志》，卷一百二十八，清道光二年刻本
（清）道光《宝庆府志》，清道光二十七年修民国二十三年重印本
（清）道光《永定县志》，清道光三年刻本
（清）道光《永明县志》，清道光八年刊本

（清）同治《桂阳直隶州志》，清同治七年刻本
（清）同治《安化县志》，清同治十年刻本
（清）同治《益阳县志》，清同治十三年刻本
（清）同治《沅陵县志》，清光绪二十八年补版重印本
（清）光绪《兴宁县志》，清光绪元年刊本
（清）光绪《湖南通志》，清光绪十一年刻本
（清）光绪《靖州乡土志》，清光绪三十四年刊本
（清）刘献廷：《广阳杂记》，功顺堂书本
（清）赵宁：《岳麓书院志》，清康熙二十七年刻后印本
（清）屈大均：《广东新语》，清康熙刻本
（清）胡文英：《屈骚指掌》，清乾隆五十一年刻本
（清）吴任臣：《十国春秋》，清乾隆五十八年刻本
（清）顾祖禹：《读史方舆纪要》，清嘉庆十七年刻本
（清）董诰：《全唐文》，清嘉庆十九年刻本
（清）吴荣光：《石云山人奏议》，卷五，清道光二十一年刻本
（清）刘曾撰编：《辰州府救生局总记》，清同治十二年刻本
（清）贺长龄：《清经世文编》，清光绪十二年重校本
（清）杨守敬、熊会贞：《水经注疏》，清钞本
（清）王太岳：《四库全书考证》，卷四十一，武英殿聚珍版全书本
（清）僧文莹：《湘山野录》，学津讨原本
（清）陈景云：《柳集点勘》，邈园丛书本
（清）瞿中溶：《古泉山馆金石文编》，适园丛书本
（清）容闳：《西学东渐记》，民国四年排印本
（清）谭嗣同：《谭嗣同集》，戊戌六君子遗集本
（清）黄凝道、谢仲埙：清乾隆《岳州府志》，长沙：岳麓书社，2008 年
（清）王万澍：《湖南阳秋·衡湘稽古》，长沙：岳麓书社，2012 年
（明）姚广孝、解缙等：《永乐大典》，北京：中华书局，1986 年
（清）纪昀等：《文渊阁四库全书》，台北：台湾商务印书馆，1986 年

专著

马克思、恩格斯：《德意志意识形态》，上海：群益出版社，1949 年
中共中央马克思恩格斯列宁斯大林著作编译局：《马克思恩格斯选集》（第四卷），北京：人民出版社，1972 年
中共中央马克思恩格斯列宁斯大林著作编译局：《马克思恩格斯全集》（第 42 卷），北京：人民出版社，1979 年
中央研究院历史语言研究所：《明清史料》丙编第七本，北京：商务印书馆，1936 年
［越南］陶维英：《越南古代史》（下册），北京：商务印书馆，1976 年
马王堆汉墓帛书整理小组：《古地图 马王堆汉墓帛书》，北京：文物出版社，1977 年
萧三：《毛泽东同志的青少年时代和初期革命活动》，北京：中国青年出版社，1980 年
文物编辑委员会编：《文物资料丛刊》第 3 辑，北京：文物出版社，1980 年
郭沫若主编、胡厚宣总编辑：《甲骨文合集》（十三册），北京：中华书局，1980—1983 年
杨国仁：《侗族祖先哪里来》，贵阳：贵州人民出版社，1981 年

［日］三上次男著，胡德芬译：《陶瓷之路》，天津：天津人民出版社，1983 年
［阿拉伯］苏莱曼、阿布・赛义德著，穆根来、汶江、黄倬汉译：《中国印度见闻录》，北京：中华书局，1983 年
褚斌杰：《中国古代文体概论》，北京：北京大学出版社，1984 年
湖南省博物馆：《湖南考古辑刊》第 2 集，长沙：岳麓书社，1984 年
龙山县志编纂委员会：《龙山县志》，内部发行，1985 年
湖南省博物馆编：《湖南省博物馆开馆三十周年暨马王堆汉墓发掘十五周年纪念文集》，内部发行，1986 年
衡阳市南岳区民间文学编委会：《中国歌谣集成湖南卷・南岳资料本》，内部发行，1987 年
双牌县民间文学集成办公室：《中国歌谣集成湖南卷・双牌县资料本》，内部发行，1987 年
湘潭县民间文学集成编委会：《中国歌谣集成湖南卷・湘潭县资料本》，内部发行，1987 年
麻阳县民间文学集成办公室：《中国歌谣集成湖南卷・麻阳县资料本》，内部发行，1987 年
新化县民间文学集成编委会：《中国歌谣集成湖南卷・新化县资料本》，内部发行，1987 年
衡南县民间文学集成编委会《中国歌谣集成湖南卷・衡南县资料本》，内部发行，1987 年
衡东县民间文学集成编委会：《中国歌谣集成湖南卷・衡东县资料本》，内部发行，1987 年
永顺县民间文学集成办公室：《中国歌谣集成湖南卷・永顺县资料本》，内部发行，1987 年
石门县民间文学集成办公室：《中国歌谣集成湖南卷・石门县资料本》，内部发行，1987 年
保靖县民间文学集成办公室：《中国歌谣集成湖南卷・保靖县资料本》，内部发行，1987 年
顾铁符：《夕阳刍稿》，北京：紫禁城出版社，1988 年
郑德宏、李本高：《盘王大歌》，长沙：岳麓书社，1988 年
杨权、郑国乔：《侗族史诗：起源之歌（第 3 卷）》，沈阳：辽宁人民出版社，1988 年
湘潭市民间文学集成编委会：《中国民间歌谣集成湖南卷・湘潭市分卷》，内部发行，1988 年
古丈县民间文学集成办公室：《中国歌谣集成湖南卷・古丈县资料本》，内部发行，1988 年
萧子升：《我和毛泽东的一段曲折经历》，北京：昆仑出版社，1989 年
湖南省考古学会：《湖南考古辑刊》第 5 集，长沙：岳麓书社，1989 年
平江县交通局：《平江县交通志》，内部发行，1989 年
攸县地方志编纂委员会：《攸县志》，北京：中国文史出版社，1990 年
郭仁成：《楚国经济史新论》，长沙：湖南教育出版社，1990 年
冷水江市交通局编志办公室：《冷水江市交通志》，内部发行，1990 年
罗传栋：《长江航运史・古代部分》，北京：人民交通出版社，1991 年
蒋孔阳：《哲学大辞典・美学卷》，上海：上海辞书出版社，1991 年
邵阳市交通局：《邵阳市交通志》，郑州：中州古籍出版社，1991 年
武冈县交通志编委会：《武冈县交通志》，郑州：中州古籍出版社，1991 年
耒阳市交通局编印：《耒阳市交通志》，内部发行，1991 年
岳阳市交通局：《岳阳市交通志》，北京：人民交通出版社，1992 年
三江侗族自治县志编纂委员会编：《三江侗族自治县志》，北京：中央民族学院出版社，1992 年
湘乡市交通局：《湘乡市交通志》，长沙：湖南出版社，1992 年
酃县交通局：《酃县交通志》，长沙：湖南出版社，1992 年
常德地区交通局：《常德地区交通志》，长沙：湖南出版社，1992 年
益阳地区交通局：《益阳地区交通志》，长沙：湖南出版社，1992 年
安化县交通局编印：《安化县交通志》，内部发行，1992 年
祁阳县志编纂委员会：《祁阳县志》，北京：社会科学文献出版社，1993 年

泸溪县志编纂委员会：《泸溪县志》，北京：社会科学文献出版社，1993 年
安化县地方志编委会：《安化县志》，北京：社会科学文献出版社，1993 年
双峰县志编纂委员会：《双峰县志》，北京：中国文史出版社，1993 年
岳阳市南区地方志编委会：《岳阳市南区志》，北京：中国文史出版社，1993 年
沅陵县地方志编纂委员会：《沅陵县志》，北京：中国社会出版社，1993 年
芷江侗族自治县县志编纂委员会：《芷江县志》，北京：生活・读书・新知三联书店，1993 年
长沙市交通志编纂委员会：《长沙市交通志》，长沙：湖南出版社，1993 年
浏阳市交通局：《浏阳市交通志》，长沙：湖南出版社，1993 年
零陵地区地方志编纂委员会：《零陵地区交通志》，长沙：湖南出版社，1993 年
衡阳市交通志编纂组：《衡阳市交通志》，长沙：湖南出版社，1993 年
郴州地区交通志编纂领导小组办公室：《郴州地区交通志》，长沙：湖南出版社，1993 年
郴州市交通志编委会：《郴州市交通志》，长沙：湖南出版社，1993 年
浏阳市交通局：《浏阳市交通志》，长沙：湖南出版社，1993 年
株洲市交通志编纂委员会：《株洲市交通志》，长沙：湖南出版社，1993 年
宁乡县交通志编纂委员会：《宁乡县交通志》，长沙：湖南出版社，1993 年
《湘西土家族苗族自治州交通志》编委会：《湘西土家族苗族自治州交通志》，长沙：湖南人民出版社，1993 年
广西瑶学会：《瑶学研究》第一辑，桂林：广西民族出版社，1993 年
中国公路交通史编审委员会：《中国古代道路交通史》，北京：人民交通出版社，1994 年
新邵县志编纂委员会：《新邵县志》，北京：化学工业出版社，1994 年
平江县志编纂委员会：《平江县志》，北京：国防大学出版社，1994 年
湖南省道县县志编纂委员会：《道县志》，北京：中国社会出版社，1994 年
麻阳县志编纂委员会：《麻阳县志》，北京：生活・读书・新知三联书店，1994 年
会同县志编纂委员会：《会同县志》，北京：生活・读书・新知三联书店，1994 年
洪江市志编纂委员会：《洪江市志》，北京：生活・读书・新知三联书店，1994 年
茶陵县地方志编委会：《茶陵县志》，北京：中国文史出版社，1994 年
桂阳县志编纂委员会：《桂阳县志》，北京：中国文史出版社，1994 年
株洲县交通志编纂委员会：《株洲县交通志》，长沙：湖南出版社，1994 年
祁阳县交通志编纂办公室：《祁阳县交通志》，长沙：湖南出版社，1994 年
祁阳县交通志编纂委员会：《祁阳县交通志》，长沙：湖南出版社，1994 年
临武县地方志编委会：《临武县志》，长沙：中南工业大学出版社，1994 年
衡阳县志编委会：《衡阳县志》，合肥：黄山书社，1994 年
益阳地区民间文学集成编委会：《中国歌谣集成湖南卷・益阳地区分卷》，内部发行，1994 年
郴县志编纂委员会：《郴县志》，北京：中国社会出版社，1995 年
湘阴县志编委会：《湘阴县志》，北京：生活・读书・新知三联书店，1995 年
湘潭县地方志编委会：《湘潭县志》，长沙：湖南出版社，1995 年
谭其骧：《中国历史地图集・第一册》，北京：中国地图出版社，1996 年
湖南省地方志编纂委员会：《湖南省志・交通志・公路》，长沙：湖南出版社，1996 年
新化县志编纂委员会：《新化县志》，长沙：湖南出版社，1996 年
潘定智、杨培德、张寒梅：《苗族古歌》，贵阳：贵州人民出版社，1997 年
曹树基：《中国移民史》第五卷，福州：福建人民出版社，1997 年
邵阳市地方志编纂委员会：《邵阳市志》，长沙：湖南人民出版社，1997 年

衡阳市郊区志编纂委员会：《衡阳市郊区志》，长沙：湖南出版社，1997 年

株洲市地方志编委会：《株洲市志 · 杂志》，长沙：湖南出版社，1997 年

涟源市志编纂委员会：《涟源市志》，长沙：湖南人民出版社，1998 年

中国民间文学集成湖南卷编辑委员会编：《中国歌谣集成 · 湖南卷》，北京：中国 ISBN 中心，1999 年

仇润喜、刘广生：《中国邮驿史料》，北京：北京航空航天大学出版社，1999 年

资兴市地方志编纂委员会：《资兴市志》，长沙：湖南人民出版社，1999 年

伍新福：《中国苗族通史》，贵阳：贵州人民出版社，1999 年

衡阳市江东区地方志编委会：《江东区志》，合肥：黄山书社，1999 年

马少侨：《邵阳历史钩沉》，内部发行，1999 年

王冠倬：《中国古船图谱》，北京：读书 · 生活 · 新知三联书店，2000 年

衡阳市城北区志编委会：《城北区志》，北京：当代中国出版社，2000 年

长沙市志编纂委员会：《长沙市志 · 第十五卷》，长沙：湖南人民出版社，2000 年

湖南省地方志编纂委员会：《湖南省志 · 交通志 · 水运》，长沙：湖南人民出版社，2001 年

湖南省地方志编纂委员会：《湖南省志 · 方言志》，长沙：湖南人民出版社，2001 年

常德市地方志编纂委员会：《常德市志》，长沙：湖南人民出版社，2002 年

陶振民：《中国历代建筑文萃》，武汉：湖北教育出版社，2002 年

中华人民共和国交通部：《中国桥谱》，北京：外文出版社，2003 年

尹铁凡：《湘潭经济史略》，长沙：湖南人民出版社，2003 年

徐旭生：《中国古史的传说时代》，桂林：广西师范大学出版社，2003 年

郭伟民：《新出简帛研究》，北京：文物出版社，2004 年

长沙市地方志编纂委员会：《长沙市志 · 第十七卷》，长沙：湖南人民出版社，2004 年

柴焕波：《武陵山区古代文化概论》，长沙：岳麓书社，2004 年

湖南省安化县地方志编纂委员会：《安化县志（1956～2000)》，北京：方志出版社，2005 年

湖南省地方志编纂委员会：《湖南省志 · 民俗志》，北京：五洲传播出版社，2005 年

朱红林：《张家山汉简 <二年律令> 集释》，北京：社会科学文献出版社，2005 年

[意大利] 利玛窦、金尼阁：《利玛窦中国札记》，北京：中华书局，2005 年

谢明良：《贸易陶瓷与文化史》(美术考古丛刊6)，台北：允晨文化实业股份有限公司，2005 年

《国家级非物质文化遗产大观》编写组：《国家级非物质文化遗产大观》，北京：北京工业大学出版社，2006 年

湘潭市交通志编纂委员会：《湘潭市交通志》，长沙：湖南人民出版社，2006 年

[美] 艾美霞：《茶叶之路》，北京：中信出版社，2007 年

湖南省博物馆：《湖南出土殷商西周青铜器》，长沙：岳麓书社，2007 年

《学理与方法———蔡鸿生教授执教中山大学五十周年纪念文集》，香港：博士苑出版社，2007 年

《双牌县志》编纂委员会：《双牌县志》，北京：方志出版社，2008 年

[日] 山根倬三：《长江旧影——1910 年代长江流域城市景观图录》，北京：中国建筑工业出版社，2008 年

湖南省文化厅编：《湖南民间歌曲集成》，长沙：湖南文艺出版社，2008 年

湖南省文物局编：《湖南文化遗产图典》，长沙：岳麓书社，2008 年

邵阳县志编纂委员会：《邵阳县志（1978—2002)》，长沙：湖南人民出版社，2008 年

(明) 陶汝鼐：《陶汝鼐集》，长沙：岳麓书社，2008 年

广西壮族自治区少数民族古籍整理出版规划领导小组办公室：《侗族款词 · 汉文侗文对照》，南

宁：广西民族出版社，2008 年

岳阳市君山区地方志编委会：《岳阳市君山区志》，北京：中央文献出版社，2009 年

辛元欧：《中外船史图说》，上海：上海书店出版社，2009 年

湖南省文物考古研究所：《湖南考古辑刊》第 8 集，长沙：岳麓书社，2009 年

沅江市地方志编委会：《沅江市志》，北京：中国文史出版社，2010 年

桃江县志编纂委员会：《桃江县志》，北京：方志出版社，2010 年

湖南调查局编：《湖南商事习惯报告书》，长沙：湖南教育出版社，2010 年

中国民间文艺家协会：《亚鲁王》，北京：中华书局，2011 年

郴州市北湖区志编纂委员会：《郴州市北湖区志》，北京：方志出版社，2011 年

［美］柏生士：《西山落日———一位美国工程师在晚清帝国勘测铁路见闻录》，北京：国家图书馆出版社，2011 年

（明）顾炎武：《顾炎武全集》第十册，上海：上海古籍出版社，2011 年

湖南省国土资源厅：《洞庭湖历史变迁地图集》，长沙：湖南地图出版社，2011 年

夏剑钦：《湖南纪胜文选》，长沙：湖南师范大学出版社，2011 年

中国社会科学院历史研究所：《中国历史年表》，北京：中华书局，2012 年

城南区志编纂委员会：《城南区志》，北京：团结出版社，2012 年

蒋响元：《湖南交通文化遗产》，北京：人民交通出版社，2012 年

张子伟：《湘西苗族古老歌话》，长沙：湖南师范大学出版社，2012 年

陈伟：《里耶秦简牍校释（第一卷）》，武汉：武汉大学出版社，2012 年

杨顺禄、杨中秧：《会同侗苗情歌》，香港：诗联文化出版社，2012 年

王子今：《秦汉交通史稿》，北京：中国人民大学出版社，2013 年

李零：《楚帛书研究十一种》，北京：中西书局，2013 年

蒋响元：《湖南古代交通遗存》，长沙：湖南美术出版社，2013 年

沈从文：《湘行书简·泊缆子湾》，长沙：岳麓书社，2013 年

熊建华：《湖南商周青铜器研究》，长沙：岳麓书社，2013 年

李跃龙：《洞庭湖志·下册》，长沙：湖南人民出版社，2013 年

政协湘潭市委员会：《湘潭历代文赋选 下》，湘潭：湘潭大学出版社，2013 年

杨亚东、杨华献：《苗族迁徙史歌》，贵阳：贵州民族出版社，2013 年

吴远华：《非遗保护与澧水船工号子研究》，苏州：苏州大学出版社，2014 年

岳阳市屈原管理区志编纂委员会：《岳阳市屈原管理区志》，北京：方志出版社，2015 年

陈先枢：《湖南慈善档案》，长沙：湖南人民出版社，2015 年

陈先枢：《长沙名胜文选》，长沙：湖南人民出版社，2015 年

朱三明：《湖南水路交通史 60 年》，长沙：湖南教育出版社，2015 年

朱剑心：《金石学》，杭州：浙江人民出版社，2015 年

［越南］吴士连等：《大越史记全书（标点校勘本）》卷一《外纪·鸿厖氏纪》，重庆：西南师范大学出版社、北京：人民出版社，2015 年

湘潭市政协学习文史委员会：《湘潭老照片》，内部发行，2015 年

丁再荣、杨昌盛：《竹舟江苗族乡志》，内部发行，2015 年

梁启超：《中国上古史》，北京：商务印书馆，2016 年

花垣县地方志编委会：《花垣县志》，北京：方志出版社，2016 年

陈伟：《秦简牍合集：释文注释修订本》（叁），武汉：武汉大学出版社，2016 年

岳阳市云溪区志编委会：《岳阳市云溪区志》，北京：方志出版社，2017 年

陈松长：《岳麓书院藏秦简（伍）》，上海：上海辞书出版社，2017 年

湖南省地方志编委会：《光绪湖南通志（点校本）》，长沙：湖南人民出版社，2017 年

梁石、梁栋：《中国古今巧对妙联大观》，太原：山西人民出版社，2017 年

彭勃、彭继宽：《摆手歌》，北京：外语教学与研究出版社，2018 年

任国瑞、谢武经：《湖南的明朝与当代——徐霞客〈楚游日记〉考察记》，北京：方志出版社，2018 年

李跃龙：《湖湘文化经典百句》，长沙：湖南人民出版社，2018 年

蒋响元：《筚路蓝缕 以启山林———湖南古代交通史（史前至清末）》，北京：人民交通出版社股份有限公司，2020 年

永州市交通运输志编委会：《永州市交通运输志（1992—2015）》，北京：方志出版社，2020 年

陈瑶：《江河行地：近代长江中游的船民与木帆船航运业》，北京：商务印书馆，2023 年

期刊报纸

湖南省博物馆：《湖南常德德山楚墓发掘报告》，《考古》，1963 年第 9 期

陕西周原考古队：《陕西扶风庄白一号西周青铜器窖藏发掘简报》，《文物》，1978 年第 3 期

冯玉辉：《湖南衡阳市郊发现商代青铜牺尊》，《文物》，1978 年第 7 期

张民：《从〈祭祖歌〉探讨侗族的迁徙》，《贵州民族研究》，1980 年第 2 期

潘啸龙：《〈涉江〉新解》，《求索》，1983 年第 2 期

张中一：《浅探〈涉江〉中的几个问题》，《求索》，1986 年第 5 期

邓敏文：《〈祖公上河〉的成因与侗族族源》，《贵州民族研究》，1987 年第 4 期

姚舜安：《瑶族迁徙之路的调查》，《民族研究》，1988 年第 2 期

陈致远：《屈赋中“辰阳”和“溆浦”地望异议》，《衡阳师专学报》，1993 年第 5 期

苏胜兴：《千家峒及瑶族迁徙生涯》，《文史春秋》，1995 年第 6 期

张春龙、龙京沙：《湘西里耶秦代简牍选释》，《中国历史文物》，2003 年第 1 期

张春龙等：《湖南张家界古人堤遗址与出土简牍概述》，《中国历史文物》，2003 年第 2 期

傅聚良：《盘龙城、新干和宁乡———商代荆楚青铜文化的三个阶段》，《中原文物》，2004 年第 1 期

王子今：《走马楼舟船属具简与中国帆船史的新认识》，《文物》，2005 年第 1 期

宋会群：《<神汉桂阳太守周府君功勋之纪铭>碑辑校和研究》，《韶关学院学报》，2006 年第 8 期

伍成泉：《近年来湘西里耶秦简研究综述》，《中国史研究动态》，2007 年第 6 期

潘雁飞：《瑶族史诗中所表现之瑶人迁徙的文化意识》，《湖南科技学院学报》，2008 年第 11 期

陈松长：《岳麓书院所藏秦简综述》，《文物》，2009 年第 3 期

向桃初：《炭河里文化的发现与湖南先秦地方史重建》，《湖南大学学报（社会科学版）》，2010 年第 5 期

向桃初：《二里头文化向南方的传播》，《考古》，2011 年第 10 期

尹忠：《远逝的沅水排歌》，《民族论坛》，2011 年第 23 期

刘铁峰：《〈资水滩歌〉的商务内涵解析》，《湖南人文科技学院学报》，2014 年第 3 期

艾江涛：《道县发现：47 枚牙齿的故事》，《三联生活周刊》，2015 年第 44 期

马江波等：《岳阳商代遗址出土铜器及炉渣的分析研究》，《江汉考古》，2018 年第 3 期

邱涛：《晚清长江水师之制度论析——兼与绿营、湘军水师制度比较》，《军事历史研究》，2019 年第 3 期

王勇：《里耶秦简所见秦代地方官吏的徭使》，《社会科学》，2019 年第 5 期

张靖鸣：《略论水文化境域下的鄂州民歌民谣》，《艺术评鉴》，2020 年第 17 期

杨斌：《救生船与清代沅江水上救助事业发展》，《求索》，2021 年第 3 期

谢方一：《里耶秦简又给人惊喜———土家南迁一一道来》，《潇湘晨报》，2002 年 8 月 4 日

过国亮：《珠海惊现目前国内最早的古帆船图案》，《南方都市报》，2006 年 9 月 7 日

肖军、黄巍、周圣华：《发掘怀化高庙遗址：“高庙文化”颠覆传统认知》，《湖南日报》，2016 年 6 月 16 日

李典辉：《毛板船：世界船运史上的创举》，《娄底日报》，2017 年 3 月 15 日

文热心、段云行：《探访湘安古道：毛泽东、萧子升和涟源伏口“三罗”往事》，《湖南日报》，2018 年 12 月 22 日

章罗生：《〈毛板船〉：浓郁乡土、文化特色的“新”史传报告》，《湖南日报》，2020 年 8 月 2 日

解黎晴：《陬市，沅水下游的一处水码头》，《潇湘晨报》，2022 年 5 月 11 日

网络资源

熊曲：兵马未动，粮草先行——走马楼督军粮都尉简，长沙简牍博物馆，https：//www. chinajiandu. cn/News/Details/xsyj？nid =459

李志成：最美林场人丨潇水河上放排人，永州网，http：//www. 0746news. com/qiche/hangqing/26711. html

张灵芝：泷泊坝，红网，https：//moment. rednet. cn/pc/content/2022/07/20/11540772. html

刘颂华：走访“湘安古道”，湖南省文物考古研究院，http：//www. hnkgs. com/front/toReadNews. do？id =1976

谢国芳：益方之言①丨益阳人喊“江西老表”，要从“洪武落业”开始讲起，新湖南，https：//m. voc. com. cn/xhn/news/202303/16890308. html

陈先枢：从桥头驿到桥驿镇，湖南陈先枢，https：//mp. weixin. qq. com/s/fqeV7U3 – ragTl7JA4lrsBw

苏丹、郑静：非遗的价值与非遗的品牌，四面空间，https：//mp. weixin. qq. com/s/UmE0xuYJcUeplGuqmJ2T0w

《湖南记忆及非物质交通遗产》评审意见

该书稿以历史唯物主义为指导，以湖南交通文化遗产普查成果为基础，首次将湖南或存于浩繁的历史文献，或散落于碑刻赋记等民间文化中的有关交通记忆及非物质文化遗产进行较全面的梳理，并整理成册，突显其独特性与新颖性。

书稿对湖南境内有关交通的史前传说、典籍记录、出土文物、碑刻赋记、诗词楹联、民间歌谣、规章告示和习俗禁忌等内容所进行的系统整理，基本囊括了湖南有关交通记忆及非物质文化遗产的方方面面，从多个视角展示了湖南记忆及非物质交通文化遗产的丰富内涵。

总之，该书稿内容健康，无意识形态问题；且纲目清晰，编排合理，自成体系；引注准确，行文流畅，文字表述简洁。根据专家所提意见，适当修改完善后，可以出版。

评审专家：

湖南省社科院历史文化研究所原所长 **王国宇** 研究员

中国科技史学会建筑史分会主任委员、国家文物局古建筑专家委员会委员、湖南大学建筑学院 **柳肃** 教授

湖南省文史馆馆员 **陈先枢** 研究员

湖南省文物考古研究所副所长 **吴顺东** 研究员

湖南省文物局文物处处长 **熊建华** 研究员

湖南师范大学历史学院院长 **钟声** 教授

2023 年 11 月 24 日